utb 4757

Eine Arbeitsgemeinschaft der Verlage

Brill | Schöningh – Fink · Paderborn
Brill | Vandenhoeck & Ruprecht · Göttingen – Böhlau · Wien · Köln
Verlag Barbara Budrich · Opladen · Toronto
facultas · Wien
Haupt Verlag · Bern
Verlag Julius Klinkhardt · Bad Heilbrunn
Mohr Siebeck · Tübingen
Narr Francke Attempto Verlag – expert verlag · Tübingen
Psychiatrie Verlag · Köln
Ernst Reinhardt Verlag · München
transcript Verlag · Bielefeld
Verlag Eugen Ulmer · Stuttgart
UVK Verlag · München
Waxmann · Münster · New York
wbv Publikation · Bielefeld
Wochenschau Verlag · Frankfurt am Main

Grundwissen Theologie

Herausgegeben von Klaus von Stosch

Aaron Langenfeld · Magnus Lerch

Theologische Anthropologie

BRILL | SCHÖNINGH

Die Autoren:
Aaron Langenfeld (*1985), Dr. theol., ist wissenschaftlicher Mitarbeiter am Lehrstuhl für Systematische Theologie und ihre Didaktik am Institut für Katholische Theologie und Geschäftsführer des Zentrums für Komparative Theologie und Kulturwissenschaften der Universität Paderborn. Studium der Katholischen Theologie, Germanistik und Philosophie in Köln; Promotion an der Theologischen Fakultät Paderborn (2015). Zu seinen Forschungsschwerpunkten zählen Theologische Anthropologie, Pneumatologie und philosophische Grundlagenforschung der Theologie.

Magnus Lerch (*1982), Dr. theol., ist Universitätsassistent am Lehrstuhl für Dogmatik und Dogmengeschichte an der Katholisch-Theologischen Fakultät der Universität Wien. Studium der Katholischen Theologie in Bonn und Münster; Promotion an der Katholisch-Theologischen Fakultät der Rheinischen Friedrich-Wilhelms-Universität Bonn (2014). Zu seinen Forschungsschwerpunkten zählen Theologische Anthropologie, Offenbarungstheologie und Christologie, Philosophisch-theologische Denkformanalysen, Modernisierungstheoretische Deutung der Theologiegeschichte des 19. und 20. Jahrhunderts.

Online-Angebote oder elektronische Ausgaben sind erhältlich unter **www.utb.de**

Bibliografische Information der Deutschen Nationalbibliothek

Die Deutsche Nationalbibliothek verzeichnet diese Publikation in der Deutschen Nationalbibliografie; detaillierte bibliografische Daten sind im Internet über https://www.dnb.de abrufbar.

Internet: www.schoeningh.de

Printed in Germany.
Herstellung: Brill Deutschland GmbH, Paderborn
Einbandgestaltung: Atelier Reichert, Stuttgart

UTB-Band-Nr: 4757
ISBN 978-3-8252-4757-7
eISBN 978-3-8385-4757-2

Inhalt

Einleitung

Das Projekt einer *theologischen* Deutung des Menschen ist alles andere als selbsterklärend. Ist sein Fundament nicht immer brüchiger geworden, seit die moderne Philosophie mit guten Gründen bestritten hat, dass der Mensch ganz selbstverständlich in eine harmonische Ordnung der Wirklichkeit eingebunden ist, in der alles von Gott begründet und zusammengehalten wird? Sind natur- oder sozialwissenschaftliche Beschreibungen menschlicher Vollzüge nicht ungleich besser überprüfbar, weitreichender kommunizierbar und lebenspraktisch relevanter als ihre theologische Deutung, die nur denjenigen noch etwas zu sagen scheint, die ‚religiös musikalisch' *(Max Weber)* sind, während sie für alle anderen stumm bleibt: nicht einmal provoziert oder auf Ablehnung stößt, sondern nur leises Befremden, Verwunderung oder Achselzucken hervorruft?

Verspätet hat sich die katholische Theologie im 20. Jahrhundert diesen Fragen zugewandt, indem sie die sog. ‚anthropologische Wende' vollzogen hat. Dieser liegt die Einsicht zugrunde, dass jede Aussage über Gott auch eine Aussage über den Menschen ist, weil der Mensch sie in seinen Begriffen ausdrückt und sie nur innerhalb seines Erkennens und Verstehens überhaupt Relevanz für ihn hat. Folglich rückte der Mensch zusehends in die Mitte theologischer Reflexion, um von hier aus die Möglichkeit der Gottesrede neu zu bedenken und zu profilieren – und zwar sowohl hinsichtlich ihrer *theoretischen* Möglichkeit als auch ihrer *existenziellen Bedeutung*. Mit der anthropologischen Wende wollte die Theologie also einerseits das Gespräch mit den philosophischen und humanwissenschaftlichen Erkenntnissen aufnehmen und andererseits die spezifische Relevanz des christlichen Glaubens für das Selbst- und Weltverhältnis des Menschen aufzeigen. Schließlich ist es doch, so die leitende Grundüberzeugung, ein und derselbe Mensch, den Naturwissenschaften, Philosophie und Theologie auf unterschiedliche Weise in den Blick nehmen.

Heute wirkt die Rede von ‚dem einen Menschen' allerdings genau in dem Maße formal und abstrakt, wie sich die anthropologischen Einzelwissenschaften spezialisieren, ausdifferenzieren und so pluralisieren – und mit ihnen die ‚Menschenbilder'. Damit wird nicht nur die Bezugsgröße theologischer Anthropologie erheblich komplexer, sondern auch die Rahmenbedingungen des interdisziplinären Gesprächs. Mit der methodisch sinnvollen *Reduktion* (der Fokussierung und Begrenzung auf einen Ausschnitt der Wirklichkeit) steigt das

Risiko des *Reduktionismus*, der Absolutsetzung der eigenen Perspektive und Erklärung ihrer uneingeschränkten Allzuständigkeit (z.B.: ‚nur empirische Begründungen sind wissenschaftlich'; oder: ‚nur formale Logik führt zu sicherer Erkenntnis'; oder: ‚nur die zeitenthobene Glaubensaussage hat Verbindlichkeit'). Natürlich: Es ist das Bedürfnis des Menschen, sich angesichts seiner unterschiedlichen Erfahrungen und Interpretationen zu orientieren. „Die menschliche Grundsituation selbst", so formuliert Dieter Henrich, „zwingt ihn dazu, irgendeine Formel zu finden, von der her er sich verstehen kann (zum Beispiel: Bin ich Triebwesen, freie Person, wirklich nur in meiner Liebe, Produkt eines bloß materiellen Geschehens? Und wieso dies, aber auch jenes?)"[1]. Wo die ‚Formel' aber jenseits ihrer möglichen Anfechtung und Bestreitung gesucht wird, verkommt sie zur positivistischen Behauptung, hat die Sehnsucht nach Einheit und Geborgenheit über die Anerkennung von Differenz und Pluralität gesiegt.

Lässt sich ein Gespräch zwischen theologischen und säkularen Anthropologien anregen, das ohne Gewinner und Verlierer auskommt und zugleich für Wahrheit und Relevanz des christlichen Glaubens eintritt? Wie kann es einer religiösen Selbstdeutung gelingen, sich auf die Prozesse der Pluralisierung und Ausdifferenzierung (spät-)moderner Anthropologien konstruktiv zu beziehen – ohne Irritationsfreiheit und Isolierung gegenüber den Anfragen ‚von außen', aber auch ohne Aufgabe des ‚Eigenen'? Wie wird sie fähig zur Profilierung einer gläubigen Perspektive auf den Menschen, die mit Pluralitätskompetenz und Ambiguitätstoleranz nicht konkurriert, sondern korrespondiert: also die Fraglichkeit, Ambivalenz und Zerbrechlichkeit moderner Selbst- und Welterfahrungen nicht abblendet, sondern ernst nimmt, konstruktiv verarbeitet und so – vielleicht – in einem neuen Licht erscheinen lässt? Wie vermag sie schließlich dem einmal erreichten Problem- und Reflexionsniveau des philosophischen Denkens der Moderne zu entsprechen?

Diese Fragen bilden den wissenschaftstheoretischen Horizont, vor dem sich die vorliegende theologische Anthropologie bewegt. Sie verbindet ‚Außen' und ‚Innen', Fundamentaltheologie und Dogmatik. Denn nur unter Einbezug der kritischen Anfragen ‚von außen' kann eine theologische Deutung des Menschseins ‚nach innen' konsistent begründet und entfaltet werden, die heutige Erfahrungen des Suchens, Fragens und Zweifelns integriert, ohne sie zu überspielen oder zu vereinnahmen; und umgekehrt wird diese Deutung im Licht des Glaubens nur durch Entfaltung ihrer eigenen Perspektive auch nach außen ‚ausstrahlen', attraktiv und gesprächsfähig sein.

In diesem Sinne befasst sich Kap. I zunächst grundlegend mit der prinzipiellen *Möglichkeit* einer theologischen Anthropologie, unter den einleitend genannten Bedingungen der fortschreitenden Ausdifferenzierung der Einzelwissenschaften, ihrer Anthropologien und ‚Menschenbilder'. Dargestellt und diskutiert werden gewichtige Anfragen von systemtheoretischer, interaktionistischer, psychoanalytischer, kognitionswissenschaftlicher oder naturalistisch-metaphysischer Seite. Dabei steht die Sicherung zweier Voraussetzungen im Vordergrund, ohne die einer theologischen Anthropologie ihre Basis entzogen würde: die Möglichkeit, menschliche Existenz als *ursprünglich* gesollt und sinnvoll zu denken sowie die Bestimmung des Menschen als *freies Subjekt* seiner Daseinsdeutung.

In Kap. II werden vier der wichtigsten theologischen Anthropologien aus der zweiten Hälfte des 20. Jahrhunderts vorgestellt, nämlich die Ansätze der katholischen Theologen Karl Rahner und Thomas Pröpper sowie die der evangelischen Theologen Wolfhart Pannenberg und Eberhard Jüngel. Alle vier Entwürfe sind – jedoch in sehr unterschiedlicher Weise – auf Grunderfahrungen des Menschen in der fortgeschrittenen Moderne bezogen. Sie werden nicht geschlossen, sondern problemorientiert auf vier systematische Leitfragen hin dargestellt, die im Zentrum der vorliegenden Anthropologie stehen und in Kap. III wieder aufgenommen werden. Um die verschiedenen Ansätze in ein kritisch-konstruktives Gespräch zu bringen, worauf dieses Lehrbuch besonderen Wert legt, sollen jeweils der spezifische Denk- und Theologiestil beachtet sowie methodische Differenzen transparent gemacht und analysiert werden.

Auf der Basis der Vorarbeiten skizziert Kap. III eigene Antwortversuche: auf die Frage, ob der Mensch für Gott empfänglich und ansprechbar ist; inwiefern in der geschichtlich-konkreten Zuwendung Gottes (seiner Selbstmitteilung) zugleich Sinn und Ziel des Menschseins offenbar werden; wie der Glaube die Erfahrung des Menschen ausdeutet, dass er Gottes Zuwendung nicht entspricht, in Schuld und Leid verstrickt ist; wie Menschen überhaupt zum Glauben finden, wie er zustande kommt und in der Welt wirksam wird.

Anstelle eines eigenen biblischen Teils, der ohnehin nur einen allgemeinen Überblick über den Perspektivenreichtum im Alten und Neuen Testament hätte bieten können, werden themenbezogen systematische und biblische Perspektiven verbunden. Zentrale argumentative Weichenstellungen werden im Gespräch mit der neueren exegetischen Forschung bewährt.

Den ‚roten Faden' zwischen den drei Kapiteln, der zugleich dem hier gewählten Ansatz einer *fundamentaltheologisch orientierten Dogmatik* entspricht, bildet die ‚Freiheit' als anthropologischer Grundbegriff, und zwar in seiner Näherbestimmung bei Thomas Pröpper. Dieser Grundbegriff ist aus unserer Sicht geeignet, um als ‚Schnittstelle' oder ‚Brücke' zwischen ‚Innen' und ‚Außen' zu fungieren, zwischen vernünftiger Begründung und hermeneutischer Entfaltung der theologischen Aussagen über den Menschen. Da die Freiheitstheorie eine bloß ‚transzendentale' ist (‚nur' Minimalbedingungen für die Rede von Vernunft und Freiheit des Menschen bereitstellt), bietet sie *einerseits* die notwendige Offenheit, um das Gespräch mit den nichtreligiösen Anthropologien zu moderieren wie auch mit Deutungen, die eher phänomenologisch oder existenziell die Relevanz des Glaubens aufweisen. Hier soll das hermeneutische Erschließungspotenzial des von Pröpper grundgelegten Konzeptes weiter bewährt werden. *Andererseits* stellt die Freiheitstheorie eine orientierende, kritische Bezugsgröße sowohl für die philosophische wie auch theologische Reflexion zur Verfügung. Ob uns diese schwierige Balance zwischen *hermeneutischer Flexibilität* und *normativer Stabilität* mit Hilfe des transzendentalen Freiheitsdenkens gelingt, sei freilich dem Urteil des Lesers und der weiteren Diskussion überlassen.

Der Entschluss, das vorliegende Buch gemeinsam und arbeitsteilig zu schreiben, resultiert aus einem kontinuierlichen Austausch über die Perspektiven einer theologischen Anthropologie in der Gegenwart. Dass es aber geschrieben wurde, wäre ohne die Unterstützung zahlreicher Personen nicht möglich gewesen.

Danken möchten wir zuerst Prof. Dr. Klaus von Stosch für die Anregung zu dieser Einführung und ihre Aufnahme in die Reihe Grundwissen Theologie. *Für viele weiterführende Gespräche und inhaltliche Hinweise danken wir Dr. Martin Dürnberger, Lea Lerch, Julia Lünswilken, Tobias Mayer, Dr. des. Sarah Rosenhauer, Dr. Christian Stoll, Sabrina Strass, Prof. Dr. Jan-Heiner Tück und Lukas Wiesenhütter. Außerdem danken wir unseren Studierenden in Paderborn und Wien, mit denen wir in Vorlesungen und Seminaren unsere Thesen erproben und diskutieren konnten. Dank gebührt weiterhin Mareena Hofmeister für die mühevolle Arbeit des Korrekturlesens. Schließlich sei Dr. Nadine Albert für die produktive und hilfreiche Unterstützung von Verlagsseite gedankt.*

Literatur

Erwin Dirscherl, Grundriss Theologischer Anthropologie. Die Entschiedenheit des Menschen angesichts des Anderen, Regensburg 2006 *(instruktive, gut lesbare Einführung aus phänomenologischer Sicht).*

Ursula Lievenbrück, Theologische Anthropologie. In: Thomas Marschler/ Thomas Schärtl (Hg.), Dogmatik heute. Bestandsaufnahmen und Perspektiven, Regensburg 2014, 173-230 *(informative Einführung in die Entwicklung des Traktats ‚Theologische Anthropologie' und seine gegenwärtigen Herausforderungen; sehr gut geeignet für eine erste Orientierung).*

Thomas Pröpper, Theologische Anthropologie, Freiburg-Basel-Wien [2]2012 *(sehr ausführliche, zweibändige Entfaltung einer theologischen Anthropologie aus freiheitstheoretischer Perspektive, die allerdings die Auseinandersetzung mit vielen wichtigen Positionen der Vergangenheit und Gegenwart sucht und daher auch als Übersichtswerk – trotz bisweilen schwieriger Sprache – gut geeignet ist).*

Wolfgang Schoberth, Einführung in die theologische Anthropologie, Darmstadt 2006 *(Einführung aus evangelischer Perspektive mit einer ausführlichen Thematisierung der Entwicklung allgemeiner Anthropologie und einem Darstellungsfokus auf protestantische Entwürfe).*

I. Herausforderungen für eine theologische Anthropologie in der Spätmoderne

Aaron Langenfeld

Was ist der Mensch? Für die Theologie steht mit der Antwort auf diese anthropologische Grundfrage viel auf dem Spiel: Wenn sie im Konzert soziologischer, biologischer, psychologischer und anderer Deutungen des Menschseins nicht plausibilisieren kann, warum vom Menschen auch unter der Annahme gesprochen werden kann, dass sein Dasein in Gott begründet ist und folglich die Gottesidee *Relevanz* für die Existenzdeutung des Menschen hat, dann droht jeder theologischen Rede ein massiver Bedeutungsverlust. Folgt man etwa Thomas Metzinger, dann scheint ein solches Unterfangen wenig erfolgversprechend:

> „[...] theologische Anthropologie sieht [...] sich mit den Vorwürfen des Irrationalismus und der hartnäckigen Verdrängung von offensichtlichen Erkenntnisfortschritten konfrontiert. Sie hat nicht viel mehr anzubieten als metaphysische Denkfiguren, an die man glauben kann oder auch nicht.“[1]

Hier wird also davon ausgegangen, dass das Bemühen um einen *rationalen Beitrag* der Theologie zum anthropologischen Diskurs von vornherein aussichtslos ist. Theologie, so wird ausgeführt, hat wesentliche Einsichten über die Welt und den Menschen ‚verdrängt‘, sie hält nicht mehr mit den wissenschaftlichen Erkenntnissen der Gegenwart Schritt, sondern verschanzt sich hinter alten, überholten Denksystemen, die jedoch letztlich irrational und daher irrelevant sind. Diese Unterstellung der grundsätzlichen Irrationalität hat damit zu tun, dass in den gegenwärtigen, allgemeinen anthropologischen Debatten zunehmend Prämissen infrage gestellt werden, deren Gültigkeit für eine theologisch ausgerichtete Anthropologie überaus bedeutsam sind. Will man sich gegenwärtig aus theologischer Sicht mit dem Gegenstand ‚Mensch‘ befassen, wird man diese Infragestellung nicht ausklammern können. Es scheint im Gegenteil sinnvoll, sie zum Ausgangspunkt zu machen, um die Frage nach einem Begriff rationaler Theologie in angemessener Weise zu würdigen.

Bevor also eine materiale Skizze theologischer Anthropologie erfolgen kann, ist die Frage nach ihrer *Möglichkeit* (und, in einem gewissen, nur angedeuteten Sinne, nach ihrer *Relevanz*) angesichts *gegenwärtiger Herausforderungen* grundsätzlich zu stellen. Zunächst geht es dabei eben nicht darum, dass diese Herausforderungen einen Gottesbezug des Menschen nicht thematisieren würden, was bspw. von biologischen Anthropologien ja auch kaum zu erwarten wäre. Vielmehr müssen Positionen in den Blick genommen werden, die aufgrund spezifischer Bestimmungen und Voraussetzungen die *Möglichkeit* einer theologischen Interpretation des Menschen nicht mehr oder kaum noch zulassen, weil sie für diese Deutung wichtige Annahmen bestreiten. Zum Zweck einer solchen Auseinandersetzung um die Tragfähigkeit der entsprechenden Prämissen müssen diese als Kriterien *vorausgesetzt* werden, obwohl sie teilweise bereits auf später zu erörternde theologische Konzepte vorgreifen. Dies darf aber – um eines Aufweises der bleibenden Möglichkeit theologischer Anthropologie willen – in heuristischer Absicht als hinreichend begründbar betrachtet werden.

Es lassen sich, zunächst nur formal, zwei entscheidende Kriterien einer theologischen Deutung des Menschen benennen:

1. Eine theologische Rede vom Menschen scheint unmöglich, wenn sein Dasein als *rein zufällig* begriffen wird, wenn es also nicht in irgendeinem Sinne als ursprünglich *gesollt* verstanden werden kann. Aus welchen Gründen menschliche Existenz als gesollt oder sogar gewollt begriffen wird (warum also die Annahme plausibel ist, dass Existenz nicht zufällig ist, sondern einen Sinn hat) ist damit keinesfalls vorentschieden. Allerdings ist es für eine theologische Anthropologie konstitutiv, dass menschliches Dasein als *ursprünglich* gesollt begriffen wird, weil dies die Voraussetzung der fundamentalen Idee Gottes als *gutem Grund der Schöpfung*, als bedingungslose Freisetzung und Bejahung des Menschen ist. ‚Ursprünglich' meint hier also, dass das Dasein des Menschen nicht nachträglich einen Sinn erhält – etwa durch besondere Leistungen des Menschen –, sondern einen Wert *in sich* darstellt. Als besondere Herausforderungen theologischer Anthropologie können demnach zunächst diejenigen Ansätze verstanden werden, welche die Annahme eines *ursprünglich gesollten Daseins* nicht zulassen oder entscheidend uminterpretieren.

2. Als Voraussetzung theologischer Anthropologie kann ebenfalls gelten, dass der Mensch sein Dasein als gesollt (also nicht zufällig) *erkennen* und *bestimmen* kann. Das impliziert, dass er das *Subjekt* dieser Existenzdeutung ist, er also *selbst* ein freies Verhältnis zu seinem Dasein einnehmen kann und nicht zu einer Existenzinterpretation durch Gott oder äußere

Umstände gezwungen wird. Diese Bestimmung des Subjektseins enthält sowohl den Aspekt der sog. ‚*Erste-Person-Perspektive*', des ‚Ich-Seins' des Subjekts, als auch den Aspekt des personalen Vermögens der *Freiheit* selbst, d.h. nicht fremdverursacht, im Denken und Handeln ein Verhältnis zur Welt und zum eigenen Dasein einnehmen zu können. Diese zweite Möglichkeitsbedingung dürfte im Blick auf eine theologische Anthropologie umstrittener sein als die erste, sodass eine kurze Begründung erfolgen muss. Würde das Gottesverhältnis des Menschen ausschließlich durch etwas *bewirkt*, das er nicht selbst ist – z.B. Gott oder die Natur –, dann würde im Grunde ja gar nicht mehr über die Gott-Mensch-Relation gesprochen werden, sondern über eine Beziehung Gottes zu sich selbst bzw. zur Natur. In beiden Fällen aber wäre es nur schwer möglich, das Dasein des Menschen als begründet zu begreifen, wenn es auf ihn als Subjekt der Beziehung zu Gott eigentlich nicht ankommt. Mit anderen Worten: Wie könnte man sagen, dass die menschliche Existenz gesollt ist, wenn sie eigentlich ‚zu nichts gut ist', weil sie vollständig durch Gottes Willen oder die Natur bestimmt wäre? Der spätmittelalterliche Theologe Johannes Duns Scotus (ca. 1266-1308) hat das berühmte Wort geprägt, dass Gott die Welt erschaffen habe, ‚um Mitliebende zu gewinnen'.[2] Ihm ging es dabei darum, zu zeigen, dass der einzige plausible Grund dafür, dass es die Schöpfung überhaupt gibt, darin besteht, dass Gott ein *freies Gegenüber* will. Damit ist ein Grund dafür angegeben, dass Gott den Menschen nicht direkt in eine unvermittelte Beziehung zu ihm erschaffen hat, was deutlich plausibler erscheint, wenn die Freiheit des Menschen für Gott keine Rolle spielen würde. Will Gott ein Gegenüber, das sich *frei* zu ihm in Beziehung setzen kann, dann muss der Mensch als *Subjekt* dieser Beziehung (oder ihrer Verweigerung) gedacht werden. Oder pointiert mit Karl Rahner (1904-1984) formuliert: „Eine sich selbst in Freiheit vollziehende Person und Heil, das eine bloß objektiv durch Gott allein *an* der Person bewirkte sachhafte Zuständlichkeit wäre, sind Begriffe, die sich gegenseitig aufheben; das nicht in Freiheit getane Heil kann nicht Heil sein."[3] Damit wird deutlich, dass Anthropologien, welche den Menschen als freies Subjekt leugnen, die zweite Form besonderer Herausforderungen darstellen, die, wenn sie zuträfen, eine theologische Deutung des Menschen wenigstens in enorme Begründungsnot bringen würden.[4]

Noch einmal sei darauf hingewiesen, dass den skizzierten Voraussetzungen bereits Vorentscheidungen zugrunde liegen, die wohl ein hohes Maß an Plausibilität beanspruchen dürfen, deren Geltung sich aber erst in der inhaltlichen Bestimmung der theologischen Anthropologie verdeutlichen lässt.

Zunächst werden nun Denkangebote thematisiert, welche die Freiheit bzw. das Subjektsein des Menschen problematisieren. In einem *zweiten Schritt* findet dann eine Verzahnung mit Überlegungen statt, die das Gesolltsein des Menschen kritisieren bzw. neu bestimmen.[5] *Drittens* wird schließlich eine positive Anschlussmöglichkeit für den Ausweis von Möglichkeit und Relevanz einer theologischen Anthropologie gesucht, welche die Frage nach der Nicht-Zufälligkeit menschlichen Daseins mit der starken Betonung des Menschen als freies Subjekt zu verknüpfen sucht.

Vorab sei noch bemerkt, dass die zugespitzte Darstellung der verschiedenen Ansätze nicht beansprucht, die weit verzweigte Debattenlandschaft um die einzelnen Theoreme abzubilden. Es soll gezeigt werden, wie bestimmte Argumente im Kontext spezifischer anthropologischer Interpretationen zu Infragestellungen der Möglichkeit einer theologischen Deutung des Menschen werden *können*. Die Darstellung der Ansätze erfolgt in systematischer Erkenntnisabsicht, d.h. sie werden zunächst auf ihre kritischen Pointen konzentriert. Dabei werden sie mit wichtigen anthropologischen Positionen verknüpft, wobei deutlich werden wird, dass diese selbst nicht auf die ‚Extrempositionen' zu beschränken sind, die aus ihnen abgeleitet werden können. Nicht selten wird aber erst durch diese Rückbindung die volle Tragkraft der Argumente sichtbar. Die kritische Reflexion geht folglich immer von ‚starken' Interpretationen der diskutierten Ansätze aus, innerhalb derer eine theologische Anthropologie im dargelegten Sinne mindestens problematisch würde, weil die zuvor benannten Kriterien angegriffen werden.

1. Subjektkritische Herausforderungen

Dass der Mensch ein freies Subjekt ist, das sich zu seinem Dasein in ein Verhältnis setzen kann, ist für die theologische Anthropologie von entscheidender Bedeutung, um ein freies ‚Ja' des Menschen zu Gott denken zu können. In diesem Sinne steht die theologische Anthropologie vor der Herausforderung anthropologischer Zugänge, die Freiheit und Subjektsein des Menschen in unterschiedlich starkem Ausmaß kritisieren oder leugnen. Die theologische Reflexion muss sich diesen Anfragen kritisch stellen, ohne dabei entdeckte, überzeugende Einsichten zu übergehen oder zu ignorieren.

1.1 Nur ein Produkt der Systeme? Gesellschaftstheoretische Ansätze

Der erste anthropologische Zugang kann, wenn er in seiner Zuspitzung als Kritik des Verständnisses des Menschen als freies Subjekt interpretiert wird, treffend wie folgt beschrieben werden: *Der Mensch ist ein Produkt der sozialen und gesellschaftlichen Systeme, in denen er lebt*. In diesem Sinne ist er kein bzw. nur in einem sehr eingeschränkten Maße Subjekt seiner Daseinsdeutung, weil dieselbe wesentlich von der Welt abhängt, in der er lebt, und insbesondere von den Menschen, die vor ihm gelebt haben und die in seiner Gegenwart leben. Sie *bestimmen* durch ihre Überzeugungen und Handlungen, *was ein Mensch für wahr hält und was nicht*, was er glaubt, was er sich wünscht, was er schön findet etc. Für diesen grundlegenden Gedanken lässt sich ein gutes Beispiel aus der Alltagswelt benennen, nämlich die Funktionsweisen von sozialen Gruppen auf dem Schulhof (oder sogar noch auf dem Campus). Als Beobachter kann man hier feststellen, dass z.B. bestimmte Kleidungs- und Musikstile gruppenspezifisch auftreten und das Gleiche gilt allgemeiner für ein Wissen der Gruppenmitglieder über das, was man tun darf, wenn man zur Gruppe gehören will und was man besser lässt, wenn man nicht ausgeschlossen werden will. Nun ist für dieses Phänomen eine sehr unwahrscheinliche Erklärung, dass alle Personen dieser Gruppe unabhängig voneinander auf den gleichen Geschmack gekommen sind. Viel plausibler erscheint es – und das wird wohl auch durch die allgemeine Erfahrung gestützt –, dass Prozesse innerhalb der Gruppe, die durch bestimmte Machtpositionen gesteuert werden, festlegen, was die Identitätsmerkmale der Gruppe sind (z.B. ein Kleidungsstil) und was ihre Regeln sind (z.B. Begriffe und Symbole, die man gebraucht bzw. gebrauchen darf). Diese Mikrokosmen hängen ihrerseits natürlich wieder von größeren Systemen ab, die vorgeben, was die einzelnen Gruppen als Identitätsmarker verwenden. Solche Systeme können z.B. Erziehung durch Eltern und Geschwister sein, aber auch die verschiedenen Medien, von den Nachrichten über Filme, Serien, Musikvideos, Bücher bis hin zur Werbung. All diese Erfahrungswirklichkeiten prägen ein Bild vom Menschen, das dem wirklich existierenden Menschen vorgibt, was und wie er zu sein hat und wonach er streben soll: Dieser bringt also nicht aus sich hervor, was als Statussymbol gilt und welche ethischen oder religiösen Überzeugungen er haben sollte (er ist eben nicht Subjekt der Deutung und Gestaltung seiner Wirklichkeit), sondern wird in diese Systeme schon hineingeboren, lernt unbewusst ihre Regeln bis er diesen blind folgen kann (z.B. Sprache) und steht nie außerhalb ihrer Prägekraft. Natürlich kann man das System wechseln und z.B. auswandern, aber im Grunde wird man dann nur von einem neuen Regelsystem beherrscht, das einen wiederum prägt.

Eine radikale Lesart dieses Ansatzes kann bis zu der Bestimmung gelangen, der Mensch sei *wesentlich* was die Systeme aus ihm machen und obwohl er glauben mag, er sei selbstbestimmt, so ist er doch eigentlich nur von dem überzeugt, was andere ihm als Regeln, denen er (bewusst oder unbewusst) folgt, und als Wahrheit, die er glaubt, vorgelegt haben. Die Überzeugung, man sei ein freies Subjekt, ist selbst das Produkt einer Gesellschaft, die mich in diesem Glauben ‚erzogen' hat, und ich bin nicht wirklich frei, meine Existenz zu deuten und zu gestalten.

Als Referenz für solche Anthropologien kann zunächst Karl Marx (1818-1883) gelten, der seine Interpretation des Menschen auf die Analyse der bestehenden Besitzverhältnisse aufbaut und zu zeigen versucht, inwiefern die meisten Menschen keine freien Subjekte sind, sondern lediglich ihr Überleben im sozialen Kampf um die bloße Existenz sichern. Welches *Leben* man führt, legt man nicht selbst fest, sondern diejenigen, die die Mittel haben, um das *Überleben* zu garantieren. Zentral für Marx ist der Begriff der *Entfremdung* des Menschen von seinen Tätigkeiten und von sich selbst:

> „Entfremdung (oder Entäußerung) bedeutet für Marx, dass sich der Mensch in seiner Aneignung der Welt nicht als Handelnder erfährt,

> sondern dass die Welt (die Natur, die anderen, und er selbst) ihm fremd bleiben. Sie stehen ihm als feindliche Gegenstände gegenüber, obgleich sie von ihm selbst geschaffen sein können. Entfremdung heißt, die Welt und sich selbst wesentlich passiv, rezeptiv, in der Trennung von Subjekt und Objekt zu erfahren."[1]

Ursprünglich zeichnet es nach Marx das Wesen des Menschen aus, sich in der Arbeit frei zu entfalten, sich mit den Produkten seiner Tätigkeit zu identifizieren und seinem Dasein darin selbst einen Sinn zu geben. Nun stellt sich aber im Laufe der Geschichte ein Ausdifferenzierungsprozess der Produktion ein, der dafür sorgt, dass der Mensch nicht mehr für sich selbst arbeitet, sondern Produkte erzeugt, die anderen nützen. In diesem Sinne verwirklicht der Mensch nicht mehr sein Dasein frei in seinen Tätigkeiten, vielmehr realisiert er jetzt die Ideen anderer, wodurch er wesenhaft von seiner ursprünglichen Natur entfremdet ist. Diejenigen, die einen Nutzen von den bestehenden Verhältnissen haben, sind nach Marx die Kapitalisten, die Material und Geld besitzen und die Arbeiter für ihre Zwecke instrumentalisieren. Durch seine Arbeit reproduziert der Mensch nun allerdings ausgerechnet die Systeme, die für seine Unterdrückung verantwortlich sind. Arbeiterinnen, die in Indien unter menschenunwürdigen Bedingungen Kleidung herstellen, tun das nicht für sich, sondern etwa für europäische Firmen, die Material besitzen und die Arbeiterinnen bezahlen, damit diese ihre Existenz sichern können. Existenzsicherung macht im Grunde ihr ganzes Dasein aus, sodass sie strikt abhängig sind von denen, die sie bezahlen. Ihre Arbeit hat also nichts mit Selbstverwirklichung zu tun, sondern dient nur der Selbsterhaltung. Damit sind sie aber gerade keine freien Subjekte, sondern sie dienen als Instrumente zur freien Selbstbestimmung anderer, die im eigentlichen Sinne ein freies Welt- und Daseinsverhältnis haben können. Paradox ist nun: Würde niemand zur Arbeit erscheinen, hätte der Fabrikbesitzer keine Macht mehr über die Arbeiterinnen. Gerade dadurch, dass sie zur Arbeit gehen, stärken sie das System des Kapitalismus. Sie bringen also das System, unter dem sie leiden, selbst mit hervor, haben aber keine Kontrolle mehr über dasselbe, obwohl sie doch die Produzenten sind und damit im Grunde alle Macht haben müssten. Genau gegenteilig bestimmen jedoch die Systeme die Menschen und die Überzeugungen der Kapitalisten werden auch zu den Überzeugungen der Arbeiter: Das Ziel des Arbeiters ist es nunmehr, Besitz zu schaffen, um sich selbst verwirklichen zu können. Dazu benötigt er Geld, das aber nur der Kapitalist besitzt. Anstelle des freien Widerspruchs und Protests *gegen* das bestehende System, fügt sich der Arbeiter *in* das System und es zeigt sich darin, wie sehr das System für ihn zur unhinterfragten Gegebenheit geworden ist. Für Marx ist die

> „Reflexion des Menschen nichts weiter als ein Widerschein der Verhältnisse, in denen Menschen leben und arbeiten. Menschen gehen in ihrer Produktion Verhältnisse zu anderen Menschen ein. Aber sie werden dabei von den Verhältnissen überwältigt. Sie können nicht mehr anders als sich in diesen Verhältnissen zum Ausdruck zu bringen."[2]

Die Verhältnisse sind es also, die den Menschen zu dem *machen*, was er *ist*, und unter den Bedingungen des Kapitalismus ist er wesentlich auf seinen Wert als Arbeitskraft für die Umsetzung der Ziele anderer reduziert. „[…] *der Mensch*, das ist kein abstraktes, außer der Welt hockendes Wesen. Der Mensch, das ist *die Welt des Menschen*, Staat, Sozietät."[3] Es ist folglich ein Trugschluss, dass Menschen da selbstbestimmt sein können, wo das bestehende System sie von der Identifikation mit ihrer Tätigkeit und deren Ergebnissen abhält. Zugleich muss Marx mit dieser Diagnose natürlich zugeben, dass der Mensch *prinzipiell* Subjekt sein könnte, dass also die bestehende Situation nicht die Möglichkeit freier Selbstbestimmung zerstört, sondern dieselbe lediglich unterdrückt.[4] Ihm geht es folglich gar nicht primär um eine prinzipielle Leugnung der freien Selbstbestimmung des Menschen, sondern vielmehr um eine Analyse der geschichtlichen Bedingungen, die den Menschen an seinem freien Dasein *hindern*.

In diesem Sinne kann Marx auch anerkennen, dass menschliches Dasein gesollt ist, dass es also einen Sinn hat, der allerdings in der freien Tätigkeit und Produktivität des Menschen individuell erst erreicht werden muss und folglich *nicht ursprünglich* ist. Freie Selbstbestimmung ist das *Ziel der Geschichte*, auf das hinzuarbeiten ist und das nur erreicht werden kann, wenn alle Besitzverhältnisse zwischen den Menschen aufgehoben sind. Wenn die bestehenden Verhältnisse vollständig überwunden worden sind, kommt der Mensch bei seinem Gesolltsein, bei seinem eigentlichen Wesen an, das durch freie, sinnstiftende Tätigkeit bestimmt ist. Diese Betrachtung der Geschichte trägt in sich einen Erlösungsgedanken, der zum Protest und zum Kampf gegen die ungerechten Besitzverhältnisse aufruft, und es erscheint plausibel, dass Marx der Religion nichts abgewinnen konnte, weil sie den Menschen in seiner Sicht gerade nicht zum Protest gegen die bestehenden Verhältnisse anleitete, sondern ihn im Gegenteil auf das Jenseits vertröstete. Dieser Aspekt ist von einer theologischen

Anthropologie zu bedenken. Kritisch zu prüfen ist aber mit Blick auf das erste vorausgesetzte Kriterium (ursprüngliches Gesolltsein) auch das Verständnis von Freiheit als Ziel der Geschichte. Ist nämlich freies Subjektsein das Ziel der Geschichte, wird dieses Kriterium verletzt, weil der Sinn menschlichen Daseins erst zu einem noch ausstehenden Zeitpunkt realisiert werden könnte, den das einzelne Individuum vermutlich gar nicht mehr erlebt. Ein eigentlich sinnvolles Dasein hätten folglich nur diejenigen, die das Glück haben, am Zielpunkt der Geschichte zu leben. Deutlich wird hier, dass beide Kriterien, ursprüngliches Gesollt- und Subjektsein des Menschen an dieser Stelle verwoben sind, weil Freiheit selbst als Sinngrund thematisch wird. Daher ist zu erörtern, ob Marx' Position in sich konsistent ist oder ob sich Gründe finden lassen, das Subjektsein als ursprüngliche Gegebenheit zu verteidigen, die nicht Ziel-, sondern Wesensbestimmung menschlichen Daseins ist. Festgehalten werden kann jedenfalls, dass Marx bei aller Betonung der Bestimmtheit der Menschen durch das kapitalistische System die Bestimmung des Menschen als Subjekt seiner Daseinsinterpretation nicht im eigentlichen Sinne leugnet. So stellt sich weniger die Frage nach der prinzipiellen *Möglichkeit* einer theologischen Anthropologie, sondern nach ihrer *inhaltlichen Ausrichtung* nach der Begegnung mit Marx.

Deutlich radikaler geht Friedrich Nietzsche (1844-1900) mit dem Verständnis des Menschen als Subjekt ins Gericht. Nietzsche stellt gewissermaßen ganz grundsätzlich die Frage, was ein Subjekt überhaupt sein soll, wo Subjekte doch keine Gegenstände sind, die man in der Welt anschauen könnte. Vielmehr handelt es sich bei dem Gedanken, dass der Mensch ein freies Subjekt sei, um schlichten Unsinn, der einer Sprachverwirrung geschuldet ist: Weil der Mensch sagt ‚Ich denke', glaubt er, dass es ein tatsächliches ‚Ich' gibt, das denkt. Dabei übersieht er allerdings, dass die Sprache und die Grammatik von ihm selbst gemacht sind, um Erfahrungen und Gegenstände zu bezeichnen. In diesem Sinne lässt sie aber keine Rückschlüsse darauf zu, wie die Wirklichkeit tatsächlich ist. Die Tatsache, dass es das Wort ‚Nessi' gibt, heißt ja noch nicht, dass es tatsächlich ein Monster im schottischen *Loch Ness* gibt. Ebenso ist der menschliche Glaube an die Instanz des Subjekts ein Glaube an seine Grammatik, der aber keinen zweifelsfreien Anhalt an der Realität hat.

> „Ehemals nämlich glaubte man an ‚die Seele', wie man an die Grammatik und das grammatische Subjekt glaubte: man sagte, ‚Ich' ist Bedingung, ‚denke' ist Prädikat und bedingt – Denken ist eine Tätigkeit,

> zu der ein Subjekt als Ursache gedacht werden muss. Nun versuchte man, mit einer bewunderungswürdigen Zähigkeit und List, ob man nicht aus diesem Netze heraus könne, – ob nicht vielleicht das Umgekehrte wahr sei: ‚denke' Bedingung, ‚Ich' bedingt; ‚Ich' also erst eine Synthese, welche durch das Denken selbst gemacht wird.[5]

Die Konsequenzen, die Nietzsche aus diesen Beobachtungen, dass das ‚Ich' nur eine Begleiterscheinung und nicht die Voraussetzung des Denkens ist, zieht, müssen im Kontext seiner Methode der *genealogischen Betrachtung* verortet werden. Diese Methode kann im weitesten Sinne so verstanden werden, dass Überzeugungen über die Wirklichkeit, die scheinbar selbstverständlich sind, auf ihre Geschichte hin befragt, so in einen Kontext gesetzt und damit als *nicht selbstverständlich* erwiesen werden. Ein Beispiel: Schüler, die in einem bestimmten Schulsystem aufwachsen, sind meistens der (unbewussten) Überzeugung, dass Schule schon immer so gewesen ist, wie sie dieselbe erleben. Die Gespräche mit Eltern, älteren Schülern etc. können dann zu der Einsicht führen, dass das bestehende System sich in der Geschichte erst entwickelt hat und dass das, was man als gegeben, gültig und richtig betrachtet, nicht so sein *müsste*, wie es ist. Das Gleiche gilt natürlich auch im Hinblick auf politische Systeme und alle Bereiche des öffentlichen und privaten Lebens: Ein Blick in die Vergangenheit zeigt, dass unsere Überzeugungen nicht schon immer gültig waren und dass sie deshalb in Zukunft auch nicht mehr gelten müssen.

Sind aber alle Überzeugungen, die wir haben, durch ihre konkrete geschichtliche Situation bedingt, dann gilt nach Nietzsche auch, dass selbst fundamentalste Überzeugungen, wie dass es ‚gut' und ‚böse' gibt, ganz egal wie diese Begriffe inhaltlich bestimmt sein mögen, ein *Produkt menschlicher Geschichte* sind. Der Mensch als Subjekt ist für ihn eine geschichtlich gewachsene *Erfindung* um die ebenfalls erfundene Moralität (d.h. die Begriffe von ‚gut' und ‚böse') zu legitimieren: Weil es aber keine für alle gültige, objektive, absolute, sondern nur eine erfundene Moral gibt, braucht es auch nicht den Gedanken einer Wahl zwischen ‚gut' und ‚böse', ‚richtig' oder ‚falsch' etc., die ein freies Subjekt voraussetzen würde; das ist viel mehr der bereits genannte ‚Glaube an die Grammatik', die wir verwenden, als eine Beurteilung der Fakten, die vor uns liegen.[6] Es gibt lediglich (moralisch nicht zu bewertende) Handlungen, aber keine Subjekte ‚hinter' den Handlungen; es gibt ein Denken, aber kein Subjekt, das dieses Denken verursacht – vielmehr resultiert dieses eben selbst aus dem Denkprozess. Dieser diagnostizierte fundamentale Irrtum kann allerdings durch den Aufweis der geschichtlichen Kontingenz (Nicht-Notwendigkeit oder Zufälligkeit) des Konstrukts auch wieder beseitigt werden. Es deutet sich bereits an, dass Nietzsches Perspektive weitaus größere Herausforderungen für die theologische Anthropologie bereithält als die bloße Infragestellung eines moralisch bestimmten Subjektgedankens. Sie müssen in der vertieften Auseinandersetzung mit sinnkritischen Herausforderungen (Kap. I.2) im Anschluss wieder aufgegriffen werden.

Im gegebenen Kontext ist Nietzsches Ansatz besonders relevant für das Verständnis Michel Foucaults (1926-1984), der die Methode der Genealogie auf den Begriff des Menschen selbst anwendet und zu einem bemerkenswerten Schluss kommt:

> „[...] der Mensch ist nicht das älteste und auch nicht das konstanteste Problem, das sich dem menschlichen Wissen gestellt hat. Wenn man eine ziemlich kurze Zeitspanne und einen begrenzten geographischen Ausschnitt herausnimmt – die europäische Kultur seit dem sechzehnten Jahrhundert –, kann man sicher sein, daß der Mensch eine junge Erfindung ist. [...] Der Mensch ist eine Erfindung, deren junges Datum die Archäologie unseres Denkens ganz offen zeigt. Vielleicht auch das baldige Ende."[7]

Für Foucault ist natürlich klar, dass es Menschen als biologische Gattung bereits vor dem 16. Jahrhundert der europäischen Geistesgeschichte gegeben hat; der Mensch aber, wie wir ihn heute *verstehen*, als freies, individuelles Subjekt, das zu moralischen Handlungen und zu einer autonomen Gestaltung seines Daseins fähig ist, hat es keineswegs immer gegeben. Der Mensch ist in dieser Qualifikation eine geschichtlich gewachsene Erfindung, die genauso wieder verschwinden kann „wie am Meeresufer ein Gesicht im Sand."[8] Diesen ‚Tod des Subjekts' sieht Foucault besonders darin gegeben, dass die Qualifikationen der Autonomie und Individualität ‚fehlerhafte' Bestimmungen sind, die der realen Situation des Menschen keineswegs angemessen sind.

So geht er einerseits mit Nietzsche von Charles Darwin (1809-1882) aus und zeigt, dass in einem evolutiven Weltbild der Mensch zuallererst ein Tier ist, das keineswegs autonom ist, also nicht über sich selbst verfügen kann. Hier ist eine evolutionistisch-naturalistische Anthropologie angedeutet, die später (Kap. I.1.4) noch ausführlich zu thematisieren sein wird.

An dieser Stelle interessiert uns aber zunächst ein zweites Problem, das Foucault im Hinblick auf ein neuzeitliches Verständnis des Menschen als ‚freies Subjekt' bestimmt: Offenkundig vollzieht sich unser Dasein nicht im luftleeren Raum, sondern eingebettet in gesellschaftliche Prozesse, die man als *Diskurse* bezeichnen kann. Für Foucault sind Diskurse sprachliche und nicht-sprachliche (Architektur etc.) Systeme, die eine Wirklichkeit erst erzeugen. Diskurse legen uns nicht nur schon in unserer Muttersprache fest, sie geben außerdem vor, welche Werte unserem Zusammenleben zugrunde liegen, welche Rollen Männer und welche Frauen zu erfüllen haben, welche Filme man sehen sollte bzw. kann, welche Kleidung man trägt – all diese Bestimmungen sind ja schon da, bevor wir da sind, und insofern wir innerhalb dieser Diskurse groß werden, legen sie uns auf bestimmte Vorstellungen fest, ob wir uns nun positiv oder negativ dazu verhalten. Weil Menschen also immer schon von diesen Diskursen bestimmt sind, in denen sie existieren, ist für Foucault das verallgemeinerte *System* dasjenige, was den Menschen eigentlich prägt. Das, was Menschen für wahr halten, wie sie die Wirklichkeit verstehen, wird von den Systemen vorgegeben, und dass der Mensch sich als freies Subjekt begreift, ist ebenfalls eine *diskursive Festlegung* des Systems. Zugespitzt formuliert: *Früher war der Glaube an Gott die systembestimmende Wahrheit, heute ist es der Glaube an den Menschen, morgen der Glaube an die Natur*.

Was Foucault also anerkennt, ist eine Subjektivierung des Menschen, die aber eben von geschichtlichen Bedingungen abhängt, über die er nicht verfügt. Der Mensch *ist* also kein Subjekt, sondern er *wird* zu einem Subjekt *gemacht*. Verantwortlich für diese Prozesse der Subjektivierung sind komplexe Strukturen der *Macht* innerhalb von Diskursen, die *Wissen* produzieren und über dessen Wahrheit befinden und dadurch die Überzeugungen und das Selbstverständnis von Subjekten prägen. Staatliches (und privates) Fernsehen ist z.B. eine Machtposition innerhalb des Diskurses, von der aus gezieltes Wissen gestreut wird, das die Menschen für wahr halten bzw. für wahr halten sollen. Dabei wird klar, dass Macht nicht einfach eine Willensäußerung eines Subjekts ist, sondern selbst eine komplexe Struktur von Abhängigkeitsverhältnissen aufweist. Auch ein Fernsehsender kann z.B. politische und wirtschaftliche Verpflichtungen haben und wird folglich entsprechende Interessen berücksichtigen müssen.

Freies Subjekt seiner Daseinsdeutung ist der Mensch bei Foucault nur in sehr eingeschränkter Weise. Anders als bei Marx ist Subjektsein aber auch kein Ziel der Geschichte, sondern eine radikal zufällige Bestimmung des Menschen, die jederzeit wieder aufgehoben werden kann, wenn der Diskurs eine andere Interpretation der Wirklichkeit vorgibt. Daher kann das Dasein des Menschen auch nicht mehr im eigentlichen Sinne als gesollt begriffen werden, sodass hier bereits starke sinnkritische Elemente enthalten sind. Nicht von ungefähr knüpft Foucault den ‚Tod des Subjekts' als Konsequenz an den von Nietzsche proklamierten ‚Tod Gottes': Eine Beschreibung der Wirklichkeit, die jede Absolutheit, und also auch Gott, verneint, muss alles relativ interpretieren; auch das Dasein des Menschen. Die Vorstellung eines Gesolltseins seines Daseins würde hingegen einen objektiven Wert behaupten, der von der hier referierten Position aus schlicht nicht erreichbar scheint.

Die dargestellten Ansätze laufen – bei aller Verschiedenheit – in einem Punkt zusammen: *Das Daseinsverständnis des einzelnen Menschen ist wesentlich durch die gesellschaftlichen Systeme bestimmt, in denen er seine Existenz vollzieht*. Denn auch bei Nietzsche findet sich der Gedanke, dass der Mensch sich deshalb als Subjekt begreift, weil er den Worten ‚Ich denke' glaubt, die er gelernt hat. Bei Foucault wird dieser Glaube an die sprachliche Grammatik auf seine gesellschaftlichen Bedingungen hin analysiert, wobei die öffentlichen Diskurse eben das Verständnis der Wirklichkeit erst herstellen und der Mensch zu einem (nicht selbstbestimmten) Subjekt gemacht wird. Für Marx war die Selbstbestimmtheit aller Menschen allerdings noch Ziel eines geschichtlichen Wandlungsprozesses der bestehenden Verhältnisse, wenngleich er die Bestimmtheit durch die gesellschaftlichen Systeme natürlich in den Fokus seiner Gegenwartsanalyse stellt.

Kann die kritische Spitze, auf welche die skizzierten Ansätze zulaufen, allerdings gänzlich überzeugen, oder lassen sich argumentative Einseitigkeiten ausmachen, die zu kritisieren wären? Es ist also nun zu überprüfen, ob die gelieferten Argumente stichhaltig sind und eine theologische Anthropologie vor die entsprechenden Probleme gestellt ist, oder ob sich eine gut begründete Kritik anbringen lässt, welche die Möglichkeit theologischer Deutungen des Menschen offenhält. (1.) Anschließend ist aber auch die Frage zu stellen, welche Perspektiven für eine (theologische) Anthropologie in der Spätmoderne weiterführend sind. (2.)

1. Argumente, die versuchen, den Menschen als (reines) Produkt der gesellschaftlichen Diskurse zu betrachten, können sich zunächst auf eine enorme Alltagsplausibilität berufen, denn es scheint offensichtlich, dass Menschen aus den geschichtlichen Umständen, in denen sie existieren, nicht ausbrechen können. Schon gar nicht können

sie die erlernte Sprache und Kultur einfach beiseitelegen und nochmal ganz ‚neu anfangen'. Das, was wir für wahr, richtig und gut halten, haben wir zuerst gelernt und ‚lernen' es noch durch die Diskurse, die durch Politik, Wissenschaft, Medien, Ökonomie, Mode etc. bestimmt sind. Ein Blick in die Geschichte und in andere Kulturen zeigt uns dabei, dass restlos nichts von dem, was eben für uns gültig ist, notwendig gelten muss, sondern dass unsere Werte, Moralvorstellungen, Überzeugungen über die Wirklichkeit relativ zum herrschenden Diskurs sind. Die Grundthese lautet: Wir bringen diese Überzeugungen nicht selbst hervor und sind also *nicht* Subjekte unserer Daseinsinterpretationen. Ob das nun durch ökonomische Systeme (Marx), durch die Sprache (Nietzsche) oder die allgemeinen Diskurse (Foucault) bedingt ist, spielt im Grunde für das Argument keine Rolle.

Macht man sich allerdings die Konsequenzen klar, die solche anthropologischen Zugänge nach sich ziehen, müssen die Argumente neu geprüft werden. Man kann zunächst mit der intuitiven Frage beginnen, ob Menschen sich wirklich als Produkte herrschender Diskurse *fühlen*. So erscheint es doch so, dass etwa eine pluralistische Gesellschaft zahlreiche Angebote stiftet, zwischen denen man wählen und seinen Lebensentwurf auf diese Weise frei bestimmen kann. Auch hat man politisches Mitspracherecht, kann sich auch später in seinem Leben noch gegen einen eingeschlagenen Bildungsweg entscheiden, kann reisen, darf religiös sein, muss es aber nicht – das scheinen doch triftige Gründe für die Annahme zu sein, dass man selbst zumindest *auch* freie Entscheidungen treffen kann. Marx würde an dieser Stelle allerdings kritisieren, dass man eben zu jenen wenigen Privilegierten gehöre, die auf Kosten anderer wirklich ein Subjekt sein können. Diejenigen, die das nicht vermögen, dienen durch ihre Arbeit nur meiner freien Selbstverwirklichung. Foucault würde zudem einwenden, dass man zwar glaubt, in seinen Entscheidungen frei zu sein, dass man aber letztlich doch nur das tut, was die Systeme uns zu wollen vorgeben. Es entsteht eine *Hermeneutik des Verdachts*: Will ich wirklich studieren oder studiere ich, weil ich damit viel Geld verdienen kann und mir einen gehobenen Lebensstil leisten kann? Will ich wirklich selbst diesen gehobenen Lebensstil oder zeichnet mir die Gesellschaft vor, dass zum gelingenden Leben Wohlstand und Luxus gehören? Will ich wirklich reisen oder zwingt mich die Tatsache, ‚dass man mal im Ausland gewesen sein muss', die meine Freunde mir vorgeben, zum Reisen? Bin ich freiwillig religiös, oder weil die meisten Menschen in meiner Umgebung religiös sind? Etc.

Eine Intuition reicht offenkundig nicht aus, um die so gewendete foucaultsche Analyse begründet zu kritisieren und Marx' Argumente werden gerade vom intuitiven Einwand her nochmal unterstützt. Man wird das Argument also sachlich verstärken müssen und eine Möglichkeit kann hier in der kritischen Rückfrage bestehen, ob es *logisch* möglich ist, Diskurse *ohne Subjekte* zu denken.[9] Kann es wirklich Systeme geben, die nicht von freien Subjekten getragen werden? Wenn es nämlich gelten sollte, dass Systeme Prozesse der Subjektivierung bedingen, so stellt sich unweigerlich die *Frage nach den Subjekten* dieser systemischen Prozesse. Systeme sind ja offenkundig keine ‚Dinge' in der Wirklichkeit, sondern von Menschen gemachte Konstrukte zur Ordnung der Wirklichkeitserfahrung und -gestaltung. Muss in diesem Sinne nicht vielmehr so etwas wie eine geschichtliche *Gleichursprünglichkeit* von Subjekt und System gedacht werden? Demnach wäre der Einsicht Rechnung getragen, dass Diskurse tatsächlich Menschen erst zu den konkreten Personen machen, die sie sind, andererseits wäre aber auch gesagt, dass es ohne die Gestaltung der Systeme durch Subjekte gar kein System gäbe. So wie also etwa ein Verein ein System ist, das die Identität seiner Mitglieder wesentlich bestimmt (Tragen von Vereinsfarben, Regeln über bestimmtes Verhalten, Grundwerte etc.), so existiert der Verein doch nur durch die Subjekte, die sich diese Regeln setzen und ihnen frei folgen. Und selbst, wenn der Verein älter sein mag als man selbst, so bedeutet die bewusste Identifikation mit demselben auch eine Wahl der Mitgliedschaft und eine Akzeptanz oder kritische Fortschreibung der Regeln des Vereins.

Eingewendet wird an dieser Stelle oft, dass Menschen eben eigentlich nur Tiere seien und dass die konstruierten Systeme letztlich *natürliche Ordnungen* sind, die einfach bestehen, funktionieren und sich gestalterischem Einfluss entziehen. Der Mensch denkt dann zwar, er hätte diese Ordnungen frei hervorgebracht, faktisch bringen aber die Ordnungen die Ideen des Menschen hervor. An dieser Stelle wird wohl die größte Problematik der Reduktion des Subjekts auf seine gesellschaftlichen Bedingungen bewusst, nämlich diejenige der Erklärung der Veränderung im System: *Wenn* Systeme der freien Gestaltung durch Subjekte unverfügbar und daher eher einer natürlichen Ordnung vergleichbar sind – wird dann nicht die reale Veränderung unter der *Idee* der Freiheit unterbestimmt? Würde man etwa menschliches Zusammenleben mit einem Ameisenhaufen vergleichen, so könnte man *prima facie* auf die Idee kommen, dass es keine allzu großen Unterschiede zwischen der natürlichen Ordnung dort und dem scheinbar vernünftigen, menschlich konstruierten System hier gibt. Aber die Struktur von Ameisenhaufen ändert sich – nach allem, was uns bekannt ist – nicht. Ameisen zeigen keinen kulturellen Wandel, sie zeigen überhaupt keine auffälligen Veränderungen von Handlungsweisen, sie tun das, was sie immer tun und tun *müssen*. Veränderungen könnte es wohl nur dann geben, wenn das System hinterfragt und neu orientiert wird, was allerdings spezifische *Gründe* für diese Umgestaltung voraussetzt. Das wiederum setzt ein Wesen voraus, das vernünftig abwägen kann, was getan werden *sollte*. Genau diese Fähigkeit einer *selbständigen, vernünftigen und gewollten Bezugnahme* auf einen ‚Gegenstand' (auch ein System steht dem Subjekt ja gegenüber) zeichnet aber das aus, was mit der Bezeichnung des Menschen als ‚Subjekt' gemeint ist.

An dieser Stelle können nun sog. naturalistische Einwände (vgl. Kap. I.1.4) anknüpfen, die besagen, menschliches Handeln sei nur der Komplexität nach von Ameisen oder anderen Tieren unterscheidbar.[10] Die dabei entscheidende Frage ist, ob man den Naturalismus als metaphysische Rahmentheorie akzeptiert. Wenn ja, dann bietet sich praktisch keine andere Möglichkeit mehr, als das menschliche Handeln als komplexere Form des ‚Ameisen-Verhaltens' zu begreifen – trotz aller Überhangfragen, die damit einhergehen (z.B. Sinn und Zweck der evolutiven Entwicklung von Moral etc.). Wenn nein, gibt es zunächst hingegen keinen Grund, auf die Stärken des hier vorausgesetzten Begriffs des Subjekts zu verzichten. Es wird sich also erst in der Auseinandersetzung mit dem Naturalismus erweisen lassen, ob die vorgetragenen Behauptungen weiter plausibilisierbar sind.

Im Kontext gesellschaftstheoretischer Ansätze ist vorläufig wichtig, festzuhalten, dass Systeme Subjekte grundlegend bestimmen. Der Begriff ‚Subjekt' bedeutet gar nicht, dass Menschen ständig alle Regeln, Werte und Normen selbst hervorbringen und auf diese Weise ihre eigene reine ‚Subjektwelt' kreieren. Die Rede vom Subjekt meint nur, dass Menschen die *Fähigkeit* zugesprochen wird, sich in ein bewusstes, kritisch-distanziertes Verhältnis zu den sie prägenden Systemen zu setzen und diese konstruktiv fortzubestimmen. Menschen können also systemische Zusammenhänge durch ihre Daseinsdeutungen konkret bestimmen, sind dabei aber gleichzeitig auf die Welt, in der sie leben, angewiesen. Diese ‚Gleichzeitigkeit' von Aktivität und Passivität wird in Kap. III u. IV im Zusammenhang von Sünde, Gnade und menschlicher Freiheit theologisch relevant sein. In diesem Sinne gibt es – so kann festgehalten werden – *kein Subjekt ohne das System*, aber auch *kein System ohne Subjekt*.

Dabei ergibt sich eine kritische Pointe gegen Marx‘ Ansatz: Werden Subjektsein und Freiheit erst als Ziel und nicht auch als Voraussetzung des Systems gedacht, dann wird die Möglichkeit eröffnet, Freiheitseinschränkungen um des höheren Gutes willen vorzunehmen. Unterdrückung von Freiheit um der Freiheit willen scheint aber nicht nur sachlich inkohärent, das Versprechen einer diesseitigen absoluten Befreiung aller Menschen hat auch geschichtlich immer wieder zur Legitimation humanitärer Katastrophen geführt. Wie zuvor skizziert, kann man aber mit einiger Plausibilität die These stark machen, dass die Anerkennung menschlicher Freiheit eine *Voraussetzung* gerechter Gesellschaften und geschichtlichen Fortschritts ist, ohne dass damit bereits deren Realität behauptet wäre. Wird aber Freiheit in diesem Sinne nicht als Ziel, sondern als Voraussetzung der Veränderung ungerechter bestehender Verhältnisse gedacht, ist auch die Möglichkeit eröffnet, das Dasein des Menschen als ursprünglich sinnvoll zu begreifen. Mit anderen Worten: Muss der Mensch sein eigentliches Wesen als freies Subjekt nicht erst erkämpfen, sondern wird Subjektsein als Wesenseigenschaft vorausgesetzt, dann ist die Möglichkeit einer theologischen Anthropologie offengehalten, die das ursprüngliche Gesolltsein des Menschen mit guten Gründen behaupten kann.

2. Die Anfangsplausibilitäten der skizzierten anthropologischen Ansätze sind damit nicht aufgehoben. Die gesellschaftlichen Analysen von Marx und Foucault bleiben wichtige Beiträge für einen Entwurf spätmoderner Anthropologien und ihre Themen haben auch heute noch große Relevanz: Das ökonomische Ungleichgewicht, die ungerechte Verteilung der Güter und die Ausbeutung asiatischer und afrikanischer Länder durch die westlichen Nationen sind nicht überwunden und sind Gründe für die beginnenden ‚Völkerwanderungen‘ in Europa. Ebenso scheint es plausibel, dass Geld und Besitz als die alles bestimmenden Wirklichkeiten unserer Zeit erfahren werden: Alle Systeme scheinen dem Streben nach ökonomischem Wachstum untergeordnet zu sein, das die Welt in Kapitalisten und Arbeiter teilt und die freie Lebensgestaltung vieler Menschen unmöglich macht. Gerade angesichts dieser dramatischen Diagnose scheint es allerdings notwendig, den Menschen nicht nur als Produkt dieser Prozesse zu begreifen, sondern als Subjekt, das ein kritisches Verhältnis zu den ihn bestimmenden Systemen einnehmen kann.

Ebenso steht außer Frage, dass Foucault unmissverständlich die menschliche Heteronomie (Fremdbestimmtheit) ausweist und sich mir noch während des Schreibens dieser Zeilen der Zweifel aufdrängen kann, ob ich Positionen vertrete, die ich vertreten will, oder Positionen, zu denen mich verschiedene diskursive Zusammenhänge genötigt haben. Foucaults Anwendung der genealogischen Methode kann davor schützen, den Begriff des Subjekts als zeitlos gegebenen zu begreifen, der selbstverständlich und absolut ist. Daher muss es darum gehen, die Bedeutungsdimensionen dieses Begriffs immer wieder neu zu klären und ihre Übersetzbarkeit in andere Kontexte zu prüfen. Dass vor dem 16. Jahrhundert in Europa niemand den Menschen als Subjekt verstanden habe, wäre ja erst einmal ebenso eingehend zu analysieren, wie die Annahme, dass sich der Gedanke der Subjektivität nicht in allen anderen Kulturen finde. Foucault sensibilisiert aber für die Problematik, die Bestimmungen des neuzeitlichen Subjektbegriffs *allen* Menschen zuschreiben zu wollen, diese *universale* Zuschreibung jedoch nur in der *konkreten* Auseinandersetzung mit anderen Systemen leisten und behaupten zu können, was stetig zu neuen Aneignungs- und Übersetzungsprozessen des Begriffs ‚Subjekt' herausfordert. Die These, dass der Mensch Subjekt seiner Daseinsdeutung und der damit verknüpften Daseinsgestaltung ist, steht damit bleibend unter dem Vorbehalt der *geschichtlichen Bedingtheit der Idee*. Das macht sie natürlich nicht falsch und die oben skizzierten Gründe scheinen mir ausreichend, um den Menschen auch nach Foucault begründet in spezifischer Weise als freies Subjekt bestimmen zu können. Von einer beständigen reflexiven Erinnerung der Geschichtlichkeit und diskursiven Bestimmtheit der eigenen Konzepte und Interpretationen entbindet das allerdings nicht.

Die gesellschaftstheoretischen Ansätze erklären das Verständnis des Menschen als freies Subjekt also letztlich nicht weg (sofern sie das in dieser Stärke überhaupt beabsichtigen), sondern ihre Kritik gewinnt an Überzeugungskraft, wenn sie die Idee der Freiheit berücksichtigen. Damit bleibt die Möglichkeit einer theologischen Anthropologie im Hinblick auf die oben genannten Voraussetzungen auch nach der Betrachtung gesellschaftstheoretischer Einwände erhalten.

1.2 Zwischenschritt: Interaktionismus

Der nächste anthropologische Zugang stellt in gewisser Weise eine Mittelposition dar. Einerseits ist er den zuvor besprochenen gesellschaftstheoretischen Konstruktionen verpflichtet, indem er die starke gesellschaftliche Bestimmtheit des Menschen betont. Andererseits stellt er die Frage in den Mittelpunkt, wie diese Determination durch systemische Prozesse genauer funktioniert. Dadurch rückt der Mensch selbst stärker in den Fokus der Aufmerksamkeit, weil es um die Frage geht, *wie er die ihn bestimmenden Einflüsse verarbeitet*, sodass eine eigene Identität entsteht. Angezeigt ist damit, dass der folgende Ansatz, der mit dem Terminus *interaktionistisch* angemessen beschrieben ist, die Probleme der gesellschaftstheoretischen Denkangebote wahrnimmt und zu adressieren versucht. In diesem Sinne verspricht er zunächst eine sinnvolle und weiterführende Ausweitung allgemeiner Anthropologie, die in breitem Umfang rezipiert wurde. Eine subjektkritische Herausforderung für eine theologische Anthropologie stellt der Ansatz denn auch nur in eingeschränktem Maße dar, weil er freie Selbstbestimmung als zentrales Konzept fasst, auf eine Näherbestimmung jedoch verzichtet und somit die verstärkte Fokussierung auf den Menschen zugleich ein Einfallstor für reduktive Subjektkritiken bietet, wie im Anschluss zu zeigen sein wird. Aufgrund seiner breiten Rezeption in der Identitätstheorie und der philosophischen Anthropologie scheint es darüber hinaus sinnvoll, den Interaktionismus in die weitere Reflexion einzubeziehen.

Interaktionistische Anthropologien gehen, wie die Bezeichnung schon sagt, von der Interaktion zwischen Personen aus und sehen darin die wesentliche Begründung subjektiver Identität. Das Grundaxiom ist hier zunächst das berühmte, aus der Verhaltensbiologie übernommene *Reiz-Reaktions-Schema*: Menschen, wie alle Tiere, prägen ihre konkreten Verhaltensweisen durch gelernte Reaktionen auf bestimmte Reize aus. Ein Mensch weiß z.B. nicht aus sich heraus, dass Winken eine Verabschiedungsgeste ist. Erst durch eine häufige Verknüpfung des *Reizes* ‚Winken' mit der Erfahrung ‚Abschied' wird die *Reaktion* ‚Winken zum Abschied' ermöglicht. Folglich sind alle symbolischen Handlungen (Sprache, Gesten etc.) des Menschen erlernte Reaktionen auf gegebene Reize, die ihm eine gesellschaftliche Interaktion ermöglichen. In diesem Sinne ist er also radikal abhängig von den bestehenden Systemen, die seine Handlungen prägen. Weil es aber in bestimmten Situationen zu uneindeutigen Reizen kommen kann, sind Handlungen nicht im eigentlichen Sinne determiniert: Der Mensch muss bspw. zwischen verschiedenen gesellschaftlichen Rollen in unterschiedlichen, ihm unbekannten Kontexten entscheiden und genau darin ist er Subjekt. Wenn man etwa einem Arbeitskollegen im privaten Kontext begegnet, entsteht ein Verhaltensvakuum, das durch das Subjekt gefüllt werden muss. Die Einwände gegen die gesellschaftstheoretischen Anthropologien scheinen also hier aufgenommen, *weil das Subjekt als notwendige Größe der kritischen Veränderung bestehender Systeme mitgedacht ist*.

Der wohl prominenteste und bis heute wirkmächtigste Ansatz stammt von George Herbert Mead (1863-1931). Um zu verdeutlichen, wie das Subjektsein sich innerhalb gesellschaftlicher Strukturen entwickelt, benennt er (ausgehend vom Reiz-Reaktions-Schema) beispielhaft die Differenz zwischen einem einfachen, unorganisierten Kinderspiel und einem komplexen regelgeleiteten Spiel. Kinder, die z.B. nach einem Einkauf zuhause ‚Supermarkt' spielen, schlüpfen in die verschiedenen Rollen, die sie zu übernehmen gelernt haben. Durch die Verknüpfung von Symbol und Erfahrung des Symbolgebrauchs lernt das Kind die Haltungen, die zu bestimmten Rollen gehören. Es kann sich also im Modus des Verkäufers selbst Waren anbieten, über sie verhandeln etc. Gleichzeitig kann es eben die Rolle des Käufers übernehmen und zwischen den verschiedenen Sets von Haltungen und rollenspezifischen Symbolgebräuchen hin und her wechseln. Das Kind imitiert also offensichtlich die Korrelationen von bestimmten Reizen und den entsprechenden Reaktionen und beherrscht den Gebrauch von beiden Elementen, ohne dabei einer verallgemeinerten Erwartungshaltung zu folgen. Das komplexe reglementierte Spiel erfordert hingegen nicht nur eine basale Kenntnis über die Haltungen, die einer bestimmten Rolle zugrunde liegen, vielmehr braucht man ein umfassendes Bewusstsein von *allen möglichen beteiligten Rollen*, von allen Reiz-Reaktions-Korrelationen also, die im konkreten Kontext auftreten können. Betrachtet man z.B. ein Fußballspiel, dann lässt sich zeigen, dass ein Spieler nicht nur zwischen den einzelnen Spielerrollen wechseln können muss, sondern in seiner spezifischen Rolle, etwa als Torwart, gleichzeitig alle anderen Rollen verstehen muss und daraus die an ihn resultierenden Rollenerwartungen, nämlich Tore zu verhindern, verstehen können muss. Durch dieses Verständnis aller Rollen kann er einzelne Reize setzen, die bei den anderen die entsprechenden Reaktionen auslösen. Gleichzeitig machen seine gesetzten Reize nur vom Verständnis der anderen Rollen her Sinn. Nach einem Toraus erwarten die Mitspieler, dass der Torwart den Ball zu einem Mitspieler ins Feld und nicht ins eigene Tor schießt. Der Abschlag erfüllt also die Erwartungen der anderen, das Eigentor nicht. Um das Spiel mitspielen zu können, muss der Einzelne die *zu erwartenden und erwarteten Reaktionen* der anderen verstehen und bedienen können.

Daraus entsteht der Gedanke eines funktionierenden Systems, das nur aus den symbolischen Handlungen der Einzelnen besteht, *das aber dem Einzelnen sinnvolle Handlungen auch zuerst ermöglicht.* Diesen Ansatz überträgt Mead nun auf gesellschaftliche Strukturen. Er spricht vom ‚verallgemeinerten Anderen', der begriffen werden kann als das *ganze System* der Verknüpfungen von Symbolen und Gebrauchserfahrung und den daraus resultierenden Rollenerwartungen und entsprechenden Rollenhaltungen in der Gesellschaft, bestimmten gesellschaftlichen Gruppen oder kleineren gesellschaftlichen Einheiten. So wie man also in der einfachen zwischenmenschlichen Kommunikation (implizit) weiß, welche Reize beim konkreten anderen welche Reaktionen hervorrufen und man dementsprechend handelt, so ist die Kenntnis allgemeiner gesellschaftlicher Reiz-Reaktions-Schemata das Interpretationsmuster der eigenen Lebensgestaltung und Daseinsdeutung insgesamt. Die Kenntnis bestimmter Rollenerwartungen gibt dem Einzelnen Handlungsweisen, Reaktionen auf spezifische Reize, vor, die sich als Verhalten gegenüber dem ‚verallgemeinerten Anderen' bestimmen lassen und gleichzeitig verfestigt er die Rollenerwartungen erst durch die Übernahme der erwarteten Haltungen:

> „In der Form des verallgemeinerten Anderen beeinflußt der gesellschaftliche Prozeß das Verhalten der ihn abwickelnden Individuen, das heißt, die Gemeinschaft übt die Kontrolle über das Verhalten ihrer einzelnen Mitglieder aus, denn in dieser Form tritt der gesellschaftliche Prozeß oder die Gemeinschaft als bestimmender Faktor in das Denken des Einzelnen ein. Der sich seiner selbst bewußte Mensch nimmt also die organisierten gesellschaftlichen Haltungen der jeweiligen gesellschaftlichen Gruppe oder Gemeinschaft (oder eines ihrer Teile) gegenüber den gesellschaftlichen Problemen ein, die sich dieser Gruppe oder Gemeinschaft zum jeweiligen Zeitpunkt stellen […]."[11]

Mead geht es also darum zu zeigen, dass Diskurse und Systeme den Menschen nicht einfach nur bestimmen, sondern dass sie ihm im positiven Sinne Haltungen und Rollen zur Verfügung stellen, um seine eigene Identität auszuprägen. Er nimmt also die gesellschaftstheoretischen Einsichten auf und bündelt sie in einer interaktionistischen Interpretation des Reiz-Reaktions-Schemas zur Erklärung der Entstehung von Identität und konkreter Subjektivität.

Anders als bspw. für Foucault steht dabei aber für Mead nicht infrage, dass jeder Mensch ein individuelles Subjekt ist. Die Einwirkungen der gesellschaftlichen Prozesse auf den Menschen heben seine freie Daseinsinterpretation also nicht auf, *sondern fordern diese gerade heraus*, weil in unterschiedlichen gesellschaftlichen Kontexten andere Reaktionen notwendig sind. Mead erläutert diesen Sachverhalt mittels der Unterscheidung von ‚I' und ‚me'. ‚Me' steht dabei für die Haltungen, die wir von den gesellschaftlichen Rollenerwartungen her übernehmen, also die gesellschaftliche Bestimmung des Menschen. Stark vereinfacht kann man von der Übernahme der Rollen sprechen, auf die *mich* der ‚verallgemeinerte Andere' festlegt. ‚I' bezeichnet hingegen die freie Reaktion des Subjekts auf diese Rollen. Es bezeichnet somit das Verhalten, das *ich* gegenüber dem Anderen einnehme. „Das ‚Ich' tritt nicht ins Rampenlicht; wir sprechen zu uns selbst, aber wir sehen uns nicht selbst. Das ‚Ich' reagiert auf die Identität, die sich durch die Übernahme der Haltung anderer entwickelt. Indem wir diese Haltungen übernehmen, führen wir das [me;Vf.] ein und reagieren darauf als ein ‚Ich'."[12] In diesem Sinne kann Mead gegenüber den gesellschaftstheoretischen Extrempositionen einen echten Fortschritt in gesellschaftlichen Prozessen denken, der durch die Freiheit des Menschen (also das ‚I') als kritisch-konstruktive Instanz gegenüber den ihn bestimmenden Systemen ermöglicht ist.

> „Es (das ‚I'; Vf.) ist die Antwort des einzelnen auf die Haltung der anderen ihm gegenüber, wenn er eine Haltung ihnen gegenüber einnimmt. Nun sind zwar die von ihm ihnen gegenüber eingenommenen Haltungen in seiner eigenen Erfahrung präsent, doch wird seine Reaktion ein neues Element enthalten."[13]

Es bleibt also möglich, dass sich der Einzelne den erwarteten Reaktionen auf bestimmte Reize widersetzt und neue Korrelationen einführt. In unserem Beispiel bleibt es also denkbar, dass der Torwart den Ball beim Abschlag ins eigene Netz befördert, obwohl er die an ihn gestellten Erwartungen kennt. Mead spricht daher davon, dass das ‚me' als Kenntnis der gesellschaftlichen Erwartungshaltungen vorgegeben, das ‚I' als Reaktion aber letztlich unbestimmt sei.

Ausgehend von diesen Bestimmungen scheint es so, dass Mead die diagnostizierten Probleme der oben skizzierten Anthropologien lösen kann, indem er versucht, die *Verwobenheit von gesellschaftlichen Prozessen und freien Subjekten* positiv zu denken. In aller Deutlichkeit markiert er, dass die Determination der individuellen Daseinsdeutung und -gestaltung durch die herrschenden Systeme keine hinreichende Bestimmung des Menschen darstellt. Daher wird diesem ein irreduzibles Moment freier Selbstbestimmung zugestanden. Auf den ersten Blick entsteht daher der Eindruck, dass der dargestellte anthropologische Zugang keine eigentliche Herausforderung theologischer Anthropologie im Sinne der zu Beginn aufgenommenen Kriterien darstellt.

Eine Schwierigkeit könnte allerdings von der Annahme einer *Un-* bzw. *Unterbestimmtheit des Subjektbegriffs* ausgehen, die Mead selbst insofern einräumt, als das ‚I' selbst kein Gegenstand der Betrachtung ist. Es bleibt zunächst unklar, was Subjekte genau tun oder wie die Bestimmung des Menschen als Subjekt zu erklären wäre und damit droht wiederum Nietzsches Einwand, Subjekte seien nur eine Einbildung, die auf einer Sprachverwirrung beruht. Nun kann zu Recht angemerkt werden, dass diese Operation einer Näherbestimmung des Subjektbegriffs in Meads soziologischer Arbeit nicht vollzogen werden konnte, weil sie eigentlich philosophisch ist – die Frage bleibt aber bestehen und bedarf einer Klärung. Es ist deshalb notwendig, auf dieser Konkretisierung zu beharren, weil sich andernfalls eine Auflösung des Subjekts in funktionale kognitionswissenschaftliche oder psychologische Interpretationen nahelegt, wie im Anschluss (Kap. I.1.3) zu zeigen sein wird.

Es stellt sich nämlich die Frage, ob Mead dem Menschen (im Sinne des ‚I') nicht doch zu wenig Bedeutung beimisst. Ist der Mensch nicht viel umfassender in Welterkenntnis und -deutung verwoben, als eine Bestimmung des Subjekts in einem eher reaktiven Sinne einholen kann? Wird Meads Ansatz z.B. Phänomenen wissenschaftlichen und politischen Fortschritts, aber auch freier, künstlerischer Kreativität gerecht, die doch eher darauf hinzudeuten scheinen, dass es vorsystemische und systemstörende Äußerungen menschlicher Subjektivität gibt, die nicht erst aus Rollenkonflikten oder uneindeutigem Symbolgebrauch hervorgerufen werden? Ist – so könnte man im Blick auf die Gleichursprünglichkeitsthese von System und Subjekt zusammenfassen – der Mensch nicht mindestens in *gleichem Maße* von seinen Möglichkeiten und Fähigkeiten wie von seiner gesellschaftlichen Eingebundenheit her zu bestimmen?

Hier steht also die Vermutung im Fokus, dass der interagierende Mensch näher betrachtet werden muss, um seiner Stellung in gesellschaftlichen Prozessen hinreichend gerecht zu werden: *Wie muss das Subjektsein des Menschen verstanden werden, um seine Rolle in den ihn bestimmenden gesellschaftlichen Prozessen angemessen beschreiben zu können*?

Diese Hinwendung zum Menschen ist ursprünglich eine Fortschreibung des Versuchs Meads, sich vom sog. Behaviorismus abzugrenzen, der den Menschen radikal auf ein Reiz-Reaktions-Schema reduziert hatte. Aus dem ursprünglich gleichen Anliegen ergeben sich dann aber (grob umrissen) drei für unseren Zusammenhang wichtige, verschiedene Perspektiven, die sich nicht radikal ausschließen, wohl aber verschiedene Schwerpunkte setzen und so zu alternativen Antworten kommen:

1. Subjektsein wird – wie es der in diesem Buch vertretenen Rahmentheorie entspricht – begriffen als existentiale Voraussetzung eines Welt- und Selbstverhältnisses des Menschen. Die Fähigkeit der Bezugnahme auf die Welt muss als freies Vermögen konzipiert sein, weil sie sonst nicht vom Menschen, sondern von Gott oder von natürlichen Einflüssen ausgeübt würde. Es ist dann also die formale Fähigkeit freier Daseinsdeutung und -gestaltung, die das Subjektsein des Menschen ausmacht und die zwar *strukturell* noch erörtert werden kann und muss, die aber nicht mehr verursacht ist und daher nicht sinnvoll auf ihre kausale Möglichkeitsbedingung befragt werden kann. Der Begriff ‚Subjekt' erklärt also bereits die Rolle des Menschen in gesellschaftlichen Prozessen, insofern er die Möglichkeit freier Selbstbestimmung und kritischer Bezugnahme auf die den Menschen bestimmenden Systeme und Gegenstände impliziert.

2. Das konstruktive Subjektsein des Menschen in gesellschaftlichen Rollen kann noch einmal psychologisch erklärt werden. Der Mensch ist dabei keineswegs in erster Linie als frei zu begreifen. Vielmehr unterliegt er Zwängen und Ansprüchen, die ihn von ‚innen' und ‚außen' bestimmen und die sein Verhalten und sein Selbstbild prägen. Zwar sind gesellschaftliche Prozesse weitgehend vom Menschen und nicht von der Gesellschaft her zu erklären; dass der Mensch allerdings Subjekt dieser Prozesse ist, kann aufgrund seiner Heteronomie durch Triebe und normative Erwartungen nicht gesagt werden.

3. Das Subjektsein des Menschen ist eine Illusion und Selbsttäuschung, die durch das Gehirn erzeugt wird. Alle kommunikativen Interaktionen und folglich auch alle gesellschaftlichen Systeme hängen von der Voraussetzung ab, dass das Gehirn das Programm hervorbringt, das Sprache ermöglicht, sodass der Mensch immer Urheber gesellschaftlicher Prozesse, aber nicht wirklich deren Subjekt ist. Zwar denkt der Mensch, er sei ein frei handelndes Wesen, genau das ist aber eine vom Gehirn erzeugte Täuschung, die es selbst nicht mehr durchschaut; so als würde ein Computer ein Programm schreiben, von dem er selbst nicht mehr weiß, dass es aktiv ist, weil dieses zur Voraussetzung aller anderen aktiven Programme geworden ist.

Die erste Variante verletzt als klassisch libertarische Position natürlich nicht die Möglichkeitsbedingungen einer theologischen Anthropologie, soll aber der Vollständigkeit halber genannt werden und ist erkenntnisleitend für den positiven Entwurf einer theologischen Anthropologie in den kommenden Teilen dieses Buches. Variante 2 ist eine psychologische Interpretation des Subjektbegriffs, die in kognitionswissenschaftlicher Perspektive (Variante 3) fortgeschrieben werden kann. Diese beiden werden im folgenden Kapitel zu untersuchen sein.

Bei Meads interaktionistischer Theorie ist nicht klar zu entscheiden, welches der drei zuvor angezeigten Modelle bevorzugt wird, weil wohl alle drei mit seiner Grundthese vereinbar wären. Die damit angezeigte, latente Gefahr einer Unterbestimmung des Subjektbegriffs ist gerade aufgrund der umfangreichen Rezeptionsgeschichte Meads nicht auszublenden.

1.3 Nur Triebe? Nur Gehirnprozesse? Psychologische und kognitionswissenschaftliche Ansätze

Gemeinsamer Ausgangspunkt beider subjektkritischer Varianten ist zunächst die in Kap. I. 2 herausgestellte Annahme, dass der Mensch als *handelnder Akteur* selbst viel stärker in den Mittelpunkt der Überlegungen gestellt werden muss, als es gesellschaftstheoretische oder interaktionistische Zugänge leisten, wenn sein Menschsein und seine Rolle in gesellschaftlichen Prozessen adäquat beschrieben werden sollen. Gemeinsam haben beide Ansätze folglich zunächst und auf den ersten Blick das Anliegen, dass der Mensch nicht nur aus Systemen hervorgeht, sondern dieselben erzeugt, und er genau in dieser Eigenschaft näher betrachtet werden muss. Die Antworten auf die gestellte Frage gehen nun allerdings bei aller methodischen Verwandtschaft weit auseinander.

Ein erster, heute im Alltagsgebrauch sehr geläufiger Ansatz versteht den Menschen von seinen *psychischen Zuständen* her. Grundlegend ist dabei die Annahme, dass es prinzipiell *Erklärungen für Handlungen des Menschen geben muss*, die, sofern äußere Gründe nicht benannt werden können, im ‚Inneren‘ gesucht werden. Es ist z.B. selbstverständlich, warum jemand seinen Schuh in einen See wirft, wenn dieser brennt. Weniger verständlich wäre es hingegen, wenn er den Schuh wirft, ohne dass dieser brennt. Sind alle möglichen äußeren Faktoren ausgeschlossen (etwa Tiere im Schuh oder Zugehörigkeit zu einer seltenen Religion, in der das Werfen von Schuhen rituelle Praxis ist, oder eine ausgefallene Angeltechnik), beginnen Menschen automatisch, die Gründe in der Psyche des Menschen zu suchen. ‚Vielleicht hat sie der Schuh an etwas erinnert?‘, oder ‚Hier hat ihr Ex-Freund mit ihr Schluss gemacht, weshalb sie so sauer war, dass sie etwas werfen musste.‘ Und wenn keine rationale Erklärung übrigbleibt, dann folgt, dass nur der Wahnsinn, eine psychische Ursache also, infrage kommt. Dabei ist deutlich, dass nicht nur der Zustand des Wahnsinns ‚Ursache‘ sein kann, sondern eben alle zuvor genannten Ereignisse, die das Verhalten *ursächlich erklären* können. Um diese Ursachensuche geht es bei Anthropologien, welche Gefahr laufen, das Menschsein auf psychische Zusammenhänge zu reduzieren und die Begriffe Subjekt und Freiheit als anthropologische Bestimmungsmomente massiv anfragen. So formuliert etwa Rupert Lay:

> „Die psychoanalytische Theorie geht [...] davon aus, dass jedes psychische Geschehen durch die Menge der ihm vorausgehenden Erfahrungen einerseits und die psychische und soziale Situation der Gegenwart [...] andererseits voll ausbestimmt ist. Das ist das PRINZIP DES PSYCHISCHEN DETERMINISMUS. Das soll heißen: Der psychoanalytischen Praxis ist bislang noch niemals eine Entscheidung begegnet, die nicht dem Prinzip des psychischen Determinismus gehorcht hätte. Niemals war es nötig, den Begriff ‚Freiheit‘ als Erklärungsbegriff für menschliches Verhalten einzuführen.“[14]

Die hier zu thematisierende, radikale Auffassung nimmt also an, dass Menschen in keiner Situation ihres Lebens frei und selbstbestimmt sind, sondern dass jede einzelne Handlung vollständig aus den psychischen Zuständen eines Menschen und deren Geschichte erklärt werden kann.[15] Auch hier soll ein Beispiel zur Veranschaulichung helfen: Wenn ein Kandidat bei einer Casting-Show teilnimmt, dann gibt es zwei Möglichkeiten, diese Teilnahme zu erklären. Einerseits kann man annehmen, dass der Teilnehmer auf diese Weise handelt, weil er es tun möchte und sich frei zur Anmeldung entschließt. Andererseits kann man diese Möglichkeit sehr kritisch sehen und noch einmal fragen: Wie kommt es denn eigentlich dazu, dass er diese Wahl treffen möchte? Hat das nicht damit zu tun, dass ihm seine Musiklehrerin in der Grundschule gesagt hat, dass er hervorragend singen kann? Hat es nicht auch vielleicht damit etwas zu tun, dass er ein sehr geringes Selbstwertgefühl hat und hofft, durch die Teilnahme endlich berühmt zu werden? Ist seine Motivation nicht auch dadurch bedingt, dass er schlicht Geld benötigt?

Geht man von der zweiten Möglichkeit aus, dann bilden alle aufgezählten Aspekte (und natürlich noch zahllose weitere) in ihrer Gesamtheit einen psychischen Zustand, der eine Entscheidung verursacht. Die Person selbst hat folglich keine abschließende Kontrolle mehr über die sie bestimmenden Zustände, sondern ihr Subjektbewusstsein besteht gerade in diesen Determinanten: All das, was den Kandidaten in unserem Beispiel ausmacht (Überzeugung vom Gesangstalent, niedriges Selbstbewusstsein etc.), führt notwendigerweise zu bestimmten Handlungen bzw. umgekehrt sind *alle Handlungen aus den psychischen Zuständen einer Person zu erklären*.

Diese Argumentationstypen berufen sich oft (implizit oder explizit) auf Sigmund Freuds (1856-1939) anthropologische Analysen. Freud unterschied die drei Sphären von ‚Es', ‚Ich' und ‚Über-Ich', um psychische Prozesse zu beschreiben, die den Menschen bestimmen. Das ‚Es' steht dabei für die Triebsphäre des Menschen, in der die Grundtriebe des Menschen (Hunger, Sexualtrieb, Streben nach Liebe etc.) gegenwärtig sind. Das ‚Ich' stellt die Vermittlungssphäre dar, in welcher die Person *bewusst* versucht, die Triebe und Lüste mit der Realität in Einklang zu bringen und zu kanalisieren. Das ‚Ich' geht in diesem Sinne aus dem ‚Es' hervor, weil die Triebe es sind, die eine reale Erfüllung und die Prüfung ihrer Möglichkeit und Umsetzung verlangen. Das ‚Über-Ich' ist schließlich das Gegenstück zum ‚Es', nämlich die gesellschaftlichen Rollenerwartungen, die das ‚Ich' zur Kontrolle und Beobachtung des ‚Es' erlernt hat – analog zu Meads Idee des verallgemeinerten Anderen. In dieser Konzeption wird das ‚Ich' nun mehr oder weniger zum Kampfplatz von ‚Es' und ‚Über-Ich', von menschlichen Grundtrieben und gesellschaftlichen Rollenerwartungen und seine Aufgabe besteht im Grunde in einer Vermittlung beider Sphären. Das vom Menschen in seinem (Selbst-) Bewusstsein als frei und autonom erfahrene ‚Ich' wird damit aber erfasst als beeinflusst und gesteuert durch das Triebhafte, das *Unbewusste*. Freud selbst nennt dies die dritte große Kränkung des Menschen: Die erste Kränkung war die Erkenntnis, dass die Erde nicht den Mittelpunkt des Universums darstellt, die zweite bestand in dem evolutionstheoretischen Aufweis, dass der Mensch nicht die Krone der Schöpfung darstellt. Die dritte und stärkste Kränkung besteht aber schließlich in der psychologischen, die nachweist, dass der Mensch nicht der Souverän seines eigenen Daseins ist:

> „[…] die beiden Aufklärungen, daß das Triebleben der Sexualität in uns nicht voll zu bändigen ist, und daß die seelischen Vorgänge an sich unbewußt sind und nur durch eine unvollständige und unzuverlässige Wahrnehmung dem Ich zugänglich und ihm unterworfen werden, kommen der Behauptung gleich, daß das *Ich nicht Herr sei in seinem eigenen Haus*."[16]

Freuds große Leistung für die Anthropologie besteht darin, *dass er menschliche Subjektivität mit der ‚Kehrseite' des Unbewussten konfrontiert*. Damit rücken Prozesse ins Blickfeld, die menschliches Handeln, Denken und Fühlen bestimmen, ohne dass dem Menschen klar vor Augen stünde, was gerade passiert. Natürlich ist damit noch nicht darüber entschieden, ob jede Form von Subjektbegriff verabschiedet werden muss. Deutlich ist aber, dass dieser Schluss, der oben mit dem Begriff ‚psychische Determination' bezeichnet wurde, durchaus vollzogen werden kann: Die Wahrnehmung des Menschen, freies und bewusstes Subjekt zu sein, basiert dann wesentlich auf der *Vorstellung*, man entscheide frei über das, was man tut. Weil diese Entscheidungen aber von unbewussten Prozessen, Trieben und gesellschaftlicher Normierung abhängen, handelt und denkt der Mensch nicht eigentlich aus freien Stücken in einer bestimmten Weise, sondern seine praktischen Vollzüge hängen von psychischen Determinanten ab, die seinem Zugriff entzogen sind. Und selbst wenn es gelingt, diese mittels therapeutischer Maßnahmen bewusst zu machen, ist es nie möglich, alle unbewusst ablaufenden Prozesse in diesem Sinne offenzulegen, dass sie der Kontrolle des Menschen wirklich zugänglich wären.

Aus einer solchen Sicht sind Denken und Handeln des Menschen also *hinreichend* durch die ihn bestimmenden psychischen Prozesse beschrieben. Subjektivität, das freie ‚Ich', ist dabei zwar die Selbstwahrnehmung des Menschen, in dem Triebe und gesellschaftliche Erwartungen realitätsbezogen vermittelt werden. Dies geschieht allerdings nicht aktiv, sondern vielmehr wird wahrgenommen und als das Eigene akzeptiert, was durch unbewusste Instanzen schon entschieden ist.

Wiederum werden wichtige Aspekte einer Anthropologie bewusst, die nicht aufgegeben werden dürfen. Dass der Mensch in seinem Denken und Handeln in vielfältiger Weise abhängig ist von Trieben und unbewussten Prozessen, die ihn bestimmen, ist wohl kaum zu bestreiten. Eine solche Perspektive schützt jede starke Freiheits- und Subjekttheorie vor unzulässigen Überreizungen ihrer Erschließungskraft für die Anthropologie. Nichtsdestotrotz ergeben sich auch an dieser Stelle Fragen, die berücksichtigt werden müssen.

Ausgangspunkt war ja die Unterbestimmung des Subjektbegriffs im Interaktionismus, die nach genaueren Deutungen verlangte. Es stellt sich allerdings die Frage, ob dieses Ziel nun erreicht ist, denn tatsächlich findet, wenn ein harter psychischer Determinismus angenommen wird, keine *Erklärung* des Subjektbegriffs statt, sondern eine *Auflösung* desselben. Im Grunde erscheint Subjektivität als merkwürdiges Nebenprodukt psychischer Prozesse, dem selbst – wenn überhaupt – nur noch nebensächliche Funktion zukommen kann. Damit ergeben sich aber natürlich neue Probleme: Welchen Sinn und Zweck erfüllt die Subjekterfahrung eigentlich genau, wenn sie keine echte Bedeutung für menschliches Dasein hat, sondern eher als Illusion zu begreifen ist? Wie kommt es, dass Menschen sich so massiv fehleinschätzen, dass sie sich selbst als frei handelnde Wesen wahrnehmen?

Als zentrales Grundproblem des Erklärungsansatzes lässt sich aber Folgendes bestimmen: Insofern angenommen wird, dass Menschen durch unbewusste psychische Prozesse bestimmt sind, so ist doch nicht abweisbar, dass Menschen sich zu diesem Umstand in ein spezifisches Verhältnis setzen können, dass sie ihre psychischen Zustände also *wollen* bzw. *nicht wollen* können. Selbst wenn sie also denken und tun, was sie nicht wollen, so lässt sich doch ein Vermögen der freien Auseinandersetzung mit ihren Aktionen ausmachen, das gerade darin besteht, noch einmal Bezug auf die eigenen psychischen Zustände nehmen zu können. Es ist ja durchaus plausibel, dass der zuvor erwähnte Casting-Show-Kandidat es hasst, jedes Mal wieder den Gedanken zu erliegen, die ihn dazu verführen, sich selbst bei einer solchen Show zu erniedrigen, dass er längst durchschaut hat, dass er das alles nur tut, weil sein Selbstbewusstsein so klein ist. Ist ihm dieses Bewusstsein aber möglich, dann drückt sich darin das von Freud selbst behauptete Vermögen aus, sich das Unbewusste bewusst zu machen und sich in ein Verhältnis zu den bestimmenden Faktoren zu setzen. Natürlich können nun wiederum psychische Zustände als Gründe für die Ablehnung des eigenen Handelns und Wollens benannt werden (z.B. negative Vorerfahrungen). Nicht mehr leugnen lässt sich allerdings, dass hier ein ganz *bewusster Prozess* der Selbstreflexion stattfindet.

Es erscheint schwer nachvollziehbar, warum der Mensch nicht als Subjekt dieser Reflexion begriffen werden sollte, denn immerhin *erfährt* er sich ja unmittelbar und bewusst als Akteur in diesem Prozess: *Er* (und nicht etwa unterbewusste Prozesse) ist es ja, der zu Entscheidungen herausgefordert ist, der sich selbst mit alternativen Möglichkeiten quält und nach Gründen für sein Handeln sucht.

Wird hingegen behauptet, dass psychische Prozesse auch dann voll determiniert sind, wenn sie bewusst ablaufen, wenn also auch die Erfahrung eines freien Selbstverhältnisses nur illusorisch ist und auch der bewusste Prozess von früheren, mir gegenwärtig nicht präsenten

Zuständen, vorbestimmt ist, dann muss diese These in ihrer vollen Tragweite verdeutlicht werden: Gesagt ist nämlich, dass der Mensch *restlos* zu keinem Zeitpunkt seines Daseins irgendeine Möglichkeit freier, bewusster Bezugnahme auf die Welt und auf seine eigene Existenz hat. Alles, was ein Mensch tut und wovon er überzeugt ist, ist durch psychische Prozesse determiniert.[17]

So dramatisch diese These zunächst wirkt, sie bleibt vorläufig doch eine Annahme, die eine massive Beweislast mit sich bringt. Zu erklären wäre zunächst, warum die menschliche Selbsterfahrung als freies Subjekt ein reines Trugbild sein sollte und welche Funktion sie eigentlich erfüllt. Ebenso müsste ja in einem positiven Sinne erwiesen werden, dass die Psychoanalyse im strengen Sinne voraussagen könnte, dass Menschen die Handlung q ausführen, wenn die psychischen Zustände x, y und z gegeben sind. Wird hingegen von der Handlung q aus *rückgeschlossen*, dass die Zustände x, y und z vorgelegen haben, so lässt sich durchaus der Verdacht äußern, dass die Psychoanalyse *alle möglichen* Zustände aufzufinden in der Lage ist, wenn eine Handlung erklärt werden soll. Als Beispiel kann noch einmal der zuvor erwähnte Wurf des Schuhs in den See dienen: Als Erklärung kann ja sowohl Wut *als auch* alberne Freude herangezogen werden. Beide Erklärungsmuster wären im Rückschlussverfahren in der Lage, q zu erklären, die Annahme eines Determinismus setzt allerdings die Möglichkeit voraus, dann, wenn ein psychischer Zustand eintritt, seine Konsequenzen präzise *vorhersagen* zu können. Setzt man nämlich einen Determinismus im strengen Sinne an, benötigt man eine *metaphysische* Theorie, die eine *umfassende Weltbeschreibung* leistet, in der alle möglichen Ereignisse prinzipiell prognostizierbar sind. Eine solche Theorie ist aber notwendig philosophischer Natur und kann mittels psychologischer Analyse gar nicht erreicht werden. Die Auskunft, die obenstehendes Zitat gibt, es habe noch nie einen Fall in der psychoanalytischen Praxis gegeben, in dem eine menschliche Handlungsweise nicht aus psychischen Determinanten hätte abgeleitet werden können, ist hingegen weder nachprüfbar, noch ist sie wirklich aussagekräftig. Es müsste dazu klar sein, *wie genau Determinanten und Handlung zugeordnet sind*, welche Handlungen also aus welchen Zuständen folgen etc. Einfach zu behaupten, dass man immer psychische Gründe für eine Handlung findet, ist schlicht zu wenig für die stichhaltige Begründung einer deterministischen Theorie.

Es ist nicht eindeutig zu entscheiden, ob die fragwürdige Annahme, freie Entscheidungen müssten sich ohne jegliche Gründe und vorgegebene Inhalte vollziehen, implizite Voraussetzung eines psychischen Determinismus ist, oder ob sie im Rahmen der Theorie einfach mittransportiert wird. Dass Freiheit gerade die Fähigkeit des ‚Sich-Verhaltens' zu *gegebenem Gehalt* und das Abwägen von verschiedenen Gründen meint, scheint jedenfalls als Möglichkeit nicht einmal in Betracht zu kommen.

Der radikale psychische Determinismus bleibt also zunächst eine Behauptung, die Begründungen braucht. Bis diese geleistet sind, ist es nicht sonderlich plausibel, die Subjekterfahrung des Menschen als reale Erfahrung freier Selbstbestimmung zu leugnen. Auch die Tatsache, dass der psychische Determinismus unter Psychoanalytikern und Psychiatern keine einhellige Forschungsmeinung darstellt,[18] deutet darauf hin, dass er als Theorem keineswegs zwingend ist, wenn man den gültigen anthropologischen Einsichten Rechnung tragen will, dass Menschen immer durch unbewusste psychische Prozesse mitbestimmt sind.

In anderer Stoßrichtung wird der Subjektbegriff in neueren kognitionswissenschaftlichen Ansätzen geklärt. Hierbei handelt es sich um einen Sammelbegriff verschiedenster Disziplinen (Neurobiologie, Psychologie, Philosophie, Linguistik etc.), die auf je eigene Weise die Frage nach den Bedingungen kognitiver Prozesse im Menschen stellen und beantworten. Wie die Psychoanalyse haben sich die Kognitionswissenschaften der Aufgabe verschrieben, die kognitiven Prozesse des Menschen selbst zu entschlüsseln und offenzulegen, *wie denken, lernen, erkennen, handeln, sprechen, erinnern etc. eigentlich funktionieren*. Allerdings beschränken sie sich in der Methodik nicht auf die Wahrnehmung scheinbar vager *psychischer* Kategorien wie Triebe, Ängste und Gefühle, die das Denken und Handeln des Menschen beeinflussen. Vielmehr wollen sie *alle Aspekte* zur Beschreibung kognitiver Prozesse berücksichtigen, die in die komplexe Struktur des Denkens eingewoben sind. Die fundamentale anthropologische Annahme besteht darin, dass es das *bewusste Denken* ist, das den Menschen auszeichnet und ihn wesentlich kennzeichnet. Zugleich ist damit aber gerade nicht gesagt, dass Denken ein freier Akt eines Subjekts ist: Weil es das grundliegende Anliegen ist, das Denken selbst noch einmal auf seine Möglichkeitsbedingungen hin zu befragen, reicht die Auskunft, es handle sich dabei um freie und intendierte Akte, nicht aus. Vielmehr wird versucht, den Subjektbegriff von der Untersuchung der ihm unterstellten Aktivitäten (denken, handeln, überlegen, Gründe abwägen, frei entscheiden, lernen) her zu bestimmen. Wie also ist Denken möglich und was bedeutet es folglich, ein bewusstes Subjekt zu sein?[19]

Ging man ursprünglich noch in weiten Teilen der Kognitionswissenschaften vom sog. Computermodell des Geistes aus, das besagte, dass sich kognitive Prozesse so zum Gehirn verhalten wie die Software zum Computer und also auch ohne Analyse des Gehirns untersucht werden können, so zeigt sich in der Gegenwart eine starke Zuspitzung auf die Untersuchung des Gehirns als Verarbeitungsort kognitiver Prozesse. Die Grundannahme lautet hierbei, dass das Gehirn im strengen Sinne ‚Subjekt' der Prozesse ist, die ursprünglich vom Menschen insgesamt ausgesagt wurden, dass also eigentlich das Gehirn ‚denkt' und ‚handelt'.

Dies scheint in zahlreichen naturwissenschaftlichen Versuchen belegt, von denen nur einige genannt werden sollen: Der Physiologe Benjamin Libet (1916-2007) stellte in den berühmten, nach ihm benannten Experimenten zur menschlichen Willensfreiheit heraus, dass bereits bevor der Mensch eine Entscheidung trifft, das Gehirn aktiv wird und ein Bereitschaftspotenzial zur Auslösung einer Handlung erzeugt. Das Gehirn scheint folglich zu wissen, dass der Mensch etwas tut, bevor dieser es selbst weiß. Etwas allgemeiner hat das Aufkommen sog. bildgebender Verfahren für die Einsicht gesorgt, dass es faktisch keine Denkprozesse gibt, die ohne Aktivitäten im Gehirn auftreten. Die landläufige Ansicht, der Mensch würde in seinem Geist etwas entscheiden und dann sozusagen das Gehirn mit der physiologischen Umsetzung beauftragen, wurde dadurch endgültig abgelöst. Viel plausibler war es jetzt, dass die Aktivitätsprozesse, die im Gehirn sichtbar wurden, selbst die Prozesse des Denkens und Entscheidens sind und folglich das Gehirn auch der Urheber dieser Aktivitäten ist. Ebenso ließ sich durch die Untersuchung beschädigter Gehirnareale feststellen, dass Menschen mit Hirnverletzungen zu bestimmten Denkprozessen (etwa moralisches Urteilen) nicht mehr fähig waren. Sind folglich Fähigkeiten, die dem Menschen als Geistwesen zugeschrieben werden, in der beschriebenen Weise von einem funktionierenden Gehirn abhängig, so erscheint es nur plausibel, dass der Geist faktisch mit dem Gehirn identisch ist und alle Fähigkeiten des Geistes zuletzt Fähigkeiten des Gehirns sind.

Aufgrund dieser Erkenntnisse der Hirnforschung und der Neurobiologie sind die Kognitionswissenschaften immer mehr dazu übergegangen, Theorien und Modelle zu entwerfen, welche die *Identität* oder wenigstens den unmittelbaren Zusammenhang von zerebralen und kognitiven Prozessen darstellen und erklären können, um sie in spezifischen Anwendungsfeldern wie bspw. dem schulischen Lernen zu erproben und zu vertiefen. Einige kognitionswissenschaftliche Projekte befassen sich bspw. mit der Frage nach der Reproduzierbarkeit menschlicher Intelligenz als künstlicher Intelligenz. So geht es etwa um die Produktion von Lehrcomputern, die nicht nur über ein größeres Wissen als die Schüler verfügen, sondern auch über die didaktischen Fähigkeiten realer Lehrer (emotionale Fähigkeiten eingeschlossen). Ein Computerlehrer soll demnach also nicht nur in der Lage sein, Vokabeln abzufragen, er soll auch am Gesicht des Schülers Verzweiflung und Enttäuschung ablesen können und entsprechend darauf reagieren. Vorausgesetzt ist dabei natürlich, dass intersubjektive Verständigungsprozesse eindeutig sind (z.B. Gesicht verziehen) und beim Gegenüber eine entsprechende Reaktion einfordern (Nachfrage, ob alles in Ordnung sei), deren Angemessenheit in kognitiven bzw. zerebralen Prozessen beurteilt werden. Der Computer soll also in der Lage sein, eine Aktion zu erfassen, sie in entsprechende Kontexte einzuordnen, mögliche Reaktionen abzuwägen und dieselben auszudrücken. Natürlich muss implizit angenommen werden, dass eben menschliche Interaktionen genau auf diesem Computermodell basieren, dass also menschliche Kommunikation prinzipiell nicht anders funktioniert als diejenige zwischen zwei Maschinen oder zwischen Mensch und Maschine.

Im Gegensatz zu den gesellschaftstheoretischen Ansätzen kommt die Bestimmung der Subjektivität nicht von ‚außen', sondern von ‚innen'. Die unbewussten Prozesse, die ablaufen, sind aber keine vage beschreibbaren Triebe, sondern grafisch nachweisbare Hirnprozesse. Natürlich treten unweigerlich Fragen auf: Was ist mit dem Ich, das wir wahrnehmen? Woher kommt unsere Subjekterfahrung und wozu ist sie gut, wenn letztlich nur zerebrale Abläufe entscheidend sind?

Der Philosoph Thomas Metzinger versucht ausgehend von den kognitionswissenschaftlichen Beschreibungen des Gehirns als komputationales System eine anthropologische Konstante im Selbstbewusstsein des Menschen auszumachen. Allerdings handelt es sich dabei nicht wirklich um die Subjekterfahrung einer Person, sondern um eine *Selbsttäuschung*. Das Gehirn erzeugt zur Informationsverarbeitung ein „Selbstmodell"[20], d.h. ein Modell, in dem es seine eigenen Prozesse verarbeitet und symbolisch darstellt. Es verarbeitet also nicht bloß Daten, die auf es einströmen, sondern es verarbeitet ebenfalls die Information der eigenen datenverarbeitenden Tätigkeit. Damit entsteht eine Art *Selbstbezogenheit* des neuronal realisierten Systems, die evolutionstheoretisch klare Vorteile gebracht hat, weil das

‚Bewusstsein' um das *Selbst* eine Wahrnehmung des *Anderen* eröffnet, die Kommunikation und schließlich gesellschaftliche Prozesse ermöglicht. Metzinger räumt allerdings ein, dass mit dieser Analyse erst die Vorbereitung des erfahrenen Selbstbewusstseins gegeben ist, denn erstens sei es auch möglich, dass das Gehirn alle Rechenprozesse leistet, ohne dass es sich diese Vorgänge selbst transparent macht, und zweitens sei eben die Selbstreferentialität des Systems noch kein erfahrenes Selbstbewusstsein. Er kommt daher zu dem Schluss, dass Ich-Bewusstsein und eine Erste-Person-Perspektive immer genau dann entstehen, „wenn das System das von ihm selbst aktivierte Selbstmodell nicht mehr *als* Modell erkennt."[21] Was wir also für Selbstbewusstsein halten, ist faktisch nur eine Illusion, die dadurch entsteht, dass das im Gehirn erzeugte und praktisch relevante Selbstmodell von ihm selbst nicht mehr als Modell erfasst wird, sondern als eigenständige Perspektive auf die Wirklichkeit erscheint. Metzinger fasst zusammen:

> „De facto sind wir selbst also Systeme, die sich ständig mit dem von ihnen selbst erzeugten subsymbolischen Selbstmodell ‚verwechseln'. Indem wir dies tun, generieren wir eine stabile und kohärente ‚Ich-Illusion', die wir auf der Ebene des bewußten Erlebens nicht transzendieren können."[22]

In diesem Zugang ist der Mensch also gekennzeichnet durch das ‚Ich-Bewusstsein', das allerdings eine Illusion ist, die durch Datenverarbeitungsprozesse im Gehirn erzeugt wird. Nimmt man dieses Merkmal als anthropologische Grundbeschreibung, dann lässt sich die zugespitzte These formulieren, dass das *Gehirn* Subjekt des Menschen ist. Es versteht sich von selbst, dass die Identifikation subjektiver Vollzüge mit Verarbeitungsprozessen des Gehirns zu einer Auflösung der Bestimmung des Menschen selbst als freies Subjekt führt, weil es eben nur ein Schein ist, dass das ‚Ich' denkt und entscheidet. All diese Vermögen der freien Bezugnahme auf die Welt und sich selbst im Denken und Handeln sind letztlich nur eine Simulation und keine Wirklichkeit, sodass Subjektsein ein *Gefühl* ist und keine Bestimmung, die dem Menschen im eigentlichen Sinne zugesprochen werden kann. Damit ist eine theologische Anthropologie, welche Freiheit und Subjektsein als Bedingungen voraussetzt, stark auf ihre Möglichkeit hin angefragt.

Eine Antwort auf diese Herausforderung muss zweiteilig ausfallen: Zunächst ist zu prüfen, ob die zentralen Grundannahmen des Arguments selbst schlüssig sind (1.), und sodann muss gezeigt werden, inwiefern eine subjekttheoretische Gegenposition überzeugender ist bzw. einen Erklärungsüberschuss besitzt (2.). Im Kontext dieser kritischen Reflexion wird dann auch bewusst, welche unaufgebbaren Elemente die Kognitionswissenschaften einer Anthropologie beisteuern.

1. Der gewichtigste Einwand gegen die Auflösung des Subjekts in zerebrale Prozesse dürfte darin bestehen, dass eine *begriffliche* bzw. *logische* Verwechslung gegeben zu sein scheint. Der Neurowissenschaftler Maxwell Bennett und der Philosoph Peter M.S. Hacker versuchen nachzuweisen, inwiefern immer dann, wenn die ‚Erste-Person-Perspektive' mit Gehirnprozessen identifiziert wird, ein sog. *mereologischer Fehlschluss* vorliegt. Dieser stellt sich genau dann ein, wenn ein Teil einer Sache mit dem ganzen Gegenstand verwechselt wird. Ein Motor ist z.B. nicht identisch mit einem Auto, ein Fernseher nicht mit dem Bildschirm und ein Gehirn ist nicht identisch mit einem Menschen. Das entscheidende Argument basiert nun darauf, dass es sich bei der Identifikation um eine Begriffsverwirrung handelt, die auch nicht dadurch wahrgemacht werden kann, dass man weiterführende kognitionswissenschaftliche Forschung betreibt.

> „Dass Gehirne nicht denken, hypothetisieren oder entscheiden, nicht sehen und hören, keine Fragen aufwerfen und beantworten, wurde nicht als Tatsache ermittelt; vielmehr ergibt die Zuschreibung solcher Prädikate *oder ihrer Verneinungen* zum Gehirn keinen Sinn. Weder sieht das Gehirn, *noch ist es blind* – genau wie Stöcke und Steine nicht wach sind, *aber auch nicht schlafen*. Das Gehirn hört nicht, aber es ist auch nicht taub, genauso wenig wie Bäume taub sind. Das Gehirn trifft keine Entscheidungen, aber es ist auch nicht unentschlossen. Nur das, was entscheiden *kann*, kann unentschlossen sein. Und folglich kann das Gehirn auch nicht bei Bewusstsein sein, nur das Lebewesen, dessen Gehirn es ist, kann bei Bewusstsein sein – oder nicht bei Bewusstsein bzw. bewusstlos. *Das Gehirn ist kein logisch angemessenes Subjekt für psychologische Prädikate*. Nur von einem menschlichen Wesen oder einem, das sich entsprechend *verhält*, kann sinnvoll gesagt und wörtlich gemeint werden, dass es sieht oder blind ist, hört oder taub ist, Fragen stellt oder unterlässt zu fragen."[23]

Der Angriffspunkt besteht also darin, dass es *logisch* keinen Sinn ergibt, das Gehirn als *Subjekt* des Denkens und Handelns zu begreifen, weil man solche Begriffe sinnvoll nur vom *ganzen Menschen* aussagen kann. Niemand hat jemals ein Gehirn denken sehen. Was man allerdings immer beobachtet hat, ist, dass Menschen *mit* ihren Gehirnen denken. Das Gehirn ist folglich eine notwendige Bedingung dafür, dass Menschen denken und entscheiden können, dafür also, dass sie Subjekte sein können. Die These allerdings, dass das Gehirn das eigentliche Subjekt sei, dass dem Menschen vorgaukelt, er sei ein wirkliches ‚Ich' geht weit über diese Annahme hinaus und bleibt doch einige Erklärungen schuldig. Denn neben der Tatsache, dass hier eine begriffliche Schwierigkeit gegeben ist, lässt sich auch fragen, wie und warum es eigentlich zur Simulation des Selbstbewusstseins durch das Gehirn gekommen sein sollte. Dass es so ist, bleibt bisher eine bloße aber begründbare Vermutung, warum es so ist, ist hingegen reine evolutionstheoretische Spekulation. Fest steht aber eigentlich nur, dass Menschen keine selbstbewussten Wesen *ohne* Gehirn sein können (ebenso wie ein Auto nicht fahrtüchtig ohne Motor ist).

Das, was die Kognitionswissenschaften folglich zu Recht untersuchen und in den Fokus rücken, ist, dass das reflexive und selbstbewusste Denken des Menschen diesen einerseits *wesentlich* ausmachen und dass dieses andererseits *nicht ohne* seine naturale Realisierung im Gehirn zu denken ist. Man kann die Tragweite dieser Erkenntnisse dann auch kaum überschätzen, die für Lerntheorie, Medizin, Entwicklung künstlicher Intelligenz und viele andere Bereiche von enormer Bedeutung sind. Keine Anthropologie in der Gegenwart kann darauf verzichten, den Menschen *auch* in der Dimension seines Daseins als hochkomplexe Rechenmaschine zu begreifen, die enorme kognitive Leistungen erbringt. Und dennoch ist der Gedanke des Subjekts nicht eliminiert, sondern vielmehr auf seine neurophysiologische Möglichkeitsbedingung hin erhellt.

2. Zu dieser theorieimmanenten Kritik kommt ein zweiter Aspekt hinzu, der bedenkenswert ist und zu dessen Profilierung kurz etwas genauer zu skizzieren ist, was den Subjektbegriff kennzeichnet. Das nun häufig benannte Vermögen des Menschen, sich selbst in ein Verhältnis zur Welt und zu sich selbst zu setzen, ist nämlich als Denkprozess, in dem Gründe abgewogen und analysiert werden, immer ein sprachlicher Prozess. *Es gibt kein Denken, kein Ich-Bewusstsein und keine Erste-Person-Perspektive, kurz: kein Subjekt ohne Sprache*. Sprache ist nun aber kein bewusstseinsimmanentes ‚Ding', sondern etwas, das Menschen in intersubjektiven, kommunikativen Akten erlernen und anwenden. „Nur als sprachbegabtes Wesen besitzt der Mensch Geist. Nur so hat er Verstand, Wissen und Handlungskompetenz."[24] Damit wird aber klar, „dass alles Geistige den Bereich des Physiologischen und Psychologischen überschreitet [...]."[25] Die geistigen Vollzüge des Menschen sind immer sprachlich realisiert und müssen daher als in zwischenmenschlicher Kommunikation entste-

hend gedacht werden. Das Gehirn ist im besten Falle als allgemeine Voraussetzung von Sprachfähigkeit zu bezeichnen, nicht aber als Subjekt der in Sprache sich vollziehenden geistigen Akte. Dem Begriff des Subjekts liegt also im geschichtlichen Entstehungsprozess der Begriff der Intersubjektivität voraus und von diesem Gedanken her erscheint die Annahme, dass das Gehirn ein Selbstmodell erzeugt, das an sich schon Selbstbewusstsein als systematische Illusion erzeugt, einigermaßen problematisch. Denn theoretisch müsste es dann ein Ich-Bewusstsein geben, das nicht sprachlich vermittelt ist, wobei schlicht nicht klar ist, wie genau dieses aussehen sollte. Nochmal in aller Deutlichkeit: Geleugnet ist nicht, dass Bewusstsein, Freiheit und Subjektivität eine naturale Realisierung im Gehirn benötigen, begründet abgelehnt wird lediglich, dass diese Realisierung selbst eine ausreichende Beschreibung für das ist, was mit dem Phänomen des Selbstbewusstseins und der Erfahrung des Selbst als Subjekt gegeben ist.

Die These vom Ich als zerebral bedingte Illusion hängt letztlich von metaphysischen Theorien ab, die in der konkreten kognitionswissenschaftlichen Forschung selten explizit Gegenstand der Untersuchung sind. Sie werden häufig mit dem Schlagwort des Naturalismus zusammengefasst und es ist in einem vorläufig letzten Schritt zu überprüfen, ob die darin implizierten Annahmen zu einer Unmöglichkeit theologischer Anthropologie führen. Die hier referierten, spezifischen psychoanalytischen und kognitionswissenschaftlichen Perspektiven müssen jedenfalls nicht zu einer Aufgabe des Projektes führen. Sie liefern jeweils entscheidende Beiträge für das Verständnis des Menschen, die allerdings eine theologische Interpretation im Sinne der oben benannten Kriterien nicht ausschließt.

1.4 Nur Natur? Naturalistische Metaphysik

Beim Durchgang durch die bisherigen anthropologischen Ansätze ist deutlich geworden, dass alle eine mehr oder weniger große Offenheit für Bestimmungen des Menschen haben, die zu ihren Theoriebildungen hinzukommen können. Zwar gibt es deutliche Konfliktpunkte zwischen den Theorien (gesellschaftstheoretische vs. kognitionswissenschaftliche), aber es kann doch die vorläufige Grundannahme geäußert werden, dass alle referierten Ansätze Informationen über den Menschen bereitstellen, die sich nicht zwingend widersprechen müssen. Diese Offenheit hat der vierte, im Folgenden dargestellte

Zugang nicht. Wohl kann er als Hintergrundfolie für verschiedene Anthropologien funktional sein, allerdings stellt er selbst eine umfassende Theorie dar, die in ihrer Gesamtheit angenommen oder abgelehnt werden muss. In diesem Sinne ist er vermutlich die größte Herausforderung für die Möglichkeit einer theologischen Beschreibung des Menschen, weil Freiheit als Voraussetzung der Teilhabe des Menschen am Heilsgeschehen vollständig eliminiert zu werden droht.

Der Naturalismus ist an sich keine anthropologische Position, sondern eine ‚Weltanschauung', d.h. ein *System von Annahmen über die Welt*. Da Weltanschauungen aber immer von einer Vielzahl von Faktoren abhängen und zumeist nicht einheitlich sind, lässt sich nur hypothetisch von *einem* Naturalismus sprechen, wo eigentlich eine Vielzahl von naturalistischen Interpretationen der Wirklichkeit genannt werden müsste.

Grundlage des naturalistischen Weltanschauungssystems ist die Annahme, dass die Welt ein in sich geschlossenes Kausalsystem ist, das hinreichend durch eine naturwissenschaftliche Beschreibung erfasst werden kann. Zugespitzt könnte man auch sagen, dass es nach naturalistischer Auffassung schlicht nichts gibt, was nicht auf Basis einer Analyse natürlicher Ursachen erklärt werden kann. Das schließt den Menschen selbstverständlich ein, sodass sich von der naturalistischen Grundannahme der kausalen Geschlossenheit der Welt auch ein spezifisches Menschenbild ableiten lässt. Menschen als freie Subjekte zu begreifen, macht aus naturalistischer Sicht deshalb keinen Sinn, weil man etwas annehmen müsste, das im Fachdiskurs als *mentale Verursachung* bezeichnet wird. Der Begriff meint eine *Einflussnahme des menschlichen Geistes auf die physische Wirklichkeit*. Wenn man z.B. ein Eis bestellt, dann würde man im alltäglichen Verständnis davon ausgehen, dass sich der Wille im Menschen bildet, ein Eis zu essen und der Mensch aus diesem Willen heraus den Befehl an den Körper (Gehirn, Stimmbänder, Zunge etc.) erteilt, die Bestellung ‚Einmal neun Kugeln gemischtes Eis' aufzugeben. Diese Vorstellung enthält nun das Problem der Verhältnisbestimmung von Geist und Körper. Dem Alltagsverständnis zufolge erteilt der Mensch als Geistwesen seinem Körper Befehle, der Geist selbst ist aber nicht körperlich, weil ‚Denken' und ‚Wollen' zunächst keine physischen Seinsformen sind. Wie aber interagiert der Geist dann mit dem Körper, wie ist also ‚mentale Verursachung' zu denken? Der Philosoph Peter Bieri fasst die unterschiedlichen Intuitionen, die hier aufeinandertreffen in dem nach ihm benannten ‚Bieri-Trilemma' zusammen:

„(1) Mentale Phänomene sind nicht-physische Phänomene.
(2) Mentale Phänomene sind im Bereich physischer Phänomene kausal wirksam.
(3) Der Bereich physischer Phänomene ist kausal geschlossen.“[26]

Ein Trilemma liegt hier deshalb vor, weil jeder der drei Sätze für sich als wahr akzeptiert werden kann, aber nicht alle Sätze zugleich wahr sein können. Satz 1 referiert das oben dargelegte Alltagsverständnis, dem zufolge der Geist nicht etwas Physisches ist, sondern der körperlichen Welt ‚vorausliegt', und – Satz 2 – der Mensch durch seinen Geist Einfluss auf dieselbe nimmt. Satz 3 erzeugt nun insofern das Trilemma, als dass wir im naturwissenschaftlich aufgeklärten Alltag zugleich davon ausgehen, dass die Welt kausal geschlossen ist und wir keine nicht-physischen Verursachungen ‚vor' oder ‚hinter' den physisch verursachten Ereignissen erwarten bzw. benötigen. Es ist z.B. abwegig bzw. eine sinnlose Zusatzannahme zur physikalischen Erklärung, dass die Straßenbahn vor meinem Fenster von einem Straßenbahngeist geschoben wird, den man nicht sehen kann. Die physikalische Erläuterung, warum Straßenbahnen fahren, reicht völlig aus, um zu erklären, warum dieselbe an meiner Wohnung vorbeifährt. Ist es aber nicht mit dem Verhältnis vom Geist zum Körper genauso? Reicht es nicht aus, menschliches Denken und Handeln als physikalische Prozesse zu beschreiben und in diesem Sinne den Geist zu naturalisieren?

Eine naturalistische Metaphysik löst das Trilemma genau in diesem Sinne auf. Weil der Bereich physischer Phänomene geschlossen ist, *kann es keine nicht-physischen Phänomene geben*, die Einfluss auf die physische Welt haben. Folglich gibt es so etwas wie Geist nicht als eigene Wirklichkeit, sondern das, was Menschen als Geistaktivitäten erfahren und bestimmen, sind faktisch physische Prozesse. Der Mensch ist aufgrund dieser Annahme allerdings auch insgesamt nur noch im Kontext der kausal geschlossenen Gesamtwirklichkeit zu begreifen. Diese Kausalketten laufen ‚durch ihn hindurch', ohne dass er Einfluss auf sie nehmen könnte, weil ein solcher Einfluss ja in irgendeiner Weise nicht-physisch sein müsste. In diesem Sinne ist der Mensch *ausschließlich* ein Teil der Natur, deren Prozessen er schlicht folgt und noch die reflexiv-distanzierte Bezugnahme auf seine eigenen Handlungen ist ein natürlich verursachtes Ereignis im Gehirn, auf das der Mensch keinen Einfluss hat, weil sonst die problematische Zusatzannahme einer ‚Subjekt-Entität' eingeführt werden müsste, die aber eben die kausale Geschlossenheit der Welt auflösen würde. In aller Einfachheit: Warum sollte man annehmen, dass es einen Geist gibt, durch den der Mensch den Befehl an den Körper erteilt, ein Eis zu bestellen, wenn doch viel einfacher behauptet werden kann, dass es eben der Körper ist, der Lust auf ein Eis entwickelt und sich dasselbe beschafft?

Besonders der Neurophysiologe Wolf Singer und der Biologe und Hirnforscher Gerhard Roth sind in der jüngeren Vergangenheit durch die These bekannt geworden, dass auf Grundlage der modernen Hirnforschung nicht mehr von einer Freiheit des Menschen auszugehen sei. Vielmehr sei der Mensch radikal determiniert und die Hirnforschung zeige, „daß Entscheidungen vom Gehirn getroffen werden, also auf neuronalen Prozessen beruhen.“[27] Gegen jede Form eines Dualismus, der Gehirn und Geist in dem Sinne unterscheidet, dass es neben der naturalen Verursachung auch eine mentale gibt, werden das Phänomen des Geistes und alle kognitiven Prozesse, die ihm klassisch zugeschrieben werden, wie Denken, Entscheiden, Vorstellen etc. kausal auf neuronale Prozesse im Gehirn zurückgeführt.

> „Die zunehmende Verfeinerung neurobiologischer Meßverfahren hat nunmehr die Möglichkeit eröffnet, auch die neuronalen Mechanismen zu analysieren, die höheren kognitiven Leistungen komplexer Gehirne zugrunde liegen. Somit werden auch diese, oft als psychische bezeichneten Phänomene zu objektivierbaren Verhaltensleistungen, die aus der Dritten-Person-Perspektive untersucht und beschrieben werden können. Zu diesen naturwissenschaftlichen Methoden untersuchbarer Leistungen zählen inzwischen auch solche, die uns bereits aus der Ersten-Person-Perspektive vertraut sind. Darunter fallen Wahrnehmen, Vorstellen, Erinnern und Vergessen, Bewerten, Planen und Entscheiden, und schließlich die Fähigkeit, Emotionen zu haben. Alle diese Verhaltensmanifestationen lassen sich operationalisieren, aus der Dritten-Person-Perspektive heraus objektivieren und im Sinne kausaler Verursachung auf neuronale Prozesse zurückführen. Somit erweisen sie sich als Phänomene, die in kohärenter Weise in naturwissenschaftlichen Beschreibungssystemen erfaßt werden können.“[28]

Es wird an dieser Stelle eine große Parallele zur kognitionswissenschaftlichen Interpretation des Menschen deutlich. Diese hängt aber wesentlich von der hier präsentierten Überzeugung ab, dass es überhaupt *möglich* ist, mentale Zustände *naturwissenschaftlich* zu beschreiben. Singer und Roth geht es dabei gar nicht darum, die Wirklichkeit mentaler Zustände zu leugnen, letztere haben nur keine kausale Relevanz für das Denken und Handeln des Menschen. Die These lautet also, *dass die kausale Bestimmtheit menschlichen Den-*

kens und Handelns durch neuronale Prozesse klar nachweisbar ist, dass also, wenn Menschen etwas denken oder tun, immer spezifische Gehirnareale *ursächlich* aktiv werden. Es stellt sich dann aber die Frage, warum überhaupt eine zweite Beschreibungsebene neben dieser naturalen Perspektive einbezogen werden soll, wenn die sprunghaft in ihren Erkenntnissen immer weiter fortschreitenden Neurowissenschaften äußerst plausible Gründe und experimentell belegte Fakten für die Determination des Denkens und Handelns durch neuronale Verschaltungen liefern können. Vorausgesetzt ist dabei, wie bereits gesagt, die Überzeugung, dass man faktisch alle Geistvollzüge in der Dritten-Person-Perspektive, einer objektiven, allen zugänglichen Ebene beschreiben kann. Darin wird aber die Grundthese des Naturalismus ersichtlich, dass alles, was ist, *nur* Natur ist und dieser Beschreibungsebene zugänglich sein *muss*. Freiheit *muss* sich demnach auf kausale Verursachungen zurückführen lassen, weil sie sonst eine Kategorie wäre, die das Weltbild der kausalen Geschlossenheit der physischen Welt infrage stellen würden. Daraus folgt dann aber notwendig ein harter Determinismus im Sinne eines Ursache-Wirkungs-Schemas, der nicht nur alle menschlichen Handlungen, sondern überhaupt alle Ereignisse als im strengen Sinne determiniert begreifen muss. Oder umgekehrt: *Weil alle Ereignisse in der Welt von natürlichen Ursachen abhängen, müssen auch Denken und Handeln des Menschen von denselben verursacht sein*.

Das Bemerkenswerte an naturalistischen Positionen ist, dass sie eine enorme Plausibilität für sich im öffentlichen Diskurs beanspruchen können, obwohl sie unseren Alltagsintuitionen im Grunde vollkommen zuwiderlaufen. Faktisch handeln Menschen nicht so, als wären sie determiniert, vielmehr unterstellen sie einander, dass sie immer noch einmal anders handeln können und sie bspw. für moralische Handlungen verantwortlich sind (unser Strafrecht funktioniert genau in diesem Sinne). In der philosophischen Debatte wird daher oft gegen die Vorstellung einer kausalen Geschlossenheit der Welt der Gedanke vorgebracht, dass Handlungen nicht *kausal* verursacht seien, sondern von den *Gründen* der jeweils handelnden Personen abhängen. Im Abwägen von Gründen und in der Fähigkeit, Gründe für Handlungen geben zu können, besteht demnach wesentlich das Phänomen der Willensfreiheit, das von ganz anderer Art sei als eine kausale Verursachung im Sinne der Verursachung natürlicher Ereignisse. Singer und Roth kennen Einwände dieser Art natürlich und profilieren ihre Position an ihnen; denn es müsse erst erwiesen werden, dass Gründe nicht selbst kausal verursacht sind. In diesem Sinne fordert Roth eine freiheitsbejahende Philosophie heraus:

> „Statt sich durch den Verweis auf den Gegensatz von Ursachen und Gründen gegen empirische Erkenntnisse zu immunisieren, wäre es [...] besser, umgekehrt den philosophischen Begriff der Willensfreiheit weiter zu konkretisieren, so daß Kriterien für eine empirische Untersuchung sichtbar würden."[29]

Das Zitat macht deutlich, dass der Streit darum, ob Menschen Subjekte sind, die in freier Reflexion Gründe handlungsleitend machen können, oder ob das Gehirn diese Gründe nur als mentales Phänomen einer Entscheidung erscheinen lässt, die schon getroffen ist, von Überzeugungen abhängt, die der anthropologischen Reflexion bereits *vorgeschaltet* sind. Denn es scheint wenig Sinn zu haben, noch einmal zu erklären, dass Gründe keine natürlich verursachten Phänomene sein können, weil sie dann den Status eines Grundes im strengen Sinne verlieren würden. Vielmehr muss überlegt werden, ob es Gründe gibt, zu bezweifeln, dass die naturalistische Beschreibung der Welt insgesamt zutrifft. *Welche Prämisse plausibilisiert eigentlich die Annahme einer kausalen Geschlossenheit der Welt*?

Erstaunlich ist hier zunächst, dass dieser Satz selbst nicht aus den Kausalbeziehungen der Welt abgelesen werden kann, weil es kein Naturphänomen gibt, das die Behauptung der Grundthese des Naturalismus *empirisch* überprüfbar machen würde. Man kann zwar sehr viele Beobachtungen darüber anstellen, dass das Kausalprinzip gültig ist, dass also, wenn ein Dominostein gegen einen anderen fällt, dieser normalerweise umfällt. Warum aber folgt daraus, dass die Welt kausal *geschlossen* ist? Anders gewendet: Die These, dass nur empirische Erkenntnisse treffende Aussagen über die Wirklichkeit liefern, ist eine Grundannahme des Naturalismus. Diese These ist aber selbst empirisch gar nicht zu verifizieren, sondern wird als Annahme vielmehr *vorausgesetzt*. Sie dient als Interpretationsrahmen für die Wirklichkeit, ist aber selbst nicht bzw. nur induktiv durch das Instrumentarium empirischer Vernunft zu überprüfen.

Damit wird klar, was oben nur angedeutet wurde: Der Naturalismus ist eine *metaphysische* Position, die für sich beansprucht, das Gesamte der Welt deuten zu können. Als solche muss sie aber notwendig über jede empirische Erkenntnis hinausgehen, die immer eine Einzelerkenntnis bleibt. Das macht naturalistische Theorien natürlich noch nicht falsch, aber ihr Status ist nunmehr deutlicher: Es kann in der kritischen Reflexion des Ansatzes nicht darum gehen, andere naturwissenschaftliche Experimente zu bemühen, die die Wirklichkeit von Willensfreiheit oder einer Indeterminiertheit der Welt behaupten, wie etwa in der (durchaus relevanten) Auseinandersetzung mit der Quantenmechanik geschehen. Vielmehr geht es darum zu prüfen, ob der Naturalismus *begrifflich* sinnvoll ist, oder ob seine Grundannahme, dass prinzipiell alles der naturwissenschaftlichen ‚Dritten-Person-Perspektive' zugänglich ist, problematisch ist.

Ein berühmtes Beispiel für eine solche Begriffskritik liefert der Philosoph Thomas Nagel. In seinem Aufsatz *What is it like to be a bat?*[30] zeigt Nagel die Unmöglichkeit auf, das Bewusstsein der Erste-Person-Perspektive ‚von innen' abzubilden. Zwar könnten naturwissenschaftliche Beschreibungen exakte Modelle der neuronalen Prozesse liefern, die kognitive Prozesse begleiten, *grundsätzlich* entzogen bleibt ihnen aber der Blick auf die Innensicht des Untersuchungsgegenstandes. Man weiß von außen natürlich darum, dass jemand Schmerzen hat, wenn er sich am Boden krümmt, man weiß, dass jemand nachdenkt, wenn er die Stirn in Falten legt, und Wissenschaftler können nachweisen, welche Gehirnareale aktiv sind, wenn jemand denkt, sie können sogar bestimmte Reaktionen durch eine Stimulation des Gehirns hervorrufen. Weder der Alltagsbeobachter noch der Wissenschaftler wissen allerdings, *wie es ist*, derjenige zu sein, der denkt oder Schmerz fühlt. Selbst wenn es also – so die These – Neurologen inzwischen sogar gelingt, von Probanden gesehene Bilder aus der bloßen Betrachtung der aktiven Gehirnareale zu rekonstruieren, so lässt sich noch immer nicht sagen, wie dieses Bild *erfahren* wird. Trifft dies zu, dann gibt es einen bestimmten Bereich, der naturwissenschaftlicher Beschreibung *prinzipiell* entzogen ist. Allgemeiner spricht man an dieser Stelle auch von *Qualia*, d.h. von der subjektiven Wahrnehmung von Gehalten mentaler Zustände. Ein berühmtes Beispiel für diese Qualia ist die vom Philosophen Frank Jackson eingeführte Beispielfigur Mary:[31] Mary lebt in einem schwarzweißen Labor und muss sich die Welt auf einem Schwarzweißmonitor erschließen. Sie lernt dabei alles kognitiv Wissenswerte über die Farben ‚blau' und ‚rot' einschließlich der physiognomischen Voraussetzungen der Farbwahrnehmung. Nun stellt sich die Frage, ob Mary etwas dazulernt, wenn sie eines Tages das Labor verlassen darf und die Farben ‚blau' und ‚rot' sieht. Unabhängig von Jacksons eigenem, variierenden Urteil lässt sich m.E. festhalten, dass tatsächlich eine zusätzliche Ebene eingeführt wird, nämlich die der bewussten Wahrnehmung der Qualia. Die Farben können natürlich auf ihre Zusammensetzung hin untersucht und reproduziert werden, wir können auch alles über die neurobiologischen Grundlagen des Sehens lernen – und doch bleibt die Art und Weise, wie wir die Farben tatsächlich wahrnehmen, der unmittelbaren äußeren Beschreibung *entzogen*.

Es stellt sich angesichts dieser Beispiele die Frage, warum man der These, dass die natürliche Welt die einzig relevante Wirklichkeitsebene ist, zustimmen sollte, wenn sich relativ einfache Fälle konstruieren lassen, die deutlich machen, dass es prinzipiell naturwissenschaftlich *nicht erfassbare* Bereiche in dieser Welt gibt. Das heißt nun keineswegs, dass es in der Welt irgendwie nicht mit rechten Dingen zuginge. Gesagt ist allerdings, dass eine naturalistische Metaphysik zweifelhaft ist, weil sie als *umfassende Theorie* offenbar nicht alle Phänomene sinnvoll integrieren kann und daher in ihrem Selbstanspruch versagt.[32] Greift die naturalistische Metaphysik aber nicht, dann gibt es weder einen Grund dafür, den Freiheits- und folglich den Subjektbegriff im Sinne nicht naturwissenschaftlich beschreibbarer Phänomene auszuschließen (insbesondere, wenn sie unserer Alltagserfahrung äußerst angemessen erscheinen), noch gibt es einen speziellen Grund, warum man die naturwissenschaftlich erreichbare Beschreibung des Menschen als hinreichend markieren sollte. Vielmehr ist sie lediglich notwendig: *Der Mensch ist ein Naturwesen, das nicht von seinen genetischen und neuronalen Dispositionen zu trennen ist. Keine Entscheidung findet ohne das Gehirn statt, es gibt keine Erkenntnis ohne unsere Sinne, unsere körperlichen Merkmale sind ebenso wie viele Verhaltensweisen durch unsere Gene determiniert. Und doch ist der Mensch damit nicht hinreichend erfasst. Er ist eben auch Geistwesen und d.h., er nimmt subjektiv wahr, urteilt, gibt Gründe für sein Urteil, denkt und handelt als Person.* Wer dies bestreiten will, müsste nicht nur die Wirklichkeit der Qualia eliminieren, er müsste zudem den *begrifflichen* Nachweis dafür liefern, dass es so etwas wie ein freies Subjekt nicht geben *kann*.

Damit ist allerdings nur die Möglichkeit erreicht, auch angesichts naturalistischer Anfragen weiter am Begriff des Menschen als Subjekt seiner Daseinsinterpretation festzuhalten. Soll diese Möglichkeit rational vertretbar sein, müsste das, was mit dem Begriff des Subjekts gemeint ist, noch viel klarer ausgeführt werden. Dabei wäre der wenigstens implizite Nachweis zu führen, warum die Bestimmung des Menschen als freies Subjekt nicht im Widerspruch zur natürlichen Verfasstheit des Menschen steht und warum sie keine unnötige Verdopplung der natürlichen Welt bedeutet. Hier ging es lediglich um eine knappe Skizze einer fundamentalen Kritik an einer naturalistischen Metaphysik, durch welche die Möglichkeit einer theologischen Anthropologie offengehalten wird.

1.5 Zwischenreflexion

An dieser Stelle sind Anthropologien, welche das Subjektsein des Menschen problematisieren, in Grundzügen dargestellt. Sie lassen sich in folgendes Schema bringen:

Anthropologischer Deutungsansatz	Zentrales Bestimmungsmerkmal	Leistungsfähigkeit	Kritik
Gesellschaftstheorie	Menschen als ‚Produkte' gesellschaftlicher Systeme	Aufweis der unhintergehbaren Eingebundenheit des Menschen in sprachliche und kulturelle Systeme	Wie entstehen Veränderungen im System, wenn nicht unter der Idee der Freiheit? Wie wird der Einspruch gegen herrschende Unrechtssysteme gedacht?
Interaktionismus	Bestimmung des Menschen durch gesellschaftliche Reiz-Reaktions-Funktionen; Menschen als freie Subjekte in gesellschaftlich unzureichend geklärten Situationen	Verknüpfung von gesellschafts- und subjekttheoretischen Anliegen: Der Mensch ist sowohl systemisch bestimmt als auch freies Subjekt	Was bedeutet Subjektsein? Reicht die zugestandene Dimension an Freiheit aus, um dem Phänomen gerecht zu werden?
Psychologie/ Kognitionswissenschaften	Bestimmung des Menschen durch unbewusste Prozesse (Triebe/ Gehirn); Subjekt als Illusion und Teil des ‚Selbstmodells'	Nachweis der massiven Prägung des Menschen durch unbewusste, psychische Prozesse und Zustände; Verknüpfung von Psychologie und Biologie	Können unbewusste Prozesse nicht bewusst gemacht werden? Wie können dem Gehirn sinnvoll subjektbezogene, psychische Attribute zugeschrieben werden?
Naturalismus	Menschen als rein natürliche Wesen ohne jegliche Freiheit im Denken und Handeln; Vollständige Determination der Welt durch natürliche Prozesse	Bestimmung des menschlichen Daseins als notwendig physisches; Warnung vor ‚Weltverdopplung' im Sinne der Annahme einer nicht-natürlichen ‚Geist-Welt'	Was spricht für die Annahme einer lückenlosen kausalen Geschlossenheit der physischen Welt? Gibt es nicht Phänomene, die in die Beschreibung aus der Dritten-Person-Perspektive nicht integriert werden können?

Es wird deutlich, dass alle Ansätze Wesentliches zur Bestimmung des Menschen beitragen. Keine der benannten Dimensionen darf unterschätzt oder aufgegeben werden, wenn vom Menschen die Rede ist. Und doch bleiben alle dargestellten Theorien in verschiedenen Dimensionen unzureichend, wenn sie in einer reduktionistischen Weise interpretiert werden. Alle Zugänge sind mit ernstzunehmenden Anfragen konfrontiert, wenn es um eine harte Leugnung der Wirklichkeit des Menschen als freies Subjekt geht. Damit ist die Möglichkeit offengehalten, diese Dimension menschlichen Daseins als Bestimmungsgrund einer Anthropologie zu profilieren, und zugleich ist die Voraussetzung einer theologischen Interpretation des Menschen, die diesen ja als freies Wesen in der Gottesbeziehung annehmen soll, nicht verletzt.

Literatur

Robert Kane (Hg.), The Oxford Handbook of Free Will, Oxford ²2011 *(Standardwerk mit Artikeln zu allen Themen gegenwärtiger Freiheitstheorie mit subjektaffirmativen und -kritischen Positionen).*

Geert Keil, Willensfreiheit, 2. vollst. überarb. u. erw. Aufl. (Grundthemen Philosophie), Berlin-Boston 2013 *(ausführliche und umfassende Verteidigung eines fähigkeitsbasierten Freiheitsdenkens in Auseinandersetzung mit deterministischen Theorien. Exzellente Einführung in die Debatte mit einem Kapitel zum Verhältnis von kognitionswissenschaftlich-neurologischer Forschung und Freiheitstheorie).*

Birgit Recki, Freiheit, Wien 2009 *(exzellente, sehr gut lesbare und eigenständige Einführung in die zentralen Diskussionen gegenwärtiger Freiheitstheorie, die viele der hier nur angerissenen Positionen deutlicher ausführt und diskutiert).*

Dieter Sturma (Hg.), Philosophie und Neurowissenschaften, Frankfurt a.M. ⁸2013 *(Sammelband mit Beiträgen rund um die Reichweite kognitionswissenschaftlicher und neurowissenschaftlicher Theorien für philosophische Beschreibungen des Phänomens freier Subjektivität mit klar antireduktionistischer Ausrichtung. Gutes ‚Kompendium' zum Einstieg in die Fragen zu Freiheit, Geist und Gehirn).*

2. Sinnkritische Herausforderungen

Die zweite Gruppe von Herausforderungen kann als sinnkritische Anfragen bezeichnet werden. Auch hier geht es nicht primär um die Leugnung der Existenz Gottes, sondern v.a. um die Bestreitung der Möglichkeit, dass menschliches Dasein einen ursprünglichen Sinn hat, den der Mensch seiner Existenz nicht erst selbst beimessen muss. Paradigmatisch ist hier der simulierte Konflikt zwischen Nietzsche und Kant, der die Dramatik der Frage nach einem gültigen Wert im Dasein in aller Deutlichkeit zum Vorschein bringt.

Stärker noch als die Subjektkritiken, die ja für sich genommen alle einen wichtigen Beitrag zur ganzheitlichen Beschreibung des Menschen leisten, fordern sinnkritische Perspektiven die Theologie heraus. Das sind solche Ansätze, die das Gesolltsein des menschlichen Daseins insofern fragwürdig machen, als sie einen *ursprünglichen Sinn* desselben bestreiten und alternative Deutungsstrategien der menschlichen Existenz entwerfen. Im Folgenden liegt der Fokus besonders auf der Kritik Friedrich Nietzsches, dessen Infragestellung eines ursprünglichen Gesolltseins des Menschen besonders radikal ausfällt.[1]

Nietzsche geht es in seiner Philosophie zunächst darum, zu zeigen, dass die Idee eines objektiven, also für alle Menschen gleich gültigen Sinns ihres Daseins, eine *Erfindung* der Menschen selbst ist. Diejenigen, die *absolute Werte* behaupten, wie Wahrheit, Moral und Schönheit, setzen nur *ihre Perspektive* auf die Welt absolut, verneinen darin aber das Leben wie es ist, nämlich unendlich vielfältig und frei von jeglichem Absoluten. Dieser Gedanke lässt sich sehr leicht beispielhaft verdeutlichen: Zwei Freunde, nennen wir sie einmal Leonard und Sheldon, streiten sich um die Frage, ob *Babylon 5* eine gute Fernsehserie ist. Je einer vertritt die Pro- und einer die Contra-Position. Lässt sich dieses Problem in einem objektiven Sinne entscheiden? Lässt sich also wirklich sagen, dass einer von beiden Recht, der andere aber Unrecht hat? Den Gedanken kann man nun fortspinnen, indem man ihn auf andere Lebensbereiche anwendet. Leonard und Sheldon könnten sich ja genauso gut um folgende Frage streiten: Wenn man auf dem Weg zu einem wichtigen Vortrag Zeuge eines Verkehrsunfalls wird und man sieht, dass ein Mensch in ein Auto eingeklemmt ist und dringend Hilfe benötigt, soll man dann helfen oder lieber den Vortrag halten? Sheldon ist der Auffassung, dass der Dienst an der Wissenschaft hier Vorrang hat und dass sich jemand anderes um das Opfer kümmern soll, auch wenn das ein paar Minuten dauert. Leonard hält dagegen, dass es erstens ungesetzlich und zweitens unmoralisch sei, nicht zu helfen. Sheldon weist Leonard darauf hin, dass Gesetze immer nur temporär gültige Ausdrücke menschlicher Moral*vorstellungen* sind und sie gerade in dieser Eigenschaft zeigen, dass Moral selbst nichts Absolutes ist, sondern nur auf Ideen einzelner beruht. Und in der Tat kann man fragen: Warum muss dem Menschen denn geholfen werden? Ist es denn so eindeutig, dass diese Handlung besser ist als jene? Warum kann es nicht qualitativ genauso gut und wertvoll sein, wenn ein wissenschaftlicher Vortrag zur theoretischen Physik gehalten wird?

Wenn man das Argument fortsetzt, so kann man zu dem Schluss kommen, dass die Idee einer unbedingt geltenden Moral tatsächlich eine Verabsolutierung subjektiver Wahrheitsansprüche ist. Jeder ist davon überzeugt, dass das, was er für wahr hält, absolut gilt. Gleichzeitig lässt sich aber einfach nicht entscheiden, was Wahrheit ist, gerade weil es so viele verschiedene Perspektiven auf die Welt und dementsprechend viele Interpretationen des Daseins gibt. *Nichts in der Welt ist absolut, außer den jeweiligen Perspektiven, die die Menschen auf die Welt einnehmen*. Darüber klärt, so Nietzsche, der Nihilismus, d.h. die Leugnung aller Werte, als ein reinigendes Feuer auf:

> „[...] daß jeder Glaube, jedes Für-wahr-halten nothwendig falsch ist: weil es eine *wahre Welt* gar nicht giebt. Also ein perspektivischer Schein, dessen Herkunft in uns liegt (insofern wir eine engere, verkürzte, vereinfachte Welt nöthig haben)
> - daß es das *Maaß der Kraft* ist, wie sehr wir uns die Scheinbarkeit, die Nothwendigkeit, der Lüge eingestehen können, ohne zu Grunde zu gehen.
> Insofern könnte Nihilism, als Leugnung einer wahrhaften Welt, eines Seins, eine göttliche Denkweise sein.“[2]

Dieses Zitat ist sehr vielschichtig und es lohnt sich ein näherer Blick: Zu Beginn steht die Enttarnung der Annahme, dass es Wahrheit gibt, als nur subjektiver Glaube, als ‚Schein‘ der Wahrheit, die durch unsere Perspektive vorgegeben ist. Im zweiten Absatz wird deutlich, dass nur diejenigen die Lüge brauchen, die keine Kraft haben, mit der Wahrheit umzugehen – Nietzsche bezeichnet sie auch als ‚die Schwachen‘. Die Klärung dieser Position ist entscheidend für das Verständnis der impliziten Sinnkritik. Zunächst ist wichtig, dass für Nietzsche mit der Leugnung jeglicher Absolutheit die Leugnung Gottes schon einhergeht. Gäbe es etwas Absolutes, dann müsste es *jenseits* dieser Welt liegen, weil *in* der Welt alles perspektivisch und relativ ist. Eine solche jenseitige Welt, eine wirkliche ‚Hinter-Welt' gibt es nach Nietzsche aber nicht, weil sie in der Welt weder vom Menschen erkannt werden könnte, noch eine Relevanz für denselben hätte. Wie also wäre diese Annahme zu rechtfertigen? Das Festhalten an einem Jenseits und am Absoluten schlechthin, nämlich Gott, bedeutet für Nietzsche, dass man mit der Welt, in der man lebt, nicht umgehen kann, dass man sich selbst als zu kurz gekommen empfindet und auf diese Weise ein lebensverachtendes Ressentiment gegen die Welt entwickelt. Weil der Schwache neidisch auf den Starken ist, verweigert er die Annahme der Welt als Ort, an dem sich sein Dasein endgültig vollziehen muss, und verlegt seinen Sinn ins Jenseits und in Gott. Der Starke wird die enttarnende Kraft des Nihilismus hingegen aushalten und wird in ihr eine ‚göttliche Denkweise' erkennen, insofern sie den Menschen dazu befreit, sich selbst *seinen eigenen Sinn* zu schaffen.

Wenn es keinen weltexternen Sinn gibt, dann muss er in ihr selbst gefunden werden und zwar – gegen die Verneinung des Ressentiments gegen das Leben – in der *absoluten Bejahung* der eigenen Existenz. Das Leben so anzunehmen, wie es ist, in allem, was dem Menschen widerfährt und was er selbst tut, einen Sinn zu finden, das ist die wahre *Liebe zum Leben*, die nicht nach einem Gott oder einer jenseitigen Kompensation verlangt. Der hier verwendete Sinnbegriff meint ausdrücklich *kein* Gesolltsein des Daseins, das schon vor jeder menschlichen Leistung (etwa im Sinne einer gewollten Schöpfung) gegeben wäre. Es geht vielmehr um die *kontrafaktische Sinnbehauptung*, dass auch noch im schlimmsten Leid das Leben geliebt werden soll; es ist also der Mensch, der seinem Dasein Sinn geben muss. Schafft er diesen Sprung hinein in die *Liebe des Schicksals*, dann ist sein Wille zur Gestaltung seines eigenen Daseins, sein Wille zum Leben, stark genug, um zum ‚Über-Menschen' zu werden. Damit ist allerdings keine Variante eines ‚Superman' gemeint, sondern die Entwicklung des Menschen hin zu dem Wesen, das begriffen hat, dass es das Zentrum seines eigenen Universums ist, in dem es keinen Wert gibt außer ihm selbst, und das sein Dasein gerade als solches unbedingt bejahen und seinen Daseinssinn darin finden soll.

Nietzsches Herausforderung für eine theologische Anthropologie ist massiv, und sie zielt gerade auf die christliche Behauptung, dass menschliches Dasein ursprünglich gesollt sei, weil dieselbe das

Dasein des Menschen von Leben und Welt zu einem jenseitigen Sinn entfremde. Wird der Sinn des Menschseins an weltexternen Größen bemessen, gibt es also etwas, das *wichtiger* ist als das Leben selbst, so muss dieses unweigerlich bis zu einem gewissen Grade verleugnet werden. Weil aber doch nichts ist außer Leben und weil es keine ‚Hinter-Welt' braucht, um es zu rechtfertigen, *ist das Leben als sein eigener Sinn zu begreifen*. Nur in der Bejahung der eigenen endlichen Existenz, die eben nur endlich und nicht absolut ist, kann der Mensch Sinn finden. Von jeglicher Form eines externen Sinngrundes, der menschliches Dasein als intentional gewolltes bestimmen könnte, muss Abschied genommen werden.

Ein großer Teil von Nietzsches Kritik wendet sich nicht nur gegen das Christentum, sondern auch gegen Philosophien, welche sich an der Idee des Absoluten festhalten, um das eigene Dasein bewältigen zu können. Auch hier unterstellt er in der methodischen Hermeneutik des Verdachts ein lebensverachtendes Ressentiment, das aus der eigenen Schwäche resultiert. Besonders richtet er sich gegen Immanuel Kants (1724-1804) Moralphilosophie, die für Nietzsche in absurde Konsequenzen mündet.

Kant versucht nämlich aufzuweisen, inwiefern das Sittengesetz eine für *jeden Menschen* gleichermaßen evidente Wirklichkeit ist.[3] Mit Sittengesetz meint er keine staatliche Gesetzgebung, sondern das *moralische Empfinden* im Menschen, bestimmte Handlungen *unbedingt* ausführen zu sollen bzw. nicht zu sollen. Gegen Nietzsches Kritik würde Kant anführen, dass das unbedingte moralische Sollen der Selbsterfahrung des Menschen entspricht und es unklar sei, warum diese Erfahrung als ‚perspektivischer Schein' abgetan werden sollte. Wenn man an einem brennenden Auto vorbeigeht, in dem ein Kind zu sterben droht, dann ist es nach Kant ein bloßes Faktum der Vernunft, dass man diesem Kind helfen *soll*. Derjenige, der diesem Grundsatz widerspricht, kann sich nicht etwa auf eine alternative Auslegung des Sittengesetzes beziehen, er handelt schlicht *unvernünftig*. Kants grundlegende Hypothese ist dabei im menschlichen Vermögen begründet, sittlich handeln zu *können*. *Weil ich in der Lage bin, dem Kind aus dem Auto zu helfen, und weil es einen vernünftigen Grund geben muss, warum ich dazu in der Lage bin, ist dieses Vermögen zugleich als ein Sollen zu begreifen*. Sollte ich nicht auf diese Weise handeln, wäre mein Vermögen ja im strengen Sinne unsinnig. Dann aber wäre die Vernunft selbst unvernünftig, weil durch sie unvernünftige Handlungen gefordert wären. In diesem Sinne ist also die Forderung, sittlich zu handeln, ein grundlegendes *Faktum der Ver-*

nunft, das im berühmten *kategorischen Imperativ* ausformuliert ist: der Aufforderung, dass die Maxime des Handelns jederzeit Grundlage einer allgemeinen Gesetzgebung sein soll, innerhalb derer der andere niemals nur als Mittel, sondern immer als Zweck an sich zu betrachten ist.

Gegen Nietzsche behauptet Kant also die *Tatsächlichkeit eines absoluten Wertes* in der Welt, nämlich den des Sittengesetzes. Das sittliche Sollen gilt eben unbedingt und nicht nur manchmal. Besonders deutlich kann man sich die Differenz beider Perspektiven an einem drastischen Beispiel vor Augen führen: Für Kant ist es eine unbedingte Forderung der Vernunft, keinen anderen Menschen zu foltern. Sie ist unbedingt in dem Sinne, dass ihr *prinzipiell* nicht zuwidergehandelt werden darf. Nietzsche hingegen sieht diese Unterteilung in ‚gut' und ‚böse' als Ressentiment der Gefolterten an, die nicht bereit sind, ein bedingungsloses Ja zu ihrem Dasein, und damit auch zu ihrer Folter, zu sprechen und daher die Täter verurteilen. Folter ist nach Nietzsche nicht eindeutig ‚gut' oder ‚böse', während für Kant die Vernunft selbst den unbedingten Maßstab bereitstellt, um diese moralische Differenz zu ermitteln.

Notwendig muss Kant aber dann den Nachweis erbringen, *dass die Vernunft selbst vernünftig ist und dass das von ihr gesetzte moralische Sollen selbst gesollt*, also sinnvoll ist. Anders gewendet: Kant muss zeigen, dass es einen Grund dafür gibt, seine Existenz als sittlich-vernünftiges Wesen als gesollt zu begreifen und dass nicht die Vernunft ein sich selbst in die Irre führendes Instrument ist, das gar nicht sein soll. So könnte man ja bspw. einwenden, dass es den Menschen, die im Leben sittlich handeln, oft nicht gut ergeht, weil sie sich selbst zurücknehmen. Warum sollte ich also sittlich handeln, wenn ich dann im Leben nicht mehr zufrieden werde? Kant räumt ein, dass es im Grunde so sein müsste, dass, wenn sittliches Handeln vernünftig ist, aus ihm auch das Glück im Leben folgt. Faktisch fallen aber beide Elemente auseinander, weil offenkundig nicht auf gute Handlungen auch Lebensglück folgt. Wäre das aber das letzte Wort über die Situation des Menschen, dann wäre vernünftiges Handeln im Sinne von sittlichem Handeln tatsächlich unvernünftig und es scheint viel vernünftiger, nur noch Glückseligkeit zu suchen. Das aber kann wiederum nicht sein, weil die Forderung sittlichen Handelns der Vernunft unbedingt aufgegeben ist. Kants Lösung läuft nun darauf hinaus, dass um der *Vernünftigkeit der Vernunft willen* postuliert (= aus zwingenden Vernunftgründen gefordert) werden muss, dass Glückseligkeit und sittliches Handeln nur *derzeit* auseinanderfallen und dass in diesem Sinne die Unsterblichkeit der Seele und die Existenz Gottes angenommen werden muss: die Unsterblichkeit der Seele aufgrund der Notwendigkeit einer jenseitigen Zusammenführung von Sittlichkeit und Glückseligkeit; die Existenz Gottes, weil durch diese der *intentionale Ursprung des sittlichen Vermögens* garantiert und darin das Gesolltsein der Vernunft und in eins damit der menschlichen Existenz insgesamt angenommen ist.

Die beiden widersprechenden Denkansätze Nietzsches und Kants zeichnen sich jeweils durch eine hohe Plausibilität aus. Diese ist besonders darin begründet, dass die jeweiligen Argumente an die direkte Lebenswirklichkeit des Menschen anknüpfen und vor diesem Hintergrund die jeweils kontradiktorischen Annahmen für oder gegen das Gesolltsein menschlicher Existenz entfalten.

Kants Ansatz verdeutlicht, dass mit der Grunderfahrung des Menschen, sittlich handeln zu sollen, auch die Annahme verknüpft ist, dass dieses Sollen *vernünftig* ist. Das Sollen ist also selbst gesollt und gründet daher zuletzt in der begrifflich notwendigen Annahme der Existenz Gottes. Nietzsche bestreitet hingegen die *Vernünftigkeit des Sollens* und knüpft damit ebenfalls an eine Erfahrungswirklichkeit menschlichen Daseins an. So scheint es doch so, dass sittliches Sollen jeweils von Zeit und Kontext abhängt, in denen man lebt. War es bspw. vor 100 Jahren noch üblich, dass Menschen für Verbrechen hingerichtet wurden, so ist heute die Todesstrafe in vielen Ländern aus moralischen Gründen abgeschafft und sie kann morgen aus moralischen Gründen auch wieder eingeführt werden. Daher lässt sich in keiner Weise davon sprechen, dass irgendetwas gesollt ist, vielmehr ist für Nietzsche alle Moral eine kontextuelle Erfindung und genauso verhält es sich mit der Erfindung Gottes. Von Kant her könnte man nun einwenden, dass nur, weil es zu einer bestimmten Zeit erlaubt war, etwas zu tun, es deshalb doch nicht *grundsätzlich* richtig ist. Wer würde denn ernsthaft behaupten wollen, dass man prinzipiell einen Mord begehen darf, nur weil in bestimmten historischen Gesellschaften der Mord legitimiert war oder ist?

Man kann diesen Streit ins Endlose fortsetzen und wird dabei feststellen, dass es um ganz grundsätzliche Perspektiven auf die Wirklichkeit geht: In einer Hermeneutik des Verdachts, wie Nietzsche sie methodisch verwendet, wird alle Vernunft zur subjektiven Weltanschauung, alles Sein zum Zufall und jede Moral zum Egoismus der Schwachen. In der vernunftpositivistischen Hermeneutik Kants kann nichts, das vernünftig ist, zufällig sein, weil es sonst unvernünftig wäre, und also muss auch die Moral, deren intentionaler Urheber Gott ist, gesollt sein. Es scheint aussichtslos, den Streit endgültig beenden zu wollen. Vielversprechender scheint es, die Perspektive zu wechseln und Nietzsches und Kants Interpretationen des menschlichen Daseins zuallererst als Profilierungen anthropologischer *Grundfragen* nach dem Verständnis des eigenen Daseins zu begreifen. Aus dieser Perspektive kann, wie zu zeigen sein wird, die Theologie von beiden Zugängen lernen, sie kann aber vor allem ihre eigene Erklärungskraft in Anschlag bringen.

Besonders der oft als Agnostiker bezeichnete Schriftsteller und Philosoph Albert Camus (1913-1960) hat in seinem Werk beide Ansätze integriert. In der Frühphase seines Schaffens geht es ihm besonders um die Analyse der Gründe, die für die Bejahung des eigenen Lebens sprechen.[4] *Warum eigentlich soll ich leben und nicht vielmehr nicht*? Ist die Frage zunächst trivial, so scheinen weder die Welt noch der Mensch eine Antwort auf sie zu haben: Die Welt ist ein der menschlichen Existenz gegenüber gleichgültiger Ort, der am Ende nur den Tod bereithält; der Mensch kann hingegen nicht anders als nach Sinn in dieser Welt zu suchen, den er aber nicht findet. Aus dieser dialektischen Bewegung ergibt sich für Camus, dass die Existenzsituation des Menschen im strengen Sinne *absurd* ist: Nichts in der Welt entspricht dem Sinnstreben des Menschen. Warum also in einer sinnentleerten Welt leben? Camus ist hier zunächst ganz auf Nietzsches Seite und sieht Existenzsinn in der begründenden *Bejahung* der eigenen Existenz gegeben. Es geht ihm darum, möglichst *viel* vom Leben zu genießen und nicht möglichst *gut* zu leben. Sittliches Handeln spielt hier eine ganz untergeordnete Rolle. Das Entscheidende besteht für ihn tatsächlich darin, das Sinnwidrige als das Sinnstiftende anzuerkennen und darin sein Glück zu finden.

Dann aber findet – wohl ausgelöst durch die Erfahrungen des Zweiten Weltkriegs – ein Wandel im Denken Camus' statt.[5] Nun wirft er Nietzsche vor, die absolute Bejahung der Existenz hätte eben auch die Bejahung des fürchterlichen Elends zur Folge, das Krieg, Leiden und Tod über den Menschen brächte. Diese Sinnwidrigkeiten können solche Ausmaße annehmen, dass sie schlechthin nicht mehr bejaht werden können, ohne sich gegenüber seinen Mitmenschen schuldig zu machen. Gibt es aber *Schuld* gegenüber anderen Menschen, ist sofort wieder eine moralische Kategorie eingeführt, die etwas *Nichtseinsollendes* behauptet: Man *soll* keine Menschen töten und wenn man es doch tut, macht man sich *schuldig*. Camus geht von diesem Punkt aus einen Schritt weiter und behauptet nunmehr, dass Existenzsinn gerade darin gefunden werden könne, gegen die Sinnwidrigkeiten des Daseins zu revoltieren. In der Solidarität aller Menschen geht es um den Kampf und den Aufschrei gegen das moralisch (und natürlich) verursachte Übel. War die Existenz eines Gottes für Camus ursprünglich irrelevant, weil sie keine Bedeutung für das Leben in der Welt hat, so stellt sich nun das (implizite) Bewusstsein ein, dass die Revolte gegen den Zustand der Welt nur einen Sinn hat, wenn ein Urheber für sie verantwortlich gemacht werden kann. Umgekehrt scheint es auch nur sinnvoll zu sein, sittlich zu handeln und moralischen Protest gegen das Leid zu erheben, wenn es wirklich im kantischen Sinne vernünftig und daher gesollt ist. So lässt Camus einen Protagonisten in seinem Roman *Die Pest* das volle Problem entfalten: „Kann man ein Heiliger ohne Gott sein, das ist das einzige konkrete Problem, das ich heute kenne.“[6] Die Grundintuitionen von Nietzsche und Kant sind hier zusammengeführt, aber als Frage reformuliert: Der Mensch ist herausgefordert, sein Dasein in einer Welt zu deuten, die *nichts Absolutes* beinhaltet, die ihn der Endlichkeit radikal ausliefert und die ihm keine Hinweise darauf zu geben scheint, dass es einen Grund für seine Existenz gibt. Zugleich handeln Menschen aber so, als gäbe es etwas Absolutes, weil sie z.B. die Tötung Unschuldiger nicht nur hin und wieder, sondern *kategorisch* als nichtseinsollend bestimmen und darin ein universales, der Vernunft zugängliches Sittengesetz behaupten. Darin ist aber eben die Vernünftigkeit der Vernunft vorausgesetzt, was wiederum auf die Existenz Gottes als intentionalem Grund der Vernunft vorgreift.

Grundlegend stellt sich hier die Frage nach den *Sinnbedingungen* menschlicher Existenz. Die Antwort auf diese Frage kann nun allerdings kaum in einer metatheoretischen Lösung liegen: Ob ich dem Dasein einen objektiven, für alle geltenden Sinn zuerkenne, oder nur Endlichkeit und Zufälligkeit darin finde, lässt sich nur in einem konkreten ‚Konflikt der Interpretationen‘ (Paul Ricœur) der Wirklichkeit entscheiden. Dazu braucht es aber viel genauere Analysen der Überzeugungen beider Sichtweisen, die wiederum von vielfältigen Argumenten abhängen. Festgehalten werden kann allerdings, dass die *Möglichkeit* eines ursprünglichen Gesolltseins (und damit auch die eines wirklichen Gewolltseins) menschlicher Existenz keineswegs widerlegt ist. Im Gegenteil kann man sie im Sinne Kants als starke anthropologische Option, aber auch im Sinne Camus’ als relevante Frage für die Selbstinterpretation des Menschen profilieren. Zu fragen ist, ob sich gute Gründe für eine Interpretation des Menschen aufführen lassen, die ihn als gesolltes bzw. im theologischen Sinne als gewolltes Wesen begreift und die die von Nietzsche aufgestellten

Fallen unterläuft. Eine solche Deutung müsste ernst machen damit, dass es das gegenwärtige Leben selbst ist, in dem sich der Sinn menschlicher Existenz zeigt, und zugleich muss dieser Sinn als absoluter gedacht werden, der nicht nur subjektiver Natur ist. Lässt sich menschliche Existenz unter den dargestellten Anforderungen begreifen und beschreiben? Genau das ist die Grundaufgabe einer theologischen Anthropologie: *den Menschen in seinem konkreten Dasein als gewolltes Wesen zu begreifen, dessen Existenz einen guten Grund hat.*

3. Zusammenfassung

Die Relevanz theologischer Anthropologie im Kontext der skizzierten Lehren über den Menschen ist damit bereits angedeutet und sei hier noch einmal gebündelt. Der theologischen Anthropologie geht es um die umfassende Frage, die sich der Mensch selbst ist: Was ist der Grund des Daseins, oder, um mit Gottfried Wilhelm Leibniz zu sprechen: ‚Warum gibt es überhaupt etwas und nicht vielmehr nichts?'. Diese Frage lässt sich nicht einfachhin abweisen und ihre Beantwortung hat Konsequenzen für das menschliche Selbstverständnis. Dass hier das Ganze des menschlichen Daseins, die Frage nach einer absoluten Begründung selbst, in den Blick kommt, unterscheidet die philosophisch-theologische Interpretation des Menschen von allen empirischen Reduktionen:

> „Nun ist die Frage, was es mit dem Menschen im letzten auf sich hat, weder in sich widersprüchlich noch bedeutungs- oder folgenlos – selbst dann nicht, wenn sie erfahrungswissenschaftlich (neuro-physiologisch, psychologisch, soziologisch, historisch) ohne Antwort bleibt. Denn auch das erfahrungswissenschaftlich Unbeantwortbare hat lebenspraktische Auswirkungen, woraus wiederum eine neue wissenschaftliche Aufgabe resultiert. Der Einwand, es sei müßig, sich noch weiter um Fragen zu kümmern, die (empirisch) unbeantwortbar sind, überzeugt nicht mehr bei jenen Fragen, die sich der Vernunft unabweislich stellen. Der Vernunft aufgegeben bleibt die Frage, was der Mensch mit seinem Leben anfangen kann."[1]

Aufgabenfeld und Relevanz einer theologischen Analyse menschlicher Existenz sind hier in aller Deutlichkeit aufgezeigt. Welche Gründe *für* die Annahme eines Sinngrundes menschlichen Daseins sprechen und welche Konsequenzen dessen Wirklichkeit für die Interpretation des Menschen bedeute – das zu analysieren ist die Kernaufgabe theologischer Anthropologie. Gleichzeitig ist sie dabei inhaltlich auf die Analyse dessen verwiesen, was mit dem *Begriff eines Sinngrundes* gemeint ist.

Im Rückblick auf den Anfang dieses Kapitels lässt sich nun die Ausgangsthese begründet vertreten, dass eine theologische Interpretation menschlicher Existenz, die den Menschen als wesentlich durch sein Gottesverhältnis bestimmt sieht, *grundsätzlich möglich ist*. Darüber hinaus konnte aufgezeigt werden, dass sie im Konzert der dargestellten Anthropologien ein echtes Erkenntnispotenzial besitzt, das um der wissenschaftlichen Redlichkeit allgemeiner Anthropologie willen ausgeschöpft werden muss.

Literatur

Heinz Robert Schlette, Mit der Aporie leben. Zur Grundlegung einer Philosophie der Religion, Frankfurt a.M. 1997 *(anthropologisch gewendete Religionsphilosophie, die ihren Ausgang beim sinnskeptischen Denken Camus' nimmt und darin den Widerstreit der Positionen spiegelt).*

Hansjürgen Verweyen, Einführung in die Fundamentaltheologie, Darmstadt 2008 *(transzendentalphilosophischer Entwurf einer Fundamentaltheologie, der sich um eine produktive Integration insbesondere theodizeesensibler Sinnkritik bemüht).*

Jürgen Werbick, Den Glauben verantworten. Eine Fundamentaltheologie, Freiburg-Basel-Wien [4]2010 *(umfassender Entwurf einer Fundamentaltheologie in durchgehender Auseinandersetzung mit einer von Nietzsche geprägten ‚Hermeneutik des Verdachts').*

II. Gottesfrage des Menschen – Menschlichkeit Gottes: Problemstellungen und Ansätze theologischer Anthropologie

Magnus Lerch

*Im Folgenden werden vier theologische Anthropologien vorgestellt – jedoch nicht en bloc, sondern bezogen auf vier zentrale Themen- und Problemfelder. Die Auswahl der Ansätze liegt sowohl in der ökumenischen Ausrichtung des Buches begründet als auch in dem Bemühen, den Anschluss an die Moderne zu suchen. Die katholischen Theologen Karl Rahner (1904-1984) und Thomas Pröpper (1941-2015) sowie die evangelischen Theologen Wolfhart Pannenberg (1928-2014) und Eberhard Jüngel (*1934) kommen formal darin überein, dass sie auf die Chancen und Probleme der (fortgeschrittenen) Moderne bezogen sind – obgleich die Perspektiven in materialer Hinsicht divergieren: Alle vier Ansätze beziehen sich in (ganz) unterschiedlicher Weise auf Grundzüge moderner Anthropologie und lassen diese in die theologische Deutung des Menschseins miteinfließen (ob positiv anknüpfend oder negativ abgrenzend). Deshalb soll bei den nachstehenden Ausführungen stets die jeweilige ‚Denkform', d.h. der methodische Zugang und das inhaltliche Vorverständnis beachtet werden. Denn die Aufhellung der jeweiligen Verstehensvoraussetzungen unterschiedlicher Konzepte ermöglicht deren konstruktives Verstehen und kritisches Beurteilen. Dabei lautet die ‚mitlaufende' Arbeitshypothese, die am Schluss (Kap. II.4.3/4.4) begründet und in Kap. III weiter ausgeführt wird: Wenn die unterschiedlichen Prämissen, Methoden und Zugänge der Anthropologien von Rahner, Pannenberg, Jüngel und Pröpper transparent gemacht werden, können diese sich konstruktiver herausfordern und bereichern, als es bei einer unvermittelten Gegenüberstellung (ohne Analyse der Voraussetzungen) den Anschein hat.*

1. *Empfänglich für Gott?* Der (mögliche) Gottesbezug des Menschen

Für die neuzeitliche Wende zum Subjekt ist charakteristisch, dass der Mensch sich als Ausgangspunkt seines Denkens und Handelns versteht: Wahrheit muss für ihn vernünftig einsichtige Wahrheit sein; Bindung (an Personen, Institutionen, Überzeugungen) soll *nicht ohne ihn* und seine *Freiheit* erfolgen. Damit verschiebt sich auch der ‚Ort' der Gottesfrage. Sie wird nicht mehr primär dadurch zugänglich, dass (wie etwa in der mittelalterlichen Theologie) nach einer ersten Ursache alles Seienden gefragt wird; sondern sie stellt sich dort, wo der Mensch *sich selbst* fraglich wird, nach einem Grund und Sinnhorizont seines Daseins sucht.

Im Gespräch und in der Auseinandersetzung mit neuzeitlicher Philosophie diskutiert die theologische Anthropologie: Gehört es zum Wesen des Menschen, die Frage nach Gott zu stellen? ‚Wo' im Menschen bricht diese Frage auf, wie entsteht sie genau? Ist der Mensch für Gott und seine Offenbarung ansprechbar und empfänglich? Im Rahmen dieser Fragestellungen steht auch die genauere Verhältnisbestimmung von Theologie und Philosophie zur Debatte. Insbesondere wird kontrovers beantwortet – wie anhand der vier Theologen zu sehen ist –, ob die Empfänglichkeit des Menschen für Gott allein mit philosophischen Denkmitteln und also ohne theologische Vorentscheidungen aufgezeigt werden soll bzw. kann. Es geht also auch um die Reichweite philosophischer Reflexion: Wie ‚weit' kommt die Vernunft des Menschen, wenn sie Gott zu denken versucht? Kann ‚nur' die *Möglichkeit* menschlicher Gottverbundenheit philosophisch begründet werden, sodass deren *Wirklichkeit* allein durch Gottes Handeln in der Geschichte (durch Gnade) sich ereignen kann? Oder gehört ein (implizites) Bewusstsein der *Existenz* Gottes zum Menschsein hinzu, sodass von einer ‚immer schon' bestehenden (sozusagen ‚natürlichen') Gottverbundenheit des Menschen auszugehen ist? Wie auch immer die im Folgenden vorgestellten Konzepte hier optieren – gemeinsam ist ihnen, dass sie sich abarbeiten an der Konfliktgeschichte zwischen moderner und theologischer Anthropologie, die in Teilen auch eine Entfremdungsgeschichte war: Lässt sich heute, im Horizont der fortgeschrittenen Säkularisierung, überhaupt noch zeigen, dass der Mensch gerade dann, wenn er sich selbst – seiner Vernunft und Freiheit – treu bleibt, auch auf Gott bezogen sein kann?

Entsprechen oder widersprechen sich Gottes- und Selbstbezug des freien Menschen?

1.1 Karl Rahner: Die Fraglichkeit des Menschen als Ort seiner Gottverwiesenheit

Es war Karl Rahners Theologie, durch die es der katholischen Theologie möglich wurde, sich auf die anthropologische Wende der Moderne einzulassen. Dies geschah nicht durch unkritische Anpassung an den philosophischen *mainstream*; vielmehr ging es Rahner darum, Brücken zu bauen zwischen moderner Anthropologie und traditioneller Schultheologie (die weitestgehend neuscholastisch geprägt war, also Philosophie und Theologie des Thomas von Aquin unter neuzeitlichen Bedingungen weiterführen wollte). Eines der Hauptanliegen Rahners besteht darin, den sog. ‚Extrinsezismus' der neuscholastischen Theologie zu überwinden: Die Glaubensinhalte bleiben dem heutigen Menschen – seiner Erfahrung, Vernunft und Freiheit – fremd und äußerlich, sie werden von der Theologie nicht so formuliert, dass der Mensch sie auf seine Selbst- und Welterfahrung beziehen kann. Gnade, Glaube und Kirche drohen dann für das Menschsein irrelevant und in der Alltagsrealität wirkungslos zu werden.

Rahner vollzieht die anthropologische Wende des Denkens mit, indem er in die Theologie die *transzendentale Methode* einführt. Dieses Begründungsverfahren fragt nach den *Bedingungen der Möglichkeit* von menschlichen Vollzügen (wie Erkennen und Handeln). Es geht ihm also nicht um die direkte Erkenntnis von bestimmten Einzelgegenständen oder Inhalten, sondern um die Klärung der *Bedingungen*, die auf Seiten der menschlichen Vernunft vorausgesetzt werden müssen, damit eine bestimmte Erkenntnis oder Erfahrung überhaupt als *möglich* gedacht werden kann. In diesem Sinn fragt Rahner: Was muss auf Seiten des Menschen vorausgesetzt werden, damit das Wort ‚Gott' ihm nicht unverständlich bleibt, damit er sich überhaupt auf Gott beziehen kann?

Rahners Antwort kann in drei Schritten resümiert werden.[1] Der Mensch muss, *erstens*, ein ‚Wesen der Transzendenz' sein, das die einzelnen endlichen Dinge, ja sogar den gesamten Bereich des Endlichen, *transzendieren* (wörtl.: überschreiten, übersteigen) kann. Rahner verdeutlicht diese Transzendenzfähigkeit daran, dass der Mensch *fragen* kann. Alle Feststellungen und Antworten auf das, was ihn als Menschen ausmacht, kann er hinterfragen und sich zu ihnen verhalten. Das liegt daran, dass der Mensch *Person* und nicht *Sache* ist. Vollständig definieren, auf eine endgültige Formel bringen (‚feststellen'), kann ich (wenn überhaupt) nur Gegenstände. Freie Personen aber können über jeden Definitionsversuch im Denken und Handeln hinausgehen, ihn so als bloß endlichen und beschränkten bestimmen. So bleibt der Mensch zu sich selbst immer unterwegs. Dieses Unterwegssein illustriert Rahner oft damit, dass der Mensch das Wesen eines unendlichen *Horizontes* ist. Ich kann einen Horizont nicht einholen – wenn ich auf ihn zugehe, entweicht er mir erneut, entzieht sich immer wieder.

Rahner will nun, *zweitens*, verdeutlichen, dass sich im Fragenkönnen des Menschen nicht nur der unendliche Horizont zeigt (wie soeben erläutert), sondern dass – im Sinne der transzendentalen Methode – letzterer die Möglichkeitsbedingung des ersteren ist. Ein Wissen um die Grenze (jeder Definition) setzt nämlich logisch die Überschreitung (Transzendierung) dieser Grenze voraus. Ich kann z.B. einen Stadtteil nur begrenzen und so benennen, wenn ich weiß, dass über diesen Stadtteil hinaus noch etwas existiert, nämlich die Stadt. Wäre für mich der Stadtteil alles, was überhaupt existiert, wäre dieser *als* Stadt*teil* gar nicht abgrenzbar. Das bedeutet: Wenn ich etwas oder mich selbst *als* begrenzt und endlich erfahre, so ist dies überhaupt nur möglich, weil meine Vernunft über das Begrenzte bereits hinaus ist.

Nun aber kommt es, *drittens*, zu der entscheidenden Anschlussfrage, an der Rahner die gedanklichen Weichen in einer Weise stellt, der von Seiten der Theologen, die sich stärker an Immanuel Kants Philosophie orientieren, zu Recht widersprochen wurde (etwa von Thomas Pröpper und seinen Schülern)[2]: Wie ist das Faktum zu interpretieren, dass die Vernunft über die Grenze des Endlichen und Begrenzten immer schon hinaus ist? Ist es eine Fähigkeit, die zu *ihr* gehört und von der aus dann auch die *Frage* nach Gott zugänglich werden kann? Oder ist schon das Fragen- und Transzendieren-Können des Menschen erklärbar nur unter der Voraussetzung der *Existenz Gottes*? Rahner favorisiert die zweite Alternative: Gott als das Ziel (‚Woraufhin') des menschlichen Fragens ist auch dessen Grund (‚Wovonher'). Die menschliche Bewegung des Fragens und Transzendierens wird von Gott her eröffnet und beständig getragen. Es verhält sich also nicht so, dass die Vernunft einen *Begriff* oder einen *Gedanken* ‚Gott' bildet und aus einer solchen rein philosophischen Perspektive noch offen ist, ob dem auch eine *Wirklichkeit* entspricht. Rahner denkt umgekehrt: Die Vernunft kann den Gottesbegriff überhaupt nur deshalb bilden, weil sie durch ein Bewusstsein der Existenz Gottes schon geprägt ist.

Um Rahner an diesem Punkt nicht misszuverstehen, ist zweierlei zu beachten. Erstens will er keinen philosophischen Gottesbeweis liefern. Denn – auch diese Prämisse wurde viel diskutiert – er unterscheidet gar nicht konsequent zwischen Philosophie und Theologie, verfolgt einen transzendental*theologischen* und keinen transzendental*philosophischen* Ansatz. So werden die Phänomene des Fragens und Transzendierens von vornherein *theologisch* gedeutet. Rahner geht nämlich von der heilsuniversalistischen Voraussetzung aus, dass Gottes Gnade – die Rahner als freie, personale *Selbst*mitteilung Gottes versteht – *jedem* Menschen als Angebot begegnet. Sie ist universal wirksam, prägt die geistigen Vollzüge jedes Menschen. Rahner bringt dies auf den Begriff, indem er – im terminologischen Anschluss an seinen philosophischen Lehrer *Martin Heidegger* (1889-1976) – von einem ‚übernatürlichen Existential' des Menschen spricht. Ein ‚Existential' ist, frei übersetzt, eine Prägung, die nicht aus dem freien Tun des Menschen *hervorgeht*, sondern ihm immer schon *vorausgeht*, ihn also schon bestimmt, noch bevor er sich aktiv selbst bestimmen kann. Wenn Rahner die gnadenhafte Selbstmitteilung Gottes als ‚Existential' bezeichnet, so will er also damit sagen, dass das universal wirksame Angebot der Gnade den Menschen prägt, noch bevor er denkt, entscheidet und handelt. Dieses ist ‚übernatürlich', weil es die *freie* Gnade bezeichnet, die über das bloß Natürliche, Endliche, Geschöpfliche hinausgeht: Gottes Heils- und Offenbarungshandeln, in dem er *selbst* sich dem Menschen personal zuwenden und als Liebe mitteilen will. Einige Rahner-Interpreten[3] haben das übernatürliche Existential zu Recht (und deutlicher als Rahner selbst) mit dem Heiligen Geist verbunden: Durch Gottes Gegenwart im Heiligen Geist ist und bleibt das Christusereignis wirksam, kann jeder Mensch auf es bezogen sein.

Die Charakterisierung des Existentials als ‚Angebot' verweist schon auf den zweiten zu beachtenden Aspekt. Rahner unterscheidet zwischen dem von Gott her universal wirksamen *Angebot* seiner gnadenhaften Selbstmitteilung und ihrer konkreten, freien *Annahme* durch den Menschen. Diese Unterscheidung entspricht wiederum der für Rahner grundlegenden Differenzierung zwischen einem *transzendentalen* und einem *kategorialen* Aspekt der einen Selbstmitteilung Gottes. ‚Transzendental' bzw. ‚Angebot' meint hier: Noch bevor der Mensch sich explizit auf Dinge bezieht – zu fragen, zu denken und zu handeln beginnt –, ist er schon auf Gott verwiesen, allerdings implizit und noch ‚unthematisch‘:

> „Die Selbstoffenbarung Gottes in der Tiefe der geistigen Person ist eine von der Gnade herkommende, an sich selbst unreflexe, apriorische Bestimmtheit, ist nicht an sich schon gegenständliche, sachhafte Aussage, ist Bewusstheit, nicht Gewusstheit.“[4]

Da somit das eben beschriebene Bewusstsein der Existenz Gottes, welches das menschliche Fragen und Transzendieren ermöglicht, auf der transzendentalen Ebene angesiedelt ist, muss es sich bei ihm gerade nicht um ein explizites Wissen handeln. Aus dem Angebot der Gnade (übernatürliches Existential) folgt noch nicht, dass ich persönlich um dieses Angebot explizit weiß, es annehme oder ablehne. Vielmehr bedarf der transzendentale (implizite) Gottesbezug des Menschen seiner Auslegung und Annahme im Konkreten, im Kategorialen. So bezeichnet ‚kategorial‘ die Selbstmitteilung Gottes unter dem Aspekt ihrer sichtbaren, räumlich-zeitlich wahrnehmbaren Gestalt und so auch ihrer Annahme durch die menschliche Freiheit. Beide Aspekte bedingen sich gegenseitig: Ohne den ‚transzendentalen‘ könnte Gott selbst in der Geschichte die *Vernunft und Freiheit* des Menschen nicht erreichen, wäre ein Gottesbezug für uns gar nicht *möglich*. Ohne den ‚kategorialen‘ wäre Gott selbst nicht in die *Geschichte* eingetreten, bliebe unser Gottesbezug zwar theoretisch immer möglich, wäre aber niemals und nirgendwo *wirklich*.

1.2 Wolfhart Pannenberg: Die Exzentrizität des Menschen als Ort seiner natürlichen Religiosität

Von den hier besprochenen Anthropologien ist Wolfhart Pannenbergs diejenige, die sich am entschiedensten auf das Gespräch mit den Natur-, Human- und Sozialwissenschaften einlässt. Zugleich ist es diejenige, die dezidiert das Ziel verfolgt, den Menschen als *von seiner Wesensnatur aus religiös* zu verstehen: Der Mensch, so Pannenbergs Grundthese, kommt nicht nachträglich zu seiner eigenen Selbst- und Welterfahrung mit Religion und Gottesfrage in Kontakt, sondern diese bestimmen sein Wesen von Anfang an – auch wenn der Mensch darum nicht immer schon explizit weiß. Hier zeigt sich eine Ähnlichkeit zwischen Pannenbergs und Rahners Anthropologie. Auch Pannenberg unterscheidet zwischen einer noch *impliziten Gotteserfahrung* und der *expliziten Gotteserkenntnis*. Allerdings begründet er die implizite Gotteserfahrung nicht (wie Rahner) transzendentaltheologisch, sondern phänomenologisch. Es geht ihm darum, eine religiöse Grunddimension jener anthropologischen Phänomene aufzuzeigen, die die Humanwissenschaften als für den Menschen charakteristisch beschreiben und diese dann philosophisch abzusichern. Dadurch will Pannenberg die säkulare Perspektive auf den Menschen nicht als falsch, wohl aber als vorläufig erweisen: Ohne religiöse Konstante ist unser Menschsein letztlich nicht zu verstehen.[5]

Dies lässt sich an einem Beispiel illustrieren, das zugleich auf die Bahn der Argumente führt, mit denen Pannenberg den Gottesbezug des Menschen begründet.[6] Die Psychoanalyse spricht von dem Grund- oder Urvertrauen des Menschen, das für den Säugling ebenso notwendig wie selbstverständlich ist: *selbstverständlich*, weil sein Selbst- und Weltzugang zunächst ausschließlich durch die symbiotische Einheit mit der Mutter vermittelt ist, von ihr noch nicht unterschieden, sondern in ihr geborgen; *notwendig*, weil es ohne Urvertrauen schwer, wenn nicht unmöglich für den heranreifenden Erwachsenen ist, mit Erfahrungen von Negativität, Enttäuschung und Leid umzugehen. Typisch für Pannenbergs Argumentation ist nun, dass die religiöse Dimension an der spezifischen *Struktur* des Phänomens (hier: des Vertrauens) aufgezeigt wird. Pannenberg zufolge impliziert das Vertrauen strukturell Unbegrenztheit. Denn es richtet sich auf eine Instanz, die ohne Einschränkungen den einzelnen Menschen in seinem Selbstsein unbedingt bejaht und trägt, sodass er ganz ‚er selbst' sein bzw. werden kann. Damit übersteigt es implizit die begrenzten Fähigkeiten der Mutter.

> „Der Schrankenlosigkeit des Grundvertrauens, die über die Mutter als primäre Gestalt seines Gegenstandes hinaus auf Gott verweist, entspricht sein Bezug auf die Ganzheit des Selbst. Das Grundvertrauen richtet sich in seinem eigentlichen Sinne auf diejenige Instanz, die das Selbst in seiner *Ganzheit* zu bergen und zu fördern vermag. Darum gehören im Lebensvollzug des Grundvertrauens Gott und das Heil aufs Engste zusammen."[7]

Drei weitere Grundzüge der Anthropologie Pannenbergs werden hier deutlich. *Erstens* entsprechen sich natürlicher Lebensvollzug und religiöse Grundanlage des Menschen. Denn in dem Maße, wie das heranwachsende Individuum die exklusive Bindung des Vertrauens an die Mutter bzw. Eltern löst, um zur Selbstständigkeit zu finden, kann es entdecken, dass nur Gott das Verlangen nach *unbegrenzter* Geborgenheit einlösen kann. Also sind Pannenberg zufolge religiöser

Glaube und religiöse Erziehung für den Menschen notwendig, soll sein Leben nicht in Regression, Misstrauen oder Angst abgleiten. *Zweitens* zeigt sich hier bereits, was sich auch in anderen Themenfeldern von Pannenbergs Anthropologie folgenreich auswirkt: Gemessen an der ursprünglichen Erfahrung des Phänomens sind subjekt- und freiheitstheoretische Interpretationen nachrangig. An der Wurzel des Vertrauens steht keine Entscheidung dafür oder dagegen, der Säugling besitzt *gegenüber* dem Vertrauen keine Wahlfreiheit, er ‚erwacht' in ihm, findet sich in ihm schon vor oder erfährt (zunehmend deutlicher), dass ihm die Fähigkeit des Vertrauenkönnens fehlt, ohne dass er sich explizit gegen sie entschieden hätte. Dies hängt damit zusammen, dass, *drittens*, das Phänomen (hier: des Vertrauens) zwar eine unbegrenzte (und so religiöse) Dimension einschließt, die sich aber nicht *unvermittelt* zeigt, sondern *vermittelt* ist durch konkrete endliche Gegenstände und geschichtliche Gestalten (hier: durch die Zuwendung der Mutter).

Die drei genannten Grundzüge laufen nun in einem Zentralbegriff zusammen, mit dem Pannenberg weitere Dimensionen und Vollzüge des Menschseins aufschlüsselt und den er von *Helmut Plessner* (1892-1985) übernimmt: der Begriff der *Exzentrizität*.[8] Es gehört zum Wesen des Menschen, ex-zentrisch zu existieren, d.h. ‚außer sich' sein Zentrum zu haben und sich von dort her zu empfangen, sich selbst zu transzendieren, beim Anderen zu sein und sich dadurch zu beziehen auf eine Wirklichkeit außerhalb des eigenen Selbst, ja sogar außerhalb der Welt, um so letztlich auf die Wirklichkeit *Gottes* bezogen zu sein. Der Mensch ist derjenige, der sich nicht durch sich selbst verwirklichen, erhalten und eine Identität ausbilden kann, sondern dazu von vornherein auf familiäre, soziale, gesellschaftliche und religiöse Vorgaben angewiesen ist. Seine aktive Selbstständigkeit bringt diese nicht hervor, sondern verdankt sich ihnen. Auch aus diesem Grund kommt der Mensch als frei Handelnder bei Pannenberg sekundär in den Blick.

Pannenberg erläutert die besagte exzentrische Struktur anhand ganz allgemeiner menschlicher Vernunftvollzüge, z.B. der alltäglichen Erkenntnis von einzelnen Gegenständen. Um einen Gegenstand, z.B. einen Tisch, als diesen bestimmten Gegenstand erkennen zu können, muss ich ihn abgrenzen von anderen Gegenständen. Abgrenzen (und so bestimmen) kann ich den Tisch aber nur, wenn ich immer schon mehr als den Tisch denke, also über ihn hinaus denke, ihn transzendiere. Andernfalls wäre gar keine Grenzziehung möglich: Dieses bestimmte Seiende ist der Tisch und jenes nicht. Grenzziehung impliziert, wie bei Rahner, bereits die Überschreitung der Grenze, und dies gilt auch für die Erfahrung jedes endlichen Inhaltes: Die Erfahrung und Erkenntnis des Endlichen *als* Endliches impliziert den Bezug auf ein Unendliches. So ist der Mensch in seinen Einzelerfahrungen immer schon bezogen auf einen allgemeinen und unendlichen Horizont, auf ein Ganzes: Nur innerhalb dieses ‚Ganzen' werden Einzelerfahrungen, -erkenntnisse und -bedeutungen ermöglicht, wobei keineswegs bloß die ‚Idee' oder ‚Vorstellung', sondern die Wirklichkeit dieses ‚Ganzen' gemeint ist:

> „Im Ausgriff auf den alles Einzelne tatsächlicher und möglicher Wahrnehmung umgreifenden allgemeinsten Horizont verhält sich [...] der Mensch exzentrisch zu einer ihm vorgegebenen *Wirklichkeit*, und daher ist in diesem Ausgriff implizit die göttliche Wirklichkeit mitbejaht, auch ohne als solches schon thematisch oder gar schon in dieser oder jener besonderen Gestalt erfasst zu sein."[9]

Damit ist die Stelle markiert, an der Pannenberg den Weg der Argumentation Plessners verlässt und eine Richtung einschlägt, die ihn ebenfalls mit Rahner verbindet: Das ex-zentrische Verhalten ist nicht von der dem Menschen eigenen Subjektivität und Freiheit, sondern vom religiösen *Ziel* seiner Gottverbundenheit her zu erklären.[10] Pannenberg stimmt *René Descartes* (1596-1650) zu, der in einem seiner Gottesbeweise (näherhin der dritten Meditation) zeigen wollte, dass die Erkenntnis des Endlichen *als* Endliches nur unter der Voraussetzung der *Existenz* Gottes möglich ist. Analog hierzu impliziert die Exzentrizität des Menschen bereits einen *wirklichen* Gottesbezug, obwohl der Mensch um diesen – eben weil er *vermittelt* ist durch endliche Gegenstände und geschichtliche Ereignisse – noch nicht *explizit* weiß, sondern sich seiner erst im Laufe des eigenen Lebens bewusst werden kann. Die Argumentation verläuft also genau wie im Fall des Grundvertrauens: Es impliziert bereits Unbegrenztheit (und somit eine religiöse Dimension), vermittelt sich aber durch die endliche Zuwendung der eigenen Mutter. In prinzipieller Hinsicht bedeutet dies, dass Pannenberg Selbst-, Welt- und Gottesbeziehung in ein Verhältnis von Implikation und Explikation setzt: Die drei Größen differenzieren sich zwar in der Reflexion, sind aber auf der Erfahrungsebene ineinander verschränkt. Der Säugling kann noch nicht zwischen sich, der Welt und Gott unterscheiden – aber ist doch mit ihnen schon vertraut, kann sie spüren oder erahnen, ohne sie explizit benennen und thematisieren zu können (z.B. *als* Welt oder *als* Gott).

Handelt es sich hierbei um einen (cartesianisch inspirierten) Gottes*beweis*? Die Beantwortung dieser Frage fällt nicht leicht, weil einerseits Pannenberg selbst eine solche Kennzeichnung zurückweist, andererseits sein Vorgehen, an der alltäglich erfahrenen Wirklichkeit des Menschen sein immer schon religiöses Wesen ablesen zu wollen, dazu führt, dass weniger noch als bei Rahner erkennbar ist, wo nur von einer *möglichen Gottesfrage* des Menschen und wo von einer *tatsächlichen Gottverbundenheit* des Menschen die Rede ist. Pannenberg selbst gibt aber insofern eine mögliche Interpretationsrichtung vor, als er an der cartesianischen Argumentation kritisiert, dass sie diejenige Unterscheidung nicht beachtet, auf die es ihm gerade ankommt: die Unterscheidung von implizitem (prä-reflexivem) und explizitem (reflexivem) Gottesbewusstsein. Pannenberg will den Gottesbezug des Menschen gerade nicht auf dem Weg begründen, dass er als Idee oder Vorstellung einem Frage- und Sinnbedürfnis des Menschen entspringt, wobei philosophisch dann zunächst offen bleiben muss, ob Gott tatsächlich existiert; sondern er dreht den Spieß um: Eine Gottverbundenheit ist in unserer Selbst- und Welterfahrung immer schon unausdrücklich mitgegeben, wir sind durch sie schon geprägt, noch bevor wir uns als reflektierende, freie und handelnde Wesen erfassen und betätigen. Kritisch rückzufragen ist allerdings, ob dieses Argumentationsmuster humanwissenschaftliche und philosophische Befunde nicht doch zu *unvermittelt* theologisch interpretiert – und so nicht nur die Offenheit dieser Befunde, sondern auch die Fraglichkeit und Ambivalenz der (spät-)modernen Selbst- und Welterfahrung des Menschen vorschnell abblendet.[11]

1.3 Eberhard Jüngel: Die Durchkreuzung natürlicher Religiosität

Eberhard Jüngels Position unterscheidet sich *einerseits* grundlegend von derjenigen Rahners, Pannenbergs und Pröppers. Vom Ort der menschlichen Vernunft aus führt kein Weg zu Gott. Das natürliche Selbst- und Weltverhältnis des Menschen bildet gerade nicht die argumentative Basis, von der aus ein Gottesgedanke oder gar ein Wissen um die Existenz Gottes erreicht werden kann. Vielmehr ist es die geschichtliche Selbstoffenbarung Gottes, die nicht nur die tatsächliche Gottesbeziehung des Menschen, sondern auch deren Möglichkeit begründet. Jüngel erhebt also den Anspruch einer ausschließlich *offenbarungstheologisch* begründeten Anthropologie: Der Theologe unterscheidet sich vom Philosophen darin, dass er seine Aussagen über Wesen und Ziel des Menschen durch ein Nach-Denken der von Gott her frei geschehenen Selbstoffenbarung in Leben und Tod Jesu gewinnt.

> „Für das christliche Verständnis von Gott und Mensch ist es konstitutiv, dass weder von einem vorgefassten Gottesverständnis her über den Menschen noch von einem vorgefassten Verständnis des Menschen [...] her über Gott, sondern aufgrund desselben einen Ereignisses über Gott und über den Menschen geurteilt wird."[12]

Andererseits darf dies nicht so missverstanden werden, als würde Jüngel die Denkbarkeit Gottes und seiner Offenbarung wie auch deren existenzielle Relevanz für den Menschen bestreiten. Beides wird von Jüngel aufgewiesen – aber nicht, indem er beim Selbstverständnis des modernen Menschen ansetzt, sondern indem er dessen innere Widersprüchlichkeit zeigt. Beide Argumentationslinien Jüngels (‚einerseits' – ‚andererseits') müssen beachtet werden, um zu verstehen, warum Gott für den Menschen weder notwendig noch beliebig ist – sondern, wie Jüngel oft formuliert, „mehr als notwendig."[13]

Jüngel kritisiert entschieden die sog. ‚natürliche Theologie', die davon ausgeht, dass der Mensch mit seiner Vernunft auch außerhalb der Offenbarung Gott erkennen oder zumindest einen konsistenten Gottesbegriff entwickeln kann, sodass allein philosophisch eine mögliche Empfänglichkeit des Menschen für Gott aufgewiesen werden könnte.[14] Gott erscheint in solchen Argumentationsfiguren als ‚notwendig', insofern der Mensch sich selbst, sein Bewusstsein, Denken und Handeln ohne Gott nicht verstehen kann. Ob Gottes Existenz nun (wie bei Descartes, auf den sich Jüngel des Öfteren bezieht) zwingend angenommen werden muss, damit klares und eindeutiges Wissen sichergestellt und zudem das Wissen um meine Endlichkeit als möglich gedacht werden kann; oder ob Gottes Existenz (wie in Kants Philosophie) postuliert wird, um auszuschließen, dass das moralische Handeln des Menschen in Sinnlosigkeit versinkt: Immer wird Gott von *meiner* Vernunft aus gedacht. Damit aber, so kritisiert Jüngel, wird ‚Gott' den Gesetzmäßigkeiten meiner Vernunft angepasst.

> „Was wird aus Gott, wenn ein abstraktes ‚Ich denke' oder ein abstraktes ‚Du sollst' von vornherein den Rahmenbegriff abgeben, innerhalb dessen sich dann entscheiden darf und muss, was Gott genannt zu werden verdient?"[15]

Ein von mir vorgestellter, durch mein Denken begründeter und sichergestellter Gott kann nicht eigentlich ‚Gott' genannt werden, sondern ist ein selbstkonstruierter Götze. Wo Gott eine notwendige Funktion des Menschseins ist, werden seine Göttlichkeit und Freiheit missachtet, wird also Gott gerade verfehlt.

Von daher liegt für Jüngel der *Atheismus* in der Konsequenz des Selbst-, Welt- und Gottesverständnisses des modernen Menschen. Um dies zu verstehen, muss man Jüngels Rekonstruktion moderner Anthropologie näher in den Blick nehmen.[16] In der Moderne begreift sich der Mensch als selbsttätiges, handelndes und herstellendes Subjekt, das sich selbst zu begründen und zu sichern versucht, so letztlich aber Herrschaft ausübt: Herrschaft über sich selbst und über alles Seiende. Über sich selbst: Ich *bin*, was ich aus mir *mache*, durch meine Leistung und Tat. Über das Seiende: Was existiert, muss als Ding für mich existieren, als Objekt vorgestellt und gebraucht werden können, durch Technik instrumentalisierbar und manipulierbar. Wirklichkeit ist Verwirklichung. Was als *Wille* zur Macht beginnt, wird zum selbstzerstörerischen *Zwang*, denn am Ende dieser Spirale wird auch der Mensch zum Objekt: reduziert auf das, was er hervorbringen kann, wofür er nützlich ist. Jüngel steht hier einer Kritik der Moderne vor allem von *Martin Heidegger* (1889-1976), aber auch von *Theodor W. Adorno* (1903-1969) und *Jürgen Habermas* nahe, die – allerdings in unterschiedlicher Weise und mit divergierenden Zielsetzungen – grundsätzliche Fehlorientierungen neuzeitlichen Denkens kritisieren: Der sich von Natur und Geschichte emanzipierende Mensch unterwirft die Welt, seine Mitmenschen und letztlich auch sich selbst einer technischen Rationalität, die alles und jeden als Mittel zum Zweck der Beherrschung gebraucht – und produziert so neue Zwänge. Damit will Jüngel nicht die moderne Einstellung des Menschen zu sich selbst und seiner Umwelt für *völlig* illegitim erklären (auch wenn manche seiner Formulierungen diesen Eindruck erwecken könnten). Ihm geht es nicht um pauschale Abwertung menschlicher Aktivität und Selbsttätigkeit, sondern um Kritik an deren *totaler und grenzenloser* Steigerung. Denn letztere entfesselt eine nicht enden wollende Dynamik, in der der Mensch seine Begrenztheit, Ohnmacht und Kreatürlichkeit nicht mehr anerkennt, sich damit aber heillos überfordert.

Vor dem Hintergrund dieses Selbst- und Weltverhältnisses musste Gott letztlich *undenkbar* werden. Von der traditionellen (mittelalterlichen) Metaphysik her wurde Gottes *Wesen* begriffen als höchstes, vollkommenes, also von mir unabhängiges Wesen über *mir*. Weil in der Neuzeit aber das menschliche Denken zum Ort der Bewahrheitung des Gottesgedankens avanciert, wird die *Existenz* Gottes *durch mich* sichergestellt. Damit aber soll paradoxerweise etwas Undenkbares gedacht werden, nämlich ein Wesen, das per definitionem von mir *unabhängig* ist, hinsichtlich seiner Existenz, aber von meiner Vernunft *abhängig* ist, weil diese durch mich zuallererst begründet wird. In der Moderne tritt also das menschliche Denken ‚zwischen' Wesen und Existenz Gottes und zersetzt so den traditionellen metaphysischen Gottesbegriff. Aber auch die (mit Descartes anhebende) neuzeitliche Form des Gottdenkens führt in die Aporie: Entspringt der Gottesgedanke dem menschlichen Streben nach Sicherung und Selbstbegründung, so muss Gott das vollkommene, allmächtige und weltüberlegene Wesen sein, von dem Verletzbarkeit und Vergänglichkeit ausgeschlossen werden. Darin besteht für Jüngel der Kern eines klassisch theistischen Gottesverständnisses: der ferne, weltüberlegene, höchste Gott über mir, den jedoch zunächst *Johann Gottlieb Fichte* (1762-1814) konsequenterweise für logisch undenkbar hielt, *Ludwig Feuerbach* (1804-1872) als identisch mit der Gattung Menschheit verstand und *Friedrich Nietzsche* (1844-1900) schließlich für tot erklärte.

Aber: Der christliche Glaube kritisiert sowohl das vorausgesetzte, neuzeitliche Menschenbild als auch das aus ihm folgende abstrakt-theistische Gottesbild, weil Gott selbst es in Leben und Tod Jesu durchkreuzt hat. Hier wurde er konkret als trinitarische Liebe offenbar und damit als Allmacht, die verwundbare Ohnmacht nicht aus-, sondern einschließt. Aus dieser offenbarungstheologischen Perspektive kann Gott nicht ohne den Tod des Gekreuzigten gedacht werden, mit dem er sich als seinem ewigen Sohn identifiziert hat. Die Pointe von Jüngels Theologie besteht nun darin, dass sie auf diesem Fundament eine trinitarische Kreuzestheologie entfaltet, die eine Teilwahrheit des Atheismus bejaht: In der Tat – hierin hat der Atheismus Recht – kann der weltüberlegene, von Vergänglichkeit und Ohnmacht ferne Gott nicht gedacht werden. Er *darf* es aber auch nicht – präzisiert die Theologie –, denn ein solches Gottesverständnis ist durch die Offenbarung ebenso überholt wie das ihm entsprechende Selbstverständnis des Menschen. Der Glaube an den gekreuzigten Gott *bestätigt* nicht das beständige Streben des Menschen nach Selbstbegründung und Selbststeigerung, sondern *unterbricht* diese Dynamik, indem er sie als „Weisheit der Welt", als „Torheit" (1 Kor 1,20) und Sünde entlarvt. Aber diese Unterbrechung erfolgt *zugunsten* des Menschen. Denn durch sie ist der Mensch davon befreit, den eigenen Wert und seine

Würde selbst herstellen und leisten zu müssen. Insofern ist der Gott Jesu Christi für den Menschen *mehr als notwendig*: Er ist vom menschlichen Selbstverständnis aus gerade nicht denk*notwendig*, sondern durchkreuzt im Ereignis seiner freien Offenbarung die Versuche menschlicher Selbstsicherung.

Obwohl Jüngels *Intention* darauf zielt, den Gottesbezug des Menschen gerade nicht von dessen Selbstverständnis her aufzuweisen, lässt sich dennoch festhalten (hierauf wurde in der Diskussion seines Ansatzes auch öfter hingewiesen[17]), dass er *faktisch* doch beim Menschen ansetzt – nur eben nicht insofern, als er ihn von vornherein positiv als das Wesen der Transzendenz (Rahner), Exzentrizität (Pannenberg) oder Freiheit (Pröpper) versteht, sondern die Zerrissenheit eines (modernen) Menschen aufzeigt, der in den unaufhaltsamen Sog der Selbstsicherung und Selbststeigerung geraten ist. Außerdem erwähnt Jüngel selbst weitere Dimensionen und Aspekte des Menschseins, die ihn für Gott empfänglich sein lassen, so etwa das Phänomen der *Sprachlichkeit*: Menschliches Denken ist sprachlich verfasst, kein Gedanke lässt sich ohne Sprache denken. So kann Gott den Menschen von sich aus ansprechen, sich ihm in der Geschichte offenbaren, weil der Mensch ein Wesen der Sprache ist. Und er kann sich ihm als den Tod überwindende *Liebe* mitteilen, weil es im Menschen zumindest ein Vorverständnis dessen gibt, was ‚Liebe' ist und was sie bedeutet.[18] Dies zeigt, dass es Jüngel weniger darum geht, prinzipiell jegliche Empfänglichkeit des Menschen für Gott zu verneinen, als vielmehr darum, die *Freiheit* Gottes nicht dem begrifflichen ‚Zugriff' des Menschen zu unterwerfen, also nicht vom menschlichen Selbstverständnis her zu definieren, wer und wie ‚Gott' sein kann bzw. die theologische Anthropologie nicht in eine einseitige Abhängigkeit von der philosophischen Rahmentheorie zu bringen. Diese Ziele, die theologisch in der Tat unverzichtbar sind, geben aber Anlass zu der Frage, ob sie nicht auch mit einer Denkform realisiert werden können, die Elemente des neuzeitlichen Freiheitsdenken doch konstruktiver rezipiert, als Jüngel es für möglich hält.[19]

1.4 Thomas Pröpper: Die menschliche Freiheit als Ort der Gottesfrage

Zunächst stimmt Pröpper völlig mit Jüngel darin überein, dass eine *wirkliche* Gottverbundenheit des Menschen nur durch Gottes freies Offenbarungshandeln zustande kommen kann. Wer Gott wesentlich ist und wozu er den Menschen bestimmt hat, kann von uns nur erkannt werden, wenn Gott sich aus Freiheit zu erkennen *gibt*. Damit eine solche Erkenntnis aber überhaupt als möglich gedacht werden kann, muss der Mensch für Gott und seine Offenbarung empfänglich und ansprechbar sein. Hier schließt sich Pröpper (wie schon Rahner) der transzendentalen Denkrichtung an. Aber im Unterschied zu Rahner unterscheidet Pröpper deutlich zwischen Philosophie und Theologie, zwischen möglicher Gottesfrage und tatsächlicher Gottverbundenheit des Menschen. Pröpper setzt nicht transzendental*theologisch*, sondern transzendental*philosophisch* an – in der Tradition von Kant, Fichte und vor allem *Hermann Krings* (1913-2004).

Das führt zu zwei entscheidenden Neuakzentuierungen gegenüber der transzendentalen Methode Rahners. *Zum einen* will Pröpper die Empfänglichkeit des Menschen für Gott mit ausschließlich *philosophischen* Argumenten entfalten. Gerade in der fortgeschrittenen Säkularisierung der Spätmoderne darf die Theologie die Existenz Gottes und das Ergangensein seiner Selbstoffenbarung nicht einfach selbstverständlich voraussetzen, sondern muss deren denkerische *Möglichkeit* und ihre existenzielle *Bedeutung* für jeden Menschen aufzeigen. Formaler gesagt: Dass der Mensch für Gott ansprechbar ist, kann nicht durch sein tatsächliches Angesprochenwerden in der Offenbarung begründet werden, weil sonst das zu Erklärende immer schon vorausgesetzt würde: ein logischer Zirkel! *Zum anderen* will Pröpper gerade mit diesem transzendental*philosophischen* Modell die *Geschichtlichkeit* des menschlichen Gottesverhältnisses aufwerten: Zu einer wirklichen Gottverbundenheit kann der Mensch nicht durch vernünftiges (philosophisches) Denken, sondern nur dann gelangen, wenn Gott sich ihm in der Geschichte frei zugewandt (geoffenbart) hat. Aus beiden genannten Akzenten folgt: Der Mensch existiert *wesentlich*, aber auch ‚nur' als *Frage* nach Gott; er verfügt nicht immer schon über ein Wissen um die Existenz Gottes, wohl aber ist seine Freiheit der Ort, an dem die Sehnsucht nach Gott sich entzünden kann.

Pröpper begründet diesen *möglichen* Gottesbezug des Menschen in einer subjekt- bzw. freiheitsphilosophischen Argumentation. Ohne theologische Vorentscheidungen will er die Struktur und Realisierungsbedingungen endlicher Freiheit analysieren, um so zu zeigen, an welcher Stelle die Frage nach Gott aufbricht. Diese Argumentation wird hier in fünf Schritten kurz vorgestellt.[20]

Wichtig ist, *erstens*, die Unterscheidung von zwei Perspektiven auf die eine menschliche Freiheit: die Perspektive ihrer *formalen*

Unbedingtheit und die ihrer *materialen Bedingtheit*. Mit letzterer ist gemeint, dass in der konkreten Realität unsere Entscheidungen stets eingeschränkt, bedingt sind; niemals handeln wir voraussetzungslos. Biografische, biologische, kulturelle u.a. Faktoren bestimmen mit, was wir wollen und wie wir handeln. Andererseits: Wir sind und werden nicht nur bestimmt, sondern können uns auch frei bestimmen. Für diesen Aspekt der *Selbst*bestimmung (der Autonomie) steht die Perspektive der *formalen Unbedingtheit*: Zu dem, was uns widerfährt (auch zu unseren Einschränkungen, Vorprägungen und Bedingtheiten) können wir uns noch einmal frei verhalten. Zum Beispiel kann sich jemand, der an Klaustrophobie leidet, in einem vollen Lift nicht dazu entschließen, keine Angst zu empfinden. Aber er kann sich dafür entscheiden, z.B. nicht in den Lift zu steigen oder sich die eigene Angststörung bewusst machen und ihr auf den Grund gehen zu wollen. Die formal unbedingte Freiheit bezeichnet also die Instanz des Sich-Verhalten- und Sich-Entschließen-Könnens. Sie ist eine *transzendentale* Größe – d.h. sie ist kein Prinzip, aus der unsere konkreten Einzelerfahrungen und -entscheidungen *ableitbar* sind. Denn transzendental *notwendige Bedingungen* beschreiben keine *hinreichenden Ursachen*. Die formal unbedingte Freiheit ist aber insofern eine begrifflich notwendige Voraussetzung, als wir ohne sie elementare menschliche Vollzüge nicht *denken* können: Kommunikation, Freundschaft, Liebe, Moralität, Recht, selbstbestimmte Identität, Rationalität wären ohne die Voraussetzung von ‚Freiheit' nicht mehr das, was wir unter ihnen verstehen. So gesehen ist die formal unbedingte bzw. transzendentale Freiheit ein Abstraktionsbegriff vom realen Freiheitsvollzug, weil mit ihr ‚nur' eine Möglichkeitsbedingung des tatsächlichen Denkens und Handelns bezeichnet wird.

Wie kommt es dann aber zum Übergang von Möglichkeit zu Wirklichkeit der Freiheit? Der *zweite* Argumentationsschritt besagt, dass Freiheit einen ‚Gehalt' braucht, d.h. etwas, *woraufhin* sie sich öffnet und festlegt, *wofür* sie sich entscheidet. Sie wird nur konkret und bleibt nicht abstrakt (formal unbedingt), wenn sie sich entscheidet (und auch das Nicht-Entscheiden wäre eine Entscheidung: die Dinge so zu nehmen, wie sie kommen). ‚Freiheit' und ‚Bindung' stehen also – recht verstanden – nicht im Widerspruch zueinander, sondern erfordern sich wechselseitig. Um es auf die Alltagserfahrung zu beziehen: Wir erfahren uns bisweilen als unfrei in zwei durchaus verschiedenen Situationen: *zum einen* dort, wo wir die ‚Qual der Wahl' haben, wir uns einfach nicht entscheiden können, es vielleicht auch nicht wollen und so alle Möglichkeiten offenzuhalten versuchen; *zum anderen* dort, wo eine uns betreffende Entscheidung letztlich doch ohne uns getroffen wurde, sei es durch andere oder durch uns selbst, weil wir für unser Handeln keine Gründe und Motive angeben können, vielmehr unsere Wahl selbst nicht recht verstehen, sodass sie eher ein ‚Reflex' ist. Im ersten Fall fehlt der Freiheit die Bindung an einen Gehalt, mit dem sie sich identifizieren kann, der ihr entspricht. Im zweiten Fall fehlt der Bindung die Freiheit, die sie zuallererst zur humanen *Selbst*bindung – und nicht zu einem von außen auferlegten Schicksal – macht. Insofern sind Freiheit und Bindung formal zu differenzieren, aber real nicht zu trennen, wie Krings prägnant zum Ausdruck bringt: „Es gibt keine Freiheit ohne Bindung, und es gibt keine Bindung – keine menschenwürdige Bindung – ohne Freiheit."[21]

Welcher Gehalt aber – *dritter* Schritt – ist der Freiheit selbst so angemessen, dass sie sich in der Entscheidung für diesen Gehalt *selbst* entspricht? Dies kann nur die ebenfalls formal unbedingte Freiheit des anderen Menschen sein. Weil sie *Freiheit* ist, entspricht sie dem Sich-Öffnen der eigenen Freiheit; aber nur als die des *Anderen* kann sie ‚Gehalt' eigener Freiheit sein, denn dieser muss einen realen Eigenstand haben. Freiheit entspricht sich selbst darin, andere Freiheit unbedingt anzuerkennen. Wie Freiheit und Bindung sich nicht wider-, sondern entsprechen, so auch Erfüllung des Eigenen und Anerkennung des Anderen. Erst wo ich mich einem anderen Menschen zuwende, finde ich zu mir selbst. Und umgekehrt: Erst wo ich von Anderen bejaht, anerkannt und zum Gebrauch der eigenen Freiheit ermutigt werde, erfahre ich mich selbst als frei. Unbedingte Anerkennung – Liebe – ist der Inhalt wirklicher Freiheit. Und Liebe ist nicht anders denn als Freiheitsgeschehen denkbar.

> „Eben dies macht ja sein Glück und seine Not aus und, wenn die Not überwiegt, auch seine Gefahr: das Wissen, nur *frei* anerkannt werden zu können, und der Schmerz, den anderen deshalb auch frei *lassen* zu müssen, und dann oft so leicht das Abgleiten auf den Weg, sich entweder zu unterwerfen oder selbst zum Herrn des Verhältnisses zu machen und den Anderen, wie raffiniert auch immer, unter die eigene Regie und Verfügung zu bringen."[22]

Nun zeigt sich aber, *viertens*, in der Struktur der Freiheit ein Widerspruch. Das freie Ich *intendiert* zwar die *unbedingte* Anerkennung des Anderen (aufgrund seiner formalen Unbedingtheit), kann diese aber nur *bedingt realisieren* (aufgrund seiner materialen Bedingtheit). Konkreter gesagt: Einerseits hofft Liebe, dass der Andere in seiner

Einmaligkeit und Besonderheit nicht untergeht, dass er auch durch den Tod nicht vernichtet wird: „Einen Menschen lieben […] heißt: du aber sollst nicht sterben“[23] *(Gabriel Marcel)*. Andererseits können endliche Freiheiten diese Hoffnung nicht selbst realisieren. Ein Widerspruch ist dies deshalb, weil Freiheit wesentlich will, was sie doch nicht realisieren kann bzw. weil sie beginnt, was sie doch nicht vollenden kann.

Dieser Widerspruch ist für uns nicht auflösbar, er wurzelt ja in der Struktur unserer Freiheit selbst, sofern sie formal unbedingt und material bedingt zugleich ist. Doch muss der Widerspruch deshalb schon ein definitiver und endgültiger sein? Immerhin denkmöglich ist doch, *fünftens*, der Gedanke einer Freiheit, die nicht nur formal, sondern auch material unbedingt ist, einer *vollkommenen* Freiheit also: die Idee Gottes. Gott könnte einlösen, was endliche Freiheiten einander versprechen: dass der Andere in seiner Einmaligkeit endgültig und unbedingt bejaht ist.

> „In der *Idee Gottes* wird also die Wirklichkeit gedacht, die sich Menschen voraussetzen müssen, wenn das unbedingte Seinsollen, das sie im Entschluss ihrer Freiheit für sich selbst und für andere intendieren, als möglich gedacht werden soll.“[24]

Das an Kant orientierte transzendentale Begründungsverfahren kann nur die Idee Gottes als sinnvolle entwickeln, nicht aber einen Beweis seiner Existenz führen. In der Freiheit bricht die *Frage* nach Gott auf; über deren Antwort kann philosophische Reflexion weder positiv noch negativ entscheiden. Insofern ist mit den vorangestellten freiheitsphilosophischen Überlegungen ‚nur‘ die prinzipielle Empfänglichkeit für Gott begründet. ‚Mehr‘ ist aber Pröpper zufolge nach Kants Kritik der klassischen Gottesbeweise *philosophisch nicht möglich* – und auch *theologisch nicht nötig*. Denn Pröpper stellt in das Zentrum seiner Anthropologie die Grundüberzeugung, dass sich Gott in der Geschichte Jesu als unbedingt für die Menschen entschiedene Liebe selbst geoffenbart hat (s.u. Kap. II.3.4). Dann liegt der Schluss nahe: Wie von jeder Liebe, so kann ich auch von *Gottes* Liebe nicht durch logisches Denken erfahren, sondern nur dadurch, dass Liebe sich *frei* mitteilt, sich in der konkreten Geschichte zeigt und offenbart. Der Mensch ist also in seinem Innersten (in seiner Vernunft und Freiheit) auf eine Wahrheit verwiesen, die ihm nur frei (‚von außen‘) geschenkt werden kann – und auch nur *als* frei geschenkte seine Erfüllung sein kann. Denn nur in der Liebe ist das Notwendige zugleich das Freieste. Niemand will vom Anderen aus Zwang geliebt werden. Vielmehr richtet sich die Sehnsucht der Liebe darauf, dass der Andere sich in Freiheit entschließt, die Zuwendung zu erwidern. So ist dessen Zuwendung für uns *notwendig* – aber eben nur als *freie*; so ist die menschliche Freiheit auf Gott und seine Selbstmitteilung bezogen – aber eben auf ihr freies Sich-Ereignen in der Geschichte.

Literatur

Hinweis zu den Literaturempfehlungen in Teil II insgesamt: Da die umfassenden Grundlagenwerke der jeweiligen Autoren leicht über die Endnoten auffindbar sind, werden an dieser Stelle kürzere Primärtexte empfohlen, die eine gut verständliche Einführung in den spezifischen Zugang des Autors bieten.

KARL RAHNER, Theologie und Anthropologie. In: Ders., Sämtliche Werke, Bd. 22/1a, Freiburg i.Br. 2013, 283-300.

WOLFHART PANNENBERG, Religion und menschliche Natur. In: Ders., Natur und Mensch – und die Zukunft der Schöpfung (BSTh; 2), Göttingen 2000, 260-270.

EBERHARD JÜNGEL, „Meine Theologie" – kurz gefasst. In: Ders., Wertlose Wahrheit. Zur Identität und Relevanz des christlichen Glaubens. Theologische Erörterungen, Bd. III, Tübingen [2]2003, 1-15.

THOMAS PRÖPPER, Freiheit als philosophisches Prinzip theologischer Hermeneutik. In: Ders., Evangelium und freie Vernunft. Konturen einer theologischen Hermeneutik, Freiburg i.Br.-Basel-Wien 2001, 5-22.

2. *Täter und Opfer zugleich?* Der Sünder zwischen Macht und Ohnmacht

Der faktische, konkret vorfindliche Mensch ist nicht von vornherein der, der er von Gott her sein darf und soll, er entspricht seiner Empfänglichkeit für Gott (s.o. Kap. II.1) nie ganz und lebt nicht aus ihr, existiert in Entfremdung mit Gott, seinen Mitmenschen und sich selbst. Aber ist er hierfür ganz allein selbst verantwortlich? Theologische Anthropologie reflektiert die Wirklichkeit des Bösen im Hinblick darauf, dass der Mensch in der Spannung von persönlicher Schuld und überindividuellem Verhängnis steht. Schon in der paulinischen Theologie wird die paradoxe Erfahrung greifbar, dass der Mensch *einerseits* verantwortlich ist für seine Taten, Schuld und Sünde also Folgen seiner freien Entscheidung sind. *Andererseits* fängt er mit dem Bösen nie voraussetzungslos an, sondern ist in dessen Wirklichkeit schon verstrickt, noch bevor er beginnt, selbst zu entscheiden und zu handeln. Die theologiegeschichtlich dominant gewordene Erbsündenlehre des *Augustinus* (354-430) geht einen Schritt weiter: Alle Menschen sind *von Geburt an* Sünder, aufgrund ihrer Zugehörigkeit zum einen Menschengeschlecht, da alle Menschen von einem ersten Elternpaar – Adam und Eva – abstammen. Die Intention dieser Lehre liegt darin, die prinzipielle Gutheit der Schöpfung und der menschlichen Natur herauszustellen: Nicht Gott, sondern die Freiheit des ersten Menschen (Adam) ist Ursprung des Bösen. Also ist die Wirklichkeit des Bösen nicht immer schon in der Schöpfung angelegt, sondern kontingent, nicht notwendig. Das Böse hätte nicht sein müssen, ist aber faktisch geworden. So ist die ‚Kehrseite' der Erbsündenlehre die in ihr wach gehaltene Erlösungshoffnung: Weil nicht immer alles schon so war und sein musste, wie es faktisch ist, kann es einmal anders werden: durch Jesus Christus – den ‚neuen Adam', der den verhängnisvollen Kreislauf des Bösen durchbricht, in dem Gott einen neuen Anfang setzt.

Allerdings gerät in der Moderne die Erbsündenlehre zur Erklärung des Ursprungs und der Macht des Bösen in eine fundamentale Krise – und zwar nicht nur aufgrund des naturwissenschaftlichen Einwands, dass unmöglich alle Menschen von nur einem ersten Menschenpaar abstammen können (Monogenismus), sondern auch aufgrund eines entscheidenden anthropologisch-ethischen Arguments: Kann es Schuld des Einzelnen geben noch *vor* seinem freien, zurechenbaren Tun? Kann Erbe Sünde sein? Welche Art von ‚Schuld' ist hier überhaupt gemeint? Prinzipieller gefragt: Ist die Erbsündenlehre unter den Bedingungen der Moderne reformulierbar – nicht nur hinsichtlich ihrer denkerischen Möglichkeit, sondern auch ihrer existenziellen Bedeutung?

2.1 Karl Rahner: Erbsünde als Existential endlicher Freiheit

Dass der Mensch als personales Wesen der Frage und Transzendenz existiert (s.o. Kap. II.1.1), bedeutet zugleich, dass er nicht schlechthin festgelegt ist, sondern wählen kann. Freiheit ist vom Menschsein untrennbar. Mit ihr ist die Möglichkeit von Schuld und Sünde gegeben. In der Sünde verschließt sich der Mensch dem sich selbst mitteilenden Gott, der jedoch (wie gesehen) tragender Grund und Horizont seines Daseins, seiner Vernunft- und Freiheitsvollzüge ist (‚übernatürliches Existential'). Insofern ist Sünde als Widerspruch gegen Gott zugleich *Selbst*widerspruch des Menschen. Dabei meint Rahner, wenn er von ‚Sünde' spricht, primär nicht eine singuläre Tat des Menschen oder die Summe seiner vielen Entscheidungen. Rahner geht es um eine grundsätzlichere Ebene, die er dadurch zum Ausdruck bringt, dass er auch im Freiheitsbegriff zwischen einem ‚transzendentalen' und einem ‚kategorialen' Moment unterscheidet – und genau diese Unterscheidung führt auf die Spur seiner Neuinterpretation der klassischen Erbsündenlehre.[1]

Für Rahner ist der Mensch nicht primär das Wesen einer ‚neutral' ausgerichteten Wahlfreiheit, die sich für ‚a', aber ebenso gut auch für ‚b' entscheiden könnte. Vielmehr besteht Freiheit hinsichtlich ihres *transzendentalen* Aspekts darin, dass der Mensch nicht nur *etwas* wählt, sondern vor allem *sich selbst*. Damit ist gemeint, dass jeder Einzelne seinem Leben eine Grundrichtung gibt, eine Grundoption trifft, wer er für sich und andere sein will, er bildet eine Grundhaltung, einen ‚Charakter', eine ‚Persönlichkeit' aus, wie wir umgangssprachlich sagen würden. Das transzendentale Moment der Freiheit bezieht sich auf das ‚Ganze' einer Person, Rahner spricht gar von einem Vermögen der *Endgültigkeit*: Gerade in meinem zeitlich befristeten Leben kann ich nicht ständig an einen abstrakten Nullpunkt der Wahl zurückkehren, unendlich oft ‚von vorn anfangen', sondern ich präge eine Identität, die *meine* werden und für immer bleiben wird. Der *kategoriale* Aspekt steht auch hier (s.o. Kap. II.1.1) für die geschichtliche Gestalt, die Objektivation der Freiheit, also ihren sichtbaren und räumlich-zeitlich vermittelten *Ausdruck*, in dem sich Freiheit konkretisiert und zeigt. Auch im Fall der Freiheit bedingen sich transzendentales und kategoriales Moment: *Einerseits* prägt meine grundsätzliche Haltung zu mir und der Welt meine einzelnen Entscheidungen, sie drückt sich in diesen aus. Ob ich im konkreten Einzelfall einem in Not leidenden Menschen beistehe, ist abhängig von meiner getroffenen Grundoption – z.B. nur dem Gesetz der Selbsterhaltung meines eigenen Ich folgen zu wollen oder in Beziehung zu anderen zu leben. *Andererseits* zeigt sich in der jeweiligen Einzelentscheidung nicht nur meine grundsätzliche Haltung; sondern diese wird auch durch jene bedingt: Je öfter ich in der Einzelsituation dem Hilfesuchenden meine Hilfe verweigere oder mir diese in einer ähnlichen Situation verweigert wird, desto eher wird eine fundamentale egozentrische Einstellung begünstigt, die mir zur Lebensmaxime wird. Zusammen genommen besagen beide Aspekte: Es gibt menschliche Freiheit stets nur als konkretisierte, in Raum und Zeit vollzogene, leiblich und geschichtlich vermittelte.

Daraus folgt wiederum zweierlei. *Zum einen* ist jede Handlung eine Synthese von Freiheit und Notwendigkeit. Geistige, personale Vollzüge sind an biologische Bedingungen geknüpft; psychologische Faktoren beeinflussen den eigenen Entscheidungsspielraum ebenso wie die gesellschaftliche Mehrheitsmeinung, ist doch der Mensch wesentlich ein kommunikatives, soziales Wesen. Immer ist die eigene Selbstbestimmung mitbestimmt durch die der Anderen. Nicht zuletzt aus diesem Grund können wir *zum anderen* nicht absolut sicher unterscheiden, für welche Anteile an unserer existenziellen ‚Grundoption' nur und ausschließlich wir *selbst* verantwortlich sind und welche auf das Konto *externer* Bedingungen gehen. Was wir beobachten können, ist der kategoriale *Ausdruck* transzendentaler Freiheit, der aber als geschichtlich-konkreter bereits mitbestimmt wird durch die beschriebenen Bedingungen, unter denen wir unsere Freiheit vollziehen. So bleibt die Realisierungsgestalt der Freiheit vieldeutig. Wir wissen deshalb nicht, wo genau sich die Sünde als grundsätzliches, die gesamte Existenz bestimmendes ‚Nein' gegenüber Gott ereignet:

> „Unter dem scheinbar größten Verbrechen kann sich u.U. nichts verbergen, weil es nur ein Phänomen vorpersonaler Situation sein kann, und hinter der Fassade bürgerlicher Wohlanständigkeit kann sich ein letztes verbittertes und verzweifeltes, aber wirklich subjekthaft getanes und nicht nur leidhaft erlittenes Nein zu Gott verstecken."[2]

Rahners Neuinterpretation der Erbsündenlehre folgt diesen Weichenstellungen. Keinesfalls kann ‚Erbsünde' bedeuten, dass die *fremde* Schuld Adams *mir* angerechnet wird. Persönliche Schuld – hier folgt Rahner der Sache nach *Kant* – ist nicht übertragbar, weil sie der Freiheit des einzelnen, unvertretbaren Subjekts entspringt: Ich selbst bin für meine Entscheidung verantwortlich. Insofern impliziert die ‚Erbsünde' keine Kollektivschuld und ist der hier vorausgesetzte Sündenbegriff ein *analoger*, der von persönlicher Schuld (im Sinne moralischer Zurechenbarkeit) prinzipiell unterschieden werden muss. Welchen positiven Inhalt hat er dann überhaupt? Rahner erklärt ihn vor dem Hintergrund seiner beschriebenen Freiheitskonzeption: *Meine* Entscheidung wird mitbestimmt durch *externe* Faktoren, positive wie negative. Dann aber wird fremde Schuld, die Unheilsgeschichte, die mir vorausliegt, in mir und in meinen Entscheidungen wirksam. Um es an einem Beispiel zu verdeutlichen: Es entzieht sich der persönlichen Verantwortung eines Erwachsenen, wenn er als Kind innerhalb der eigenen Familie nicht lernen konnte, Konflikte auszuhalten. Diese Unfähigkeit bestimmt nun seine Entscheidungen, das Verhältnis zu sich selbst und den Mitmenschen, beschädigt oder zerstört Beziehungen, die ohne Bejahung der konfliktiven Differenz zum Anderen dauerhaft nicht bestehen können. So wird ein Verhängnis fortgesetzt, in dem sich der Betroffene zugleich schon vorgefunden hat – wird *getan*, was doch immer auch *erlitten* wird, ohne dass wir hier sauber trennen können zwischen individueller Schuld und überindividuellem Verhängnis, Aktivität und Passivität, Freiheit und Notwendigkeit. Weil wir alle der einen, durch Leid und Schuld geprägten Geschichte angehören, geht jedem bewussten Tun einer Person diese überpersonale Unheilssituation voraus und geht in es konstitutiv mit ein. Die *soziale Vernetzung* aller Menschen untereinander bewirkt zugleich deren *schuldhafte Verstrickung*.

> „Alle Erfahrung des Menschen weist in die Richtung, dass es in der Welt tatsächlich Objektivationen personaler Schuld gibt, die als Material der Freiheitsentscheidung eines anderen Menschen diese bedrohen, versucherisch auf sie einwirken und die Freiheitsentscheidung leidvoll machen. Und da das Material der Freiheitsentscheidung immer ein inneres Moment der Freiheitstat selber wird, bleibt auch die endliche gute Freiheitstat, insofern ihr eine absolute Aufarbeitung dieses Materials und eine restlose Umprägung nicht gelingt, immer auch von dieser schuldhaft mitbestimmten Situation her selber zweideutig"[3].

Ob am Anfang dieser Schuldgeschichte die Entscheidung nur eines Menschen oder mehrerer steht, ist letztlich nicht entscheidend. Der historische Ursprung des Bösen wird deshalb in die Geschichte zurückprojiziert, um an der theologisch unverzichtbaren Einsicht festzuhalten, dass das Böse nicht zur (vom Schöpfergott so gewollten) menschlichen *Natur* gehört, sondern in der *Freiheit* seinen Ursprung hat. Es existiert faktisch, soll aber von Gott her nicht sein. So bezeichnet ‚Erbsünde' auch nicht etwas, was der Mensch im positiven Sinne ‚hat', sondern ein Fehlen, einen Mangelzustand. Um dies genauer zu verstehen, muss beachtet werden, dass Rahner Gottes freie *Selbst*mitteilung (Gnade) als den Grund der Schöpfung denkt. Die Welt existiert, weil Gott aus seiner überschwänglichen Liebe heraus sich mitteilen und dem Menschen zuwenden will. Dies geschieht in *vermittelter* Weise (so wie die transzendentale Offenbarung auf ihre kategoriale Vermittlung angewiesen ist). Wo Gottes Selbstmitteilung von Menschen nicht angenommen, bezeugt und weitergegeben wird, ist sie in der Geschichte noch nicht voll realisiert und wirksam. ‚Adam' steht für den Menschen, der die Weitergabe und Vermittlung der Gnade verweigert, die er von Gott empfangen hat. Seitdem ist die *Herkünftigkeit* aller Menschen nicht mehr aus sich heraus schon die Vermittlung der Gnade, sondern ist diese Vermittlung nur von ihrem *Ziel*, Jesus Christus, her möglich. Denn ausschließlich in der Person Jesu Christi fallen (transzendentale) Selbstmitteilung Gottes und deren (kategoriale) Annahme und Vermittlung zusammen (s.u. Kap. II.3.1). Zum theologischen Kern der Erbsündenlehre gehört also für Rahner nicht zwingend, dass alle Menschen von einem Elternpaar abstammen, sondern dass die Geschichte der Menschheit *eine* ist und deshalb die kontingente Sünde des/der ersten Menschen eine Unheilssituation von universaler Reichweite schafft, aus der Gott allein befreien kann. Rahner bezeichnet daher die Erbsünde als „bleibendes Existential des Menschen […], das dem ebenso existential immer gegebenen Selbstangebot Gottes in Christo koexistent ist"[4]. Dies bedeutet zugleich, dass durch die Macht der Sünde weder die universale Wirksamkeit der Selbstmitteilung Gottes im Heiligen Geist noch die transzendentale Freiheit des Menschen ausgelöscht werden können.

2.2 Wolfhart Pannenberg: Erbsünde in den Naturbedingungen menschlichen Daseins

Pannenbergs Sündentheologie unterscheidet sich von der Rahners (und Pröppers) in zwei grundlegenden Punkten, die zugleich erkennen lassen, dass Pannenberg an ihrer *augustinischen* Fassung Maß nimmt. *Zum einen* will Pannenberg zeigen, dass der Mensch von Beginn seines Daseins an so von der Erbsünde betroffen ist, dass er nicht nur ihrer Macht nicht entkommen, sondern sie in keiner Weise mehr von sich distanzieren kann. Der Mensch denkt und handelt nicht mehr von einem unvoreingenommenen, sondern immer schon von einem sündhaften Standpunkt aus. Damit ist *zum anderen* verbunden, dass Pannenberg die Sünde nicht als Freiheitsgeschehen deutet, sondern in den Naturbedingungen des Menschseins verortet. Beide Weichenstellungen werden besonders dort deutlich, wo Pannenberg jene Konzepte kritisiert, die (wie Rahner) die Universalität des Sündenverhängnisses durch die Universalität der Vernetzung aller Menschen untereinander zu verdeutlichen suchen:

> „Den sozialen Lebenszusammenhang, in den er hineinwächst, kann der einzelne sehr wohl als eine fremde und ihn in seinem eigentlichen Selbst entfremdende Welt von sich unterscheiden und distanzieren, auch wenn er ihm darum nicht schon zu entrinnen vermag. Nur wenn die Sündhaftigkeit als Verkehrung der Subjektivität, die allem zugrunde liegt, schon von Anfang an mit dem werdenden Ich verbunden ist, gibt es kein Recht mehr zu solcher Distanzierung. Wenn man darin eine ‚naturhafte biologische Gegebenheit' zu erblicken hat, so gehört eine solche Gegebenheit eben wesentlich zum Begriff der Erbsünde."[5]

Der Mensch, so Pannenbergs Grundthese, *wird* nicht erst aufgrund des moralisch schlechten Gebrauchs seiner *Freiheit* Sünder, sondern er *ist* es *„von Natur aus"*.[6] Eine Gegenfrage drängt sich auf: Hat der Schöpfer, der doch als gütig und allmächtig geglaubt wird, dann etwa die Natur des Menschen als sündige schon geschaffen und somit *gewollt*? Das will Pannenberg nicht sagen. Er unterscheidet die von Gott geschaffene und gewollte „Wesensnatur"[7] des Menschen von der Natur des Menschen, in der er sich faktisch vorfindet und vollzieht. Die ‚Wesensnatur' ist dem Menschen nur als Aufgabe, als Ziel und Bestimmung gegeben, die nicht immer schon realisiert *ist*, sondern im geschichtlichen Prozess der Selbstwerdung und Identitätsbildung realisiert werden *soll*. Der Mensch soll außer sich – ex-zentrisch – existieren, in der Gemeinschaft mit Anderen und mit Gott und von dort her sein ‚Selbst' finden. In der Sünde kehrt der Mensch diese

Struktur um: Er will sich nicht vom Anderen her – von Gott her – empfangen, sondern aus und durch sich selbst leben. Er will sich nicht festmachen in einer Wirklichkeit außerhalb seiner eigenen, sondern sich selbst begründen. Er will sich nicht verlassen und vertrauen, sondern über alle Realität und sich selbst verfügen, Herr und Maß aller Dinge sein. Dabei bleibt auch in der Sünde die ex-zentrische Grundstruktur durchaus wirksam: Der Mensch kann Anderes als Anderes erkennen und sich zu ihm verhalten. Aber statt sich ihm vertrauensvoll zuzuwenden und von ihm zu empfangen, stellt er das Andere nun in den Dienst des eigenen Ichs, die andere Person wird ihm zum manipulierbaren Mittel, zum Instrument seiner Selbstbehauptung und rücksichtslosen Selbstverwirklichung. Er sucht im Anderen nur sich selbst. So ‚gebraucht' er seine exzentrische Struktur gegenteilig zur schöpfungsgemäßen Bestimmung, d.h. er verkehrt und verfehlt seine ‚Wesensnatur' – und widerspricht in eins mit dem Widerspruch gegen Gott *sich selbst*.

Warum ist dem Menschen eine solche *Selbst*verfehlung überhaupt möglich? Weil, so Pannenberg, der Mensch das Wesen ist, das in seinem Selbstbewusstsein die Spannung erfährt zwischen Ex-zentrizität und Ego-zentrizität, Sein-beim-Anderen und Bei-sich-Sein. Diese Spannung ist als solche noch nicht Sünde, sondern gehört zur Geschöpflichkeit des Menschen. Der Mensch kann sich ja nur dann dem Anderen zuwenden, außer sich existieren (um auf diese Weise seine Bestimmung zu realisieren), wenn er sich als einzelnes Individuum erfährt und darum auch weiß, dass es überhaupt Anderes gibt als ihn. Pannenberg beschreibt dies auch als „Zentralität", „Zentriertheit" oder „zentrale Organisationsform"[8] des bewussten Lebens: Gedanken, Handlungen und Erfahrungen weiß ich als *meine eigenen*, als *mir* zugehörige. Sünde ist erst dort gegeben, wo dies ‚Eigene' *verabsolutiert* wird, also die Zentriertheit zum organisierenden, alles bestimmenden Prinzip meines Lebens wird (im oben beschriebenen Sinn). Folglich besteht die ‚Perversion' der menschlichen Bestimmung (‚Wesensnatur') in der Sünde darin, dass die Ich-Zentriertheit nicht mehr als Medium der Begegnung mit dem Anderen dient, sondern umgekehrt der Andere völlig dem eigenen, ihn verbrauchenden Egoismus unterworfen wird. Zweck und Mittel werden vertauscht.

Wie versteht Pannenberg nun die *Erb*sünde? Der Mensch macht *von Natur aus* zunächst die Ego-zentrizität zur lebensbestimmenden Haltung, bindet sich distanzlos an sich selbst und die eigenen Bedürfnisse, oberste Priorität bildet die Sorge um das eigene Ich.

> „Die fundamentale *Gebrochenheit* der menschlichen Daseinsform besteht darin, dass die Spannung zwischen zentraler Organisationsform und Exzentrizität immer schon zugunsten der ersteren, zugunsten der Zentralinstanz des Ich, aufgelöst ist, statt umgekehrt durch Aufhebung des Ich in den Vollzug seiner wahren, exzentrischen Bestimmung."[9]

Kann aber der Mensch verantwortlich sein für das, was ihn ‚immer schon' bestimmt? Kann der *Freiheits*ursprung der Sünde – und somit ihr Schuldcharakter – gedacht werden, wenn sie mit den *Natur*bedingungen unseres Daseins verflochten ist? Pannenberg verfolgt hier zwei Argumentationslinien. *Zum einen* problematisiert er die Vorstellung der Wahlfreiheit überhaupt (vgl. auch Kap. II.4.2) und somit der Wahl des Bösen *als Böses*. Derjenige, der das moralisch objektiv Schlechte wählt, wählt es nicht in *dieser* Absicht, sondern, weil er sich davon ‚etwas verspricht', weil er – fälschlicherweise – das Böse für ein ‚Gut' hält. Darin liegt Pannenberg zufolge gerade der durch die Erbsünde begründete Verblendungszusammenhang, dass der Mensch der Macht des Bösen derart verfallen ist, dass ihm das, was *objektiv* Unheil, Unglück und Sinnlosigkeit bringt, *subjektiv* als sinnvoll, erstrebenswert und somit als wählbares Gut erscheint. So wendet der Mensch sich auch nicht explizit und in vollem Bewusstsein von Gott ab. Vielmehr ist die Entfremdung von Gott Implikat und Folge der Absolutsetzung des eigenen Ich (der totalen Ego-zentrizität). Letztere wird mir erst im Nachhinein *als Gottes*ferne bewusst: Indem ich selbst über alles verfügen wollte, habe ich zugleich den unverfügbaren Grund meines Daseins verneint. Insofern ist es aus Pannenbergs Sicht schon phänomenologisch-existenziell nicht zwingend, Ursprung und Macht des Bösen aus der menschlichen Freiheit herzuleiten. Pannenbergs Bemühen zielt daher *zum anderen* darauf, einen Begriff von ‚Schuld' und ‚Verantwortung' zu plausibilisieren, der nicht primär an Urheberschaft, Intentionalität und Handlung gebunden ist und sich also ohne die Voraussetzung menschlicher (Wahl-) Freiheit denken lässt. Schuld und Verantwortung werden von Pannenberg auf die *exzentrische Bestimmung* des Menschen bezogen: Im Hinblick darauf, was er faktisch noch nicht *ist*, aber sein und werden *soll*, übernimmt der Mensch die Verantwortung für diesen seinen Zustand (oder entzieht sich ihr), weiß (oder verdrängt) er, dass er dem eigenen Dasein dessen adäquate Realisierung noch ‚schuldig' ist, wie Pannenberg im Anschluss an Heidegger erläutert. Anders gesagt: ‚Schuldig sein' bedeutet primär nicht: Ich habe aktiv, aus freier Wahl und im vollen Bewusstsein des möglichen Gegenteils, getan, was ich hätte unterlassen sollen; sondern: Ich bin mir bewusst, dass ich nicht der bin, der ich sein soll, dass mein faktisches Dasein meiner eigentlichen Bestimmung nicht entspricht und übernehme diesen Zustand als meinen eigenen und zu überwindenden. So ist Verantwortung vor allem *Selbst*verantwortung im Lichte der eigenen Bestimmung, wie sie – nach der Selbstverschließung des Menschen in der Sünde – erst durch das Christusereignis offenbar geworden ist (s.u. Kap. II.3.2).

Kritisch anzufragen ist allerdings, ob sich der Schuldbegriff wirklich ohne das Moment individueller Zurechenbarkeit denken lässt. Würde hier nicht eine Unterscheidung der Ebenen mehr Klarheit bringen, indem etwa mit Rahner methodisch die *Analogizität* des Schuldbegriffs hervorgehoben und also inhaltlich differenziert würde zwischen dem überindividuellen *Verhängnis* und persönlich zu verantwortender *Schuld*? Jedenfalls scheint die Übernahme von Verantwortung nur da in humaner Weise *zumutbar*, wo sie für das erfolgt, was mir berechtigterweise *zugeschrieben* werden kann.

Das Problem der mangelnden Ebenenunterscheidung (vgl. schon oben Kap. I.1.2) begegnet auch noch an anderer, prinzipieller Stelle: Lassen sich das Für- und Bei-sich-Sein des Menschen, seine Selbstbezogenheit und -tätigkeit so *unvermittelt* als sündhaft beschreiben (und nicht etwa als rein geschöpflich bzw. ‚natürlich‘) – dass, wie Pannenberg ausdrücklich festhält, schon „die früheste Gestalt des Ich, das narzisstische Lust-Ich im Sinne Freuds, […] bereits dem *homo incurvatus in se*“, dem in sich selbst verkrümmten Menschen, „entspricht“[10]? Auch die aus der Perspektive einer transzendentalen Logik formale ursprüngliche Selbsteinheit des Ich setzt Pannenberg gleich mit der egozentrischen Fixierung des Ich auf sich selbst.[11] Damit stellt sich aber die Frage, ob hier nicht formale (transzendentale) und materiale (phänomenologische) Ebene unzulässig vermischt werden.[12]

2.3 Eberhard Jüngel: Erbsünde als Lebenslüge

Was Jüngel im Hinblick auf das moderne Selbst- und Weltverhältnis als den verhängnisvollen Drang des Menschen zur schrankenlosen Selbstbegründung und Selbstsicherung beschreibt, interpretiert er theologisch als Sünde. In ihr will der Mensch nicht mehr von Gott, sondern von sich selbst her existieren, will in allem ‚Macher‘ statt Empfangender sein, versteht sein eigenes Dasein ausschließlich von seiner Tätigkeit her. Schon in diesem Prozess, so wurde gezeigt, ist der Mensch mächtig und ohnmächtig zugleich: *Er* ist es, der seine

Freiheit dazu missbraucht, aus sich selbst leben zu wollen, gerät aber durch diese Verkehrung in den *Zwang*, seinen Wert nur noch an der eigenen Leistung und Nützlichkeit festmachen zu müssen. Diese Zwiespältigkeit kennzeichnet die Sünde, in ihr ist der Mensch „Täter und Knecht"[13] zugleich. Um dies zu verdeutlichen, will Jüngel die Erbsündenlehre nicht in jeder Hinsicht verabschieden:

> „Das ist es, was der Begriff der Erbsünde in seiner geläuterten Fassung wie kaum ein anderer hamartiologischer Begriff bewusst zu machen vermag: Der Mensch wird in Zwänge hineingeboren. Und zu diesen Zwängen gehört auch der *unheilvolle Zwang*, sich das Gute nicht gönnen zu *wollen*, das Gott uns zugedacht und in Jesus Christus ein für allemal zugewandt hat."[14]

Eine solche „geläuterte[] Fassung" schließt nicht die Vorstellung einer biologischen Vererbung der Sünde durch Fortpflanzung ein; insofern hält auch Jüngel den *Begriff* ‚Erbsünde' für einen „wenig glücklich gewählte[n]".[15] Würde man aber völlig Abstand nehmen von seinem Sinngehalt – der eben darin besteht, dass der Mensch sich immer schon und immer wieder aufs Neue als in den Unheilszusammenhang verstrickt vorfindet –, so würde man vom Menschen wiederum nur als *Täter* sprechen: Die Wirklichkeit des Bösen käme dann ausschließlich als persönlich zurechenbare, eben als *meine Tat* in den Blick, nicht aber als eine *Macht*, die mein *Sein* bestimmt. Insofern könnte man sagen, dass die – recht verstandene – Erbsündenkategorie bei Jüngel eine Korrektivfunktion erfüllt gegenüber der (von ihm kritisierten) Fixierung des Menschen auf seine Taten: Wie der Mensch generell nicht identisch ist mit der Summe seiner Taten, so ist die ihn bestimmende Macht des Bösen nicht die bloße Summe seiner einzelnen, persönlich zurechenbaren Tatsünden.

Jüngel verdeutlicht an mehreren Phänomenen, wie in der Sünde der Mensch beides zugleich ist: mächtig und ohnmächtig, aktiv schuldig und passiv erleidend. Der Sünder gerät sozusagen in einen ‚Teufelskreis' des Bösen, dessen immanenter Vernichtungsdrang nur ‚von außen' – durch die sich ihm aussetzende und ihn überwindende Lebenshingabe Jesu Christi – beendet werden kann. Jüngel zeigt dies anhand der Deutung der Erbsünde als *Lebenslüge*, in der Sein und Tat eins sind, weil in ihr der Lügner sich *selbst* belügt, selbst der Belogene ist. Eine *Lebens*lüge ist von solchem Gewicht und solcher Reichweite, dass sie nicht mehr einfach unterbrochen werden kann, sondern eine Dynamik entfaltet, in der sie selbst auf ihre Fortsetzung drängt. Sie besteht inhaltlich darin, dass der Mensch Gott nicht *entspricht*, indem er sich ihm gegenüber nicht als Empfangender versteht, sich selbst nicht auf ihn hin verlässt, ihm nicht vertraut (glaubt), sondern ihm *widerspricht*, indem er im Streben nach Selbstbegründung und Selbststeigerung sich an Gottes Stelle setzt – und damit das Verhältnis zwischen ihm und dem Schöpfer in sein Gegenteil verkehrt. Aus der *Verhältnislosigkeit* folgt *Beziehungslosigkeit*: Der Mensch kann mit Gott nicht zusammen sein, wenn er sich nicht von ihm her empfangen will, dessen Wesen vollkommene (trinitarische) Einheit von Sich-Geben und Sich-Empfangen, dessen Sein also nichts anderes als Zusammensein ist. ‚Erbsünde' steht für den „von jedem Menschen selbst immer wieder neu erzeugte[n], von jedem Menschen aber immer auch schon angetroffene[n] Zwang zum Drang in die Beziehungslosigkeit"[16]. Beziehungslosigkeit drängt auf die Zerstörung jeder Beziehung: Wo der Mensch sich im Hinblick auf sein Dasein nicht als Empfangender versteht, wird er es auch nicht im Hinblick auf das, was er von seinen Mitmenschen empfängt, er wird *undankbar*.

> „Der Gott *widersprechende* Mensch ist der *undankbare* Mensch, der sich nichts geben lassen, der nichts nehmen will. Er will sich selbst verwirklichen. Deshalb lebt er unter der Diktatur von Imperativen, die er sich teils von anderen geben lässt, teils selber gibt. Doch ihm fehlt die Oase des Indikativs, in der er nichts weiter ist als er selbst – eine menschliche Person, aber eben so eine Gott entsprechende Person."[17]

Nicht der Imperativ, sondern dessen Alleinherrschaft macht den Menschen unmenschlich. Wo er nur noch ‚soll', ist er *allein* ursächlich, für alles selbst verantwortlich – und *einsam*. Schuld und Tragik verbinden sich; denn mit der Dankbarkeit schwinden auch Freude und Hoffnung, entstehen moralischer Rigorismus und Lieblosigkeit gegenüber sich selbst wie gegenüber anderen: Auch sie *sind* nur, was sie *tun*, die Summe ihrer Taten; der Sünder richtet über ihre Taten und also über ihr Personsein. Aus dem Indikativ – der Gnade – wird dem Menschen zugesagt, was er von Gott her immer schon ist und sich nicht selbst erwirken kann: von ihm geliebte *Person*, die von ihren *Werken* zwar nicht zu *trennen*, aber prinzipiell zu *unterscheiden* ist. Dadurch werden die Imperative nicht negiert, aber in ihrer Reichweite, ihrem Verfügungsanspruch über die menschliche Person begrenzt (vgl. zum Verhältnis von Passivität und Aktivität Kap. II.4.3). Dem entsprechend bezieht Jüngel die Sünde auch auf den Umgang des Menschen mit seinen *Grenzen*:[18] Der Mensch ist menschlich, wenn er sich selbst begrenzt. Denn jede Selbst*bestimmung* ist nur möglich als Selbst*begrenzung*: Sich-Entscheiden für *dieses* Bestimmte und damit für *jenes* nicht. Dagegen ist das Unbegrenzte das Unbestimmte, das die Identitätsbildung gerade verhindert: Wer alles will, kommt zu nichts… Sünde ist diese Verhältnislosigkeit grenzenloser Selbststeigerung durch eigene Tat und Leistung; Sünde ist aber ebenso, einmal gesetzte Grenzen mit gedankenloser Selbstverständlichkeit für ewige und unantastbare Grenzen zu halten, weil dies die aktive *Selbst*begrenzung und also Freiheit des Menschen ebenso verunmöglicht: „Falscher Umgang mit Grenzen führt so oder so in die Verhältnislosigkeit, sei es nun, dass sie sich in überspannter Maßlosigkeit oder aber in spannungsloser Mittelmäßigkeit realisiert."[19] Die Verhältnislosigkeit korrumpiert das *Selbst*verhältnis des Menschen. Er verlässt sich nicht auf den Anderen und auf Gott, sondern kreist immer nur und immer wieder neu um sich selbst, findet darin aber niemals Halt. So verfehlt er schließlich nicht nur Gott und den Nächsten, sondern auch sich selbst.

Jüngels eher existenzial-phänomenologische Interpretation der Sünde und Erbsünde unterscheidet logisch nicht exakt zwischen persönlicher Schuld und überindividuellem Verhängnis, sondern betont deren unauflösbares Ineinander in der konkreten Wirklichkeit des Bösen. Bisweilen gerät dabei die (etwa von Rahner hervorgehobene) Perspektive in den Hintergrund, dass die Erbsünde immer auch die *fremde* Schuld impliziert, den Unheilszusammenhang, der mir *voraus* liegt. Freilich nimmt auch Jüngel den Verhängnischarakter der Sünde in den Blick; seine Beispiele verdeutlichen ihn aber meist eher als *selbst*verursachte Verstrickung: Die Sünde entwickelt aus sich heraus den Drang zu ihrer Fortsetzung und Steigerung, der dadurch zum Zwang wird. Ich *muss* fortsetzen, was ich *frei* begonnen habe. Warum aber beginnt der Mensch überhaupt mit dem Bösen, wodurch ist er seiner Gefahr ausgesetzt, woher stammt seine Neigung zu ihm? Wenn auch diese Frage nicht endgültig zu beantworten ist, so wäre zum einen stärker auf die intersubjektiv-geschichtliche Vernetzung aller Menschen (und deren Verstrickung in die Unheilsgeschichte) einzugehen und zum anderen nach dem Zusammenhang zwischen Schuldbedrohtheit der Freiheit und ihrer Endlichkeit zu fragen (vgl. Kap. III.3).[20]

2.4 Thomas Pröpper: Die Unterscheidung von Disposition zur Sünde und Faktum der Sünde

Seinem Grundansatz bei der autonomen (formal unbedingten) Freiheit gemäß, versteht Pröpper Sünde primär als Freiheitsgeschehen. In der formal unbedingten Freiheit des Menschen ist ja dessen Möglichkeit begründet, sich zu allem – zu sich selbst und dem eigenen Dasein, zur Welt und zu Gott – frei verhalten zu können. Insofern hat auch das Böse seine Macht nicht ohne mich – nicht ohne, dass ich mich ihr öffne, ihr zustimme und sie so wirksam werden lasse durch mein eigenes Tun. Daher insistiert Pröpper im Unterschied zu Pannenberg darauf, dass ‚Schuld' und ‚Sünde' persönliche Zurechenbarkeit und Verantwortlichkeit implizieren.[21] Aber auch Pröpper will (wie Pannenberg) nicht sagen, dass das Böse aus einer abstrakt-neutralen Situation heraus von einer Freiheit gewählt wird, für die ‚gut' und ‚böse' gleichberechtigte Alternativen darstellen. Das Böse wird nicht *als* Böses gewählt; es besteht vielmehr darin, wie Pröpper im Anschluss an Kant erläutert, dass das Gute nicht *unbedingt* gewollt, also in jeglicher Hinsicht zum Maßstab der eigenen Handlung gemacht wird. Wenn ich z.B. in der Öffentlichkeit einen Überfall bemerke, mich aber nicht einschalte, dann nicht, weil ich die Tat unterstütze, sondern aus Angst um mich selbst, aus der heraus ich mich gegenüber dem unbedingten Anspruch des Guten verweigere. Um diesen Anspruch weiß ich, will ihn aber aufgrund der aktuellen Situation und meiner individuellen Gefühls- und Motivationslage nicht realisieren – bzw. *kann* dieses nicht. Denn die konkrete Wirklichkeit des Bösen ist stets Schuld und Verhängnis zugleich. Warum ich nicht eingreife und Zivilcourage zeige, kann durch viele Ursachen bedingt sein, für die ich persönlich keine Schuld trage. Insofern betont auch Pröpper – wie Rahner –, dass der konkrete Freiheitsvollzug immer mitbestimmt ist durch Faktoren, die der Einzelne nicht in seiner Hand hat. Er schlägt vor, diese in der Kategorie ‚Disposition zur Sünde' zusammenzufassen:

> „Auf die Seite der Disposition würden die Naturbedingungen des menschlichen Daseins und sein evolutionsgeschichtliches Erbe gehören, aber auch die ambivalente Verfassung der endlichen Freiheit selber [sofern sie nur existieren kann in der Differenz von formaler Unbedingtheit und materialer Bedingtheit; M.L.] und nicht zuletzt die Schuldbestimmtheit der historischen Situation, die jede Freiheit in der realen Möglichkeit zur Selbstbestimmung negativ konditioniert, sie bis ins Innere affiziert, durch ihre Einstimmung ihrerseits befestigt und fort-

gesetzt wird und so alle, als Opfer und Täter, in die Schuldgefangenschaft verstrickt."[22]

Die mir und meinem Handeln voraus liegende (Unheils-)Geschichte prägt also zugleich mein Inneres, geht in meine Entscheidungen konstitutiv mit ein, sodass ich sie fortsetze, damit selber schuldig werde. So wird durch mich ein Verhängnis wirksam, in dem ich mich doch zugleich schon vorgefunden habe. So hat das Böse seine Macht zwar *nicht ohne* mich – aber auch *nicht allein durch* mich. Der Sünder stimmt einer Wirklichkeit zu (und setzt sie so fort), die schon ‚da' ist. Pröpper zufolge passt hier sogar das Bild vom ‚Erbe', das in beiden Generationenrichtungen zeigt, wie der Einzelne Opfer und Täter zugleich sein kann: Eltern tun bisweilen ihren Kindern an, worunter sie schon bei den eigenen Eltern gelitten haben, aber auch letztere waren ihrerseits einmal ohnmächtig gegenüber den Eltern, und auch die Kinder werden möglicherweise einmal in der Elternrolle wiederholen, was schon ihre Eltern getan und doch einmal selbst erlitten haben. Niemand fängt bei ‚null' an, keiner entscheidet voraussetzungslos.

Der Unterschied zu Rahners Konzept besteht jedoch darin, dass Pröpper die ‚Disposition zur Sünde' noch nicht als ‚Schuld' bezeichnet. Denn als Disposition beschreibt sie ja, was meinem zurechenbaren Handeln vorausliegt und wofür ich folglich nicht verantwortlich sein kann. Ohne Verantwortlichkeit wiederum ist Schuld nicht denkbar. Weil Schuld der Freiheit entspringt, Freiheitsentscheidungen aber nicht übertragbar sind, ist es auch die Schuld nicht, wie Pröpper im Anschluss an *Kant* betont. Rahner teilt, wie gesehen, diese Prämisse zwar; er zieht hieraus aber die Konsequenz, im Fall der Erbsünde von einem nur *analogen* Schuldbegriff zu sprechen. Diese Lösung kommt für Pröpper (und seine Schüler) deshalb nicht in Betracht, weil im Freiheitsmodell generell für die Bildung *univoker* Begriffe optiert wird: Wenn verschiedene Dinge oder Sachverhalte unter einem gemeinsamen Begriff zusammengefasst werden, muss eindeutig gesagt werden können, worin das Gemeinsame besteht.[23] Worin besteht, so fragt *Georg Essen*, das Gemeinsame im Hinblick auf ‚Erbsünde' und ‚persönlich zurechenbare Sünde'? Worin besteht der individuelle Schuldcharakter eines überindividuellen Verhängnisses?[24] Dass im konkreten Einzelfall beides nicht zu trennen ist, wird hingegen von den Vertretern des Freiheitsmodells nicht bestritten. Aber die transzendentallogisch argumentierende Freiheitstheorie muss zumindest begrifflich-analytisch zwischen ‚Eigenem' (formal unbedingter Freiheit) und ‚Anderem' (Gehalt) unterscheiden und kann daher ‚fremde

Schuld', die mir vorausliegt, nicht in gleichem Maße (nicht im univoken Sinn) ‚Schuld' nennen wie die persönlich zu verantwortende, zurechenbare Tat.

Mit dieser Weichenstellung ist verbunden, dass Pröpper die Differenz zwischen biblischer bzw. paulinischer und augustinischer (Erb-) Sündenlehre scharf herausstellt. Während Paulus im oben beschriebenen Sinn die Dialektik von Schuld und Verhängnis zur Geltung bringt und vom *faktischen* Sündigen aller Menschen ausgeht, betont Augustinus, dass jeder Mensch *von Geburt an* Sünder ist, folglich *notwendigerweise* sündigt – eine Vorstellung, die Pröpper heute für nicht mehr vertretbar hält.[25] Die augustinische Theologie unterläuft eine Unterscheidung, auf die es Pröppers transzendentallogischer Reflexion gerade ankommt: die von *Disposition* zur und *Faktum* der Sünde.

Auf die Seite der Disposition gehört, wie gesehen, auch die Ambivalenz der endlichen Freiheit. Sofern die Freiheit formal unbedingt und material bedingt zugleich ist, *intendiert* sie, was sie nicht *realisieren* kann: die unbedingte Anerkennung anderer Freiheit, das unbedingte Sein-Sollen des Mitmenschen. Sie entspricht sich selbst nur dann, wenn sie sich einsetzt für sozial gerechtere Verhältnisse, welche die Freiheit *aller* fördern. Sie kann tatsächlich aber mit ihrem Einsatz scheitern und resignieren an der für sie unüberbrückbaren Kluft zwischen Intention und Realisierung. Nur Gott könnte ja einlösen und vollenden, was endliche Freiheiten beginnen. Anders gesagt: Wenn Freiheit sich realisiert, d.h. tut, was sie soll, entdeckt sie, dass sie in ihrem Innersten auf ein Ziel hin angelegt ist, welches sie aus eigener Kraft nicht erreichen kann; dass der eigene Sinngrund ihr entzogen, für sie unverfügbar ist. Damit aber ist sie der Gefahr ausgesetzt, selbst leisten zu wollen, was ihr doch nur geschenkt werden kann, d.h. alles auf die Karte der eigenen, verfügbaren Möglichkeiten zu setzen und so einem Moralismus zu verfallen, in dem alles, was erhofft werden darf, sich ausschließlich eigenem Tun verdankt:

> „Was wir erwarten und hoffen können, müssen wir ja machen, und vor allem: es muss richtig sein, wie wir es machen. Deshalb die Unnachsichtigkeit gegenüber jeder menschlichen Schwäche, die Bereitschaft zum Urteil, ja zur Verurteilung Anderer und überhaupt die Einteilung aller Welt in Gute und Böse; deshalb die Totalisierung der eigenen Einsicht und die Unfähigkeit, mit der Fraglichkeit eigener Entscheidungen zu leben und alternative Wege des Handelns zu dulden; deshalb die gewaltsame Ungeduld, der harte Ton in den Anklagen und Forderungen an Andere und vor allem das absolute Verbot, selber versagen zu dürfen. Hier, denke ich, sind wir am entscheidenden Punkt: *Ein nur moralisches*

> *Dasein ist prinzipiell gnadenloses Dasein*, gewaltsam nicht nur zu Anderen, sondern auch zu sich selbst."[26]

Zwischen Schuld und Tragik, Verantwortung und Verhängnis kann hier nicht mehr sauber getrennt, aber logisch unterschieden werden. Anders als Jüngel und Pannenberg differenziert Pröpper zwischen Disposition zur und Faktum der Sünde, weil so plausibel werden kann, dass und inwiefern die menschliche Freiheit fehl*bar* ist, in die Sünde ‚fallen' kann, wie die alttestamentliche Sündenfallerzählung symbolisch erschließt. Dem entsprechend versteht Pröpper auch das Phänomen der *Angst* differenzierter (und zugleich ambivalenter) als Pannenberg: Nicht jede Angst ist pauschal schon Ausdruck der sündhaften Sorge um sich selbst (Ego-zentrizität); sondern zurechenbare Schuld ist sie in dem Maße, in dem sie bewusst „zum Gesetz des Lebens eingesetzt wurde."[27] In gewisser Hinsicht aber gehört Angst als Grundphänomen zu einer menschlichen Freiheit, die sich als endliche selbst aufgegeben ist: d.h. eine Identität ausbilden muss, ohne schon in bestimmter Weise festgelegt zu sein und daher Angst vor dem drohenden Scheitern empfindet; nur zu sich selbst findet, indem sie dem Anderen vertraut und sich auf ihn einlässt, dabei aber das ins Ungewisse führende Verlassen des Ich fürchtet und also ‚fallen' kann in die schuldhaft-verhängnisvollen Dynamiken der Selbstbegründung und Selbstbehauptung (die Jüngel so eindringlich beschreibt).

Freilich ist es uns auch nicht möglich, den Punkt genau zu bestimmen, an dem sich der Übergang von Fehlbarkeit zu Fall, von Disposition zu Faktum der Sünde ereignet. Nicht-Wollen und Nicht-Können vermischen sich und bedingen einander. Darin sieht Pröpper die „*humane* Bedeutung" der paulinischen Einsicht in die universale Macht der Sünde: Sie hält an der Verantwortlichkeit des Einzelnen und seiner Freiheit fest, „verbietet" aber zugleich eine „letzte, eindeutige Schuld*zuweisung*".[28]

Literatur

KARL RAHNER, Evolution – Freiheit – Erbsünde. In: Ders., Sämtliche Werke, Bd. 30, Freiburg i.Br. 2009, 483-496.

WOLFHART PANNENBERG, Systematische Theologie, Bd. II, Göttingen 1991, 266-303.

EBERHARD JÜNGEL, Das Evangelium von der Rechtfertigung des Gottlosen als Zentrum des christlichen Glaubens, Tübingen [6]2011, 97-114.

THOMAS PRÖPPER, Theologische Anthropologie, Bd. II, Freiburg i.Br. 2011, 668-692, 974-980.

3. *Jesus Christus: Gegenwart Gottes und Erschließung wahren Menschseins?* Die Bedeutung der Offenbarung

Eine theologische Anthropologie kann unser Menschsein nicht ohne das Menschsein des wahren, erfüllten Menschen verstehen: Jesus von Nazaret. In ihm wird offenbar, wie Gott den Menschen gemeint, wozu er ihn erschaffen hat. Damit ist ein *Zusammenhang* von Anthropologie und Christologie behauptet, der weder unterschiedslose Identität noch absolute Trennung meint. Denn weder wird in Jesus Christus nur exemplarisch veranschaulicht, was jeder Mensch immer schon besitzt, noch ist er nur göttlicher Natur, ohne menschliches Bewusstsein und menschlichen Willen. Demgegenüber hat schon das Konzil von Chalkedon (451) festgehalten, dass in Jesus Christus göttliche und menschliche Natur ebenso „unvermischt" wie „ungetrennt" verbunden sind (DH 302) und also Gott selbst sich in diesem besonderen Menschen geoffenbart und zu unserem Heil gehandelt hat. Das aber bedeutet, dass das anthropologische Verhältnis von Selbst- und Gottesbezug auch in der Christologie zu reflektieren und auszubalancieren ist: Wie lässt sich vermeiden, entweder nur von Jesu Menschsein oder ausschließlich von seinem Gottsein sprechen zu können? Die Aufgabe besteht somit darin, gerade Jesu *konkretes Menschsein* als den ausgezeichneten Ort zu verstehen, an dem sich zugleich seine *besondere Gottverbundenheit* zeigt, die wiederum unsere Gottesbeziehung begründet. Es muss also sowohl das *Gemeinsame* wie das *Unterscheidende* zwischen Jesu und unserem Menschsein aufgezeigt werden können.

Außerdem stellt sich die Frage nach der *Bedeutung* der Selbstoffenbarung Gottes in Jesus von Nazaret für den Menschen. Ist sie ausschließlich auf die Erlösung des Menschen von der Sünde zu beziehen? Oder ist Gottes Selbstoffenbarung in Jesus Christus die Antwort auf die Frage, als die der Mensch bereits als *endlich geschaffener* – und nicht erst als *sündig gewordener* – existiert? Damit ist eine Fragestellung benannt, die bereits im Spätmittelalter aufbricht und zwischen Thomisten und Scotisten umstritten ist, also zwischen Theologen, die sich auf *Thomas von Aquin* (1225-1274) berufen und solchen, die *Johannes Duns Scotus* (1266-1308) folgen: Ist Gott *wegen* oder *trotz* der Sünde Mensch geworden? Die thomistische Richtung wird auch als *hamartiozentrisch* bezeichnet, weil sie das Hauptmotiv der Menschwerdung Gottes in der Erlösung des Menschen von der *Sünde* ausmacht. Die scotistische Linie argumentiert *christozentrisch*; sie versteht bereits die Schöpfung als auf die Inkarnation hingeordnet, in der Gott dem Menschen Anteil an seiner Liebe geben und so freie Geschöpfe als Mitliebende will.[1] Dies schließt die Erlösung von der Sünde ein; die Inkarnation bliebe aber auch dann unbedingt bedeutsam für den Menschen, wenn die Sünde nicht in die Welt gekommen wäre.

3.1 Karl Rahner: Jesu Menschsein als Annahme der Selbstzusage Gottes

Rahner selbst hat – wenige Wochen vor seinem Tod und im Rückblick auf sein eigenes theologisches Lebenswerk – herausgestellt[2], dass er das Thema ‚Selbstmitteilung Gottes' prioritär behandelt habe gegenüber der Sünde des Menschen und ihrer Vergebung. Beide Themen schließen sich freilich nicht aus; gleichwohl ist für Rahner die personale geschichtliche *Selbst*mitteilung Gottes das umfassendere Ereignis, das die Befreiung von der Macht der Sünde miteinschließt. Rahner folgt also der eben erwähnten scotistischen Tradition: Die Inkarnation hat nicht nur Bedeutung in Bezug auf den Menschen, sofern er sich als *Sünder* vorfindet, sondern auch, sofern er sich überhaupt als *endliches Geschöpf* erfährt, das als Wesen der Frage und Transzendenz existiert. Welt, Mensch und Geschichte gibt es überhaupt nur, weil sich Gott dem Menschen mitteilen will. Rahner verdeutlicht dies metaphorisch: Gott hat die endliche ‚Leere' (den Menschen als Frage) geschaffen, um sich selbst als die ewige ‚Fülle' zu offenbaren. Aus diesem Grund geht Rahner ja auch davon aus, dass Gottes Selbstmitteilung jedem Menschen im Modus des Angebots begegnet und bezeichnet dies, wie gesehen, mit dem Begriff ‚übernatürliches Existential'.

Mit diesem Begriff ist aber nur eine Seite des Selbstmitteilungsgeschehens benannt, nämlich die ‚transzendentale'. Gottes Selbstmitteilung an alle Menschen ist ohne ihre kategoriale Konkretisierung in Raum und Zeit nicht erkennbar. Nur in dem Maße, in dem ein Mensch Gottes Gnade so annimmt, dass er ganz durchsichtig wird für sie und sie durch ihn, ist sie in der Geschichte offenbar und wirksam. Das setzt aber voraus, dass der Mensch seine transzendentale Verwiesenheit auf Gott kategorial richtig interpretiert, adäquat ausdrückt und so real werden lässt. Dies ist in der Geschichte der Menschheit, die geprägt ist von Leid, Unrecht und Sünde, nicht selbstverständlich der Fall. Noch prinzipieller gesagt: Was bzw. wer ‚Gott' genannt werden darf, ist immer auch strittig. Schon für die Glaubenserfahrung Israels ist die Unterscheidung bedeutsam zwischen dem einzigen und wahren Gott, dem die Treue zu halten ist, und einem Götzen, der menschlichen Projektionen entspringt und für politische Interessen instrumentalisiert wird. So durchdringen sich in der Geschichte Heil und Unheil, angemessene Auslegung des ‚übernatürlichen Existentials' (der transzendentalen Offenbarung) und deren kategoriale Verfehlung oder gar Verneinung, existiert der Mensch faktisch sowohl in Entsprechung als auch im Widerspruch zu Gott. Wie ist aber das eine vom anderen unterscheidbar?

Christlicher Glaube kennt ein Kriterium: Jesus Christus. In ihm fallen transzendentales und kategoriales Moment der Selbstmitteilung Gottes zusammen, sind Selbstzusage Gottes und ihre freie menschliche Annahme kongruent. Was uns also immer schon (transzendental) bestimmt, aber kategorial von uns niemals adäquat realisiert wird, ist in Jesus Christus erfüllt: Gottes endgültige Nähe und Liebe, nicht mehr überholbar, sondern für immer gültig und verlässlich. In Jesu Reich-Gottes-Botschaft ereignet sich die von seiner Person nicht ablösbare Zuwendung Gottes; in seinem Tod die unbedingte Treue zu seiner Sendung; in der Auferstehung die Rettung und ewige Gültigkeit seiner Person und – von ihr untrennbar – seiner Botschaft von der Herrschaft Gottes. In dieser Deutung bringt Rahner wiederum das wechselseitige Verhältnis von ‚transzendental' und ‚kategorial' zur Geltung: Ohne Gottes Geistgegenwart (‚transzendentale Offenbarung' bzw. ‚übernatürliches Existential') hätten die Jesu Leben betreffenden *historischen* Fakten keine universale *heilsgeschichtliche* Bedeutung für uns, erschienen uns nicht glaub-würdig als Selbstmitteilung *Gottes*. Und umgekehrt: Das tatsächliche Geschehen (das ‚kategoriale' Offenbarungsmoment bzw. konkrete Menschsein Jesu) legitimiert und befördert unser Sich-Einlassen auf die Gnadenerfahrung, die uns immer schon (transzendental) bestimmt. Dabei gilt auch für Jesu Menschsein:

> „Jesus ist wahrhaft Mensch, er hat schlechterdings alles, was zu einem Menschen gehört, auch eine endliche Subjektivität, in der auf ihre eigene, einmalige, geschichtlich bedingte und endliche Weise die Welt zu sich kommt und eine solche Subjektivität, die eben durch die Selbstmitteilung Gottes in der Gnade eine radikale Unmittelbarkeit zu Gott hat, so wie sie auch bei uns in der Tiefe unserer Existenz gegeben ist."[3]

Rahner betont also den Zusammenhang von Anthropologie und Christologie, von unserem und Jesu Menschsein. Damit will er eines der Hauptmissverständnisse vermeiden, in das die klassische Inkarnationschristologie in der Moderne gerät: Jesus als rein passives Instrument und Sprachrohr Gottes zu verstehen, dem keine menschliche Willensfreiheit zukommt. Dagegen spricht Rahner von einem menschlichen Selbstbewusstsein Jesu, das Gott kreatürlich gegenüber steht: „frei, gehorsam, anbetend […] wie jedes andere menschliche Bewusstsein.“[4] Zugleich lebt Jesus ganz von Gott dem Vater her und entspricht gerade darin der Wesensbestimmung seines Menschseins. Rahner versteht ja in genereller (anthropologischer) Hinsicht den Selbst- und Gottesbezug korrelativ: Weil der Mensch als Wesen der Transzendenz bestimmt ist, wird er in der Nähe zu Gott nicht weniger, sondern mehr er selbst. Darum kann Rahner in spezieller (christologischer) Hinsicht festhalten: Jesus ist der freieste Mensch nicht *obwohl*, sondern *weil* er mit Gott geeint ist. Rahner bringt dies mit einer seiner berühmten Formulierungen wie folgt auf den Punkt:

> „Die Menschwerdung Gottes ist […] der einmalig *höchste* Fall des Wesensvollzugs der menschlichen Wirklichkeit, der darin besteht, dass der Mensch ist, indem er sich weggibt in das absolute Geheimnis hinein, das wir Gott nennen.“[5]

Der Begriff ‚einmalig‘ zeigt an, dass hier ein Spannungsverhältnis ausgelotet, aber nicht aufgelöst wird: Jesus ist wahrer Mensch – aber nur er ist zugleich die unüberbietbare, endgültige Selbstmitteilung Gottes an die Welt. Würde an Jesus nur exemplarisch illustriert, was ohnehin alle Menschen besitzen, dann stünde nicht ein *geschichtliches Ereignis*, sondern ein *Mythos* im Zentrum des Christentums, dessen ewig gültige Wahrheit sich nur zu verschiedenen Zeiten an unterschiedlichen Orten je neu symbolisieren würde, ohne dass diese einzelnen Illustrationen entscheidend für den Inhalt der Offenbarung wären. Demgegenüber bezeichnet Rahner gerade die konkrete und einmalige Lebensgeschichte des Menschen Jesus als *Real*-Symbol bzw. Ur*sakrament* des Heils, das – anders als ein bloßes Zeichen – auf Gottes eigene Wirklichkeit nicht nur verweist, sondern sie real enthält, vermittelt und präsent sein lässt.[6] Wie ernst Rahner diesen Gedanken nimmt, zeigt sich auch daran, dass er Jesu individuelles Menschsein als von bleibender Bedeutung für unser Gottesverhältnis auch in der eschatologischen Vollendung versteht.[7]

Das vorstehend Gesagte ist aber nur denkbar, wenn Jesus mit Gott in einzigartiger Weise geeint ist. Anders gesagt: Nur deshalb fallen in Jesus Christus Selbstzusage Gottes und deren freie menschliche Annahme (das transzendentale und das kategoriale Offenbarungsmoment) zusammen, weil er mit dem sich selbst aussagenden Gott immer schon verbunden ist – näherhin mit dem ewigen *Logos*, dem *Wort* Gottes, denn dieses ist die Bedingung der Möglichkeit dafür, dass Gott sich selbst ‚nach außen' mitteilen kann. Die untrennbare *Verbindung* Jesu mit dem göttlichen Logos bedeutet aber keine unterschiedslose *Identität*. Andernfalls könnte sich leicht das Missverständnis einstellen, dass Jesus eigentlich gar kein wahrer Mensch gewesen ist – was im Widerspruch sowohl zum kirchlichen Dogma als auch zum modernen Freiheitsdenken steht.

Rahner wendet daher die für seine Anthropologie charakteristische Unterscheidung von implizitem (transzendentalem) Bewusstsein und explizitem (kategorialem) Wissen auch auf die Person Jesu Christi an. Das Selbstbewusstsein des Menschen Jesus ist immer schon geprägt und bestimmt durch seine einzigartige Verbindung mit Gott, weil Jesus von Beginn seines Daseins an mit dem ewigen Logos geeint ist. Aber auch diese transzendentale Prägung ist auf ihre kategoriale Vermittlung angewiesen: Der Mensch Jesus entdeckt sie in geschichtlich-kontingenten Kontexten, legt sie aus, verhält sich zu ihr.[8]

Rahners anthropologische Kategorien zielen in der Christologie also auf eine Neuinterpretation der klassischen Zwei-Naturen-Lehre unter modernen Denkvoraussetzungen. Es geht ihm darum, Schöpfung und Inkarnation, Vernunft und Offenbarung, Philosophie und Theologie in engem Zusammenhang zu denken – und auf dieser Basis auch Anthropologie und Christologie, unser und Jesu Menschsein.

3.2 Wolfhart Pannenberg: Jesu Menschsein als Selbstunterscheidung des Sohnes vom Vater

Es wurde gezeigt (Kap. II.1.2), dass Pannenberg einerseits zwar (ähnlich wie Rahner) ein implizites Gottesbewusstsein des Menschen von dessen expliziter Thematisierung unterscheidet: *Der Mensch ist von seiner Wesensnatur her religiös*. Zugleich aber verortet er (im Gegensatz zu Rahner) die Erbsünde in den Naturbedingungen des menschlichen Daseins: *Der Mensch ist von Natur aus Sünder* (Kap. II.2.2). Aus beiden Begründungsreihen folgen jeweils Konsequenzen sowohl für die Bedeutung der Offenbarung als auch für das Verhältnis von

Anthropologie und Christologie. Aus der ersten Argumentationsreihe ergibt sich: Wenn der Mensch zur Gemeinschaft mit Gott bestimmt ist, dann ist auch die besondere Gottverbundenheit Jesu Christi dem Menschen nicht äußerlich, fremd oder widernatürlich. Vielmehr erfüllt sich an und durch Jesus, wozu alle Menschen geschaffen sind: ex-zentrisch zu existieren, d.h. sich nicht in sich selbst zu gründen, sondern sich von Gott dem Vater her zu empfangen. Allerdings stellt sich die Frage: Ist Jesus dann nur ein allgemeines Beispiel für besonders gelungenes Menschsein und also nicht die endgültige *Selbst*offenbarung *Gottes*? Mit einer solchen Annahme wäre Pannenbergs Konzept allerdings missverstanden; denn an dieser Stelle kommt die zweite Begründungsreihe ins Spiel: Die in Jesus vollkommen realisierte Ex-zentrizität ist unsere *Bestimmung*, deren Verwirklichung wir permanent verfehlen, weil wir von Natur aus distanzlos an das Prinzip der Ego-zentrizität gebunden sind. Überspitzter formuliert: In jedem Menschen klafft zwischen Anlage und Realisierung seiner Natur ein Riss, der nur durch Jesus Christus geheilt werden kann, weil nur er – als die Selbstoffenbarung Gottes – ohne Sünde ist. Die Bedeutung der Offenbarung besteht also vor allem darin, dass in Jesus offenbar und realisiert wird, was durch die Sünde verlorengegangen ist: die personale Gemeinschaft zwischen Gott und Mensch.[9]

Pannenberg vertieft diesen Zusammenhang in seiner Christologie und trinitarischen Gotteslehre anhand des Zentralbegriffs ‚Selbstunterscheidung'.[10] Wenn der Mensch ex-zentrisch lebt, verlässt er sich auf Gott. Damit erkennt er an, dass er nicht selbst Grund seines Daseins ist, d.h. er *unterscheidet* sich selbst von Gott. Und nur in dem Maße, in dem er diese Selbstunterscheidung vollzieht, kann er mit dem von ihm verschiedenen Gott personal verbunden sein. Der wahre Mensch ist also der sich selbst von Gott unterscheidende und ihn gerade so *als Gott* anerkennende Mensch. Das Gegenteil der Selbstunterscheidung bzw. Ex-zentrizität ist die Nichtunterscheidung bzw. Ego-zentrizität. Der Sünder verweigert die Selbstunterscheidung von Gott; er maßt sich Gottgleichheit an, indem er sich nur an sich selbst bindet und allein im eigenen Ich gründen will, so aber gerade seinem wahren ‚Selbst' (seiner Bestimmung) entfremdet ist.

Entscheidend für Pannenberg ist, dass der Mensch Jesus diese Gleichsetzung mit Gott (Sünde) gerade vermieden hat. Indem er sich auf Gott den Vater in besonderer Vertrautheit und Nähe bezieht, mit seiner ganzen Person dem Kommen des Reiches Gottes dient und sich vorbehaltlos auf seinen Vater im Himmel verlässt („nicht mein, sondern dein Wille soll geschehen": Lk 22,42), *unterscheidet* er sich von Gott als dem Vater in gehorsamer Treue zu ihm.

> „Dieser Gehorsam führte ihn in die Situation der äußersten Trennung von Gott und seiner Unsterblichkeit, in die Gottverlassenheit des Gekreuzigten: Die Gottesferne des Kreuzes Jesu war die äußerste Zuspitzung seiner Selbstunterscheidung vom Vater."[11]

Von dieser Basis aus gewinnt Pannenberg einen Neuzugang zur Christologie. Er will nicht abstrakt das Verhältnis von menschlicher und göttlicher Natur in Jesus Christus reflektieren, sondern ansetzen bei der biblisch bezeugten Beziehung des konkreten *Menschen* Jesus zu seinem *Vater*, um von dort aus *indirekt* Jesu Einheit mit dem ewigen Sohn (dem göttlichen Logos) zu begründen. Dabei versucht Pannenberg zu zeigen, dass Jesus Gott der Sohn ist gerade aufgrund seiner besonderen Weise des *Menschseins*.

> „Jesus ist keine Zusammensetzung von Menschlichem und Göttlichem, von der wir am historischen Jesus etwa nur die eine Seite, die menschliche, erblicken könnten. Sondern als dieser Mensch ist Jesus Gott."[12]

Mit dieser programmatischen These soll keine unterschiedslose Identität zwischen Göttlichem und Menschlichem behauptet werden. In ihrer systematischen Entfaltung kommt es Pannenberg vielmehr darauf an, dass der Mensch Jesus *dieselbe* Selbstunterscheidung lebt, die der ewige innertrinitarische Logos bzw. Sohn vollzieht: Er ordnet sich dem Vater unter, unterscheidet sich von ihm und ist gerade darin er selbst (eben ‚Sohn'). Der eine und einzige Gott existiert nicht anders denn als ewige Selbstunterscheidung von Vater, Sohn und Geist. Weil es diese Unterscheidung *in* Gott gibt, kann es positive Andersheit *gegenüber* Gott geben: die Schöpfung und den freien Menschen in ihr. Pannenberg bezeichnet den ewigen Logos daher als das „generative[] Prinzip der Andersheit"[13]. Weil alles, was ist, durch Gottes Logos geworden ist, durchwaltet er die gesamte Schöpfung. Er vermag sich jedoch bevorzugt im Menschen zu zeigen, weil dieser (im Unterschied zum Tier) das Wesen ist, das die Selbstunterscheidung von Gott ex-zentrisch bejahen oder ego-zentrisch verweigern kann. Also ist gerade der Mensch das Wesen, das auf die Wirklichkeit des göttlichen Logos nicht nur bezogen ist, sondern sie tatsächlich selbst zu *offenbaren* vermag.[14]

Die Selbstunterscheidung des ewigen Logos vom Vater ist auch der Grund der *Inkarnation*. In ihr unterscheidet der göttliche Sohn sich so radikal vom Vater (und betätigt sich darin als Prinzip der

Andersheit), dass er sogar heraustritt aus der Sphäre des Göttlichen in die des Menschlichen und Endlichen. Pannenberg bezieht sich hier auf den Christologietyp der *Kenosis* (griech. κένωσις, ‚Leerwerden', ‚Entäußerung'), die ihren biblischen Anhalt am Philipperhymnus hat (Phil 2,6: „Er war Gott gleich, / hielt aber nicht daran fest, wie Gott zu sein"). Deutlicher als klassische Kenosischristologien (z.B. des 19. Jahrhunderts) will Pannenberg allerdings betonen: In Jesu Christi gehorsamer Selbstunterscheidung vom Vater, die ihn bis zur äußersten Gottferne des Kreuzes führt, offenbart und realisiert sich gerade sein *göttliches* Wesen als Sohn. Gottes Menschwerdung ist nicht so vorzustellen, dass der ewige Logos auf seine Göttlichkeit *verzichtet*, sondern er sie gerade *vollzieht*, *indem* er Mensch wird. Die Inkarnation liegt in der „Konsequenz"[15] der ewigen Selbstunterscheidung des Sohnes vom Vater. Denn gerade in dieser Weise der sich loslassenden und entäußernden Hingabe ist Gott für den Menschen da – nicht als absolutistischer Herrscher oder abstraktes Absolutes, sondern als trinitarische Beziehungswirklichkeit der Liebe:

> „Gottes Bund mit denen, die um des Rechtes, des Friedens und der Liebe willen ohnmächtig sind, leiden und scheitern, ist nicht Ausdruck eines Verzichtes auf seine Gottheit, sondern kennzeichnet die Weise, wie die für die Geschöpfe wesentlich zukünftige Gottheit Gottes des Lebens dieser Geschöpfe schon gegenwärtig mächtig ist, die Weise also, wie der Gott Jesu seine Schöpfermacht zum Leben seiner Geschöpfe ausübt."[16]

Ablesbar ist diese Beziehung von Gott und Mensch allein an der besonderen und einmaligen Geschichte des Menschen Jesus von Nazaret. Nur in ihm als dem einzig Sündlosen (sich vollkommen von Gott dem Vater Unterscheidenden und so sich auf ihn Beziehenden) sind Gottes Gottheit und die Menschlichkeit des Menschen adäquat ausgesagt.

Dass Pannenberg im obigen Zitat von der ‚Zukunft' der Gottheit Gottes für uns spricht, weist auf einen weiteren bedeutsamen Aspekt hin. Einerseits hält Pannenberg entschieden daran fest, dass das Leben des historischen Jesus als Selbstoffenbarung *Gottes* erkennbar ist. In einer frühen programmatischen Schrift ‚Offenbarung als Geschichte'[17] wendet er sich gegen die Positionen, die im Menschen ein übernatürliches Prinzip (z.B. die Inspiration durch den Heiligen Geist) voraussetzen, damit dieser die Offenbarung erkennen und anerkennen kann. Demgegenüber insistiert Pannenberg darauf, dass das geschichtliche (Offenbarungs-)Ereignis seine Bedeutung *von sich her* erkennen lässt. Andererseits gesteht auch Pannenberg ein, dass jede Deutung von Geschichte vorläufig und strittig bleibt – und zwar deshalb, weil ein Ereignis seine Bedeutung immer nur im Kontext mit anderen Ereignissen besitzt. Die Bedeutung z.B. der Wahl meines Studienfachs erschließt sich mir nicht punktuell mit dem Abschluss des Studiums, sondern möglicherweise erst Jahre später, weil nun klar geworden ist, wie durch diese Wahl der weitere Verlauf meines Lebens geprägt wurde. Daraus folgt in prinzipieller Hinsicht, dass das Offenbarwerden der *endgültigen* Bedeutung eines Ereignisses mit dem Ende der Geschichte selbst zusammenfallen würde. Die Geschichte Jesu gilt Pannenberg deshalb als die endgültige Offenbarung Gottes, weil in ihr Gott selbst das Ende der Geschichte vorweggenommen hat: durch Jesu Auferweckung von den Toten, in der Wesen und Wirkmacht des trinitarischen Gottes bereits sichtbar und real wirksam geworden sind.

3.3 Eberhard Jüngel: Jesu Menschsein als Gleichnis Gottes

Der Offenbarung kommt zentrale Bedeutung zu, weil Jüngel ausschließlich bei ihr ansetzen und von dort her das Wesen Gottes und des Menschen deuten will. Näherhin versteht Jüngel die Geschichte Jesu als das Ereignis, in dem Gott sich selbst, sein ewiges Wesen, definiert und offenbart hat als vollkommene *Liebe*, die nicht nur *ausstrahlt*, sondern wirklich *eingeht* in die todbringende Lieblosigkeit der Sünde, Lüge, Verhältnis- und Grenzenlosigkeit und so eine neue Beziehung des Menschen zu sich selbst, seiner Welt und zu Gott begründet, dem Menschen neue Möglichkeiten des Menschseins eröffnet. Gottes Selbstidentifikation mit dem Gekreuzigten ‚durchkreuzt' das traditionelle metaphysische bzw. theistische Verständnis von Gott (das auch seiner atheistischen Bestreitung zu Grunde liegt) ebenso wie das ihm korrespondierende Menschenbild, in dem der Mensch als Täter und Macher vorgestellt – und so verfehlt – wird. Diesen Zusammenhang gilt es im Folgenden näher zu erläutern.[18]

Im Gegensatz zum Sünder als dem Gott *widersprechenden* und sich selbst begründen wollenden Menschen ist Jesus der Gott vollkommen *entsprechende* Mensch. Ähnlich wie Pannenberg erläutert Jüngel, dass Jesus ganz von Gott dem Vater her und auf ihn hin lebt und insofern wahrhaft frei ist, nämlich frei von dem heillosen Zwang zum Selbstbesitz. Jesus ist der ex-sistierende Mensch, der sich selbst verlässt, indem er *rückhaltlos* auf Gott vertraut. Er entscheidet nicht, wie weit er sich auf Gottes Nähe einlassen will und kann, sondern er lebt immer schon ganz selbstverständlich aus ihr.

> „Sein Menschsein bestand in der Freiheit, nichts für sich selbst sein zu wollen. Eine königliche Freiheit! Und also das genaue Gegenteil einer moralischen Anstrengung! Gott und den Nächsten zu lieben, war diesem Menschen so selbstverständlich, dass er, statt den Nächsten *wie sich selbst* zu lieben, sich selber eben gerade nur insofern lieb hatte, als er Gott und den Nächsten liebte. Von einem Gleichgewicht zwischen Selbstlosigkeit und Selbstbezogenheit kann hier nicht die Rede sein. Das *Sein* dieses Menschen war vielmehr das *Ereignis* einer jede Selbstbezogenheit überbietenden Selbstlosigkeit."[19]

Das *Sein* Jesu ist das gegenüber seinem freien und moralischen *Handeln* Primäre; das Handeln folgt aus ihm, nicht umgekehrt. Dieser Gedanke Jüngels wird noch deutlicher, wenn man das Gegensatzpaar ‚Handeln und Sein' auf die Gegenüberstellung von ‚Gesetz und Liebe' bezieht. Der Mensch, sofern er sich nur als Täter versteht, will durch die Erfüllung des Gesetzes (durch sein Handeln) gerecht werden. Er ist daran interessiert, was *er tut* und so letztlich doch an sich selbst und nicht am Anderen. Liebe ist das selbst-lose Interesse am Anderen nur um seiner selbst willen. Erst als solche ist sie auch die Erfüllung des Gesetzes – wie etwa das Gleichnis vom barmherzigen Samariter (Lk 10,25-37) zeigt. Der Samariter unterscheidet sich nämlich nicht darin vom Priester und Leviten, dass er das Gesetz aus *moralischer Verpflichtung* heraus tut, sondern darin, dass er für den unter die Räuber Gefallenen *aus Liebe Mitleid* empfindet. Jesu Sein aus Liebe kommt dem Tun des Gesetzes immer schon zuvor. Weil er sich selbst loslassen kann, ist er frei für den Nächsten, befreit das moralische Handeln vom Rigorismus der Pflicht.

Jüngel bestimmt (wie im obigen Zitat) das Geschehen der *Liebe* „formal [...] als Ereignis einer inmitten noch so großer und mit Recht noch so großer Selbstbezogenheit immer noch größeren Selbstlosigkeit" und „material [...] als die sich ereignende Einheit von Leben und Tod zugunsten des Lebens."[20] Damit ist aber nichts anderes als die Selbstidentifikation Gottes mit dem gekreuzigten und auferweckten Jesus von Nazaret beschrieben: Gott selbst erleidet im Tod Jesu am Kreuz die Sünde der Gottesferne, ihre Beziehungs-, Verhältnis- und Lieblosigkeit, um sie zu überwinden. Er erweist sich so als schlechthin identisch mit der Liebe, als trinitarische Wirklichkeit, d.h. als eine bei aller Selbstbezogenheit noch größere Selbstlosigkeit.

Denn die drei Personen (Vater, Sohn und Geist) sind überhaupt nur sie selbst, indem sie auf die jeweils andere Person bezogen sind. Dieser trinitarische, gekreuzigte Gott ist dem Irdischen nicht fern und überlegen, sondern hat sich selbst mit der Vergänglichkeit und Verletzbarkeit der Welt verbunden. Er will nicht anders Gott sein als mit dem Menschen Jesus.[21] So ist er für die Welt nicht notwendig, aber auch nicht beliebig, sondern *mehr als notwendig*. Gerade diese Struktur trifft für die Liebe zu: Sie ist nicht erzwungen, aber auch nicht willkürlich, sondern ereignet sich in einer beide Kategorien überbietenden *Freiheit*. Auch Gottes *Allmacht* ist daher nicht abstrakt zu denken im Sinne der Selbstgenügsamkeit, des puren Alles-Könnens oder gar willkürlicher (letztlich tyrannischer) Wahl, sondern als Allmacht der Liebe, die ihre mögliche Ohnmacht mit einschließt.

Der kreuzes- bzw. trinitätstheologische Gottesbegriff überbietet zudem die Alternative zwischen purer Anwesenheit oder bloßer Abwesenheit Gottes. Recht verstanden kann Gottes Anwesenheit nicht ohne seine Abwesenheit gedacht werden. Vom zwischenmenschlichen Ereignis personaler Begegnung und Liebe her kann dies einsichtig werden: Personen sind nicht einfach vorhanden, sondern füreinander unverfügbar. Sie lassen sich aufgrund ihrer Einmaligkeit und Freiheit nicht ‚fest-stellen'. Jüngel entfaltet dies im Hinblick auf die Eigenart theologischer Sprache. Biblische Texte sprechen in *Gleichnissen* und *Metaphern* vom Kommen seines Reiches und seiner Herrschaft, weil diese im Gegensatz zum allgemeinen *Begriff* nicht bloß feststellen, was ohnehin schon immer der Fall war und ist, sondern Anrede- und Ereignischarakter haben, der wirklichkeitsverändernd ist und es stets aufs Neue werden kann. So ist der Mensch Jesus das *Gleichnis* Gottes: Gott, sofern er zur Welt *kommt* – nicht im Sinne eines bloßen Vorhandenseins in ihr, sondern als je neu sich ihr schenkendes *Geheimnis* (daher der Titel von Jüngels Hauptwerk: „Gott als Geheimnis der Welt"). Wenn nämlich die Liebe die Differenz zur geliebten Person wahrt, so wahrt sie auch deren Geheimnischarakter. Je mehr ich den Anderen liebe, ihn verstehe, mich in ihn hineinversetze (wir füreinander ‚da', also ‚anwesend' sind), desto mehr erfahre ich doch immer auch dessen bleibende Geheimnishaftigkeit, die keine ‚Rätselhaftigkeit', sondern Unverfügbarkeit (und insofern ‚Abwesenheit') meint.

Das hat Konsequenzen für das Verhältnis von Göttlichem und Menschlichem in Jesus Christus. Jüngel deutet dieses in der beschriebenen Dialektik von Anwesenheit und Abwesenheit. Jesus ist nicht unterschiedslos identisch mit Gott. Wäre er dies, so könnte man eine

Nähe und Liebe gar nicht denken, die sich personal ereignet, sondern hätte im Gegenteil von der Zementierung endgültiger Entfernung zu sprechen.

> „Identität im Sinne der Aufhebung der Differenz kennt gerade keine Nähe. Sie wäre zwar das Ende einer zwischen den identisch gewordenen Größen ursprünglich waltenden Ferne. Aber sie wäre das Ende von Ferne ohne den Eintritt von Nähe. Identität als nähelose Beendigung von Ferne ist aber die Etablierung *absoluter* Entfernung. Zwei in diesem Sinne identisch gewordene Größen wären *absolut* voneinander entfernt. Demgegenüber ist als das Geheimnis des sich mit dem Menschen Jesus identifizierenden Gottes diejenige Steigerung von Ähnlichkeit und Nähe zwischen Gott und Mensch anzugeben, die *mehr als nur Identität* ist und gerade im Hinausgehen über das bloße Identischsein den *konkreten Unterschied* zwischen Gott und Mensch freigibt."[22]

Die für die Liebe charakteristische Struktur des ‚mehr als notwendig' bedeutet für den Menschen das Zuspielen neuer Möglichkeiten der eigenen Selbstbestimmung, die er nur passiv empfangen und nicht aus sich selbst hervorbringen kann (vgl. Kap. II.4.3). Für die Selbstverwirklichung, -begründung und -sicherung ist kennzeichnend, dass sie er-schöpfend ist (auch im existenziellen Sinn des Wortes); sie zielt auf Festlegung. Liebe ist schöpferisch, eröffnet immer wieder neue Möglichkeiten und befreit so ihren Adressaten zu sich selbst. Der mit ihr beschenkte Mensch macht eine „Erfahrung mit der Erfahrung",[23] wie Jüngel oft betont. Damit meint er eine Erfahrung, die nicht einfach aus der natürlich-alltäglichen Selbst- und Welterfahrung ableitbar ist, letztere aber auch nicht negiert, sondern in einen neuen Horizont und eine neue Perspektive stellt. Das gilt auch für die Erkennbarkeit der Existenz Jesu als Selbstoffenbarung Gottes. Letztere ist aus dem rein historisch erreichbaren Wissen über Jesus von Nazaret nicht einfach ableitbar. Dieses Wissen bestimmt Jüngel als „Glaubens*anlass* [...], nicht aber als Glaubens*grund*", weil im Glauben eine ‚mehr als notwendige', neue Erfahrung mit dem historisch Erfahrbaren vorausgesetzt wird, vor deren Hintergrund Jesus erst *als* der Christus erkennbar wird.[24]

Zu der durch das Christusereignis eröffneten neuen Erfahrung gehört die Einsicht in die Unterscheidung von Person und Werk, Sein und Haben bzw. Tun.[25] Der Mensch kann viel *aus* sich machen, aber nicht *sich selbst*. Er ist sich selbst entzogen – aber nicht zulasten, sondern zugunsten seines eigenen Daseins. Dieser Gedanke ist ebenfalls in Kap. II.4.3 näher zu erläutern, denn er verweist auf eine den Menschen grundlegend bestimmende *Passivität*, die ihn zuallererst *kreativ* werden lässt. Sie ist allein begründet in dem wahren, weil selbstvergessenen und sich gerade so empfangenden Menschen Jesus:

> „Jesus Christus ist der die Welt auszeichnende Grund dafür, dass diese sich nicht selbst besitzt und wir uns nicht selber haben. Zu sein, ohne sich selber zu haben, also ohne sich selbst zu besitzen, und doch nicht nicht, sondern da zu sein – das ist der materiale Gehalt des Geheimnisses kreatürlicher Existenz. In der Identität mit Jesus Christus ist Gott das eigentliche Geheimnis der Welt."[26]

3.4 Thomas Pröpper: Jesu Menschsein als Selbstoffenbarung Gottes

Auch Pröpper entfaltet (wie Rahner) die Bedeutung der Gnade bzw. Selbstoffenbarung Gottes nicht primär in Bezug auf die *Sünde*, sondern auf die geschöpfliche *Freiheit* des Menschen.[27] Als *endliche* Freiheit weiß sie sich bestimmt durch die Kluft von formaler Unbedingtheit und materialer Bedingtheit, Sollen und Können, Sehnsucht und Erfüllung. Doch ist eben diese Kluft die Kehrseite der positiven Empfänglichkeit menschlicher Freiheit für Gott und seine freie Selbstoffenbarung. Diese Offenbarung ist die Antwort auf die Frage, als die der Mensch existiert. Weil er aber ‚nur' als *Frage* existiert, sieht Pröpper ihn durch die Antwort (den sich selbst mitteilenden Gott Jesu Christi) nicht immer schon bestimmt. Was Rahner den ‚kategorialen' Offenbarungsaspekt nennt, will Pröpper noch stärker betonen. Der Gottesbezug des Menschen ist, wie Pröpper an vielen Stellen (aber nicht uneingeschränkt: vgl. Kap. II.4.4) hervorhebt, nicht transzendental oder implizit schon gegeben, sondern wird *geschichtlich* durch Gottes Selbstoffenbarung in Jesus von Nazaret begründet. Dieser konkrete Mensch ist das Realsymbol, durch das Gottes unbedingt entschiedene Liebe (und darin Gott *selbst*) für den Menschen offenbar und real werden konnte. In diesem Punkt stimmt Pröpper mit Pannenberg überein: Die Geschichte Jesu muss *von sich her* ihre Bedeutung als Selbstoffenbarung Gottes erkennen lassen, ohne Rekurs auf ein übernatürliches Deutungsprinzip wie eine ‚transzendentale Offenbarung'.

Pröpper begründet die Interpretation der Geschichte Jesu als Selbstoffenbarung Gottes, indem er Jesu irdisches Leben, seinen Tod am Kreuz und die in den Ostererscheinungen bezeugte Auferweckung als einen *Ereignis- und Bedeutungszusammenhang* versteht, bei dem die Einzelereignisse jeweils von unverzichtbarer Bedeutung für Gottes Offenbarwerden als Liebe sind. In seinem Leben identifiziert sich Jesus mit Gottes vorbehaltloser Zuwendung so eindeutig, dass sie durch ihn wirksam wird; an ihr hält er mit unbedingter Entschiedenheit fest auch in der Situation ihrer äußersten und letztlich todbringenden Infragestellung; dass nicht sie, sondern Gottes Liebe stärker ist als der Tod, erweist Gott selbst in seinem Auferweckungshandeln. Nur in dieser Bedeutungseinheit der Ereignisse erweist sich Gottes Liebe in Jesus Christus als *unbedingt* für uns Menschen entschiedene:

> „Ohne Jesu Verkündigung wäre Gott nicht als schon gegenwärtige und bedingungslos zuvorkommende Liebe, ohne seine erwiesene Bereitschaft zum Tod nicht der Ernst und die unwiderrufliche Entschiedenheit dieser Liebe und ohne seine (offenbare) Auferweckung nicht ihre verlässliche Treue und todüberwindende Macht und somit auch nicht Gott selbst als ihr wahrer Ursprung offenbar geworden."[28]

Deutlicher als andere Konzepte arbeitet Pröppers Modell heraus, inwiefern Jesu Geschichte nicht nur als Offenbarung, sondern als *Selbst*offenbarung Gottes zu deuten ist. Unbedingte Liebe, so das Hauptargument, *impliziert* bereits ihren Charakter als *Selbst*offenbarung. Denn in ihr identifiziert sich eine Freiheit so rückhaltlos und unbedingt mit ihrem Entschluss für die andere Freiheit, dass sie in diesem Entschluss auch ganz *als sie selbst* da ist. Zugleich ist sie untrennbar von dem Medium, dem Realsymbol, durch das sie sich und ihren Entschluss ausdrückt. Übertragen auf die zwischenmenschliche Liebe: In der Liebe gebe ich dem Anderen keine neutralen Informationen über mich, sondern bin *selbst* mit meiner Individualität und Freiheit involviert, bin nicht nur der Mitteilende (Subjekt der Offenbarung), sondern auch das Mitgeteilte (Inhalt der Offenbarung). Zugleich ist im personalen Offenbarungsgeschehen das Medium nicht vom Subjekt und Inhalt der Offenbarung zu trennen. Wenn ich nicht irgendetwas, sondern *mich selbst* einem anderen Menschen mitteile, so geschieht das realsymbolisch, z.B. *durch* meinen Leib, meine Gestik, meine Stimme usw. Folglich ist Jesus das Realsymbol der Selbstmitteilung Gottes, weil sich gerade *durch* seine echt *menschliche Freiheit* Gott als unbedingte Liebe offenbart. Gott will nicht anders denn in menschlich vermittelter Weise zur Welt kommen, die Freiheit des Menschen (Jesus) achtend.

Aus dieser Selbstbestimmung Gottes für uns können wir uns selbst neu bestimmen. Denn in Jesus hat Gott sich uns so entschieden zugewandt und unsere Freiheit so unbedingt bejaht, dass die Angst ihre lebensbestimmende Macht zu verlieren vermag; dass die Kluft, zwischen dem, was wir (qua formaler Unbedingtheit unserer Freiheit) ersehnen und dem, was wir (qua materialer Bedingtheit unserer Freiheit) realisieren können, in Hoffnung angenommen werden kann; dass wir mutig mit dem anfangen dürfen, was *wir* tun können, weil wir *Gottes* vollkommener Freiheit überlassen dürfen, was allein in ihren Möglichkeiten liegt; dass wir angesichts des getanen oder erlittenen Unrechts befreit werden zu einem das Geschehene nicht ausblendenden Neubeginn. Auch von Pröpper wird die Bedeutung der Offenbarung nicht ohne Bezug zu Schuld und Sünde des Menschen gedacht, wohl aber in den noch umfassenderen Horizont des Gelingens endlicher, geschaffener Freiheit gestellt – einer Freiheit, die angesichts ihrer eigenen Ambivalenz vor die Alternative gestellt ist, ob sie sich nur mit dem für sie Verfügbaren bescheidet (oder meint, sich damit bescheiden zu *müssen*), oder aber auf einen unverfügbaren Sinn- und Hoffnungsgrund setzt.

> „Die Möglichkeit menschlicher Freiheit, ihre Endlichkeit anzunehmen, ohne sich selbst aufzugeben – das jedenfalls wäre die Alternative des Glaubens: Hoffnung ohne Selbstübersteigerung, Realismus ohne Resignation. Weil er an Jesus Christus erkannt hat, wozu alle Menschen bestimmt sind, wird er wahrnehmen, was ihr Menschsein entstellt und ihre Menschwerdung hindert. Wird nicht zulassen, dass Unrecht beschwichtigt, die Wahrheit verzerrt und die Freiheit schon unterdrückt wird, noch ehe sie zu sich selber erwacht. Sich nicht abfinden, dass Menschen zerbrechen und ihre Hoffnungen denunzieren.“[29]

So gewinnt die geschichtliche Offenbarung Gottes in Jesus Christus bei Pröpper einen unersetzbaren Stellenwert für die theologische Deutung des Menschseins – nicht obwohl, sondern weil er transzendental*philosophisch* bei der Freiheit des Menschen als *Frage* nach Gott ansetzt und deshalb Rahners und Pannenbergs These einer immer schon bestehenden *wirklichen* Gottverbundenheit des Menschen in dieser Form nicht teilt. Aus demselben Grund betont er – in expliziter Kritik an Pannenberg –, dass die Aufgabe der Gegenwartstheologie nicht in dem theoretischen Nachweis einer unausweichlich religiösen *Natur* des Menschen besteht, sondern in der Begleitung einer Glaubens*praxis*, in der Menschen füreinander die Zuwendung Gottes darstellen und vermitteln, die sie selbst empfangen haben.[30] Diese Weichenstellungen nehmen ihren Ausgang von Pröppers Grundvoraussetzung, dass gerade das konkrete Menschsein Jesu das Ereignis ist, in dem Gott sich selbst und den Menschen definiert hat.

Dieser Grundvoraussetzung folgen Pröppers Schüler *Georg Essen* und *Magnus Striet* in der weiteren Ausbuchstabierung der Christologie und Gottes- bzw. Trinitätslehre.[31] In der Christologie wird nicht mehr allgemein nach dem Verhältnis von Göttlichem und Menschlichem in Jesus Christus gefragt und in der Trinitätslehre nicht abstrakt nach der Vermittlung von Einheit (des göttlichen Wesens) und Vielheit (der göttlichen Personen). Vielmehr kommt es Essen und Striet darauf an, die Gottheit Jesu Christi ebenso wie Gottes ewiges Wesen ausschließlich von dem besonderen *Menschsein* Jesu her zu erschließen, denn in diesem und keinem anderen hat Gott sich selbst erschlossen. So versteht Essen die Freiheit Jesu als die Freiheit des göttlichen Sohnes, die sich in der geschichtlichen Wirklichkeit Jesu fortbestimmt, dabei aber ihre Göttlichkeit nicht ablegt, sondern gerade vollzieht: Sie lebt aus *derselben* Liebe zum Vater – bei gleichzeitiger Selbstunterscheidung von ihm – wie der Mensch Jesus und ist daher mit dessen Freiheit *identisch*.[32] Offenbart sich aber in dieser besonderen menschlichen Freiheit Jesu die ewige, göttliche Liebe zwischen Vater und Sohn, so hat dies Konsequenzen für die Trinitätslehre, wie Striet geltend macht: Gottes Dreieinheit ist als Beziehung dreier göttlicher, vollkommener Freiheiten zu denken.

Literatur

Karl Rahner, Probleme der Christologie von heute. In: Ders., Sämtliche Werke, Bd. 12, Freiburg i.Br. 2005, 261-301.

Wolfhart Pannenberg, Christologie und Theologie. In: Ders., Grundfragen systematischer Theologie. Gesammelte Aufsätze, Bd. 2, Göttingen 1980, 129-145.

Eberhard Jüngel, Der Gott entsprechende Mensch. Bemerkungen zur Gottebenbildlichkeit des Menschen als Grundfigur theologischer Anthropologie. In: Ders., Entsprechungen: Gott – Wahrheit – Mensch. Theologische Erörterungen, Bd. II, Tübingen ³2002, 290-317.

Thomas Pröpper, „Daß nichts uns scheiden kann von Gottes Liebe…" Ein Beitrag zum Verständnis der „Endgültigkeit" der Erlösung. In: Ders., Evangelium und freie Vernunft. Konturen einer theologischen Hermeneutik, Freiburg i.Br.-Basel-Wien 2001, 40-56.

4. *Wie kommt der Glaube zustande?* Die Verhältnisbestimmung von Gnade und Freiheit

Wie kommt Gottes Offenbarungs-, Gnaden- und Erlösungshandeln beim Menschen an, sodass er aus ihm zu leben – zu glauben – vermag? Wie entsteht die Gottverbundenheit des Menschen nicht nur ihrer Möglichkeit nach, sondern tatsächlich? Ist der Glaube eine Entscheidung Gottes über den Menschen, sodass Gott *alleinwirksam* handelt? Oder ist hier auch die *menschliche Freiheit* beteiligt?

Die Verhältnisbestimmung von Gnade und Freiheit gehört zu den schwierigsten und umstrittensten theologischen Problemen überhaupt – in zweierlei Hinsicht. *Zum einen* bildet sie einen (wenn nicht: den) systematischen Brennpunkt der konfessionellen Differenzen zwischen römisch-katholischer und evangelischer Anthropologie. Die erstgenannte betont, dass der Mensch stets aktiv einbezogen ist in das Heilsgeschehen, das ‚Ja' des Glaubens zwar auf Gottes Erstinitiative zurückgeht, aber auch nicht ohne die freie Zustimmung des Menschen zustande kommt. Evangelische Theologen akzentuieren stärker das passive Ergriffen- und Berührtwerden des Menschen durch die Gnade, sodass auch die Konstitution des Glaubens noch einmal als Wirkung der Gnade verstanden wird. Damit enthält das Gnade-Freiheits-Problem eine anthropologische Grundfrage: Wie ist das *Verhältnis von Aktivität und Passivität* im Vollzug menschlicher Freiheit zu bestimmen? Das aber ist *zum anderen* eine Frage, die in der späten Moderne ohnehin nicht zur Ruhe kommt (und es auch nicht darf): Wie frei ist der Mensch? Was kann ‚Freiheit' (noch) meinen angesichts der vielfältigen Bedingungen, unter denen sich meine Entscheidungen doch faktisch immer vollziehen: Sprache, Sozialisation, Kultur, Biologie etc. Von welchem Freiheitsverständnis kann die theologische Anthropologie Gebrauch machen, wenn sie anschlussfähig an moderne Diskurse sein will? Und wie kann sie zugleich die spezifisch christliche Erfahrung einer *befreiten* Freiheit zur Sprache bringen, in der nicht (mehr) die offene Wahl, sondern die Erfüllung der Freiheit in Glaube, Hoffnung und Liebe thematisiert wird?

4.1 Karl Rahner: Universale Wirksamkeit und personale Annahme der Gnade

Karl Rahners Position kennzeichnen zwei Argumentationsreihen, deren Zuordnung oft kontrovers diskutiert wurde.[1] Auf der einen Seite besteht Rahner wie kaum ein anderer katholischer Theologe seiner Zeit darauf, dass die Gnade identisch mit Gottes *personaler Selbst*mitteilung ist und deshalb vom Menschen nur in *personaler Freiheit* angenommen werden kann. Rahner bezeichnet den Menschen „als ein Freiheitswesen, das in der Möglichkeit eines absoluten ‚Ja' oder ‚Nein' zu Gott existiert"[2] und spricht explizit von einer Freiheit des Menschen auch Gott und seiner Gnade *gegenüber*.[3] Auf der anderen Seite hält Rahner, wie bereits beschrieben, an der Prägung der menschlichen Vernunft und Freiheit durch die Gnade fest. Mit dem Begriff des ‚übernatürlichen Existentials' will Rahner ja sagen: Noch vor allem freien Tun und vor allem expliziten Wissen ist der Mensch bereits (‚transzendental') von der personalen Selbstmitteilung Gottes berührt. Wenn der Mensch durch die Gnade aber immer schon geprägt und bestimmt ist, kann er sich dann *zu* ihr noch frei verhalten? Lassen sich die Kategorien ‚transzendentale Freiheit' und ‚übernatürliches Existential' miteinander vereinbaren? Dazu muss genauer analysiert werden, wie Rahner die Bestimmtheit des Menschen durch die Gnade denkt und welche Rolle diese beim Zustandekommen des Glaubens spielt.

Zunächst ist zu beachten, dass Rahner mit dem ‚übernatürlichen Existential' (bzw. dem ‚transzendentalen' Aspekt der Selbstmitteilung Gottes) nicht behaupten will, dass im Menschen die Selbstmitteilung immer schon angenommen und angekommen ist, er quasi ‚automatisch' glaubt (vgl. Kap. II.1.1). Vielmehr bezeichnen die besagten Begriffe das personale *Angebot* der universal wirksamen Selbstmitteilung Gottes, das von der freien Annahme durch den Menschen zu unterscheiden ist. Allerdings kommt dem ‚übernatürlichen Existential' darüber hinaus eine entscheidende Rolle auch bei der menschlichen *Annahme* der Gnade und also beim Zustandekommens des Glaubens zu. Es ermöglicht auch den Akt der *personalen Antwort* auf Gottes Selbstmitteilung. So kann Rahner sagen, dass wir die Gnade „durch sie selbst annehmen"[4] und „die Annahme der Gnade [...] noch einmal Ereignis der Gnade selbst ist"[5]. Doch bedeutet auch dies nicht, dass Gott alleinwirksam, ohne den Menschen handelt, mein Glaube nur eine Entscheidung Gottes ist. Vielmehr bemerkt Rahner oft, dass Gott in seiner Selbstmitteilung den menschlichen

Akt ihrer Erkenntnis und freien Anerkenntnis *mitträgt*, also gerade nicht ersetzt oder überflüssig macht.[6]

Dass Rahner überhaupt von einem solchen ‚Mittragen' spricht, hängt mit seiner Konzeption des Gnaden- bzw. Selbstmitteilungsbegriffs wie auch mit seiner Absicht zusammen, Brücken zwischen thomistischem und modernem Denken zu bauen. Vom thomistischen Ansatz übernimmt er nämlich die Prämisse: Wenn im Gnadengeschehen primär nicht *etwas über* Gott mitgeteilt wird (z.B. Sätze, Lehren oder Dogmen), sondern Gott *sich selbst* personal mitteilt, dann muss Gott nicht nur *Inhalt*, sondern auch *Grund* seiner (An-)Erkenntnis durch den Menschen sein, nicht nur das *Woraufhin* des Glaubens, sondern auch dessen (ihn eröffnendes und tragendes) *Wovonher*.[7] Negativ formuliert: Wenn Gott nicht den menschlichen Akt der (An-)Erkenntnis eines endlichen Ereignisses oder Wortes *als* göttliche Offenbarung selbst ermöglichen und mittragen würde, würden besagte Ereignisse und Worte uns ausschließlich kreatürlich, bedingt, endlich erscheinen; sie würden höchstens etwas über Gott, aber nicht Gott *selbst* mitteilen können. Das Leben Jesu wäre nur das eines besonderen Menschen, nicht aber die reale *Selbst*aussage *Gottes*. Insofern ist das ‚übernatürliche Existential' das transzendentale Moment auch des Ankommens der Gnade: Bedingung der Möglichkeit dafür, dass der Mensch glauben kann.

Eine *Möglichkeitsbedingung* entscheidet aber noch nicht über die *Realität*. Wie schon öfter betont, bedarf die transzendentale Dimension ihrer Realisierung und Konkretion in der kategorialen. Dass ich mich selbst explizit als gläubiger Christ verstehe, hängt auch davon ab, ob ich diesen Glauben erlernen konnte, ob andere ihn mir glaubwürdig vorgelebt haben, ob ich ihn mit meiner Biografie und meiner ureigenen Selbst- und Welterfahrung vereinbaren kann bzw. konnte. Die *freie Annahme* und *explizite Thematisierung* dessen, was im ‚übernatürlichen Existential' angezeigt wird, ist radikal kontingent, abhängig von meiner konkreten Situation und Geschichte.

Wenn der menschliche Freiheitsvollzug von dem universal wirksamen *Angebot* der Gnade getragen und mitbestimmt ist, dann nimmt der Mensch die Selbstmitteilung Gottes zumindest rudimentär an, wenn er sich selbst in Freiheit annimmt: z.B. den Widersprüchen und Abgründen des Lebens, dem unaufhaltsam eintretenden Schicksal des Todes nicht ausweicht, sondern hoffend begegnet, auch wenn er den Grund dieser Hoffnung nicht kennt; seinem Nächsten verzeiht, wo es ihm nicht gedankt wird und noch nicht einmal moralisch gefordert wäre; eine Gewissensentscheidung trifft, die gesellschaftlich inopportun, aber für ihn der einzige Weg ist, sich selbst treu zu bleiben; in der Einsamkeit an einem letzten, unverfügbaren Sinn festhält, der ihn nicht verzweifeln lässt. Diese und ähnliche Erfahrungen, die über das hinausgehen, was Menschen von sich aus möglich ist, hat Rahner als ‚Erfahrungen des Heiligen Geistes' bezeichnet.[8] Das Theorem des ‚übernatürlichen Existentials' verbürgt, dass sie theologisch denkbar und als Gnadenerfahrungen interpretierbar sind. Es bildet insofern auch die theoretische Grundlage von Rahners berühmter These des ‚anonymen Christen'.[9] Ein anonymer Christ ist, wer sich selbst in seinem Handeln so annimmt und ausdrückt, dass er dabei faktisch seiner transzendentalen Verwiesenheit auf Gottes Selbstmitteilung entspricht.

> „Wer darum (auch noch fern von jeder Offenbarung explizierter Wortformulierung) sein Dasein, also seine Menschheit, annimmt (und das ist so leicht nicht!) in schweigender Geduld, besser in Glaube, Hoffnung und Liebe (wie immer er diese auch nennen mag) als das Geheimnis, das sich in das Geheimnis ewiger Liebe birgt und im Schoß des Todes das Leben trägt, [...] der sagt, auch wenn er es nicht weiß, zu Christus Ja. Denn wer loslässt und springt, fällt in die Tiefe, die da ist, nicht nur insoweit er sie selbst ausgelotet hat. Wer sein Menschsein ganz annimmt [...], der hat den Menschensohn angenommen, weil in ihm Gott den Menschen angenommen hat."[10]

Es ist möglich, dass Menschen Gottes Gnade *implizit* annehmen, ohne darum *explizit* zu wissen; dass sie implizit an Christus glauben, aber diesen Glauben nicht adäquat thematisieren oder noch nicht einmal *als* Glauben benennen können. Die Differenz zwischen impliziter und expliziter Ebene – oder in Rahners Sprache: zwischen ‚Bewusstsein' und ‚Gewusstsein' – gilt für jede Form von ‚Wissen'. Nie kann ich völlig adäquat und begrifflich eindeutig einholen, was mich ‚immer schon' bestimmt und prägt. Der Begriff, die Reflexion und Objektivation ist immer nachträglich; die kategoriale Vermittlung der Gnade holt die transzendentale Verwiesenheit nicht vollständig ein.

Der Glaube kommt also *nicht ohne* die Freiheit des Menschen zustande. Aber auch nicht *allein* durch sie. Nur deshalb kann der Mensch Gottes Gnadenhandeln erkennen und annehmen, weil seine Subjektivität an ihrer Wurzel bereits (transzendental) durch es geprägt ist. Rahners Bemühen zielt darauf, den Eindruck einer Konkurrenz zwischen göttlicher Gnade und menschlicher Freiheit strikt zu vermeiden: In der Annahme der Gnade wird der Mensch nicht weniger, sondern mehr er selbst. Freiheit und Gottesbezug verhalten sich direkt proportional zueinander, steigern sich gegenseitig. Deshalb ist

Jesus Christus ja nicht *trotz*, sondern *wegen* seiner radikalen Nähe zu Gott zugleich der wahre und freieste Mensch (vgl. Kap. II.3.1).

Gleichwohl ergibt sich eine Folgefrage, die Rahner selbst nicht mehr zufriedenstellend beantwortet hat. Wenn Gottes Gnade ihre freie Annahme durch den Menschen nicht ersetzt, sondern ‚nur' bewirkt im Sinne eines Mit-Tragens, dann muss in der Subjektivität des Menschen eine Instanz gedacht werden, die sich noch einmal frei zur Gnade verhalten und ihr antworten kann. Rahner selbst will ja gerade nicht sagen, dass die *Prägung* menschlicher Vollzüge durch die Gnade eigentlich deren *Determination* meint. Dann aber wäre es konsequent, die transzendentale Freiheit des Menschen (das Vermögen des Sich-Bestimmens und Sich-Verhaltens) logisch vom ‚übernatürlichen Existential' zu unterscheiden. Das legt schon Rahners eigene Differenzierung nahe zwischen dem (transzendental wirksamen) *Angebot* der Gnade und ihrer (kategorialen) *Annahme*. Und doch hat Rahner diese Unterscheidung, wenngleich sie in seiner Gnadenlehre durchaus angelegt ist, nicht konsequent durchgehalten und überhaupt die Unterscheidung von Philosophie und Theologie für zunehmend weniger wichtig erachtet. – Vielleicht, weil er befürchtete, aus einer *logischen Unterscheidung* könnte allzu schnell eine *ontologische Trennung* werden, so dass säkulare Lebenswelt und christlicher Glaube, Selbst- und Gottesbezug, unser und Jesu Menschsein am Ende doch wieder beziehungslos nebeneinander stehen, wie dies im Extrinsezismus der Neuscholastik der Fall war.[11]

Es ist verschiedentlich darauf hingewiesen worden, dass Rahners Denken als theologische „Phänomenologie im Lichte Jesu Christi"[12] interpretiert werden kann: als ein Denken also, das religiöse Fragehorizonte und Erfahrungen des Menschen bereits voraussetzt und sie weiter auszuleuchten sowie in ihrer inneren Struktur zu erhellen versucht. Das Gewicht liegt theologisch auf der universalen Wirksamkeit der Gnade und so weniger auf der Offenheit, Fraglichkeit oder Ambivalenz endlicher Freiheitsvollzüge. Nicht, dass diese ausgeblendet würden – aber sie werden stets von der Gnadentheologie her beleuchtet. Darin besteht die methodische Grenze von Rahners Anthropologie – aber auch ihre Stärke, weil sie so dem Aufweis der existenziellen *Relevanz* des Glaubens dient. Beachtet man diese methodischen Voraussetzungen, dann steht Rahners Konzeption gerade einer *freiheits*philosophischen – und dementsprechend auch transzendental-*philosophischen* – Ergänzung offen (vgl. Kap. III.4). Sie erfordert diese sogar aus internen Gründen: eben weil das ‚übernatürliche Existential' keineswegs die Ersetzung der menschlichen Annahme der

Gnade, sondern allein ihr bleibend gültiges Angebot bezeichnet, das sich im personalen Modus der Freiheit ereignet.

4.2 Wolfhart Pannenberg: Freiheit im Glauben – jenseits der Wahl

Sowohl der Gottesbezug als auch sein Fehlen (die Sünde) werden von Pannenberg primär in der *Natur* (bzw. Wesensnatur), nicht in der *Freiheit* des Menschen verortet. Aus Pannenbergs Sicht ist es daher konsequent, eine Freiheit des Menschen gegenüber der Gnade zurückzuweisen.[13] Dafür gibt es mehrere Gründe, sowohl philosophischer wie theologischer Art. *Erstens* liegt es in der Konsequenz von Pannenbergs *phänomenologischer* Ausgangsperspektive, dass Aktivität und Handlung als abgeleitete und also sekundäre Dimensionen in den Blick geraten. Fokussiert werden von Pannenberg weniger die *formalen* Strukturelemente und Möglichkeitsbedingungen des menschlichen Freiheitsvollzugs (das wäre Anliegen einer transzendentalen Analyse), sondern die *realen*, also empirischen Bedingungen (humanbiologische, psychologische, soziologische Faktoren), unter denen die freie Selbstständigkeit des Menschen *tatsächlich* möglich ist. Um das schon erwähnte (Kap. II.1.2) Beispiel des ‚Grundvertrauens' wieder aufzunehmen: Pannenbergs Interesse richtet sich weniger darauf, begrifflich zu klären, welche transzendentalen Bedingungen erfüllt sein müssen, damit das Vertrauen, das ich einer anderen Person oder Gott entgegenbringe, *mein (freier) Akt* sein kann, als vielmehr darauf, am konkreten Phänomen zu zeigen, dass der Mensch *realiter* nur dann Vertrauen fassen kann, wenn er als Kind die Zuwendung der Mutter schon erfahren hat.

> „Das Grundvertrauen wird in der Entwicklung des Säuglings nicht durch eine ‚Entscheidung' ausgebildet, sondern es erwächst aus einem Differenzierungsprozess der ursprünglichen, symbiotischen Lebenseinheit des Kindes und der Mutter. Wenn statt dessen Misstrauen und Angst im Verhalten des Kindes überhand nehmen, dann handelt es sich dabei wiederum nicht um Folgen einer Entscheidung des Kindes, sondern um eine Deformation seiner natürlichen Entwicklung infolge des Ausfalls der menschlichen Zuwendung und Wärme, deren es bedarf. Das Moment der Entscheidung wird erst im Maße erlangter Selbstständigkeit des Individuums bedeutsam, und davon kann in den Anfängen seiner Entwicklung noch keine Rede sein."[14]

Die hier eingenommene Perspektive ist, *zweitens*, für die evangelische Anthropologie überhaupt charakteristisch: Im Vordergrund steht der reale, konkrete Freiheitsvollzug und dieser wird von seinem inhaltlichen Ziel her verstanden, der Bestimmung des Menschen zur Gemeinschaft mit Gott. Als verwirklichte, erfüllte oder auch *befreite* Freiheit (vgl. Gal 5,1) ist sie eine Freiheit zum Guten – und gerade keine Freiheit, die sich erst noch für das Gute oder das Böse, für die Annahme oder Ablehnung der Gnade entscheiden kann bzw. muss. Aus der Sicht eines glaubensphänomenologischen Denkens würde eine solche Unentschiedenheit nicht mehr, sondern weniger Freiheit bedeuten, eben weil letztere allein unter der Perspektive ihrer *Erfüllung* thematisiert wird. Diese Voraussetzung ist auch für Pannenbergs Christologie bedeutsam, weil er nur so Jesu volles Menschsein – bei gleichzeitiger Verbundenheit mit Gott – gewahrt sieht: Jesus ist frei gerade (und nur) *in* der Identifizierung mit seiner Sendung, nicht ihr *gegenüber*.

> „Ein so von seiner Sendung Ergriffener hat ihr gegenüber keine Wahl mehr. Er behält keine innere Selbstständigkeit ihr gegenüber für sich zurück. Gerade darin besteht seine Freiheit. Und gerade so ist Jesus durch seine Hingabe an seine Sendung – durch die Hingabe an den Vater – mit Gott eins."[15]

Pannenberg weist folglich ein abstraktes Verständnis von Freiheit als Wahlfreiheit zurück, bezeichnet dieses als „wirklichkeitsfremde Konstruktion"[16]. Der Mensch ist nicht derjenige, der ‚neutral' gegenüber dem Guten und Bösen, der Zustimmung und Ablehnung Gottes, Gnade und Sünde steht, die dann gleichberechtigte Alternativen für ihn darstellen. Er wird nicht willkürlich gegen seine eigene Bestimmung der Verbundenheit mit Gott als dem schlechthin Guten handeln. Wenn er es doch tut und sich so selbst (nämlich seiner eigenen Bestimmung) widerspricht, dann ist dies gerade nicht Ausdruck seiner Freiheit, sondern seiner Unfreiheit: seines Gefangenseins in den (durch die Erbsünde begründeten) überindividuellen Schuldzusammenhängen, das ihn – zu seinem eigenen Verhängnis – nicht bejahen lässt, was doch eigentlich die definitive Erfüllung seines Daseins bedeutet. Nochmals am Beispiel des Grundvertrauens verdeutlicht: Wirklichkeitsfremd ist für Pannenberg die Konzeption der Wahlfreiheit, weil kein Mensch freiwillig nicht vertrauen und stattdessen ängstlich sein will. Mangelndes Vertrauen ist Ausdruck eines Nicht-Könnens, nicht eines Nicht-Wollens, also eines Unvermögens und nicht eines Vermögens. Ob ich vertrauen kann, steht primär nicht in meiner Macht und ist deshalb kein Gegenstand meiner Wahl.

Dass Pannenberg die primäre Erfahrung des Vertrauens in der symbiotischen Einheit des Säuglings mit der Mutter verortet, verweist auf einen *dritten* Aspekt, der für den Ausschluss einer menschlichen Freiheit gegenüber Gott verantwortlich zeichnet. Ursprünglich sind Selbst-, Welt- und Gottesbezug des Menschen prä-reflexive Größen. In dieser Unterscheidung von impliziter und expliziter Ebene besteht, wie gesehen, eine Gemeinsamkeit mit Rahner: Der Mensch ist immer schon verwiesen auf Gott – und zwar *bevor* er über etwas explizit nachdenkt oder eine bestimmte Einzelentscheidung trifft. Aufschlussreich ist nun aber, dass Pannenberg dezidiert *gegen* Rahner festhält: Der prä-reflexive Gottesbezug des Menschen schließt eine reflexive Freiheit des Menschen *gegenüber* Gott aus.[17] Was mich ‚immer schon' bestimmt, kann ich nicht zum Gegenstand meiner Wahl machen, denn es gehört ja zu den Voraussetzungen, unter denen sich mein Wählen und Handeln zuallererst vollzieht. Über diese kann ich mich aufklären, sie mir bewusst machen – aber dieser freie Reflexionsakt ist nachträglich und sekundär gegenüber der unmittelbaren, „ursprünglichen Gegenwart Gottes im menschlichen Geist"[18].

Aus den drei Aspekten ergibt sich, *viertens* eine philosophische Grundoption, die zeigt, dass Pannenberg bei der phänomenologischen Analyse nicht stehen bleibt, sondern sie zu einer umfassenden Theorie ausbaut, in der die Personalität des Menschen nicht autonom, sondern theonom begründet wird: Vernunft- und Freiheitsvollzüge lassen sich nur von ihrem Gottesbezug her adäquat verstehen. Pannenberg lehnt *egologische* Subjekttheorien der Moderne ab, also solche Modelle, die bei der Aktivität, Freiheit und Autonomie des Menschen ansetzen (etwa von Kant oder Fichte) und von Thomas Pröpper und seinen Schülern im Rahmen einer freiheitstheologischen Anthropologie rezipiert wurden. Demgegenüber bezieht Pannenberg sich auf eine *nicht*-egologische Bewusstseinsphilosophie, wie sie etwa von dem Philosophen *Dieter Henrich* entwickelt wurde.[19] Diese wendet gegen eine Subjekt- und Freiheitsphilosophie, die den Menschen von vornherein unter der Perspektive der Aktivität deutet, das Argument ein: Jeder vernünftige Denkakt, jede freie Entscheidung und jedes aktive Handeln setzt etwas voraus, das der Mensch gerade nicht durch sich selbst hervorbringen kann: Bewusstsein seiner selbst. Wenn der Mensch ‚Ich' sagt, sich als ‚Ich' erfährt und als ‚Ich' handelt, so kann er dies überhaupt nur unter der Voraussetzung, dass er zuvor schon *prä-reflexiv mit sich vertraut* ist. Präreflexive Vertrautheit meint ein intuitives Spüren, Erahnen und Gewahrwerden, das aber eben nicht reflexiv und explizit ist; ein Bewusstsein, das kein direktes Wissen ist, aus dem heraus ich frei agieren kann; ein Beisich-Sein, das nicht aus Reflexion entsteht, sondern umgekehrt ihre Voraussetzung bildet. Die vor-reflexive Selbstvertrautheit ist also ‚früher' als das eigene ‚Ich', die Reflexion und das Handeln – so wie der Säugling den eigenen Körper intuitiv spürt, aber noch nicht explizit ‚Ich' sagen und sich *als dieses* ‚Ich' von Anderem unterscheiden kann. Kurzum: Das ‚Ich' (mitsamt seinen ichhaften Freiheitsvollzügen) ist eine sekundäre Größe. Es *empfängt* seine Einheit mit sich (sein ‚Selbst') in einem geschichtlichen Prozess, der nicht ohne soziale Interaktion mit anderen Individuen, d.h. nicht ohne den für Pannenbergs Anthropologie so entscheidenden Vollzug der *Exzentrizität* gedacht werden kann. Aufgrund der religiösen Implikation jedes exzentrischen Verhaltens bedeutet dies aber, dass der Mensch sein Selbst letztlich von Gott her empfängt. Pannenberg erklärt dies pneumatologisch als Wirken des göttlichen Geistes im Menschen. Der Geist ist es, der mich auf die Welt und den Mitmenschen hin öffnet, mich aus mir herausgehen lässt, sodass ich mich verlasse, vertraue und gerade so zu mir ‚selbst' finde, meine reale Identität gewinne, indem ich meine Bestimmung zur Gemeinschaft mit Gott realisiere. Aber eben dieser geistgewirkte Prozess der Exzentrizität und Identitätsfindung begründet erst das freie Handeln, sodass bei Pannenberg keine eigenständige menschliche Freiheit *gegenüber* dieser Geistwirksamkeit in den Blick kommt.

> „In der Tat tritt der Mensch gerade als handelndes Wesen in der Vollgestalt seiner personalen Selbstständigkeit in Erscheinung. Aber solche Selbstständigkeit hat ihre Bedingungen, die nicht ihrerseits noch einmal als Produkte menschlichen Handelns beschrieben werden können, sondern das Subjekt des Handelns allererst konstituieren. Diese Konstitutionsbedingungen der Subjektivität lassen sich nun in der Formel zusammenfassen, dass der Mensch als Person Geschöpf des Geistes ist."[20]

4.3 Eberhard Jüngel: Kreative Passivität im Glauben

Trotz der prinzipiellen Differenz beider Konzepte verbindet Jüngel mit Pannenberg zunächst, dass er hinsichtlich der Verhältnisbestimmung von Gnade und Freiheit auch die grundsätzliche *Passivität* des Menschen im Glauben hervorhebt und diese *phänomenologisch* erschließt. Die Gnade befreit den Menschen von den Versuchen des Selbstbesitzes und der Selbstbegründung, sie unterbricht die heillose Dynamik der Selbsterhaltung durch Selbsttätigkeit. Insofern ist es konsequent, dass Jüngel das Ankommen dieser Gnade im Menschen gerade nicht aus der Perspektive menschlicher Aktivität beschreibt. Anders gesagt: Soll die lebensverändernde Kraft, das existenziell ‚Neue' des Glaubens adäquat erfasst werden, so darf dieses nicht vom im Glauben überwundenen ‚Alten' her geschehen, also jenem alltäglichen Selbstverständnis des Menschen, in dem der Mensch sich als Täter und Handelnder begreift. Für den Glauben trifft (zunächst!) das Gegenteil zu: Er hat eine ex-zentrische Struktur, in der der Mensch sich loslassen und Abstand nehmen kann von dem aufreibenden Versuch der Selbsthabe. „Wer sich selbst besitzt, glaubt nicht."[21]

Jüngel verdeutlicht dies an den Phänomenen des *Vertrauens*, der *Freude* und der *Liebe*.[22] Die drei Phänomene haben wesentlich Begegnungs- und Ereignischarakter – und sie implizieren eine grundlegende Dimension menschlicher Passivität. Nur unter deren Einbezug ist die Erfahrung befreiter Freiheit verstehbar. So kann der Mensch im *Vertrauen* ablassen von der Sorge um sich selbst, sich ver-lassen – nicht einfach grund-los und aus sich heraus, sondern weil ihm Gott als unbedingt verlässlicher und tragfähiger Grund seines Daseins schon entgegen gekommen ist, sich geoffenbart hat. So kann der Mensch sich nicht einfach aktiv entschließen zur *Freude*. Freude hat in ihm je schon angefangen, wo er sich als ein Sich-Freuender vorfindet und entdeckt. Sie wird durch einen Anderen hervorgerufen, geschieht um seiner selbst willen. Wenn der Mensch sich freut an Gott – „man kann […] statt ‚Glaube' auch ‚Freude an Gott' sagen"[23] – so stellt sich dies nicht notwendig, aber auch nicht beliebig ein; Freude ist *mehr als notwendig*. Beide Erfahrungen gehen ein in die Beschreibung der *Liebe*, mit der nur Gott *identisch* ist, während wir im Glauben an ihr teilhaben. Sie ist nach Jüngel ohne Passivitätsmoment nicht zu denken. Wer geliebt wird, kann dies selbst nicht herstellen und sichern. Wer liebt, ist nicht mehr er ‚selbst' ohne den Anderen, verlässt sich und empfängt sich neu vom Anderen her. Liebe *ist* nur, indem sie sich – unverfügbar, nicht machbar – *ereignet*. So verhält es sich auch mit dem Glauben, in dem der passiv empfangende Mensch Gottes Selbstoffenbarung als Liebe *entspricht*.

Dem anthropologischen Moment der Passivität korreliert das theologische des Geistwirkens. Gott selbst ist nicht nur Ursprung und Inhalt der Gnade, sondern bewirkt durch den Heiligen Geist auch ihr Ankommen im Menschen. Der Geist ist die Kraft, durch die und in der der Mensch glauben kann. Und zugleich die Kraft, mit der Gott immer *im Kommen* bleibt, durch die seine Selbstoffenbarung in der Geschichte Jesu nie bloß vergangenes Ereignis, sondern stets Gegenwart bleibt und je neu aufbrechende Zukunft ist.[24]

Behauptet Jüngel den Glauben damit als alleinwirksame Entscheidung Gottes, ohne jegliche menschliche Aktivität? Man wird dies aus drei Gründen nicht umstandslos bejahen können. *Erstens* fällt in formal-methodischer Hinsicht auf, dass Jüngel *phänomenologisch* ansetzt, d.h. bei der Beschreibung der Erfahrungswirklichkeit (des Glaubens) und sich von ihr her die Interpretationsformen und sprachlichen Mittel vorgeben lässt. Es ist schon allein durch diese methodische Weichenstellung bedingt, dass gegenüber der (erfahrenen) Passivität das (logisch ggf. vorauszusetzende) Aktivitätsmoment zurücktritt. Dass sich die phänomenologischen Reflexionen immer schon ‚im Raum der Offenbarung' bewegen, markiert Jüngel indes viel deutlicher als Pannenberg, der – wie gezeigt – die phänomenologisch beschriebenen Erfahrungen prinzipialisiert, indem er sie in eine philosophische Gesamttheorie transformiert. *Zweitens* will Jüngel offensichtlich nicht in jeder Hinsicht eine Aktivität seitens des Menschen ausschließen, sondern ihr nur den rechten Ort zuweisen. Er beschreibt das Tun des Menschen immer wieder als den *Akt* eines ‚Lassens': Der Mensch *lässt* sich beschenken, er *lässt* sich das Geöffnetwerden durch Gott gefallen, er *lässt* sich ein auf die befreiende Erfahrung.[25]

> „Der Glaube ist insofern die Selbstentdeckung und Selbsterfahrung des Zur-Freiheit-befreit-worden-Seins. Diese Selbstentdeckung und Selbsterfahrung ist nun allerdings [...] ein von mir selbst zu vollziehender Lebensakt, eben der Akt, Ja zu sagen zu meiner eigenen Verneinung [als dem sich selbst begründen wollenden Sünder; M.L.] und Bejahung durch Gott."[26]

Aus phänomenologischer Sicht ist ein solcher Akt ‚später' als die primäre Erfahrung des Befreitseins. Zu klären, unter welchen logischen Möglichkeitsbedingungen auch diese Erfahrung noch einmal freiheitsvermittelt ist, darauf kommt es Jüngel weniger an als auf die Betonung – *dritter* Aspekt –, dass *aus* dem Glauben der Mensch nicht weniger, sondern mehr Freiheit gewinnt. Wo ich befreit bin von der Sorge um mich selbst, da bin ich frei für den Anderen. Wo ich nicht selbst den Sinn meiner Existenz herstellen und garantieren muss, kann ich sie angstfrei gestalten. Wo ich mich in Hoffnung auf meine Grenzen beziehe und sie anerkenne, weichen Resignation und

Lähmung, wachsen die Möglichkeiten. Passivität impliziert offenbar also nicht Subjektlosigkeit. Zur ex-zentrischen Struktur des Glaubens, wie Jüngel sie beschreibt, gehört nicht einfach nur, dass der Mensch unterbrochen wird, sich verlässt und außer sich ist, sondern dass er *im* Sich-Verlassen sich *empfängt*, auf neue Weise zu sich und der Welt kommt.

> „Glauben heißt: sich selber so von Gott unterbrechen lassen, dass ich mich zugunsten Gottes vergesse und in solcher Gottesgewissheit und Selbstvergessenheit – unbekümmert! – meiner selbst gewiss bin."[27]

Diese Struktur gilt auch für das Geschehen der Liebe. In ihr bezieht der Mensch sich durchaus auf sich – aber eben in radikal veränderter Weise, vermittelt durch das Du eines Anderen. Er bezieht sich neu *auf* sich, bezieht sein Dasein aber nicht mehr *aus* sich.[28] Im Glauben gewinnt der Mensch Anteil an Gott, der die Liebe selber *ist*. Er gewinnt so neue Möglichkeiten der Existenzgestaltung, wird frei für die Zuwendung zum Nächsten, weil er befreit davon ist, das eigene Leben selbst sichern zu müssen und so *reale* Freiheit gewinnt. Die Passivität, die Jüngel im Blick hat, ist somit eine „kreative Passivität"[29]. Denn die Gnade ermöglicht eine aktive Selbstbestimmung, die keine Selbstbegründung und Selbstsicherung mehr impliziert.

Mit der ex-zentrischen Struktur der Liebe hängt auch zusammen, dass die Gnade zwar eine *Unterbrechung*, aber *keine Zerstörung* des menschlichen Selbst- und Weltverhältnisses bewirkt. Die Macht der Liebe Gottes verändert durch Verwandlung, weil sie nur liebevoll zur Welt kommt, in der Weise der Ohnmacht des Gekreuzigten:

> „Denn die Liebe setzt sich nicht anders durch als allein durch Liebe. Das ist ihre Stärke und Schwäche zugleich. Weil sich Liebe nur liebevoll durchsetzt, deshalb ist die Liebe zwar von außen her höchst verwundbar, aber von innen her zutiefst unzerstörbar. Sie bleibt in ihrem Element, sie strahlt aus, um in sich einzubeziehen. Sie kann nicht zerstören, sondern nur *verwandeln*, was ihr entgegensteht."[30]

Jüngel setzt hier wie auch an anderen Stellen eine Logik der *Steigerung* voraus: Weder bestätigt noch negiert der Glaube die Erfahrungen des Menschen mit sich und der Welt, sondern ermöglicht, dass der Mensch in neuer – gesteigerter – Weise zu ihr und sich ‚zurückkommt'. So heißt es ausdrücklich, dass dem Sein der Liebe Gottes auf Seiten des Menschen ein „freies Werden" entspricht, „welches das dadurch Überbotene nicht tadelt und als Mangel zurückstößt, sondern als selbstverständlich Früheres wahrt: eine Steigerung, deren Komparativ das Überbotene ehrt.“[31]

Diese Logik müsste eigentlich zu der Konsequenz führen, dass auch die Aktivität des Menschen durch seine Passivität nicht negiert wird, sondern in ihr vorausgesetzt bleibt (wie es der Ausdruck ‚*kreative* Passivität‘ ja auch anzeigt). Allerdings betont Jüngel aus eher *phänomenologischer* Perspektive vor allem das passive Getroffen- und Bestimmtsein des Menschen durch die Gnade. Das schließt aber nicht aus, aus *transzendentaler* Perspektive die Freiheit des Menschen als den Grund des *Sich*-treffen- und Berühren-*Lassens* zu benennen – eine systematische Implikation, die faktisch auch Jüngel beansprucht (ohne sie genauer zu analysieren), wenn er darauf insistiert, dass der Mensch in der Unterbrechung durch die Gnade in neuer Weise zu *sich zurück*kommt und gerade nicht verloren geht.[32] Das setzt ein formales ‚Kontinuum‘ der Auskehr und Rückkehr des Ich zu sich voraus, das transzendentallogisch als formal unbedingte Freiheit interpretierbar ist. Dass beide Dimensionen – Aktivität und Passivität – zusammengehören, lässt auch das folgende Zitat erkennen, in dem zugleich nochmals deutlich wird, dass Jüngels *Ausgangspunkt* ein phänomenologischer ist:

> „Der Mensch kann sich selbst nur bestimmen, insofern er sich als von anderem bestimmt erfährt. Der Mensch lernt sprechen, insofern er angesprochen wird. Kein Mensch kann von sich aus sprechen. Der Mensch lernt lieben, insofern ihm Liebe begegnet. Der Mensch geht aus sich heraus, insofern man auf ihn eingeht. Das sind Hinweise darauf, dass sich das Menschsein in einer schöpferischen Spannung vollzieht zwischen einer grundlegenden Passivität und einer wohlbegründeten Aktivität seines Menschseins.“[33]

4.4 Thomas Pröpper: Gottes freie Selbstbindung an sein geliebtes Geschöpf

Während Jüngel aus phänomenologischer Sicht die Passivität des Menschen betont, akzentuiert Pröpper aus transzendentallogischer Perspektive dessen Aktivität. So lautet Pröppers Fragestellung weniger: Was motiviert mein Vertrauen, durch welche Erfahrungen wird es ermöglicht oder verunmöglicht? Sondern: Welche Instanz gewährleistet, dass ‚Vertrauen‘ wirklich mein eigener Akt ist und nicht Fremdbestimmung, etwa im Sinne eines blinden Gehorsams? Für Pröpper ist dies die Instanz der formal unbedingten Freiheit, der

Fähigkeit des Menschen, sich zu seinem eigenen Dasein wie auch zu allem ihm Widerfahrenden noch einmal verhalten zu können – auch zu dem sich im Gnadengeschehen mitteilenden Gott. Insofern plädiert Pröpper entschieden für eine Freiheit des Menschen auch *gegenüber* der Gnade. Wenn letztere den Menschen nicht einfach überwältigt und ihn wie ein notwendiges Schicksal bestimmt, kann der Glaube nicht ohne die freie Zustimmung des Menschen zustande kommen.[34]

Pröpper begründet dies theologisch. Die Gnade ist inhaltlich bestimmt als Selbstoffenbarung der unbedingt entschiedenen Liebe Gottes für uns Menschen. Liebe ist aber nur als Freiheitsgeschehen denkbar. Ohne die Voraussetzung von Freiheit wird das, was wir mit ‚Liebe' meinen, unverständlich. Für das Geschenk der Liebe und der Freundschaft sind wir *dankbar* – und können dies bleiben, insofern dieses Geschenk vom Anderen her frei, nicht notwendig, nicht selbstverständlich geschieht. Wie jede Liebe, so erreicht auch *Gottes* Liebe ihren Adressaten nur, wenn sie seine Freiheit achtet. Dass Gottes Liebe – und somit Gott *selbst* – nicht anders den Menschen zu gewinnen versucht als über den Weg und die Mittel der Liebe, ist geschichtlich offenbar geworden:

> „sichtbar eben am Weg Jesu in seiner bis zuletzt seine spezifische Vollmacht der Liebe bewährenden Bereitschaft zur Ohnmacht. Und Gott achtet sie, da er sich zum Gekreuzigten bekannte, *definitiv*: weil ja nur ein freies Geschöpf ihn als Gott anerkennen und er deshalb auch nur ihm das Höchste: in seiner Liebe sich selbst, schenken kann. Dürfen wir Menschen unsere Freiheit dann etwa geringer einschätzen, als Gott selber es tut?"[35]

Gott erweist sich in der Geschichte Jesu als Allmacht, die menschliche Freiheit als eigenwirksame, selbsttätige ‚neben' und ‚außer' sich will, sogar sich am Kreuz mit ihrer tödlichen Ablehnung konfrontieren lässt, ohne durch sie vernichtet zu werden, wie die Auferstehung seines gekreuzigten Sohnes zeigt. Darin offenbart Gott sein Wesen als allmächtige *Liebe*, die die Freiheit des Menschen ermöglicht, freisetzt und diese stets einbezieht in sein Gnadenhandeln. Pröpper bringt dies öfter zur Sprache in der Formulierung, dass Gott „sich selber dazu bestimmt hat, sich von der menschlichen Freiheit bestimmen zu lassen"[36]. Es ist also *freie* Selbstbestimmung Gottes – und somit Gnade –, dass er den Menschen zu seinem Bundespartner erwählt hat, dass er (ebenfalls ein theologisches Zentralmotiv Pröppers) die *Freundschaft* des Menschen zu gewinnen sucht, sich in Freiheit an den Menschen bindet. Aus der Sicht von Pröpper schließt dies nicht nur eine göttliche Vorherbestimmung (Prädestination) der menschlichen Freiheitsakte, sondern auch deren Vorherwissen aus. Die Geschichte zwischen Gott und Mensch ist eine offene, denn die Gnade ist nicht *unfehlbar* wirksam. Wie nun aber Gottes allmächtige Liebe durch das Kreuz nicht vernichtet wurde, so entgleitet und zersplittert Gott die Geschichte insgesamt nicht. Er ist und bleibt die Macht, die den Menschen für sich gewinnen kann, um seine Zustimmung wirbt, ihn nicht fallen lässt – eben als Macht der Liebe.

Von diesen gnadentheologischen Überlegungen her erklärt sich erneut, warum Pröpper transzendentalphilosophische Denkmittel wählt, die vor allem auf die Aktivität des Menschen abheben. Wo diese übergangen wird, wird die besondere Würde des Gnadenhandelns Gottes abgeblendet, die doch gerade darin besteht, dass der Mensch kein Instrument, sondern frei gewolltes, personales Gegenüber Gottes auf Erden ist. Das Ankommen der Gnade im Menschen hat *transzendentallogisch* seinen Grund in der (formal unbedingten) Freiheit des Menschen – wie auch Michael Greiner festhält, ein Schüler Thomas Pröppers, der die gnadentheologischen Konsequenzen des Freiheitsparadigmas herausgearbeitet hat:

> „Präzise für jenen Moment, in dem der Mensch sein Ja zur zuvorkommend angebotenen Gnade spricht, kann es nur streng eine Kausalität geben, und zwar die des Menschen in ursprünglicher Freiheit Gott gegenüber."[37]

Neben dieser (die Aktivität des Menschen betonenden) Argumentationslinie findet sich bei Pröpper jedoch noch eine zweite, die eine (recht verstandene) Passivität des Menschen nicht ausschließt. Der Glaube kommt nämlich auch nach Pröpper nicht nur dadurch zustande, dass der Mensch sich frei verhält zur geschichtlichen Gestalt der Gnade (*gratia externa* bzw. die Geschichte Jesu). Vielmehr hält auch Pröpper – wie Rahner von der heilsuniversalistischen Prämisse ausgehend – daran fest, dass Gottes Gnade bleibend gegenwärtig und universal wirksam ist durch das Wirken des Heiligen Geistes *(gratia interna)*.[38] In diesem Kontext betont Pröpper nun: Wo Menschen *tatsächlich* und konkret (nicht nur *möglicherweise*) nach Gott fragen und suchen, für ihn und seine Gnade offen sind, da hat diese schon begonnen, ist bereits wirksam.[39] Auch die verschiedenen Religionen sind nicht allein Folgen der von sich aus nach Gott fragenden menschlichen Vernunft, sondern umgekehrt auch als menschliche *Antwort* auf die universal wirksame Gegenwart Gottes im Heiligen Geist zu verstehen – wobei das Kriterium ihrer Wahrheit in dem Ereignis liegt, in dem Gott selbst sich geschichtlich ausgesagt hat: Leben, Tod und Auferstehung Jesu Christi.[40]

Ist Pröppers Argumentation Rahners Konzeption des ‚übernatürlichen Existentials' hier ganz fern? Ja und Nein. *Nein,* weil auch Pröpper ein reales Bestimmtwerden, eine Prägung (‚Existential') des Freiheitsvollzugs durch die Gnade kennt, das der konkreten Selbstbestimmung vorausgeht und das er pneumatologisch ausbuchstabiert, z.T. in Anlehnung an das Theologumenon des ‚übernatürlichen Existentials'.[41] So bildet der Heilige Geist die „unverfügbare Vorgabe für das Vertrauen an der Wurzel unserer Glaubensentscheidung"[42]; mein Glaube kommt nicht allein durch, aber auch nicht ohne sein Wirken zustande. *Ja,* weil Pröpper deutlicher als Rahner die freie Transzendentalität des Menschen (die formal unbedingte Freiheit) von ihrer Prägung durch Gottes Geistwirken unterscheidet. Auch zum Wirken des Geistes kann ich mich noch einmal verhalten; dass ich durch die universal wirksame Gnade *bestimmt* und geprägt bin, bedeutet nicht, dass ich *determiniert* bin, Gott also in Ewigkeit schon entschieden hat, ob ich zum Glauben finde oder nicht. Pröpper betont daher, dass der Geist „*in* uns" und „doch uns *gegenüber*"[43] ist, so dass sein Wirken unsere eigene Entscheidung nicht ersetzt.

Allerdings scheint hier die Zuordnung beider Ebenen – *gratia interna* bzw. Selbstgegenwart Gottes im Heiligen Geist einerseits und (transzendentale) Freiheit des Menschen andererseits – noch nicht hinreichend geklärt. Indirekt gibt Pröpper selbst einen Hinweis. Es wird nämlich deutlich, dass er das Wirken des Geistes nicht eigentlich auf die transzendentale Möglichkeitsbedingung der Freiheit (also ihre formale Unbedingtheit) bezieht, sondern auf den tatsächlichen Freiheits*vollzug*, also auf die konkrete Ebene wirklicher Freiheit (materiale Bedingtheit). Damit ist aber die phänomenologische Ebene der realen Erfahrung angesprochen. Wie ein Mensch, so erklärt Pröpper[44], noch vor seinen Einzelentscheidungen sich nur dann als grundsätzlich freies Wesen *erfährt*, wenn er von einem anderen Menschen schon Zuspruch und Zuwendung erfahren hat, so kann er von Gottes *Nähe* schon berührt und getragen sein, ohne um diese explizit (als *Gottes* Nähe) zu wissen:

> „Wie eigentlich will man sich sonst erklären, dass immer wieder Menschen in den Erfahrungen und Begegnungen ihres Lebens nicht nur und offenbar aus eigenem inneren Antrieb von der Suche nach Gott oder, wenn sie diesen Namen nicht verwenden, doch nach dem, was sie unbedingt und mit Endgültigkeit angeht, bewegt sind, sondern dass sie

> vor allem auch und oft mit einer Selbstverständlichkeit, über die man im Grunde nur staunen kann, in ihrer Alltagspraxis tatsächlich von einem Sinnvertrauen zehren und manchmal in ihrem Selbsteinsatz sogar eine Sinnhoffnung riskieren, die sie selbst, wenn man sie fragen würde, nicht einmal zu benennen, geschweige denn zu begründen wüssten und die von Menschen auch nicht zu begründen wäre, da sie die Reichweite ihrer eigenen Möglichkeiten eindeutig übersteigt."[45]

Hier wird die Frage gestellt, wovon Menschen – noch vor ihrem Denken, Entscheiden und Handeln – motiviert und bewegt sind, was sie so berührt und ‚einnimmt', dass sie sich von ihm bestimmen lassen. Damit ist die nur transzendentallogische Denkbewegung auf die phänomenologische oder existenzielle hin überschritten. Insofern legen es gerade Pröppers pneumatologische Überlegungen nahe, zwei Ebenen deutlicher zu differenzieren als dies bei Pröpper selbst der Fall ist. Die *transzendentalphilosophische* Ebene beschreibt den Menschen als das Wesen *möglicher Selbstbestimmung*, die von der Gnade nicht ausgelöscht, sondern umgekehrt vorausgesetzt wird: Personale Liebe (und damit auch *Gott selbst*, der die Liebe *ist*) setzt sich nicht gewaltsam durch, sondern erreicht ihren Adressaten nur im Modus freier Zustimmung. Damit ist das anthropologisch nicht überspring- oder hintergehbare Moment der *Aktivität* bezeichnet. Die *phänomenologische* oder auch *existenzielle* Ebene beschreibt den Menschen als das Wesen *realen Bestimmtseins* durch faktische Prägungen, die mir und meinen einzelnen Freiheitsakten vorausliegen: Der Liebe kann ich nur zustimmen, wo ich von ihr eingenommen, berührt und bewegt bin, wo sie mich ‚unbedingt angeht'. Damit ist das ebenso unverzichtbare Moment menschlicher *Passivität* markiert. Versucht man eine deutlichere methodische Unterscheidung und Zuordnung dieser Ebenen, so lassen sich möglicherweise einige Einsichten der hier vorgestellten Entwürfe theologischer Anthropologie, die zunächst gegensätzlich erscheinen, als kritisch-komplementäre verstehen, weil sie jeweils unterschiedliche Aspekte gläubigen Menschseins erschließen. Diese Fährte soll in Kap. III.3 und III.4 weiter verfolgt werden.

Literatur

KARL RAHNER, Kirche, Kirchen und Religionen. In: Ders., Sämtliche Werke, Bd. 22/2, Freiburg i.Br. 2008, 292-306.

WOLFHART PANNENBERG, Bewußtsein und Subjektivität. In: Ders., Metaphysik und Gottesgedanke, Göttingen-Zürich 1988, 34-51.

EBERHARD JÜNGEL, Das Evangelium von der Rechtfertigung des Gottlosen als Zentrum des christlichen Glaubens, Tübingen [6]2011, 146-169.

THOMAS PRÖPPER, Gott hat auf uns gehofft... Theologische Folgen des Freiheitsparadigmas. In: Ders., Evangelium und freie Vernunft. Konturen einer theologischen Hermeneutik, Freiburg i.Br.-Basel-Wien 2001, 300-321.

Die nachstehende Tabelle bietet einen Überblick über die vier besprochenen Ansätze ‚theologischer Anthropologie' und benennt deren jeweilige Stärken und Schwächen, die in Kap. III berücksichtigt werden.

Thema	Karl Rahner	Wolfhart Pannenberg
Methodischer Zugang / Denkform	transzendental*theologisch*: Deutung der menschlichen Selbst- und Welterfahrung im Licht des Glaubens	Synthese von Humanwissenschaft, Philosophie und Theologie
(1) Empfänglich für Gott?	implizites ‚Wissen' um Gottes Existenz im unbegrenzten Fragehorizont des Menschen	implizite Erfahrung der Nähe Gottes in ex-zentrischen Vollzügen (z.B. Vertrauen)
(2) Täter und Opfer zugleich?	freie Aktivität des Sünders und passives Verstricktsein in intersubjektiv-geschichtliche Zusammenhänge	‚von Natur aus' bindet der Mensch sich ausschließlich an sich selbst (Ego-zentrizität als Verkehrung der Ex-zentrizität)
(3) Jesus Christus: Gegenwart Gottes und Erschließung wahren Menschseins?	Jesus Christus als unüberbietbare Einheit von aktiver Annahme der Gnade und passiv empfangener Selbstzusage Gottes	Jesus Christus als einzig sündloser, ex-zentrischer Mensch und so Offenbarung der innertrinitarischen Selbstunterscheidung
(4) Wie kommt der Glaube zustande?	passive Prägung durch das personale Angebot der Gnade und aktive Zustimmung	explizite Übernahme der impliziten Einheit von Selbst-, Welt- und Gotteserfahrung
Verhältnisbestimmung von Aktivität und Passivität	‚Zugleich' von Prägung (übernatürliches Existential; Schuldgeschichte) und freier Selbstbestimmung	Aktivität als sekundäre Größe: Empfang der Freiheit durch Erziehung, Gesellschaft, Gottesbezug
Leistung	Ausdeutung religiöser Erfahrung und ihrer anthropologischen Relevanz	Aufweis der unverfügbaren Bedingungen des Menschseins, die aktive Selbsttätigkeit erst ermöglichen
Grenze	keine klare Unterscheidung von philosophischer Analyse und theologischer Deutung, menschlicher Freiheit und ihrer Prägung durch Gottes Wirken	Abblendung der Deutungsoffenheit humanwissenschaftlicher und philosophischer Befunde bzw. der Fraglichkeit des Menschen

Thema	Eberhard Jüngel	Thomas Pröpper
Methodischer Zugang / Denkform	phänomenologische Erschließung der Relevanz der Offenbarung für den Menschen	transzendental*philosophisch:* Unterscheidung und Zuordnung von autonomer Freiheit und Gottesbezug
(1) Empfänglich für Gott?	Zerrissenheit des selbstmächtigen Menschen, aus der allein Gott befreien kann	menschliche Freiheit als Frage nach Gott und Unverfügbarkeit der freien Antwort Gottes
(2) Täter und Opfer zugleich?	Sünder wird vom Täter zum Knecht seiner eigenen Handlungen (z.B. Lebenslüge)	Schuld und Sünde als Freiheitsgeschehen
(3) Jesus Christus: Gegenwart Gottes und Erschließung wahren Menschseins?	Jesus Christus als selbstlose, sich in der Gottesnähe passiv empfangende Freiheit, durch die Gott zur Welt kommt	Jesus Christus als menschliche Freiheit, die sich von der Liebe Gottes radikal bestimmen lässt und sie so endgültig offenbart
(4) Wie kommt der Glaube zustande?	passives Bestimmtwerden durch den Heiligen Geist, das *dann* aktive Kreativität ermöglicht	aktive Zustimmung zur Gnade impliziert ihren passiven Empfang
Verhältnisbestimmung von Aktivität und Passivität	phänomenologischer Primat der Passivität: Freiheit als Freiwerden von erschöpfender Selbstsicherung	transzendentallogischer Primat der Aktivität: formal unbedingte Freiheit als Grund des Sich-Bestimmen-Lassens
Leistung	phänomenologische Aufhellung der Erfahrung befreiter Freiheit	Erschließung der transzendentalen Bedingungen, um die Beziehung von Gott und Mensch als freie zu verstehen
Grenze	keine transzendentale Analyse der faktisch beanspruchten Dimension menschlicher Aktivität	keine phänomenologische Analyse der faktisch beanspruchten Dimension menschlicher Passivität

III. Menschsein im Horizont der Selbstmitteilung Gottes – Grundlinien einer theologischen Anthropologie in der Gegenwart

1. Zur Frage nach der Ansprechbarkeit des Menschen für Gott

Aaron Langenfeld

Die Entfaltung einer theologischen Anthropologie hängt zunächst an der Möglichkeit, von einer Gottbezogenheit des Menschen zu sprechen. Daher ist zunächst zu prüfen, inwiefern überhaupt die Annahme einer Ansprechbarkeit oder Offenheit des Menschen für Gott verantwortet werden kann. Dabei spielt das freie Vermögen des ‚Fragenkönnens' nach Gott eine zentrale Rolle. Insofern nämlich die Frage nach Gott keine bestimmungslose ist, sondern direkt auf eine ursprüngliche Bejahung menschlichen Daseins zielt, ist sie für das menschliche Selbstverständnis von unmittelbarer Relevanz: Wenn Gott existiert, darf der Mensch ihn als guten Grund des eigenen Daseins und damit dasselbe als ursprünglich gewollt annehmen.

1.1 Das Fragenkönnen nach Gott

Deutlicher als Rahner, Pannenberg und Jüngel verfolgt Thomas Pröpper das Anliegen, die Ansprechbarkeit oder Offenheit des Menschen für Gott ohne vorausgesetzte Verschränkung von Welt- und Gotteserfahrung bzw. -beschreibung zu bestimmen. Die Grundthese, die sich aus der rein philosophischen Analyse menschlicher Freiheit ableitete, lautete dabei, dass sich ‚nur' die *Idee eines möglichen Gottes*, nicht aber ein Wirklichkeitsaufweis Gottes erreichen lässt. Zugleich aber verwies der strukturelle Widerspruch menschlicher Freiheit, *unbedingte* Anerkennung zu intendieren und zu suchen und zugleich Anerkennung nur *bedingt* realisieren und erfahren zu können, auf die

Idee eines Gottes, der selbst als unbedingtes Anerkennungsgeschehen (= formal und material unbedingte Freiheit) gedacht werden muss.

Die Möglichkeit theologischer Aussagen ist folglich nicht aufgehoben, sondern nur in den rechten erkenntnistheoretischen Status gerückt: Die Gottesrede ist zunächst eben ‚nur' eine Idee des Subjekts, das Gott als Schlussstein seiner Selbstreflexion als Wesen der Freiheit bestimmt. Was zunächst nebensächlich erscheint, ist in Wahrheit eine grundlegende anthropologische Einsicht: Wenn die Idee Gottes die Bedingung ist, unter der die scheinbar widersprüchliche Struktur menschlicher Freiheit als sinnvoll gedacht werden kann, ist die Frage nach der Wirklichkeit dieser Idee die Grundfrage des Menschseins schlechthin:

> „Der Mensch ist gerade nicht […] das in sich abschließbare, in sich selber vollendbare, durch sich selber verständliche Wesen, sondern aufgrund der antinomischen Struktur seiner Freiheit, die kraft ihrer Unbedingtheit über ihr eigenes und alles bedingte Dasein hinaus zielt, *wesenhaft offene Frage nach Gott* – nicht mehr und nicht weniger."[1]

Der Mensch ist insofern ‚wesenhaft Frage nach Gott', *weil nur von der Idee Gottes her das eigene Fragenkönnen nach Gott sinnvoll erscheint*. Durch die formale Unbedingtheit seiner Freiheit kann der Mensch alles, was ist (sich selbst eingeschlossen), auf seine Möglichkeitsbedingungen hin befragen. In dieser Frage nach Gründen für die Existenz des Seienden kann die *gesamte* vom Menschen wahrgenommene Wirklichkeit *als* bedingt qualifiziert und gerade darin auf einen *unbedingten Grund* des Seins hin überstiegen werden. Der Akt des Ausgreifens nach diesem unbedingten Grund des Seins kann dem Menschen nicht nur die Unbedingtheit seines Fragenkönnens (formale Unbedingtheit der Freiheit) bewusstmachen. Er kann ebenfalls erfassen, dass sein Fragen*können* nach einer Entsprechung seines Vermögens nur dann eigentlich *sinnvoll* ist, wenn es diesen Grund tatsächlich geben kann. Die Wirklichkeit Gottes ist als bloße *Idee* zugleich eine *reale* Möglichkeit der Selbstinterpretation des Menschen, wenn diese den Ausgriff nach unbedingter Begründung sinnvoll integrieren will.

Könnte es Gott nicht geben, dann ist das unbedingte Fragenkönnen des Menschen *absurd*, weil es sozusagen ins Leere greift. Das wiederum heißt gerade nicht, dass es diese Entsprechung wirklich geben muss (ebenso wenig wie die Tatsache, dass man sehr starken Durst hat, bedeutet, dass es wirklich Wasser gibt); es heißt aber doch, *dass der Mensch wesentlich durch das Fragenkönnen nach einem Grund bestimmt ist, dessen Wirklichkeit den Sinn seines freien Vermögens verbürgen könnte*. Genau das meint aber die Rede vom Menschen als offene Frage nach Gott.

An dieser Stelle wird nun deutlich, warum (neben den dogmatischen Implikationen) Kapitel I so viel Aufmerksamkeit auf die Behauptung gelegt hat, dass der Mensch als freies Subjekt seiner Daseinsdeutung und -gestaltung verstanden werden kann: Nur wenn der Mensch in der Lage ist, sich selbst in ein freies Verhältnis zu sich und zur Welt zu setzen, kann die Frage nach einem unbedingten Grund des Daseins als anthropologische Bestimmung verantwortet werden. Denn in der formal unbedingten, freien Bezugnahme auf die Welt bricht die Frage nach unbedingter Begründung des Vermögens der Freiheit auf.

1.2 Die Relevanz der Gottesidee für die menschliche Selbstdeutung

Zugleich wird ein weiterer Aspekt dieser fundamentalen anthropologischen Bestimmung klar: Wenn der Mensch wesentlich offene Frage nach Gott *ist*, dann ist dessen *mögliche Wirklichkeit* von besonderer *Relevanz* für die Selbstinterpretation des Menschen. War zunächst nur die Möglichkeit im Blick, vom Menschen im Kontext der Gottesfrage zu sprechen, so rückt nun in den Fokus, welche *Bedeutung* das Dasein Gottes *für die Selbstdeutung des Menschen* hat. Dabei geht es noch gar nicht um die Erörterung des als faktisch angenommenen Offenbarungsgeschehens, sondern eben um die Frage, inwiefern der Mensch für ein solches offen sein könnte. Zu diesem Zweck ist eine Rückbesinnung auf die in Kapitel I verhandelte Sinnkritik von Nutzen. Dort stand ja zur Diskussion, inwiefern von einem ursprünglichen Gesolltsein der Existenz des Menschen gesprochen werden kann, und der hier vertretene freiheitstheoretische Ansatz verortet sich klar in der Linie von Kant und Camus: Im Anschluss an Kant wird behauptet, dass die freie Vernunft nur dann selbst vernünftig und sinnvoll sein kann, wenn ihrem Vermögen, nach einer unbedingten Wirklichkeit auszugreifen, potenziell die Wirklichkeit des Unbedingten entspricht. Mit Camus wird aber zugleich gesagt, dass die *Möglichkeit der Absurdität* des Fragenkönnens nach dieser Wirklichkeit faktisch gegeben ist. Diese mögliche Absurdität des Fragenkönnens ist für Camus aber nicht nur eine theoretische Reflexion, sondern sie ist zutiefst existenziell zu begreifen; durch sie bleibt die

Möglichkeit im Spiel, dass menschliches Dasein *nicht* ursprünglich gesollt, sondern rein zufällig ist. Die Betrachtung der eigentümlichen Semantik des Begriffs ‚Grund' kann hier zu besserem Verständnis führen: Ein Grund kann einerseits als Ursache eines Sachverhalts verstanden werden (‚Der Grund, dass der Stift auf dem Boden liegt, ist, dass ich ihn fallen ließ'), andererseits aber auch als Sinnerklärung desselben (‚Ich ließ den Stift aus dem Grund fallen, weil ich die Bedeutungsdifferenz im Begriff ‚Grund' klären wollte'). Diese beiden Bedeutungsebenen sind für Camus verschränkt: Wer nach dem Grund menschlicher Existenz im Sinne eines *unbedingten Ursprungs* fragt, fragt zugleich auch nach einem *Sinn* dieses Daseins. Denn ein *ursprüngliches* Gesolltsein kann letztlich nur dann behauptet werden, wenn Dasein nicht zufällig ist bzw. wenn es nicht aus zufälligen Naturbedingungen hervorgeht, sondern einen intentionalen Ursprung hat; wenn es *gewollt* ist.

Das menschliche Fragenkönnen nach Gott zielt nach Camus auf die Frage nach dem existenziellen Umgang mit dem gegebenen Dasein, das nicht *notwendig sinnvoll*, sondern *potenziell absurd* ist: Wie lässt sich eine Existenz *vollziehen*, für die es möglicherweise keinen *Grund*, sondern nur *Ursachen* gibt?[2] Wie kann das eigene Dasein *bejaht*, d.h. als es selbst angenommen werden, im Angesicht jener Wirklichkeiten, die jede Sinnannahme zu unterlaufen drohen: im Angesicht des Leids und des Todes des Anderen und meiner selbst?

Eine mögliche Antwort findet sich wiederum bei Nietzsche: Schon die Fragen sind Verrat am Leben, weil sie suggerieren, es gäbe einen universalen Sinn hinter dem Leben. Weil aber eben nichts ist, als das Leben selbst, besteht der Sinn des Daseins nur in der subjektiven Anerkennung und Bejahung desselben in all seinen Facetten.

Sind die genannten Probleme durch den *Imperativ der Affirmation* aber schon überwunden? Könnte nicht gegen Nietzsche eingewendet werden, dass er die Frage nach dem ‚wie' der Daseinsbejahung im Grunde nicht beantwortet und damit das existenzielle Problem ausblendet, das sich in der Frage nach einer Begründung der scheinbar absurden Existenz widerspiegelt? Stellt er nicht eine Forderung auf, die letztlich verkennt, dass die Bejahung des Lebens bereits durch die *Erfahrung eines Anerkanntseins* bedingt ist? So erscheint die Annahme plausibel, dass die Bejahung des Daseins gerade nicht voraussetzungslos möglich ist und dass sie nur da gelingen kann, wo sie schon in irgendeiner Form erlebt wurde. Denn es fällt ja bereits rein empirisch betrachtet gerade jenen oft besonders schwer, ihre Existenz anzunehmen, welche die scheinbare Absurdität des Daseins mit voller Härte zu spüren bekommen, nämlich den Kranken, Verspotteten, Ausgestoßenen etc. Kann nicht hier argumentiert werden, dass es das erfahrene ‚Nein' zu ihrem Leben ist, das es ihnen so schwermacht, selbst ein ‚Ja' zu ihrem Dasein zu sprechen?

Nimmt man die profilierten Fragen in ihrer existenziellen Dimension zunächst einmal ernst, so erscheint es einsichtig, dass in ihnen nicht einfach nur ein formales Bedürfnis der menschlichen Vernunft zum Ausdruck kommt; vielmehr geht es um ein *ursprüngliches und letztgültiges Gesolltsein* des Daseins, um eine *Bejahung*, die jeder selbst geleisteten Sinngebung der Existenz vorausgeht und diese erst ermöglicht. Die Frage nach dem Grund des Seins ist also – wie mit Camus schon angedeutet – zugleich qualitativ bestimmt: Gibt es einen *guten* Grund für mein Dasein? Wenn die Frage nach Gott, die eben eine existentiale und nicht beiläufige Frage des Menschen ist, nicht ins Leere greift, wenn es also einen guten Grund des Daseins tatsächlich gibt, dann wäre dadurch ein *Sinn* des Fragenkönnens nach Gott gegeben, der zugleich eine Interpretation meines gesamten Daseins von diesem Sinnhorizont her ermöglichen kann.

Deutlich wird also, dass die Frage nach Gott keine bestimmungslose ist, denn sie *ist* wesentlich die menschliche Frage nach ursprünglicher Bejahung der Existenz. Insofern darf von Gott *als* dieser Bejahung selbst gesprochen werden; Bejahung in dem Sinne, dass der Grund des Seins vom Menschen als Sinnbedingung seines Daseins interpretiert und Gott mit dieser Affirmation identifiziert werden kann. In freiheitstheoretischen Begriffen lässt sich der Gedanke so präzisieren: Gott als formal *und* material unbedingte Freiheit ist als jenes Anerkennungsgeschehen zu denken, das auf die materiale Anerkennung durch andere Freiheit nicht angewiesen ist und gerade deshalb den Sinnhorizont der endlichen, realer Anerkennung bedürftigen menschlichen Freiheit darstellt, die eben *nur* formal unbedingt ist.

Entscheidend ist, dass der Begriff der Bejahung in diesem Kontext keineswegs mit einer differenzlosen Anerkennung jedweden Soseins identifiziert werden darf. Es geht also nicht um eine ‚*anything goes*-Idee', durch welche jedes menschliche Verhalten gerechtfertigt wäre. Vielmehr steht der Ursprünglichkeitsgedanke im Vordergrund: Bejahung meint hier, dass (logisch, nicht zeitlich) schon vor allem Tun, vor aller Rechtschaffenheit und Verfehlung zuallererst das Dasein *als gut qualifiziert* ist und diese Bestimmung sich auch dann nicht verliert, wenn der Mensch Unrecht tut. Was er *tut*, kann demnach durchaus verurteilenswert sein, nicht aber, was er *ist*.

Folgt man diesen Gedanken, dann lässt sich als vorläufig letzter Schritt der Analyse der Ansprechbarkeit des Menschen für Gott festhalten, dass bereits vorentschieden ist, dass Gottes Offenbarung seiner selbst als gutem Grund der Existenz und Entsprechung der menschlichen Frage nach diesem Grund nur im *Modus der freien Anerkennung* erfolgen kann. Nur dort, wo eine behauptete Offenbarung menschliches Dasein als bejaht und gewollt deutet, kann Gott als existenzbegründender Sinngrund thematisch werden. Damit ist freilich noch nicht entschieden, durch welches Medium Gott sich offenbaren muss, es ist aber doch ein anthropologisch fundiertes Minimalkriterium der Offenbarungstheologie benannt, an dem behauptete Offenbarungsansprüche gemessen werden können.

Fassen wir das Gesagte noch einmal zusammen: *Die Ansprechbarkeit des Menschen für Gott zeigt sich in dessen Ausgriff nach einer Sinnbedingung seines freien Vermögens, nach einem guten Grund des Daseins fragen zu können*. Die Frage nach *absoluter Begründung* des Daseins ist die Frage nach Gott, sodass Gott, sofern er ist, als Sinngrund des menschlichen Transzendenzvermögens und zugleich als begründender Grund des Daseins insgesamt bestimmt werden kann. Nicht entschieden ist damit, ob die Beziehung des Menschen zu Gott eine *reale* oder eine *bloß gedachte* ist: Die Möglichkeit, dass Dasein nur zufällig und das Vermögen nach einem letzten Grund zu fragen letztlich absurd ist, muss offengehalten werden. Inhaltlich lässt sich die menschliche Frage nach einer Entsprechung seines freien Fragevermögens zugleich als Frage nach *ursprünglicher Bejahung* menschlichen Daseins bestimmen, die als Sinnhorizont menschlicher Freiheit zur Daseinsbejahung des Menschen auch im Angesicht potenzieller Absurdität befähigen kann. Daraus folgt, dass Gott selbst mit dieser Bejahung *identifiziert* werden darf. Denn die Bestimmung Gottes als existenzbegründendem Grund kann auf existentialer Ebene als Geschehen der *bejahenden Freisetzung von Andersheit* interpretiert werden. Schließlich lässt sich festhalten, dass das faktische Wort Gottes, wenn es real ist, als im Modus der Bejahung gedacht werden muss, weil nur in ihm die Offenbarung Gottes als Sinngrund menschlichen Daseins möglich ist.

1.3 Gottebenbildlichkeit

Aus dem bisher Gesagten lässt sich ein Verständnis des zentralen christlich-anthropologischen Begriffs der *Gottebenbildlichkeit* konturieren. Wenn der Mensch in seiner Freiheit wesentlich offene Frage nach Gott als Anerkennung und Sinnhorizont ist, dann lässt sich diese Offenheitsstruktur als „unverlierbare Bestimmung zur Gemeinschaft mit Gott“[3] verstehen. Diese Bestimmung umfasst dabei das freie Vermögen, auf Gottes Wort *antworten* zu können, die Fähigkeit also, sich der angebotenen Bejahung nicht zu verschließen, sondern sie anzunehmen und in diesem Anerkennungsgeschehen Gottes Wesen selbst zu entsprechen. Damit ist nicht gesagt, dass der Mensch aus sich heraus Gott gleich werden oder die Beziehung zu Gott selbständig herstellen könnte. Im Gegenteil ist in diesem Kapitel ja deutlich herausgearbeitet worden, wie sehr die freie Vernunft in ihrer Suche nach unbedingter Entsprechung auf die Selbstoffenbarung Gottes angewiesen ist. Die Tradition unterschied in diesem Sinne zwischen der Gottebenbildichkeit (*imago*), die dem Menschen unverlierbar gegeben ist, und der Gottähnlichkeit (*similitudo*), zu deren Verwirklichung er der Gnade Gottes bedarf. Diese Gnade könnte aber niemals existenziell relevant für den Menschen sein, wenn ihm nicht die Fähigkeit gegeben wäre, die Offenbarung Gottes als Anerkennung seiner selbst zu deuten und sie als Sinnhorizont des eigenen Daseins faktisch auch anzunehmen. In diesem Vermögen, *anderes als gut und gesollt zu bejahen*, entspricht der Mensch Gott, ist er sein Ebenbild, der wesenhaft als diese Bejahung gedacht wird; insofern das Vermögen durch keine Tat des Menschen verloren gehen kann, sondern die Möglichkeit der Anerkennung von anderem *prinzipiell* immer offensteht, ist die Ebenbildlichkeit unverlierbar.

Der Gedanke kann am Begriff der ‚Würde‘ verdeutlicht werden, der als säkulare Umdeutung des Gottebenbildlichkeitsbegriffs verstanden werden kann. Die Würde des Menschen kann weder durch bestimmte Taten verdient noch verloren werden. Sie ist vielmehr vorausgesetzte Anerkennung jedes Menschen *als* Mensch, die ihm die vollen Vermögen, Rechte und Pflichten als Teil der Menschengemeinschaft zuerkennt. Diese Rechte und Vermögen gelten auch prinzipiell dann noch, wenn ein Mensch schlimmste Straftaten begangen hat. Gottebenbildlichkeit meint als religiöser Terminus genau dies: die *ursprüngliche und unverlierbare Bestimmung zur Gemeinschaft mit Gott*, die Voraussetzung des realen Ankommens Gottes beim Menschen ist und die im fragenden Ausgriff nach Gott als gutem Grund des Daseins thematisch wird.

Der Begriff der Gottebenbildlichkeit gehört – trotz seines nur vereinzelten und randständigen Auftretens in der Schrift –[4] zu den *biblischen Grundpfeilern* einer theologischen Anthropologie.

Neben Gen 5,1.3 und Gen 9,6 (und einem Nachklang in Ps 8,6) steht im Alten Testament[5] besonders die priesterschriftliche Urerzählung im Fokus. In Gen 1,26f heißt es:

> „[26]Dann sprach Gott: Lasst uns Menschen machen als unser Abbild, uns ähnlich. Sie sollen herrschen über die Fische des Meeres, über die Vögel des Himmels, über das Vieh, über die ganze Erde und über alle Kriechtiere auf dem Land. [27]Gott schuf also den Menschen als sein Abbild; als Abbild Gottes schuf er ihn. Als Mann und Frau schuf er sie."

Zentral für das Verständnis der Passage ist hier vor allem die Hermeneutik des Bildbegriffs,[6] weil derselbe wohl über die Rezeption altorientalischer Königsideologie Eingang in den Text erhalten hat, die den König als Repräsentanten Gottes auf Erden erfasste.[7] Dabei impliziert der biblische Terminus (vermutlich in Abgrenzung zur ägyptischen und mesopotamischen Königsmystik) allerdings gerade nicht, dass die Gottheit durch die staatliche Institution des Königs anwesend sei und Mensch und Gott auf irgendeine Weise vermischt seien. Es handelt sich vielmehr um eine Relationsaussage über den Menschen in seinem Verhältnis zur Welt und zu Gott.[8] Der König repräsentiert die Herrschaft Gottes gegenüber der Welt und ist dabei zugleich immer von Gott eingesetzt. Ganz ähnlich erzählt der zweite Teil von V. 26, dass der Mensch Herrschaft über die Tiere von Gott erhält und in diesem *repräsentativen Weltbezug* ‚Abbild Gottes' ist.[9] Bemerkenswert ist hier zunächst, dass der alttestamentliche Text die Königsmetaphorik des Bildes nicht auf den irdischen Machthaber beschränkt, sondern *dem Menschen* zuspricht. Der Mensch ist ‚an sich' in die Funktion der Herrschaftsrepräsentanz Gottes eingesetzt. Entscheidend ist aber sodann, dass der Begriff der Gottebenbildlichkeit nicht statisch zu begreifen ist, sondern sich dynamisch *im Handeln bewährt*.[10] „Der Mensch ist nicht kraft unbekannter Qualität Gottes Bild, sondern der Mensch ist Gottes Bild, insofern er ermächtigt ist, über die Tiere zu herrschen."[11] ‚Außerhalb' seines konkreten, praktischen Weltbezugs kann der Mensch also nicht als Ebenbild Gottes begriffen werden.

Der herrschaftsrepräsentative Weltbezug des Menschen ist zugleich jedoch eben nicht zu beschreiben ohne das ‚Eingesetztsein' von Gott. Claus Westermann (1909-2000) hat darauf hingewiesen, dass V. 26f im Grunde keine Wesensbeschreibung des Menschen intendiert,[12] sondern eine Aussage über ein „Tun Gottes"[13] ist. In dieser ‚theozentrischen' Lesart besteht das Entscheidende darin, dass der Terminus der Gottebenbildlichkeit als *Interpretament* (Deutungsrahmen) des Schöpfungsaktes begriffen wird und im Textbefund nicht selbst das *Interpretandum* (Deutungsgegenstand) darstellt.[14] Geht es Gen 1,26 also um die Näherbestimmung des Schöpfungsaktes, dann scheint der Begriff der Gottebenbildlichkeit das schöpfungsvermittelte Gott-Mensch-Verhältnis zu thematisieren: „Es ist die Menschheit als ganze, die zu Gottes Gegenüber geschaffen ist; aber dies ist als Ermöglichung eines Geschehens zwischen Schöpfer und Geschöpf gemeint."[15] Der Terminus ‚Gottebenbildlichkeit' artikuliert dann die Überzeugung, dass „der Mensch so geschaffen (ist; Vf.), daß sein Menschsein in der Beziehung zu Gott gemeint ist."[16] Der biblische Textbefund begründet in diesem Sinne erst das Verständnis der Gottebenbildlichkeit als Bestimmung des Menschen zur Gemeinschaft mit Gott, wie es oben eingeführt wurde: Als ‚Abbild' Gottes, das Gott ‚ähnlich' ist, kann der Mensch hören und Gottes Selbstkundgabe in der Geschichte erkennen. In diesem Sinne drückt das biblische ‚Abbildkonzept' die ursprüngliche Bezogenheit des Menschen auf Gott aus. „Die Bild-Metapher dient in erster Linie dazu, das Verhältnis zwischen Gott und Mensch als besonders eng zu beschreiben."[17]

Die beiden hier vorgetragenen Verstehenszugänge zur Gottebenbildlichkeit über die Konzepte der Herrschaftsrepräsentanz und die ursprünglich gestiftete Bestimmung zur Gottesgemeinschaft dürfen nun nicht in Konkurrenz zueinander betrachtet werden.[18] Welt- und Gottesverhältnis gehören – wie zuvor angedeutet – vielmehr zusammen; oder allgemeiner formuliert: „Leben ist für den Menschen im AT immer ein In-Beziehung-Stehen und ein Leben ohne einen Bezug auf einen Gott ist nicht vorstellbar."[19]

Nur aus dieser Verknüpfung ist ein inhaltlich gefüllter Begriff der Herrschaftsrepräsentanz zu gewinnen, ohne dass derselbe hier in seiner Vieldimensionalität erschlossen werden könnte. Bemerkenswert ist zunächst, dass der Mensch (wiederum im Gegensatz zur ägyptischen und mesopotamischen Königsideologie) ‚nur' die Herrschaft über die Tiere zugesprochen bekommt.[20] Damit ist wenigstens implizit die Universalität der Gottebenbildlichkeit ausgesagt, die keine Über- oder Unterordnung von Menschen im Allgemeinen und deshalb auch keine wertende Geschlechterdifferenz im Spezifischen zulässt. Wie diese Herrschaft konkret gestaltet sein soll, lässt sich womöglich nur durch einen Umweg über Gen 6,11-13 erfassen; dort wird das Scheitern des Herrschaftsauftrags des Menschen vor Gott thematisch: „Die Erde aber war in Gottes Augen verdorben, sie war voller Gewalttat." (11) Der Anfang der Noah-Erzählung setzt damit einen Schlusspunkt der in der sog. ‚Sündenfallerzählung' in Gen 3 und ihrer Fortsetzung im Geschehen des Brudermords in Gen 4 ausgezogenen Narrativlinie des menschlichen Versagens vor Gott: *Der ursprüngliche Herrschaftsauftrag ist vom Menschen nicht erfüllt worden.* Der Ursprung dieses Scheiterns liegt für die Genesis in der mangelnden Urteilsfähigkeit des Menschen. Zwar ist der Mensch in der Lage, zwischen ‚Gut' und ‚Böse' zu wählen, er wählt aber doch faktisch immer wieder das ‚Böse' und widersetzt sich in der Perversion der Schöpfungsordnung dem Willen Gottes.

Dem gegenüber steht jedoch die Erfahrung der Befreiung durch Gott aus der (selbstverschuldeten) Situiertheit Israels: „Die Befreiung wird als Tat Gottes verstanden, der aus einem Leben unter heteronomen Bedingungen befreit. Gott ist derjenige, der den Menschen Freiheit vorgängig ermöglicht."[21] Diese vorgängige, sich im immer neuen ‚Exodus' bewährende Freisetzung, ist die *soterische Grunderfahrung* der Herrschaft Gottes. Gott lässt Israel nicht mit der vom Menschen verdorbenen Welt untergehen, sondern schließt einen *neuen Bund*, in dem die Gottebenbildlichkeit bestätigt wird (Gen 9,6). Wird die Herrschaft Gottes vom Menschen in dieser immer neuen Freisetzung erfahren, die er weder verdient hat, noch ihr gerecht wird,[22] dann lässt sich auch der Begriff der Herrschaftsrepräsentanz des Menschen möglicherweise mit dieser Hermeneutik gut annähern. Der Weltbezug des Menschen, der ihm in Verantwortung übertragen ist, besteht dann gerade im Auftrag der Freisetzung von Andersheit, die ihm selbst von Gott immer neu ermöglicht wird. Gottebenbildlichkeit ist dann zugleich *geschenkte Freiheit* von Gott zur Gemeinschaft mit Gott und die Fähigkeit, diese Gemeinschaft in der *Entsprechung zu Gott*, nämlich der *bejahenden Freisetzung* anderer Freiheit, anzunehmen.

1.4 Perspektivierung im Kontext anderer theologischer Ansätze

Noch einmal sei darauf hingewiesen, dass die Bestimmung zur Gemeinschaft mit Gott ihre Wirklichkeit noch nicht verbürgt. Die inhaltlichen Tiefendimensionen des Begriffs der Gottebenbildlichkeit lassen sich erst vom Offenbarungsereignis (das von der Schrift vorausgesetzt wird) her bestimmen und plausibilisieren.

An dieser Stelle kann die Frage aufkommen, ob die dargestellten Einsichten für eine theologische Anthropologie ausreichen, oder ob eine solche hinsichtlich des Aufweises der *realen Bezogenheit* des Menschen auf Gott mehr leisten muss. Genügt es also zunächst, den Menschen als offene Frage nach Gott zu bestimmen, oder kann und muss doch auf philosophischem Wege Gottes Dasein ausgewiesen bzw. vorausgesetzt werden? Ausgangspunkt war die freiheitstheoretische Analyse des menschlichen Vermögens, nach Gott als Sinnhorizont menschlicher Freiheit ausgreifen zu können. Karl Rahners Reflexionen des Freiheitsbegriffs weisen einige Ähnlichkeiten auf (vgl. auch Kap. II.1.1), allerdings versucht er darüber hinaus aufzuzeigen, dass die Fähigkeit des Ausgreifens selbst schon von dessen Ziel, nämlich dem unbedingten Grund, ermöglicht ist. *Die Idee Gottes wird folglich nicht bloß als Sinn-, sondern als Daseinsbedingung menschlicher Freiheit verstanden.*

> „Unbegrenzte Transzendenz auf das Sein überhaupt und von da her Indifferenz gegenüber einem bestimmten, endlichen Gegenstand innerhalb des Horizonts dieser absoluten Transzendenz gibt es nur, insofern diese Transzendenz in jedem einzelnen, mit einem endlichen Gegenstand sich beschäftigenden Akt aus ist auf die ursprüngliche Einheit von Sein überhaupt, und insofern dieser Akt der Transzendenz (als Grund jedes kategorialen Sichverhaltens zu einem endlichen Subjekt und auch zu dem in endlicher Begrifflichkeit vorgestellten Unendlichen) getragen ist durch ein dauerndes Sicheröffnen und Sichzuschicken des Horizonts dieser Transzendenz von ihm selbst her, ihres Woraufhin, das wir Gott nennen."[23]

Rahner geht also insofern über das freiheitstheoretische Konzept hinaus, als dass er Gott nicht nur als mögliche Antwort auf die Frage, die der Mensch sich selbst ist, bedenkt, sondern als *notwendige Möglichkeitsbedingung des Fragenkönnens* selbst.

Auch wenn Rahner darin zuzustimmen ist, dass *als* bedingt nur etwas bestimmt werden kann, wenn zugleich der Begriffshorizont des Unbedingten vorausgesetzt ist, bleibt erklärungsbedürftig, warum die freie Vernunft diesen Horizont nicht selbst erzeugen soll. Warum also soll nicht im Prozess der begrifflichen Erfassung der Welt das Subjekt zu allgemeinen Abstraktionen fähig sein, die bis zur Gottesfrage *hin*führen, aber deshalb nicht zwingend von Gott *her* erklärt werden müssen? Wäre also nicht mit Camus an der potenziellen Absurdität der Voraussetzung des unbedingten Horizontes festzuhalten, der zwar Sinn-, aber eben nicht Möglichkeitsbedingung des Fragenkönnens nach Gott ist?

Ein Aspekt der rahnerschen Hermeneutik ist allerdings mit diesen Fragen noch gar nicht erfasst und Thomas Fößel hat ihn in der Auseinandersetzung mit der freiheitstheoretischen Anthropologie besonders herausgestellt: Aus *theologischer* Perspektive ist die Voraussetzung Gottes als das Woraufhin *und* Wovonher menschlichen Fragenkönnens zwingend, weil theologisch die Absurdität menschlichen Fragenkönnens nach Gott keine echte Möglichkeit sein kann. Sie müsste nämlich beinhalten, dass Gott dem Menschen die Möglichkeit des Fragens nach ihm eröffnet, er aber zugleich nicht die Antwort auf diese Frage wäre, was bereits rein formal widersinnig erscheint. Trifft das aber zu, dann kann diese Einsicht philosophisch nicht geleugnet werden: Man kann also nicht philosophisch auf der Möglichkeit eines vernünftig erzeugten, potenziell gar nicht realen Gottesbezugs beharren und diesen theologisch sogleich wieder aufheben, indem derselbe vorausgesetzt wird.[24]

Zur Verantwortung des freiheitstheoretischen Aufweises der Ansprechbarkeit des Menschen für Gott erscheint es deshalb notwendig, eine Perspektive zu eröffnen, welche die berechtigten philosophischen *und* theologischen Einsichten integrieren kann. Das kann aber nur gelingen, wenn beide Seiten als komplementäre Bestimmungsebenen derselben Phänomenbasis aufgefasst werden:[25] *Philosophisch* kommt man nicht darüber hinaus, eine mögliche Gottbezogenheit des Menschen zu behaupten, die sich in seinem Fragenkönnen nach Gott erweist und die Gott als Sinnhorizont dieses freien Vermögens thematisiert. *Theologisch* ist das *Nach-Gott-Fragen* selbst schon Realisierung der Beziehung des Menschen zu Gott, weil das ihm zugrundeliegende Vermögen notwendig von Gott als Grund allen Seins ermöglicht ist. Oder noch einmal anders gewendet: Was aus theologischer Perspektive als *ontologisch* wahr betrachtet werden muss, nämlich dass Gott der Grund menschlicher Existenz ist, kann aus der philosophischen Perspektive *epistemologisch* nicht eingeholt werden. Angezeigt ist damit aus freiheitstheoretischer Sicht kein Widerspruch, sondern lediglich eine Perspektivendifferenz, die auf den Stellenwert der Offenbarungstheologie für den hier vertretenen Denkansatz verweist. Die epistemische Ambivalenz der Gottesfrage kann demzufolge nicht durch weitere Vernunftgründe für die Existenz Gottes, sondern nur durch Gottes Selbstmitteilung aufgelöst werden, wobei diese freilich als solche wiederum gedeutet werden muss und damit vernünftiger Reflexion nicht entzogen ist.

Entscheidend bleibt für die freiheitstheoretisch begründete Anthropologie, dass der philosophische Erkenntnisanspruch der jeweiligen Theoriebildung die Möglichkeit absurder Existenz ernstnimmt und damit die faktische Ambivalenz menschlichen Daseins, die gerade darin besteht, über den letzten Grund des eigenen Seins nicht verfügen zu können, nicht überspielt. Insofern scheint eine Vermittlung des Ansatzes mit Pannenbergs anthropologischem Verständnis schwieriger. Gerade weil Pannenberg explizit auf die ‚theologische Überwindung' humanwissenschaftlicher und philosophischer Bestimmungsmomente des Menschen abzielt, ist bei ihm die Perspektivendifferenz faktisch eingezogen, die in der Auseinandersetzung mit Rahner wenigstens methodisch noch aufrecht erhalten werden kann, auch wenn er sie selbst nicht beibehalten hat.[26] Aus freiheitstheoretischer Sicht stellt Pannenbergs Denkangebot vor allem das Bedürfnis der Vernunft heraus, einen letzten Sinngrund ihrer selbst ausfindig zu machen. Von diesem Ansatz her kann die These noch einmal erhärtet werden, dass die Idee Gottes wirklich eine *notwendige* Idee für das Sinnbedürfnis der freien Vernunft darstellt. Sie bleibt aber eben Idee, insofern ihre Realität offenkundig nicht einfach vorgegeben ist. Erst von einer möglichen Offenbarung Gottes her kann entschieden werden, ob die Idee Gottes mehr als nur ein Konstrukt der reinen Vernunft, mehr als ein Begriff ohne Anschauung ist. Die Notwendigkeit eines Begriffs verbürgt seine Realität jedenfalls nicht.

Eine wichtige und weiterführende Präzisierung erfährt der freiheitstheoretisch begründete Aufweis der Ansprechbarkeit des Menschen für Gott in der Auseinandersetzung mit Jüngels Denkansatz. In der Tat kann an dem hier vertretenen Ansatz die Kritik geäußert werden, der anthropologisch gewendete Zugang zwinge Gott letztlich in ein Begriffsschema hinein, dem er in der Offenbarung zu entsprechen hat. Weil Gott als für eine sinnvolle Selbstdeutung des Menschen notwendig gedacht wird, muss er auf eine bestimmte Weise sein, damit er zu diesem angedachten Selbstverständnis passt.

Eine Klärung kann hier möglicherweise geleistet werden, wenn die philosophische Vorbestimmung des Gottesbegriffs nicht so sehr als inhaltlich zureichende, sondern als „Minimalbestimmung"[27] erfasst wird, weil sie ‚nur' bis zum Gedanken Gottes als vollkommener *Freiheit* vorstößt: ‚Notwendig' ist für den Menschen der *freie* Gott. Markiert Jüngels anthropologischer Ansatz, dass eine philosophisch begründete, anthropologisch gewendete Theologie Gott nicht zu einer Funktion des Menschen verfremden darf, indem sie die Ambivalenz des menschlichen Daseins zugunsten eines rationalistisch gesicherten Gottesbegriffs übergeht, so vermag dem der Freiheitsansatz zu entsprechen. Der Gottesgedanke ist keine Funktion des Menschseins, weil das Postulat der Existenz Gottes sich auf Gott als vollkommene *Freiheit* bezieht. Sofern der Ansatz nachmetaphysisch verortet ist, kann die Kenntnis der konkreten Inhaltlichkeit des Gottesbegriffs zudem nur vom Offenbarungsereignis her und nicht aus reiner Vernunft erschlossen werden. Andernfalls wäre der gesamte freiheitstheoretische Anweg, der die Ambivalenz der Gottesfrage in den Mittelpunkt rückte und deren philosophische Beantwortung verweigerte, *ad absurdum* geführt. Andererseits wird eben doch behauptet, dass auf Basis der philosophischen Reflexion ein Kriterium gefunden werden kann, das sich der Möglichkeit einer willkürlichen Behauptung von Offenbarungsansprüchen widersetzt, für die Jüngels Ansatz mindestens ein Einfallstor bietet: Gottes Offenbarung kann nicht an der Frage, die der Mensch sich selbst ist, vorbeigehen, weil sie sonst als Offenbarung bedeutungslos bzw. unerkannt bliebe. Ihre inhaltliche Fortbestimmung als existenzbegründende Bejahung sagt dabei nichts über das konkrete Anerkennungsgeschehen aus, sondern begründet als begriffliche Vorbestimmung die Möglichkeit eines Diskurses über die Deutung des als Offenbarung behaupteten Geschehens.

Ein Beispiel zwischenmenschlicher Beziehungen soll zur Verdeutlichung helfen, zumal Jüngel es selbst heranzieht, um ein ‚Vorverständnis' von Liebe zu entwickeln:[28] Man kann einerseits über den Begriff der Liebe nachdenken, danach fragen, ob Liebe real ist und auch die These aufstellen, dass Menschen sich nach Liebe sehnen. All diese begrifflichen Vorbestimmungen legen aber noch nicht fest, welchen konkreten Inhalt die Erfahrung der Liebe transportiert. Die faktische Begegnung mit personal vermittelter Liebe transzendiert den vorentworfenen Begriff vielmehr und füllt ihn überhaupt erst mit Anschauung. Andererseits wird die Erfahrung erst vom begrifflichen Vorverständnis her *als* Liebe identifizierbar. *Erfahrung* und *Begriff* durchdringen sich in diesem Sinne wechselseitig, ohne dass sie aufeinander reduzierbar wären.

Gegen eine vollständige Preisgabe der philosophischen Vorbestimmung des möglichen Offenbarungsereignisses ist somit in der Tradition kantischer Erkenntnistheorie die Angewiesenheit der Erfahrung auf begriffliche Vor- und Nachbestimmung anzuführen. Erst von der Perspektivierung der konkreten Offenbarungsgeschichte her wird die Qualifikation der faktisch geschehenen Bejahung des Menschen in ihrer Bedeutung für das Menschsein erschlossen (vgl. Kap. III.2).

Der dargestellte Ansatz zur Bestimmung der Ansprechbarkeit des Menschen für Gott argumentiert bewusstseinstheoretisch, d.h. er setzt bei einer Analyse des menschlichen Bewusstseins an und geht davon aus, dass auf dieser Ebene eine Offenheit des Menschen für Gottes Offenbarung verortet werden kann. Der konkrete gewählte Zugang bestimmt das Bewusstsein wesentlich als freies Vermögen, sich zum Dasein im Einzelnen und im Ganzen in ein Verhältnis setzen zu können. In der gegenwärtigen theologischen Diskussion ist diese Herangehensweise umstritten, weil sie entscheidende Dimensionen des Menschseins ausblende bzw. der Vermittlung des Bewusstseins durch realgeschichtliche Faktoren nicht ausreichend gerecht werde.

Diese Anfrage an eine freiheitstheoretische Begründung wird etwa besonders von phänomenologisch fundierten Theologien gestellt. So kritisiert etwa Erwin Dirscherl am subjekttheoretischen Zugang, der Andere müsse in diesem methodischen Ansatz immer als Objekt bestimmt werden, was die Herkünftigkeit des Subjekts von diesem Anderen unterbelichtet. Denn insofern das Freiheitsdenken beim *Entschluss des Subjekts* für Gehalt und damit für den Anderen ansetzt, was ein asymmetrisches Abhängigkeitsverhältnis impliziert, stellt sich die Frage: „Ist aber der Mensch nicht schon in diese Verantwortung für den Anderen eingesetzt, bevor er sich dazu entschließen könnte? Hängt die Verantwortung von dem freien Entschluss des Menschen ab?“[29] Weil Dirscherl diese Frage bejaht, kann er schließen: „Insofern wäre eine Hermeneutik der Selbstreflexivität aufzusprengen und vom Anderen her zu denken […], der vor mir auf der Welt ist.“[30] Konsequenterweise setzt diese phänomenologische Tradition darauf, die Ansprechbarkeit des Menschen für Gott nicht vom Ausgriff des Subjekts nach absoluter Begründung, sondern vom ‚leiblichen Menschen‘ her zu begründen.[31] Als leibliches Wesen, als das er Teil der Welt ist, erfährt sich der Mensch gerade in seiner Abkünftigkeit, Verwiesenheit und Abhängigkeit vom Anderen seiner selbst. In dieser Erfahrung werden die Grenzen zwischen ‚Innen‘ und ‚Außen‘, ‚Ich‘ und ‚Du‘ flüssig und so eignet dem Menschen *qua seines Daseins als Leibwesen* eine Offenheitsstruktur für das Andere. Diese Offenheit ist aber nicht auf die Wirklichkeit des Endlichen begrenzt, sondern ist prinzipiell unendlich. Mit einem längeren Zitat von Dirscherl selbst gesprochen:

> „Das Fleisch wird durch das Sprechen zum Wort. Ohne Leib kein hörbares Wort und keine vernehmbare Sprache, ohne Leib keine Erfahrung. Ohne menschliches, leibhaftiges Wort wäre das Wort Gottes nicht hörbar in der Zeit. Es ist der Leib, der uns nicht nur die Grenzen unserer Kontingenz aufzeigt, sondern auch die Grenzüberschreitung vollzieht, wenn er zum Präsenzraum des Wortes Gottes werden konnte. Der Leib ist unendlich geöffnet, in seinen Sinnen, in seiner Wahrnehmung, die uns die Grenze zwischen Innen und Außen fließend werden lässt, wenn das, was wir wahrnehmen, uns im Innersten befällt, dort spürbar

> wird, uns zu denken gibt und uns leibhaftig umtreibt. Der Leib ist als Präsenzraum unendlich geöffnet, wie die Gegenwart selbst, die wir leibhaftig erfahren und in der wir distant stehen."[32]

Die Offenheit des Menschen für Gott resultiert in diesem Denkansatz folglich aus der Erfahrung seines Leibes als ‚Präsenzraum' seiner Subjektivität, der zugleich die Offenheit des ‚Ich' auf ein Anderes hin bedeutet. Diese Offenheit für das ‚Außen' macht den Menschen überhaupt ansprechbar für das Wort Gottes.

Der Zugang legt zweifelsohne einen zu problematisierenden Aspekt des subjektphilosophischen Ansatzes frei, da es tatsächlich unmöglich erscheint, eine Reflexion auf die Struktur der menschlichen Vernunft unter Ausblendung seines leiblichen Daseins durchzuführen. Zugleich zeigt sich andersherum im leibphänomenologischen Denken ein begründungslogisches Problem, das nicht außer Acht zu lassen ist: Es besteht nämlich eine Erklärungslücke zwischen der Beschreibung der prinzipiellen *Offenheitsstruktur des Leibes* und seiner Bestimmung als *Präsenzraum Gottes*. Warum ist die Offenheit des Menschen in seinem Leib, seine Herkünftigkeit vom Anderen seiner selbst überhaupt auf Gott und nicht schlicht auf die Welt zu beziehen?[33] Bezogenheit auf das Andere ist ja noch kein ausgewiesener Transzendenzbezug auf das *schlechthin Unbedingte*, sondern zunächst lediglich Selbsttranszendenz, d.h. Selbstüberschreitung des Subjekts auf ein Anderes hin. Dass dieses Andere aber Gott ist bzw. begrifflich sein muss, ist keineswegs klar. Hinzu kommen die offenbarungstheologischen Fragen, *warum* eine spezifische Erfahrung als Gegenwart Gottes gedeutet werden darf oder *welche Relevanz* sie für die Daseinsdeutung des Menschen hat; beides wird nicht unmittelbar einsichtig.

In der gegenwärtigen Debatte hat etwa Saskia Wendel versucht, Subjekt- und Leibtheorie in ein produktives Gespräch zu bringen, um die berechtigten Ansprüche beider Perspektiven zu vermitteln.[34] Sie profiliert dabei einen Subjektbegriff, der „nichts anderes als die Perspektive der Singularität des einzelnen Ich"[35] bezeichnet, aber diese unhintergehbare ‚Erste-Person-Perspektive' hat der Mensch nur als leibliches Wesen. Genauso wie der Mensch ‚Ich' also nicht besitzt, sondern ‚Ich' ist, *hat* der Menschen seinen Leib nicht, sondern *ist* er Leib: „[…] dementsprechend ist der Leib dem erlebenden Ich nicht sekundär oder dessen bloßes Abbild, sondern in ihm ist dieses Ich bereits ganz enthalten, präsentiert und realisiert es sich im leiblichen Vollzug seiner selbst."[36] Subjektivität und Leiblichkeit sind also nicht aufeinander reduzierbar, gleichzeitig nicht zu trennen und je nach Perspektive ‚zuerst'. Setzt man beim denkenden Subjekt an, ist die Welt immer Objekt des ‚Ich', setzt man beim Leib an, ist das ‚Ich' immer durch die Welt vermittelt und ganz ‚in ihr'. In dieser Sicht ist einerseits die Möglichkeit eröffnet, die Leistungen des subjekt- bzw. freiheitstheoretischen[37] Denkens zu erhalten und den Ausgriff des ‚Ich' nach letztgültiger Begründung seines Daseins als auf *Unbedingtheit* ausgerichtete Transzendenz des Menschen zu bestimmen. Zugleich ist aber klargestellt, dass diese Transzendenzbewegung nur im leiblichen Dasein, im erstpersönlichen ästhetischen Erfahren der Wirklichkeit, verortet werden kann, sodass das In-der-Welt-Sein des Menschen nicht sekundär hinzukommt, sondern ursprünglicher Daseinsvollzug des freien Subjekts ist.

Dies ist freilich nicht der Ort, um eine integrative Theorie subjekt- und leibphilosophischer Ansätze zu entfalten. Es spricht m.E. jedoch nichts dagegen, auch im phänomenologischen Ansatz eine Annäherungsmöglichkeit an die Rede der Ansprechbarkeit des Menschen für Gott zu sehen – insbesondere dann nicht, wenn er offen ist für eine begründungslogische Präzisierung durch einen subjekttheoretischen Zugang, der seinerseits die Dimension der Leiblichkeit nicht unterschlägt, sondern positiv integriert. Von der inhaltlichen Zuspitzung einmal abgesehen, können transzendentale und phänomenologische *Methode* in ein fruchtbares Verhältnis gesetzt werden und die sünden- und gnadentheologischen Reflexionen in Kap. 3 und 4 versuchen eine komplementäre Entsprechung der Zugänge zu plausibilisieren.

Eine weitere, wichtige Kritik des subjekttheoretischen Denkens geht von Entwicklungen in der jüngeren Philosophiegeschichte aus, die der Einsicht Rechnung tragen, dass es kein Denken gibt, welches nicht sprachlich formatiert wäre, und deshalb Sprache der eigentliche Ausgangspunkt aller philosophischen Überlegungen sein müsse (‚linguistic turn').[38] Zugespitzt formuliert: Während die Bewusstseinsphilosophie versuche, das reine Bewusstsein ‚an sich' zu analysieren, gibt die Sprachphilosophie zu bedenken, dass über ein solches Bewusstsein zu reden eigentlich sinnlos ist, wenn nicht die sprachlich-kommunikative und das heißt zugleich kulturelle, soziale und geschichtliche Prägung desselben bedacht wird.[39] Stark zugespitzt lässt sich die Grundannahme festhalten: Menschsein zeichnet sich wesentlich durch den Sprachgebrauch aus. Sprache ist aber nie etwas Individuelles, sondern setzt eine Sprachgemeinschaft voraus. Folglich bieten Bewusstseinsphilosophien immer nur eine verengte Perspektive, welche die sprachlich-intersubjektive Verfasstheit des Menschen nicht integrieren kann. Daher leiten Theologien, die nicht bewusstseins-, sondern sprachtheoretisch ansetzen, die Ansprechbarkeit des Menschen für Gott nicht aus der Sinnbedürftigkeit der menschlichen Vernunft, sondern aus verschiedenen Perspektivierungen zwischenmenschlicher Kommunikation ab.

Ein Beispiel für dieses Vorgehen findet sich etwa bei Helmut Peukert, der im Anschluss an Jürgen Habermas aufzuzeigen versucht, dass die Offenheit des Menschen für Gott dort gegeben ist, wo die ideale Kommunikations- und Diskursgemeinschaft aller Menschen durch die Vernichtung der Opfer der Geschichte gebrochen ist.[40] In einer idealen Welt – so Peukerts Argumentation – bestünde ein gleichberechtigter Diskurs aller Menschen, in dem das gemeinschaftliche Zusammenleben für alle und durch alle zum Besten geregelt würde. Eine solche ideale Diskursgemeinschaft gibt es aber nicht. Vielmehr sind die menschlichen Diskurse immer auch durch strategische Interessen bestimmt, wodurch kommunikative Asymmetrien, Diskursausschlüsse, Machtkämpfe und Konflikte entstehen. Der Glaube an Gott erhält dort einen Platz, wo die Opfer dieser Konfliktgeschichte nicht sich selbst überlassen werden, sondern ihr Recht auf Teilhabe an der Diskursgemeinschaft, ihr Recht auf selbstbestimmtes Menschsein über ihren Tod hinaus eingeklagt wird. *Für Gott* ist der Mensch folglich dort offen, wo er in Solidarität mit den Opfern und Toten der Geschichte ihre endgültige Rettung *bei Gott* einfordert; in diesem Sinne lässt sich also auch die Forderung nach Rettung des anderen als Frage nach Gott begreifen, die allerdings eben nicht bewusstseins-, sondern kommunikationstheoretisch eingeholt ist. Die philosophische Prämisse, den Menschen ursprünglich von seinem Sprachvermögen her begreifen zu müssen, trägt dabei nicht nur der zuvor referierten Einsicht Rechnung, dass alles Denken sprachlich verfasst ist, es eröffnet zudem gegenüber der formalen transzendentalphilosophischen Freiheitsanalyse die Integration der Kategorie der *Geschichte* in die theologische Anthropologie. Es ist ja kein theoretisches Bewusstsein, das Gott als Sinnbedingung seiner selbst einfordert, sondern weil der Mensch als sprachfähiges Wesen nur durch die anderen er selbst sein kann, ist es die konkrete Geschichte mit diesen Menschen, an der sich konkrete Daseinsprobleme entzünden.

An diesem Punkt zeigt sich ein Problem freiheitstheoretischer Begründungen der Ansprechbarkeit des Menschen für Gott an, auf das besonders Johann Baptist Metz in seiner Kritik an Karl Rahner aufmerksam gemacht hat.[41] Gerade weil Rahners Denken Gott als den unbedingten Horizont des Menschen transzendentaltheologisch voraussetze und dabei die Fraglichkeit der Wirklichkeit Gottes in der geschichtlichen Erfahrung des Menschen ausblende, weise sie schlussendlich eine menschliche Frage nach Gott nach, die existenziell unverstanden bleibt,[42] weil ihre Antwort theoretisch gegeben, praktisch aber unerfahren ist. Gerade angesichts der unabweisbaren These, dass sich die *Wirklichkeit* des möglichen Gottes nur in der Geschichte, nicht aber in transzendentaler Reflexion behaupten lässt, wird erneut die bleibende Herausforderung Camus' bedeutsam, die potenzielle Absurdität des Fragenkönnens nach Gott nicht übergehen zu dürfen. Die Wirklichkeit Gottes kann und darf auf der Ebene der reinen Vernunftreflexion nur als mögliche erfasst werden, soll die Geschichte in ihrer ganzen existenziellen Ambivalenz, die so oft mehr Absurdität als Sinn zu bergen scheint, nicht übergangen werden.

Der freiheitstheoretische Zugang im Gefolge Pröppers hält m.E. diese strikte Trennung durch die Integration des kritischen Potenzials Camus' aufrecht. Die Beschränkung der philosophischen Erkenntnisansprüche auf die Idee des möglichen Gottes öffnet gerade die Möglichkeit, die Geschichte als Ort der Selbstoffenbarung und damit des möglichen Erweises der Wirklichkeit Gottes anzuerkennen. So führt Pröpper in expliziter Abgrenzung von Rahner aus, dieser unterschätze,

> „wie sehr jeder Freiheitsvollzug in seinen tatsächlichen Optionen von den geschichtlich eröffneten und geschichtlich vermittelten Vorgaben abhängt und wie wesentlich darum theologische Reflexion angewiesen bleibt auf das praktische Zeugnis des Glaubens, das die Erfahrung der Wirklichkeit, deren Bedeutung sie expliziert, in einer durchaus auch kritischen und innovatorischen Weise allererst vermittelt."[43]

Ausgesagt ist damit nicht nur, dass sich die Wahrheit der transzendental begründeten Gottesidee an der Geschichte messen lassen muss, sie ist vielmehr selbst als konkrete Reflexion geschichtlicher Erfahrung zu begreifen, die im Grunde nicht mehr beansprucht, als Möglichkeitsbedingungen des realen, geschichtlich bedingten Wirklichkeitsverhältnisses des Menschen anzugeben. Aus bewusstseinstheoretischer Sicht ergibt sich also an dieser Stelle kein unüberwindbarer Dissens zu Ansätzen, die von der Sprache bzw. der Kommunikationspraxis des Menschen ausgehen. Vielmehr können sie als kritische Instanzen bewusstseinstheoretischer Reflexion gelten, die auf zu wenig bedachte Aspekte in der eigenen Argumentation aufmerksam machen können. Umgekehrt muss dann aber auch bewusstseinstheoretischen Ansätzen diese Kompetenz im Blick auf sprachtheoretische Ansätze zugestanden werden. Auch wenn folglich die Erkenntnisse der freiheitstheoretischen Anthropologie nicht grundsätzlich infrage gestellt sind, so muss sie sich doch beständig fragen lassen, ob sie in ihrem Anspruch, Bedingungen geschichtlicher Erfahrungen zu benennen, der konkreten Heils- und Leidensgeschichte der Welt gerecht wird oder ob sie gar selbst an ideologischen Strukturen teilhat, die Leiden verursachen.

Für die theologische Anthropologie insgesamt muss es ohnehin nicht negativ interpretiert werden, dass es verschiedene Ansätze gibt, die auf je unterschiedlichem Wege die Ansprechbarkeit des Menschen für Gott rational aufweisen können. Angezeigt ist damit im Grunde eher die Vieldimensionalität der Frage nach Gott als existenzbegründendem Sinngrund, die nicht nur in theoretischer Reflexion auf die Möglichkeitsbedingungen realen Erkennens und Handelns, sondern auch in der Analyse sprachlich-praktischer Vollzüge aufbricht. Wie nah sich in diesen Anliegen bewusstseins- und sprachtheoretisch ansetzende Theorien sein können, soll zuletzt ein Blick auf Hans-Joachim Höhns Projekt einer existentialen Semiotik des Glaubens verdeutlichen.[44]

Nach Höhn ist die freie Subjektivität zwar ein Weltbezug des Menschen, aber nur einer neben drei weiteren, nämlich Natur, Gesellschaft und Zeit. Alle diese Weltbezüge bestimmen das Menschsein wesentlich und sind also unhintergehbar; sie stehen in gegenseitiger Beziehung, sind aber nicht aufeinander reduzierbar. Allerdings sind sie sprachvermittelt, d.h. nur in der durch die Gemeinschaft bestimmten Sprache hat der Mensch einen Zugang zu seiner Außen- und Innenwelt. In dieser existentialen Situation ist der Mensch spezifischen Begrenzungen ausgesetzt, die sich als „Endlichkeit, Ungewissheit, Konkurrenz, Knappheit“[45] bestimmen lassen. Nach Höhn lässt sich nun nicht auf Ebene der Reflexion eines Weltbezugs oder einer Begrenzung die Ansprechbarkeit des Menschen für Gott erweisen, weil alle für sich betrachtet keiner religiösen Interpretation bedürfen. Allerdings darf daraus nicht gefolgert werden, dass eine religiöse Deutung des Menschen in seinen Weltbezügen unmöglich wäre. Vielmehr scheint ihre Relevanz an den Fragen nach der Möglichkeit der Daseinsakzeptanz und an den Unzulänglichkeiten weltimmanenter Deutungen auf:

> „Ist ein Dasein letztlich zustimmungsfähig, das angesichts der Befristung menschlicher Lebenszeit, der Erschöpflichkeit der Lebensressour-

> cen, der Konkurrenz um ihre Nutzung und der Ungewissheit künftiger Lebenslagen keinen letzten Grund zum Ja-Sagen erkennen lässt? Ist ein Leben letztlich akzeptabel, wenn alle daseinsimmanenten Versuche zur Herstellung dieser Akzeptanz am Ende nur deren Fraglichkeit hervortreiben? Denn wie ist eine Welt zu bejahen, in der man sich nur insoweit die Chance sichert, etwas vom Leben zu haben, dass man sich als Konkurrent gegenüber anderen durchsetzt und sich am Ende doch nur den Tod holen wird? Wie kann jemand zu sich selbst stehen, wenn es in einer endlichen und vergänglichen Welt nichts Beständiges gibt, auf das letztlich Verlass ist? Kann man sich selbst annehmen in einem Kontext, der seinerseits unannehmbar ist?“[46]

An dieser Stelle verortet Höhn die Ansprechbarkeit des Menschen für Gott als Frage nach der „Daseinsakzeptanz angesichts des Inakzeptablen“.[47] Gerade weil sich das kategorisch Nichtseinsollende in der Welt nicht als vernünftig akzeptieren lässt, greift die Frage aus nach dem vernunftgemäßen Anderen der Vernunft, das als Sinnbedingung des Ganzen des Daseins auch noch das scheinbar Vernunftwidrige umfassen kann.

Es wird an dieser Stelle deutlich, dass die Zielperspektiven von sprachtheoretisch ansetzenden Anthropologien sich nicht zwingend stark von bewusstseinstheoretischen Ansätzen unterscheiden müssen. Das Motiv der potenziellen Absurdität des Fragenkönnens nach Gott hatte im freiheitstheoretischen Ansatz die Frage nach den Möglichkeitsbedingungen der Bejahung des Daseins aus anderer Perspektive provoziert, sodass hier eine deutliche Ähnlichkeit bei der Verortung der Ansprechbarkeit des Menschen für Gott gegeben ist. Entschieden ist damit aber natürlich nicht, welcher fundamentale philosophische Zugang letztlich den höheren Rationalitätsgrad für sich beanspruchen kann. Während sprachphilosophisch orientierte Zugänge den Anspruch erheben, eine theoretische Reduktion der Beschreibung des Menschen zu vermeiden, indem sie ihn als kommunikativ-geschichtliches Wesen begreifen und seine Subjektivität darin integrieren, behaupten bewusstseinsphilosophische Theorien, die Möglichkeitsbedingungen von Kommunikation und geschichtlichem Dasein in der transzendentalen Analyse des Subjekts zu eruieren und derart einen logischen Vorrang gegenüber den ersteren zu haben. Dieser Streit kann und muss im Rahmen einer theologischen Anthropologie nicht entschieden werden. Wichtig scheint vielmehr, dass keine zwingenden Widersprüche zwischen den Ansätzen auftreten, die bereits auf dieser elementaren Ebene eine Grundsatzentscheidung nötig machen würden. Sofern dies nicht der Fall ist, darf behauptet werden, dass unterschiedliche Zugänge zur Bestimmung der Ansprechbarkeit des Menschen für Gott möglich sein können, die auf je verschiedene Weise die Frage nach Gott als menschliches Existential aufweisen.

Literatur

HERMANN KRINGS, Freiheit. Ein Versuch Gott zu denken. In: Ders., System und Freiheit. Gesammelte Aufsätze (Praktische Philosophie; 12), Freiburg-München 1980, 161-184 *(Abriss der philosophischen Grundlage der freiheitstheoretischen Ansprechbarkeitstheorie).*

THOMAS PRÖPPER, Zur theoretischen Verantwortung der Rede von Gott. Kritische Adaption neuzeitlicher Denkvorgaben. In: Ders., Evangelium und freie Vernunft. Konturen einer theologischen Hermeneutik, Freiburg i.Br.-Basel-Wien 2001, 72-92 *(prägnante Skizze eines freiheitstheoretisch begründeten Relevanz- und Möglichkeitsaufweises der Existenz Gottes).*

2. Selbstmitteilung Gottes im Kontext theologischer Anthropologie

Aaron Langenfeld

Die Analyse des menschlichen ‚Fragenkönnens' nach Gott zeigte eine Offenheitsstruktur für das faktisch sich ereignende Wort Gottes. Die christliche Theologie versteht dieses Wort als Selbstmitteilung, d.h. als Wesensoffenbarung Gottes: Gott gibt sich als er selbst in die Geschichte mit den Menschen hinein und wird nur in dieser Geschichte für den Menschen erfahrbar. So wird auch erst von der Selbstmitteilung her die ‚neue Qualität' des Menschseins erschlossen, das Dasein in einem guten Grund begründet zu wissen. Christlich hängt diese Bestimmung unabdingbar an der Geschichte Jesu und ihrer jeweiligen Gegenwart.

2.1 Begriffliche Orientierung

Die Bestimmung des Menschen als offene Frage nach Gott verdeutlichte die Problematik, dass die Wirklichkeit Gottes nicht durch die Vernunft verbürgt werden kann, sondern auf die Erfahrung eines *vernunftgemäßen Anderen der Vernunft* angewiesen ist, das diese Wirklichkeit erschließt. Ein solches Erschließungsereignis, das mit dem Begriff ‚Offenbarung' bezeichnet wird, kann also erst die Rationalität der Behauptung begründen, dass der Mensch nicht nur *möglicherweise*, sondern auch *faktisch* existential auf Gott bezogen ist. Dieses Offenbarungsgeschehen wird in der jüngeren christlichen Theologiegeschichte allgemein und im freiheitstheoretischen Rahmenansatz konsequent als *Selbstmitteilung* bestimmt. Bevor nun seine Relevanz für die theologische Anthropologie erfasst werden kann, ist der Begriff selbst zu klären.

Erstens meint Selbstmitteilung die *Identität* von Sender und Inhalt der Offenbarung. Damit ist gesichert, dass der Mitteilende sich wirklich als er selbst in ein Kommunikationsgeschehen hineingibt und nicht über sein wahres Wesen hinwegtäuscht. Gott offenbart nicht bloß seinen Willen im Sinne eines Bündels wahrer Sätze über die

Wirklichkeit und einer Reihe von Geboten, sondern Offenbarung heißt, dass Gott *sein eigenes Wesen* ins Wort setzt. In einem analogen Sinne verdeutlicht der Satz ‚Ich liebe dich', sofern er ernst gemeint ist, den Begriffsgebrauch: Der Sprecher des Satzes teilt nicht nur einen Sachverhalt mit, er offenbart sich in diesem Satz selbst, *er gibt sein Wesen zu erkennen*. Mit Thomas Pröpper gesprochen: Selbstmitteilung ist

> „in jedem Geschehen der *Liebe* der Fall – vorausgesetzt nur, dass es ernsthaft den Namen Liebe verdient. Es ist im eigentlichen Sinn Selbstoffenbarung, weil in ihm nicht irgendetwas mitgeteilt wird [...], sondern weil in ihm [...] der Liebende selbst anwesend ist (er offenbart sich) und zugleich als er selbst anwesend, eben das Geoffenbarte ist [...]."[1]

Diesem Verständnis liegt die Wende vom instruktionstheoretischen zum kommunikationstheoretischen Offenbarungsbegriff zugrunde, der sich in der Dogmatischen Konstitution über die göttliche Offenbarung (*Dei Verbum*) des Zweiten Vatikanischen Konzils (1962-1965) durchsetzte:

> „Gott hat in seiner Güte und Weisheit beschlossen, sich selbst zu offenbaren und seinen Willen kundzutun: dass die Menschen durch Christus, das fleischgewordene Wort, im Heiligen Geist Zugang zum Vater haben und teilhaftig werden der göttlichen Natur. In dieser Offenbarung redet der unsichtbare Gott aus überströmender Liebe die Menschen an wie Freunde und verkehrt mit ihnen, um sie in seine Gemeinschaft einzuladen und aufzunehmen." (Dei Verbum 2; DH 4202)

Die Offenbarung Gottes wird von ihrer anthropologischen Relevanz her erschlossen und als Selbstmitteilung qualifiziert, ohne dass dabei die Mitteilung des Willens als Offenbarungskategorie aufgehoben würde. Vielmehr wird die Mitteilung des Willens von der Selbstmitteilung umfasst, insofern die Offenbarung des Willens immer auch Wesensmitteilung ist. Gott offenbart sich in menschlicher Gestalt, weil er die Gemeinschaft des Menschen *will* und aus diesem Grund gibt er *sich selbst* in die Geschichte hinein. Um einem naheliegenden Missverständnis vorzubeugen, ist es hier entscheidend, dieses ‚Hineingehen' nicht in einem materialistisch-substanziellen Sinne zu missverstehen: Gott wird also nicht einfach Teil dieser Welt im Sinne eines griechischen Halbgottes, sondern er bleibt auch im Anderen seiner selbst ganz er selbst und d.h. radikal transzendent, restlos von der Welt verschieden. „Göttliche Selbstmitteilung besagt also, dass Gott sich als er selbst an das Nicht-Göttliche mitteilen kann, ohne aufzuhören, die unendliche Wirklichkeit und das absolute Geheimnis zu sein [...].“[2] Wenn Selbstmitteilung Wesensmitteilung meint und Gottes Wesen als Sinngrund des Daseins nicht mit dem Dasein identisch sein kann, dann kann Selbstmitteilung nicht einfach ein Stück geschöpfliche Wirklichkeit sein. Vielmehr muss Wesensoffenbarung, eben wenn der Begriff ernstgenommen wird, gerade die *Verschiedenheit* Gottes von der Welt zeigen, sodass das geschichtliche ‚Sich-Hineingeben‘ Gottes „in seiner Selbstmitteilung [...] gerade die Entbergung Gottes *als* des bleibenden absoluten Geheimnisses“[3] ist.

Zweitens folgte aus der These, die Frage nach Gott sei der Ausgriff nach einer ursprünglichen Bejahung menschlichen Daseins, dass Offenbarung *nur im Modus der Bejahung* Gott als Sinnhorizont menschlicher Freiheit erweisen kann. Andernfalls müsste behauptet werden, dass sich der gute Grund menschlichen Daseins durch eine dem Menschen gegenüber gleichgültige Welt zeigen würde, was widersprüchlich erscheint; denn es würde ja bedeuten, dass sich ein Sachverhalt über ihm *konträre* Aussagen erschließen lassen müsste. In einem Beispiel lässt sich das Gesagte so verdeutlichen: Liebe kann nicht durch Kommunikationsverweigerung ausgedrückt werden, sondern das ‚Ja‘ zum Anderen muss gesprochen und gelebt werden, damit Liebe erfahren und ihre Wirklichkeit geglaubt werden kann. Insofern gilt: Erst durch die *erfahrene Wirklichkeit* der Bejahung kann auf ein ursprüngliches Gesolltsein des Daseins geschlossen werden.

Der Liebe entspricht also eine angemessene Ausdrucksweise, die nicht eindeutig vorbestimmt, aber auch nicht willkürlich ist. Ebenso *entspricht* der Selbstmitteilung Gottes eine Mitteilungs*weise*, die nicht im Widerspruch zu Gottes Wesen als Sinnhorizont menschlicher Freiheit steht. Der Vergleich vertieft ebenfalls die Bedeutung des Selbstmitteilungsbegriffs: Wenn Liebe wirklich sein soll, dann ist sie darauf angewiesen, dass sich die Liebenden als sie selbst *zeigen* und den jeweils anderen gerade darin anerkennen, dass sie ihn nicht über ihr eigentliches Wesen im Dunkeln lassen oder täuschen. Als Selbstmitteilungsgeschehen wird also ein ‚Sichgeben‘ und ‚Sichaussetzen‘ gedacht, das eine Beziehung zuallererst als reale ermöglicht.

Es ist die christliche Grundüberzeugung, dass Gott sich selbst in der Person Jesu von Nazaret als unbedingtes ‚Ja‘ zum Menschen geoffenbart und darin die Frage des Menschen nach einem guten Grund des Daseins ein für alle Mal beantwortet hat. Offenbarungs- und Heils- bzw. Erlösungsgeschichte sind in diesem Sinne nicht zu trennen, sondern ein und dasselbe Geschehen der Zuwendung Gottes zum Menschen: „In Gottes geschichtlicher Offenbarung *geschieht* also, was offenbar wird, und nur *weil* es geschieht, kann es offenbar werden: eben Gottes für die Menschen entschiedene Liebe."[4] Dieses in der Geschichte Jesu vermittelte ‚Ja' zum Menschen identifiziert Gott als das Wesen, das nicht nur Liebe hat, sondern selbst Liebe *ist*, weil es sich vorbehaltlos in die Geschichte mit den Menschen hineingibt, sich darin *als* Liebe ins Wort setzt und dem Menschen eine neue Daseinsdeutung *von* der Liebe *her* und *auf* die Liebe *hin* anbietet und ermöglicht. Das scheinbar grundlose Dasein erfährt durch die Begegnung mit der Liebe *absolute Begründung*, die als *Anerkennungsgeschehen von Freiheiten* dem Ausgriff nach einem Sinnhorizont der Freiheit entspricht. Darin ist der Mensch vom Zwang befreit, seinen Daseinssinn selbst rechtfertigen bzw. herstellen zu müssen. Vielmehr ist er, weil die Liebe sich als Grund seines Daseins selbst geoffenbart hat, ursprünglich gewollt und kann von diesem Bewusstsein aus sein Dasein neu verstehen. Noch einmal anders gewendet: Die Offenbarung Gottes als Liebe gibt auf die menschliche Frage ‚Warum lebe ich?' die Antwort: ‚Weil du Liebe erfahren und aus ihr heraus leben kannst.'

Das Konzept der Liebe darf dabei nicht missverstanden werden als Begriff differenzloser Toleranz menschlicher Handlungen. Vielmehr scheint Liebe gerade auch die kritische Distanz zum Anderen zu umfassen. Gerade da, wo Menschen einander in Freundschaft zugetan sind, können sie einander ‚Wider-stand' sein, ohne um den Verlust der Beziehung zum Anderen fürchten zu müssen. Ebenso meint also auch die Selbstmitteilung Gottes als Liebe keine Ignoranz menschlicher Freiheitsverfehlungen, sondern deren konkrete kritische Anerkennung. Denn gerade im Einspruch gegen die Tat nehme ich den Täter ja ernst und erhalte die Relation zu ihm. Die Begegnung mit der Liebe, die Gott selbst ist, kann in diesem Sinne mit Blick auf moralisch schlechte Handlungen auch als Geschehen gedeutet werden, in dem der *Täter* als Mensch anerkannt wird, seine verfehlten *Taten* aber verurteilt werden.

Nun stellt sich die Frage, wie der hier skizzierte christliche Anspruch vertreten werden kann: Wie also kann plausibilisiert werden, dass in der Geschichte Jesu jene Bejahung des Menschen offenbar wird, die Gott als Wesen der Liebe identifiziert?

2.2 Wahres Menschsein in Christus

An dieser Stelle könnte nun eine ausführliche, bibeltheologisch begründete und dogmengeschichtlich reflektierte Betrachtung der Geschichte Jesu erfolgen, was aber im Kontext einer anthropologischen Einführung zu weit führen würde.[5] Ich beschränke mich daher auf wesentliche Aspekte, die den zuvor skizzierten Offenbarungsanspruch fundieren und fortbestimmen können. Dabei scheint es im Sinne des freiheitstheoretischen Ansatzes plausibel, *Leben, Tod und Auferstehung* Jesu als zusammenhängende Momente derselben Offenbarungsgeschichte theologisch zu deuten.

Jesu *Leben* zeichnet sich wesentlich durch eine kommunikativ-inklusive Praxis aus, die sich gerade an die Ausgeschlossenen der Gesellschaft richtet und Ablehnung und Ausgrenzung scharf kritisiert. Das *vorbehaltlose* ‚Ja', das Jesus zu den Menschen spricht, zeigt sich in seinen Mahlgemeinschaften, in den Krankenheilungen, den Predigten und Schriftauslegungen und noch im heftigen Widerspruch gegen die unterdrückerischen und menschenverachtenden Systeme seiner Gegenwart. Dabei führt er die Fähigkeit, dieses ‚Ja' sprechen zu können, nicht auf sich selbst, sondern auf seinen *Abba*, seinen Vater, zurück. Diese geschichtlich manifeste, besondere Beziehung Jesu zu seinem Vater bestimmt sein Handeln insofern, als er sein Dasein aus dieser Beziehung heraus deutet und ganz auf sie ausgerichtet ist. Konkreter ausgedrückt: Jesus handelt ganz *von Gott her*, weil er nur durch die eigene Erfahrung der Bejahung durch Gott das ‚Ja' zu den Menschen sprechen, das Wort Gottes *sein* kann. Ebenso handelt er ganz *auf Gott hin*, weil er in der vorbehaltlosen Affirmation des Anderen zugleich Gott ganz in den Mittelpunkt seines Handelns stellt. Durch die bedingungslose Zuwendung zu seinem Nächsten *identifiziert* Jesus Gott mit dem ‚Ja', das er spricht und aus dem heraus er lebt. In diesem Geschehen der Anerkennung des Anderen in seinem konkreten Sosein offenbart sich die *Liebe* als Grund und Sinnhorizont der eigenen Daseinsbejahung: Ich existiere, *weil* ich Liebe erfahren und geben kann und erst die *erfahrene Wirklichkeit* der Liebe verbürgt den Sinn des Fragenkönnens nach einem guten Grund des Seins. Zugleich tritt an dieser Stelle die Unfähigkeit des Menschen, der Liebe in seinem Dasein zu entsprechen, ins Bewusstsein und die Anerkennung der *konkreten* Existenz des Menschen ist dann beides zugleich: *Zusage und Anspruch*, grundsätzliche Bejahung und Kritik der bestehenden Praxis. Gerade in der kritischen Auseinandersetzung und im Streitgespräch mit den Pharisäern und

Schriftgelehrten verweist Jesus auf das wahre Menschsein, das sich von Gott her versteht, und er eröffnet seinem Gegenüber einen Weg erneuerter Existenzdeutung, die nicht auf die sündhaften Strukturen der Selbstsicherung setzen muss. Das ‚Ja', das Gott dabei in der Person Jesu zum Menschen spricht, offenbart ihn als wesenhafte Liebe, von der her der Mensch sein Dasein als begründet glauben darf und die ihm sich selbst als das Woraufhin seiner Existenz anbietet. In diesem Sinne ist das Menschsein Jesu *wahres* Menschsein, weil sich sein Dasein ganz aus der Liebe, die Grund und Ziel menschlicher Existenz ist, versteht und sich von ihr bestimmen lässt. Zugleich ist das wahre Menschsein Jesu der Ausdruck seiner *Göttlichkeit*; denn die vollständige Bestimmtheit durch die Liebe identifiziert diese ja gerade mit Gott.

Jesu *Tod* offenbart die Bedingungslosigkeit der Liebe, die sein Leben bestimmte, in unüberbietbarer Weise, weil er sie bis zuletzt nur durch sie selbst und nicht durch Gewalt zur Geltung bringt. So beansprucht er noch am Kreuz die Liebe als Sinngrund des Daseins im Moment des Todes als der absoluten Verneinung des Lebens, die alle Sinnansprüche der Absurdität einer gleichgültigen Weltwirklichkeit preiszugeben droht. Das ‚Ja' zu seinem eigenen Tod behauptet gegen alle faktischen Sinneinsprüche die Liebe als guten Grund des Lebens, der den Tod umfasst. Das Kreuz offenbart – wie unten in der Auseinandersetzung mit der paulinischen Gottebenbildlichkeitstheologie deutlicher werden wird – das Aufgehobensein des absoluten Bruches jeder Begründung des Daseins: Der Tod als Verneinung des Lebens ist selbst Teil des Lebens und so Gegenstand des je individuellen Daseinsverhältnisses. Jesu freiwilliger Tod am Kreuz verweist damit auf die Möglichkeit der Übernahme der ‚ganzen' *Lebens*geschichte als Teil der affirmativen *Heils*geschichte Gottes, die sich im Leben zeigt. Dieser Gedanke ist kurz in zweierlei Hinsicht zu präzisieren:

Erstens geht es nicht um eine Entübelung des Todes, eine Sicht also, dass der Tod im Grunde gar nicht so schlimm sei. Es geht vielmehr um eine Absage an die ‚Verübelung' des Lebens durch den Tod in dem Sinne, dass das ganze Dasein nur noch vom Tod her verstanden und bestimmt würde. Genau das scheint etwa Søren Kierkegaard (1813-1855) vor Augen zu haben, wenn er von der ‚Krankheit zum Tode' spricht, die den Einzelnen aus Angst vor dem Nichtsein in eine verzweifelte Selbstsicherung treibt.[6] Im christlichen Verständnis ist der Tod nicht ein Übel an sich, sondern Teil der menschlichen Geschichte, zu welcher der Mensch von Christus her ein positives Verhältnis gewinnen kann. Die Christus-Geschichte berichtet selbst von der Problematik dieser Herausforderung in Jesu Gebet im Garten Getsemani (vgl. Mt 26, 39). Der Zweifel Jesu, die Angst vor dem Tod, vor dem Nichtsein ist nicht einfach gelöscht, der Schrecken des Todes nicht weggewischt, aber die Hoffnung auf das im Leben präsente *bedingungslose* ‚Ja' Gottes, das Dasein an sich gutheißt, kann die Angst umfangen, kann sie selbst als menschlich bejahen und darin die Daseinsnegation neu perspektivieren. Der Tod ist dann eben nicht an sich gut, aber der Möglichkeit der freien, in das eigene Dasein integrierenden Annahme auch nicht entzogen. M.a.W.: *Das Kreuz wirbt im christlichen Verständnis darum, das Dasein nicht vom Tod, sondern vom Leben her zu deuten und in diesem Sinne den Tod als Moment am Leben, nicht aber als das Eigentliche des Lebens zu begreifen*. So gibt es etwa gute theologische Argumente dafür, den Tod als notwendige Bedingung menschlicher Freiheitsgeschichte zu interpretieren, weil nur in einer begrenzten Zeit eine Wahl überhaupt Gewicht erhält.[7] In einer ‚schlechten Unendlichkeit' (G. W. F. Hegel), einer endlosen Fortsetzung realer Zeit also, scheint jede Entscheidung bedeutungslos, weil sie prinzipiell überholbar und revidierbar ist. In einer endlichen Lebenszeit spielt es hingegen eine Rolle, worauf ich meine Entscheidungen ausrichte, weil ich mich festlege, dass ich die Zeit auf spezifische Weise bestimmen will. Freiheit in diesem Sinne ist eben nicht unendliche Wahl, sondern Wahl des Unendlichen: ‚So soll es sein' – nicht nur jetzt, sondern grundsätzlich. Dieser Freiheitsakt setzt aber um der freien Wahl willen ein Ende voraus, damit das Gewählte auch gewollt bleibt und nicht in der endlosen Fortsetzung der Zeit zersetzt und aufgelöst wird.

Zweitens bricht hier die Frage nach der faktischen Möglichkeit des Subjekts, Leid und Tod in sein Daseinsverständnis zu integrieren, in aller Radikalität auf. Stellt sich fundamentaltheologisch die Frage nach der Möglichkeit der Daseinsbejahung im Angesicht des ‚katastrophalen Zustands' der Welt in der Theodizee, so ist dogmatisch das Problem berührt, warum es manchen Menschen gelingt, ihr Dasein von Gott her zu deuten und anderen nicht. Die Ausführungen wollen also an keiner Stelle den Eindruck erwecken, dass es für den Menschen leicht sei, in ein affirmatives Daseinsverhältnis zu gelangen – gerade das war ja in Kap. III.1 kritisch gegen Nietzsche eingewendet worden. Das Anliegen ist hingegen die hermeneutisch-theologische Erschließung eines christlichen Existenzverständnisses, das dem Einzelnen kein blindes ‚Ja' auch zu seiner Unheilsgeschichte abverlangt, sondern ihm die Möglichkeit eröffnen will, das Ganze seines Daseins nicht von dessen Negation in Leid und Tod bestimmen lassen zu müssen. Zugespitzt formuliert: Es geht nicht um die Auflösung des ‚Nein' zu konkreten Wirklichkeitserfahrungen, sondern um dessen bleibende Aufhebung im umfassenderen ‚Ja' zum Dasein im Ganzen. Wie die Möglichkeit der individuellen Annahme dieses Angebots beim Menschen ankommt, wenn ihre Voraussetzungen ihm nicht unmittelbar verfügbar sind, und in welchem Sinne sich der Mensch dieser Möglichkeitseröffnung aktiv verweigern kann, ist in der Verhältnisbestimmung von Freiheit und göttlichem Heilsangebot in Kap. III.4 zu bedenken.

In der *Auferstehung* Jesu wird offenbar, dass sein Vertrauen auf Gott gerechtfertigt war. Die Liebe als Grund des Daseins scheitert nicht an der Negation des Todes, sondern gilt über den Tod hinaus und bestätigt das in Leben und Tod erwiesene Existenzverständnis, das nicht von der Angst vor dem Tod geprägt sein muss. In den Auferstehungserfahrungen wird den Jüngern bewusst, dass Gottes ‚Ja' zum Menschen, das sie durch Christus erkannten, weiter in ihrer Gegenwart ist, dass Jesus gerade nicht gescheitert ist, sondern Gott sich in diesem Menschen selbst bleibend vergegenwärtigt hat und dass die bedingungslose Selbsthingabe kein Widerspruch gegen, sondern Aspekt dieser Selbstmitteilung als Liebe ist. In der jüngeren Debatte ist hier die Frage aufgebrochen, ob die Auferstehung überhaupt Teil der Offenbarungsgeschichte sein könne. So hat besonders Hansjürgen Verweyen die These vertreten, dass alles Wesentliche bereits am Kreuz gesagt sein müsse, wenn nicht die irdische Geschichte Jesu durch die Österliche ‚revidiert' werden soll. Mag es – so Verweyen – möglicherweise faktisch (*de facto*) für die Jünger notwendig gewesen sein, dass ihnen der Auferstandene begegnet, so kann dies sachlich (*de iure*) nicht notwendig sein, weil sonst die Gefahr bestünde, dass das Eigentliche der Selbstmitteilung Gottes nicht im Leben und Sterben Jesu, sondern in seiner Auferstehung geschehe.[8] Vor dem Hintergrund dieser Kritik ist es entscheidend, die drei Aspekte nicht gegeneinander auszuspielen, sondern sie als konkrete Aspekte der Selbstmitteilung Gottes als Liebe und derart als Sinngrund menschlichen Daseins zu begreifen, die sich nicht widersprechen oder aufheben, sondern wechselseitig verstärken. Es sei noch einmal auf Pröppers Reflexion dieses Zusammenhangs verwiesen: „Ohne Jesu bestimmtes Menschsein wäre Gott nicht als Liebe, ohne seine Bereitschaft zum Tod nicht der unbedingte Ernst dieser Liebe und ohne seine Auferweckung nicht Gott als ihr wahrer Ursprung offenbar geworden."[9] Die Formulierung ‚ohne x, y, z' weist dabei auf einen Zugang hin, der nicht versucht, festzulegen, wie die

Offenbarungsgeschichte im Detail habe aussehen müssen, sondern der von der Offenbarungsgeschichte her die *spezifische Qualifikation* der Selbstmitteilung Gottes in Christus entschlüsselt. Beispielhaft verdeutlicht: Für die Liebe zweier Menschen ist es sachlich nicht zwingend entscheidend, ob einer der beiden zum ersten Date Rosen oder Sonnenblumen mitbringt. Im Nachhinein aber kann dieses konkrete Symbol eine gewichtige Bedeutung für die Beziehung haben – etwa wenn bei der Hochzeitsfeier wieder die gleichen Blumen auf dem Tisch stehen. Entscheidend ist also an dieser Stelle nicht die Frage, ob Gott sich hätte anders offenbaren können, sondern die Würdigung der *konkreten Gestalt* seiner Offenbarung, zu der das Zeugnis der Auferstehung ohne Zweifel gehört. Die eigentliche Aufgabe besteht dogmatisch dann darin, Auferstehung eben nicht als das Eigentliche der Offenbarung zu markieren, sondern sie als spezifischen Teil der *einen Geschichte* Jesu zu deuten, in der das unbedingte ‚Ja' Gottes zum Menschen Wirklichkeit wird.

Bei aller Unterschiedenheit der Ansätze scheinen sich Rahner, Pannenberg und Jüngel darin einig zu sein, dass in Jesus das vollkommene Menschsein realisiert ist, das jedem Menschen ein *neues Daseinsverhältnis* anbietet. Die Begegnung mit Christus ermöglicht eine Deutung der Existenz, die nicht an der Frage nach einem Grund der Existenz scheitern muss, die nicht in die Angst umschlagen muss, im Leben zu kurz zu kommen, die ihre Sinnressourcen nicht selbst erzeugen muss. Der Mensch darf sich in der Liebe, als die Gott sich in Christus selbst offenbart, begründet wissen, er darf sie für sein eigenes Handeln als Grund und Sinnhorizont in Anspruch nehmen, auch da noch, wo er an sich selbst und anderen scheitert, und er darf selbst angesichts des Todes auf sie hoffen. In diesem Sinne gibt es einen unmittelbaren Zusammenhang zwischen soteriologischer und anthropologischer Reflexion: Menschsein im christlich-theologischen Sinne heißt *erlöst und befreit* sein vom Anspruch, seinem Dasein selbst Sinn suchen und geben zu müssen und sich in diesem Versuch in (sündigen) Strukturen der Selbstsicherung zu verlieren.

Diesem *Zuspruch* entspricht aber, wie zuvor markiert, zugleich auch der *Anspruch*, Jesus in seiner Lebenspraxis nachzufolgen, sich selbst ganz von der Liebe bestimmen zu lassen und darin zum ‚Ja' für seine Mitmenschen zu werden. Mit dieser Herausforderung verbunden ist die gnadentheologische Grundfrage, wie der Glaube eigentlich zustande kommt bzw. wie der Mensch es schaffen kann, Christus nachzufolgen, und ob es überhaupt an ihm oder an Gottes Liebe liegt, diesen Lebensweg einzuschlagen (vgl. Kap. III.4). Das in diesem Kontext aufbrechende christologische Problem, wie es dem Menschen Jesus selbst möglich war, sich ganz von der Liebe Gottes bestimmen zu lassen, kann in unserem Zusammenhang nur noch bewusstgemacht, nicht aber bearbeitet werden.[10]

2.3 Gottebenbildlichkeit als wahres Menschsein

Weiterführend sind an dieser Stelle jedoch erneut Reflexionen auf die Verwendung des biblischen ‚Bild-Gottes-Gedanken' in der (deutero-) paulinischen Briefliteratur des Neuen Testaments. Aufgrund der Christozentrik, die diesen Texten eigen ist, muss sogleich der Intuition widersprochen werden, dass sich erst im Neuen Testament die ‚wahren' Aussagen über die Gottebenbildlichkeit finden würden, welche die alttestamentlichen überholen oder gar falsch werden lassen. Eine solche Interpretation liefe nicht nur Gefahr, einem latenten Antijudaismus das Wort zu reden, der im Blick auf das Judesein Jesu aus christlicher Sicht prinzipiell ausgeschlossen ist, sie übersieht auch die Bezogenheit alt- und neutestamentlicher Gottebenbildlichkeitsaussagen. Sinnvoll scheint es hier, von einem „Bestimmungsverhältnis" auszugehen, in dem die frühere anthropologische Aussagenreihe nicht durch die spätere obsolet wird, „sondern von ihr vorausgesetzt wird und in ihr bewahrt bleibt."[11] Das, was also alttestamentlich über das Gottesverhältnis des Menschen im Begriff der Gottebenbildlichkeit gesagt ist, wird neutestamentlich nicht etwa ersetzt, sondern christologisch transformiert und dabei auf spezifische Weise bestätigt.

Die Gefahr einer solchen Fehlinterpretation ergibt sich aus der Tatsache, dass neutestamentlich *allein* Christus das wahre ‚Bildsein Gottes' zugesprochen wird.[12] Prominent formuliert etwa der deuteropaulinische Text Kol 1,15: „Er ist das Ebenbild Gottes, der Erstgeborene der ganzen Schöpfung." Christus allein strahlt „Herrlichkeit" (2Kor 4,4) aus.[13] Ist damit aber nicht die anthropologische Bestimmung aus Gen 1 widerrufen, weil eben doch nicht allen Menschen die Gemeinschaft mit Gott eröffnet ist? Eine Antwort auf diese Frage kann theologisch wohl nur im Bewusstsein um den soteriologischen Rahmen dieser Aussagen gegeben werden, wobei derselbe bei Paulus untrennbar mit der Anthropologie verknüpft ist. Bleibt man etwa zunächst bei Kol 1,15, so lässt sich feststellen, dass hier der Auftakt zu einem Hymnus der frühchristlichen Gemeinde gegeben ist: „Es wird also nicht heilsgeschichtlich erzählt, sondern im Lobpreis ausgesagt, was Christus für die Gemeinde bleibend ist: der, durch den Gott auch in seiner Schöpfung erst erkennbar, verständlich wird."[14] Die Bestimmung Christi als Bild Gottes ist in diesem Sinne immer auch von ihrer Relevanz für das Menschsein her zu begreifen.

Diese Relevanz gründet in dem Bekenntnis, dass mit Jesus Christus der Mensch als Bild Gottes so realisiert ist, „wie er von Anfang an gemeint war."[15] Und diejenigen, „die ihm glauben, werden ihm gleich; sie werden in sein Bild verwandelt."[16] Eckart Reinmuth interpretiert diesen erlösungsbezogenen Kern des neutestamentlichen ‚Bild-Gottes-Gedanken' im Ausgang von 2Kor 3-4. Die Verse 7-11 transportieren demnach über den Vergleich der ‚Herrlichkeit' Mose mit der ‚Herrlichkeit' Christi einen intertextuellen Bezug zur Adam-Erzählung der Genesis, die den „Resonanzboden"[17] für das Verständnis des christologischen Ebenbildlichkeitsgedankens darstellt. Demnach spiegelt sich hier die für Paulus vorausgesetzte Adam-Christus-Typologie (vgl. nur Röm 5) als Verständnishorizont der Bedeutung der Gottebenbildlichkeit Christi für den Menschen. Wie nämlich Adam in die Sünde fiel, so hat sich der Mensch als solcher in der Sünde verloren und seinen Herrschaftsauftrag – wie wir mit Blick auf Gen 9 festhalten konnten – verfehlt (Röm 1,18-32). Ohne die Gottebenbildlichkeit gänzlich verloren zu haben, ist der Mensch eben doch auch Ebenbild Adams, d.h. des Menschen. Christus aber ist wahres Bild Gottes, d.h. „mit diesem identisch."[18] Er ist der ‚zweite Adam', die Ermöglichung neuen Menschseins: „In sein Bild werden wir verwandelt. Wir erhalten die ursprüngliche geschaffene Menschlichkeit, die in Christus erschien."[19] So lautet dann auch 2Kor 3,18: „Wir alle spiegeln mit enthülltem Angesicht die Herrlichkeit des Herrn wider und werden so in sein eigenes Bild verwandelt, von Herrlichkeit zu Herrlichkeit, durch den Geist des Herrn." Die Übersetzung ‚widerspiegeln' ist dabei in der exegetischen Forschung umstritten; die Terminologie ‚wie in einem Spiegel sehen' wird bevorzugt. Die Verwandlung in das Bild Gottes, das Christus ist, geschieht dann durch ein ‚Schauen' seiner selbst bzw. seines ursprünglichen im Anderen.[20] Durch Christus wird dann im Blick auf die systematischen Rahmenüberlegungen nicht nur offenbar, *dass*, sondern auch *wie* menschliche Existenz gewollt ist. Der zuvor bestimmte Zusammenfall von Zu- und Anspruch wird hier biblisch begründet. Allerdings, so macht 2Kor 3-4 deutlich, bedeutet das wiederum keine Herstellbarkeit der Christusbildlichkeit für den Menschen: „Der Herr ist nicht nur Spiegel, in den wir schauen, Abbild des unsichtbaren Gottes, Träger der Auferstehungsherrlichkeit; von ihm her kommt auch die Dynamik, die den Verwandlungsprozess in Gang setzt, und ihr Träger ist der Geist."[21]

Festgehalten werden kann also: Die christologische Bestimmung des neutestamentlichen Gottebenbildlichkeitsbegriffs hat soteriologische Funktionen; d.h. er bringt zum Ausdruck, dass in Christus das Menschsein so gegenwärtig ist, wie es vom Schöpfungsakt her sein sollte. „Christus ist ‚der Mensch' schlechthin: Menschsein hat an ihm sein Maß, seine Bestimmung, Herkunft und Ziel."[22] Der alttestamentliche Gedanke der Gottebenbildlichkeit ist also gerade nicht abgelöst, sondern in Christus voll entfaltet. Gerade in seiner freisetzenden Bejahung des Anderen, in der Offenbarung Gottes als Liebe, entspricht Jesus dem Freiheit ermöglichenden Gott Israels und qualifiziert den Herrschaftsauftrag in seiner kommunikativen Lebenspraxis als (kritische) Affirmation des Anderen in seinem konkreten Sosein. Das ist es, was nach paulinischem Zeugnis wahres Menschsein ausmacht, aber auch das, an dem unser Menschsein immer wieder scheitert.

Damit ist bereits die für das paulinische Denken konstitutive Spannung von Erlösung und Vollendung, ‚schon' und ‚noch nicht' der Erlösung angeklungen. Denn auch wenn der Mensch in der ‚Herrlichkeit' Christi seine eigene Gottebenbildlichkeit schaut, so steht sein eigenes ‚Bildwerden' noch aus. 1Kor 15,47-49 greift die Adam-Christus-Typologie eindrucksvoll auf, um das noch Ausstehende, die eschatologische Vollendung des Bildwerdens zu verdeutlichen:

> „47Der Erste Mensch stammt von der Erde und ist Erde; der Zweite Mensch stammt vom Himmel. 48Wie der von der Erde irdisch war, so sind es auch seine Nachfahren. Und wie der vom Himmel himmlisch ist, so sind es auch seine Nachfahren. 49Wie wir nach dem Bild des Irdischen gestaltet wurden, so werden wir auch nach dem Bild des Himmlischen gestaltet werden."

Eindeutig ist hier der eschatologische Vorbehalt der Bildwerdung Christi markiert: Der Mensch ist noch nicht, was er werden soll, denn er ‚trägt noch das Bild des irdischen Menschen'[23]. Aber Paulus beschränkt die Aussage doch nicht auf die gestorbenen Christen, sondern verwendet ein inklusives ‚wir': „Für *alle* Glaubenden gilt die Teilhabe an der eschatologischen Leiblichkeit Christi."[24] Es bleibt also eine Spannung bestehen, die wahrzunehmen nicht unerheblich ist. *Einerseits* ist das Bild Gottes in Christus schon da, kann der Mensch schon sein konkretes Gewolltsein erkennen, *andererseits* ist er auf dieses Bildsein noch hingeordnet, erkennt im Spiegelbild

Christi, dass er noch nicht ist, wozu er ursprünglich bestimmt ist und was er wieder werden soll.[25]

In diesem Sinne ist das menschliche Handeln aber auch nicht beliebig. Zwar ist ihm von Christus her eine neue Selbst- und Weltdeutung ermöglicht, die er nicht im Handeln erzeugen kann; dennoch muss diese christologische Transformation der Wirklichkeitsinterpretation im Handeln bewährt werden – hier schließt sich ein Kreis zum Herrschaftsauftrag aus Gen 1. Diese ethische Dimension, die im Konzept der Gottebenbildlichkeit grundgelegt ist, findet sich etwa in Kol 3,9f: „[9]Belügt einander nicht; denn ihr habt den alten Menschen mit seinen Taten abgelegt [10]und seid zu einem neuen Menschen geworden, der nach dem Bild seines Schöpfers erneuert wird, um ihn zu erkennen." Deutlich wird hier zunächst erneut der Zusammenhang von Erlösungs- und Vollendungslehre, der zuvor thematisiert wurde. Der gläubige Mensch hat ‚den alten Menschen schon abgelegt', muss aber dennoch gemahnt werden, in seinem Handeln dem Bildwerden Christi zu entsprechen. Darüber hinaus wird aber die Dialektik erneut bewusst, dass dieser Zuspruch, im Glauben bereits in die ‚Verwandlung zum neuen Menschen' hineingenommen zu sein, einen Anspruch enthält:

> „Im Glauben geht der Mensch in eine neue Welt ein, zieht er Christus, oder, auf das bezogen, was beim einzelnen geschieht, den neuen Menschen an. Dieser ist aber nicht einfach ein Fertigprodukt, nicht ‚Konfektion', sondern wird im Lebensvollzug immer wieder neu angepaßt; besser: er ist nicht bloß Hülle, sondern lebendige Person, die ständig wächst."[26]

Damit sind die Eckpunkte einer am neutestamentlichen Gebrauch des Gottebenbildlichkeitsbegriffs orientierten anthropologischen Analyse grob umrissen. In ihr wird der Zusammenhang zwischen Anthropologie, Soteriologie und Christologie unmittelbar deutlich: Das Bekenntnis zu Christus weist ihn als den ‚wahren Menschen' aus. In ihm ist realisiert, was der Mensch von Gott her sein soll, nämlich sein Ebenbild. In dieser existenziellen Erkenntnis ist der Mensch bereits durch Christus erlöst und kann sich von Christus her als neuen Menschen verstehen, der zum Bild Gottes geformt wird. Diese Formung geschieht aber nicht ohne den Menschen, sondern muss sich in seinem Handeln entwickeln und bewähren. Unter den Bedingungen der Endlichkeit bleibt der Mensch aber auch immer Mensch, sodass die vollständige Bildwerdung Christi immer noch aussteht, immer auf Hoffnung hin geschieht.

So steht am Ende der anthropologischen Betrachtung der christologischen Transformation des Gottebenbildlichkeitsbegriffs kein christlicher Triumphalismus, sondern die Anerkenntnis der Ambivalenz menschlichen Daseins von Christus her: „Menschsein schließt in dieser Perspektive ein, in einer gebrochenen Identität zu leben; es ist nicht identisch mit Menschlichkeit, es hat seine Gemeinschaft mit Gott verloren. Es ist nicht sein Bild, nicht identisch mit sich selbst. Menschsein heißt, sich fremd geworden zu sein."[27] Zugleich ist aber diese Ambivalenz in Christus ‚aufgehoben', d.h. der konkrete Mensch in seiner ganzen Unzulänglichkeit ist nicht zugunsten einer ‚besseren Variante' ausgetauscht, sondern dieser Mensch ist als er selbst in die Gemeinschaft mit Gott aufgenommen. „Seine (Christi; Vf.) Geschichte enthält unsere Geschichte, die eine der Unvollkommenheit und Angewiesenheit, des Fragmentarischen ist."[28]

Das ist die fundamentale Herausforderung paulinischer Anthropologie, in welcher der scharfe Gegensatz zu Nietzsche erkennbar wird: *Menschliche Geschichte ist aus sich selbst heraus nicht vollendbar*; sie ist eine Geschichte des Kreuzes: brüchig, vorläufig, widersprüchlich, missverständlich, sündig, leidvoll – *und trotzdem ist sie gut*, weil nicht der Mensch selbst, sondern Gott das letzte Wort über den Menschen hat. Das ‚Ja' Gottes zur Welt, das in Christus ‚Bild' wird, gilt auch noch im Abgrund des Kreuzes, sodass selbst das Kreuz zur Hoffnung auf die Vollendung der ursprünglichen Bejahung wird. So formuliert Paulus in Röm 8,28: „Wir wissen, dass Gott bei denen, die ihn lieben, alles zum Guten führt […]." Entscheidend ist hier, dass im Glauben restlos *alles* zum Guten geführt werden kann, dass also auch das Leiden und der Tod das Gutsein und Gewolltsein dieses Lebens nicht vernichten können, sondern dass dem Gläubigen die Annahme seines ‚ganzen Daseins' ermöglicht wird. Christliche Existenz ist dann von Christus her „Unterbrechung der alles beherrschenden Macht des Todes über das Leben: widerstehende Überwindung der das Dasein lähmenden und die Liebe hindernden Angst. Sie ist […] die Freiheit, lieben zu können."[29] Wo diese Erkenntnis aber existenziell verstanden ist, ist – gegen Camus' Annahme – das „vernunftlose Schweigen der Welt"[30] gebrochen und die Hoffnung auf eine Versöhnung des Menschen mit der Ambivalenz seines Daseins möglich: „Dass Christus als ‚Bild' Gottes bezeichnet wird, ist […] als narratives Bekenntnis gedacht. Er ist Sinnbild der Bestimmung des Menschen, seiner Geschöpflichkeit und Gottesgemeinschaft."[31]

Wie aber ist gegenwärtig der Blick in den ‚Spiegel Christi' möglich? Wie kann vom je konkreten Subjekt seine Bestimmung zur

Gemeinschaft mit Gott, seine Gottebenbildlichkeit, die sich im Handeln bewähren muss, erkannt werden?

2.4 Die Gegenwart der Liebe

Das christliche Verständnis der Selbstmitteilung Gottes als Zentrum der theologischen Anthropologie wirft einige Anschlussfragen auf, die zu bedenken sind. Neben die bereits angedeutete Problematik, wie der Mensch zum Glauben und damit zu einer Bestimmtheit seines Lebens durch Gott kommt (Gnadenlehre), tritt die Frage, wie die Verweigerung des Menschen gegen Gott zu deuten ist und worin ihre Ursprünge liegen (Sündenlehre). Bevor diese Themen in den folgenden Kapiteln entfaltet werden, gilt es zunächst, die zuvor angedeutete Problematik zu bedenken, wie die Selbstmitteilung Gottes für die *jeweilige Gegenwart* des Subjekts bedeutsam sein kann bzw. wie sie erfahrbar werden kann. Grund dieser Überlegung ist, dass die biblischen Erzählungen, auf denen auch die obenstehenden Ausführungen beruhen, konkretes Erfahrungszeugnis der jungen christlichen Gemeinde mit dem auferstandenen Christus sind, das uns heute aufgrund des geschichtlichen Abstandes scheinbar bleibend verstellt ist – Gotthold Ephraim Lessing (1729-1781) bezeichnete diesen Umstand bekanntlich mit dem Begriff eines *garstig breiten Grabens*, der zwischen uns und den Jüngerinnen und Jüngern als Erfahrungsgemeinschaft Christi gegeben ist. Wie also kann Christus erfahren werden? Wie kann er heute ein befreiendes und neues Daseinsverständnis eröffnen?

Zur Beantwortung der Frage ist es zunächst entscheidend, dass der Mensch Jesus von Nazaret nur insofern der zum wahren Menschsein befreiende Erlöser ist, als er *Selbstmitteilung Gottes* als Liebe ist. Allein aus sich heraus kann die menschliche Natur Jesu nicht die Liebe als Sinngrund menschlicher Existenz offenbaren, sondern es ist Gott, der den Menschen Jesus dazu befähigt, aus der Liebe heraus zu existieren. Jesus ist wahrer Gott und wahrer Mensch, weil Gott seine Menschlichkeit ursprünglich bestimmt, und nicht, weil der Mensch Jesus eine besondere Leistung vollbracht hätte, für die Gott ihn anschließend erhöhen würde. Mit anderen Worten: Offenbar wird *Gott als Liebe, die durch die Geschichte Jesu auf spezifische Weise qualifiziert ist*.

Es scheint daher die zunächst einfache Annahme plausibel, dass Gott da in der Gegenwart des Subjekts offenbar wird, wo Liebe erfahren werden kann, wo Liebe *geschieht*, nämlich in zwischenmenschlicher Anerkennung und Vergebung, in Freundschaften, in der Überwindung egoistischer Handlungsgründe, im vorbehaltlosen Eintreten füreinander, kurz: in gelingenden Beziehungsstrukturen. In diesen Verhältnissen wird die Liebe als Selbstmitteilung des Gottes Jesu Christ offenbar, und darin eben Christus selbst gegenwärtig, sodass von einer *realen Präsenz* Christi in den Wirklichkeitserfahrungen der Liebe gesprochen werden kann.

Das Wort Gottes, das Christus ist, wird da auch heute noch vernehmbar, wo es gesagt und gelebt wird, wo der Mensch sich von diesem Gott her versteht und sich im Handeln auf ihn ausrichtet. Damit wird deutlich, dass die Selbstmitteilung Gottes in Christus nur da zur Durchsetzung kommt, wo sie im Glauben angenommen und gelebt wird; das ‚Ja' Gottes *zur* Welt setzt sich nur als ‚Ja' *in* der Welt durch und kann nur als solches überhaupt erkannt werden. Für die christliche Anthropologie ist es daher entscheidend, dass der Mensch unmittelbar in das Offenbarungsgeschehen eingewoben ist, er also in seinem Handeln Anteil hat an der zeichenhaften *Darstellung* der Selbstmitteilung Gottes in der Welt.

> „Erlöstes Handeln vermittelt Erlösung. Denn Liebe, da sie wesentlich frei ist, kann Wahrheit nur sein, indem sie geschieht. Und Gottes Liebe kann Wahrheit für Menschen nur werden, indem sie in ihre Wirklichkeit eintritt. Dies aber ist erst geschehen, wenn sie den Menschen ‚selbst', den sie meint, auch erreicht: Nur durch Menschen, die ihr entsprechen, kann Gottes Liebe bei uns ankommen und bleiben."[32]

Wenn man dieser Bestimmung folgt, dann gilt, dass der Mensch zugleich *Adressat und Akteur* in der Offenbarungsgeschichte ist, wenngleich damit noch nicht geklärt ist, wie das Verhältnis beider Bestimmungen zueinander zu denken ist.

Angezeigt ist damit nicht zuletzt eine Ambivalenz des Offenbarungsdenkens, die nicht ausgespart werden darf: Wenn sich die Selbstmitteilung Gottes als Liebe in der jeweiligen Gegenwart des Subjekts ‚nur' unter weltlichen Bedingungen ereignen kann, bleibt sie einer Deutung durch den Menschen bedürftig und ist nicht aus sich heraus als diese Offenbarung evident, d.h. Offenbarung muss erst *als* Offenbarung begriffen werden. Diese These führt direkt in die Debatte um Vernunft und Offenbarung, Gnade und Freiheit, weist aber ebenfalls darauf hin, dass Offenbarung als geschichtliches Ereignis zunächst gar nicht von anderen ‚gewöhnlichen' Geschehnissen unterscheidbar ist, sondern eben als Selbstmitteilung Gottes interpretiert werden muss. Menschsein im christlichen Sinne erschöpft sich folglich nicht in blinder Praxis, es geht immer auch um ein Verstehen und Verantworten dieser Praxis vor dem Forum der (zweifelnden) Vernunft. Erst von dieser begrifflichen Erschließung christlicher Praxis wird sie *als* christliche Praxis, als von Gott her sich verstehende verständlich und unterscheidet sich gerade darin von Strategien menschlicher Selbstbegründung.

Wie kommt es aber, dass einige Menschen spezifische Erfahrungen als Offenbarungen Gottes deuten, andere Menschen darin aber nur innerweltliche Vorgänge erkennen? Klaus von Stosch geht im Anschluss an Ludwig Wittgenstein (1889-1951) davon aus, dass die religiöse Deutung bestimmter Phänomene von der Grammatik unserer Weltbilder abhängig ist.[33] Gemeint ist dabei, dass wir entsprechende Begriffe und Narrative erlernen müssen, um Erfahrungen auf bestimmte Weise zu interpretieren. Wer z.B. die Regeln des Fußballspiels nicht kennt, wird beim Anblick eines solchen relativ ratlos zuschauen. Kennt man hingegen die Regeln, kann man das Geschehen adäquat verstehen. In ähnlicher Weise braucht es also das Erlernen religiöser Sprachspiele, um die Wirklichkeit der Liebe im intersubjektiven Anerkennungsgeschehen als Gegenwart der Selbstmitteilung Gottes deuten zu können. Karl Rahners Unterscheidung von impliziter und expliziter Offenbarung kann an dieser Stelle weiterführen: Die Selbstmitteilung Gottes als Liebe, die implizit, durch gelingende Beziehungsstrukturen vermittelt, *mit*erfahren wird, wird durch die Geschichte Jesu explizit *als* Offenbarung Gottes bestimmbar.

Von diesem Punkt aus lässt sich nun der Versuch wagen, den Ort der Kirche in der erlösenden Begegnung mit Christus zu skizzieren. Aus anthropologischer Sicht ist Kirche zunächst die *Explizitmachung* der geschichtlichen Begegnungen mit der Selbstmitteilung Gottes in Christus in einer Glaubensgemeinschaft. Sie reflektiert und bündelt die auf Erfahrung beruhenden ‚Glaubenserzählungen' und entwirft ein Narrativ, in das die impliziten Erfahrungen des je Einzelnen integriert werden können. Kirche beginnt also bei der Gotteserfahrung des Menschen, macht diese explizit, deutet sie und stiftet darin das Angebot, diese Deutung für die eigenen Erfahrungen in Anspruch zu nehmen. Dabei ist nicht zu vergessen, dass die Ursprungserfahrung der Kirche diejenige der durch Christus offenbaren Liebe ist, die sie zugleich auf die Liebe, die Gott selbst ist, ausrichtet. In diesem Sinne ist Kirche unvollkommener Spiegel des in Christus offenbar gewordenen *wahren Menschseins* und sie findet ihre Sendung in der Nachfolge Christi, nämlich der expliziten Vermittlung der Selbstmitteilung

Gottes als Angebot für die Daseinsdeutung des Menschen. Die Doppelaufgabe der Kirche besteht folglich einerseits in der Verantwortung, die Liebe als Sinngrund menschlicher Existenz *erfahrbar* werden zu lassen, andererseits muss sie Christus als das Wort Gottes verkündigen, damit das Erfahrene *bewusst* werden kann. In dieser Spannung erhalten sowohl die Grundvollzüge der Kirche (Zeugnis, Liturgie, Diakonie, Gemeinschaft) im Allgemeinen ihren Sinn, als auch die Sakramente ihre anthropologische Bedeutung: Kirche realisiert sich wesenhaft und d.h. in allen Handlungen durch die implizite und explizite Konkretisierung der in Christus offenbaren Liebe Gottes zu den Menschen. Zu bedenken ist dabei, dass dieses Handeln letztlich ein von der Liebe selbst getragener, menschlicher Akt der Liebe ist. „Dann aber darf auch *jedes* so bestimmte Handeln als sakramental gelten.“[34] Anders gewendet: Da, wo Menschsein von Christus her gedeutet und gelebt wird, wo Menschen sich also in ihrem Handeln von der Liebe, als die Gott sich in Christus selbst ausgesagt hat, bestimmen lassen, realisiert sich Kirche. Zugleich ist sie darin aber das geschichtlich konkrete Angebot, menschliches Dasein von Christus her zu deuten.

Entscheidend bei alledem ist, dass auch menschlich-sakramentales Handeln die Wirklichkeit der Liebe nie her-, sondern lediglich darstellt. Damit ist das Bewusstsein darum gewahrt, dass die unbedingte Bejahung menschlicher Existenz nicht vom Menschen erzeugt wird: Das Gesolltsein des Menschen gilt ursprünglich, er ist schon immer in einer von Gott gestifteten Beziehung angenommen. Dass dies so ist, muss dem Menschen aber gesagt werden: im Wort Gottes selbst, das Christus ist, und in dessen bleibender Vergegenwärtigung, die die Kirche ist. Die Daseinsaffirmation des Menschen zeigt sich also auch nicht ohne die symbolisch-menschliche Darstellung.

Die hier aufscheinende Spannung von ‚nicht durch den Menschen‘, aber auch ‚nicht ohne den Menschen‘ spiegelt das Grundproblem jeder Theologie der Offenbarung wider, in der bedingten Gestalt das Unbedingte identifizieren zu wollen. Eine christliche Antwort kann hier nur integrativ ausfallen: Die Liebe, als die Gott sich selbst offenbart, ist notwendig immer beides; sie ist immer wirklich Liebe im allgemeinen Sinne des Begriffs und doch je ganz spezifisch qualifiziert. Wenn sich also die Liebe von der Mutter zum Kind im Konkreten von der Liebe des frischverliebten Paares signifikant unterscheidet, so wird doch in beiden Fällen von Liebe gesprochen und umgekehrt ‚gibt‘ es diese allgemein gefasste Liebe nur in der konkreten Realisierung. So lässt sich die Gegenwart der Liebe nicht außerhalb bestimmter, menschlicher Handlungen auffinden und doch erschöpft sie sich nicht in diesen Konkretionen – sie bleibt immer ‚mehr'; Geheimnis im eigentlichen Sinne. Menschliches (und natürlich auch kirchliches) Handeln bleibt daher immer in dieser Ambivalenz, Liebe nur in bedingter und d.h. vorläufiger und mitunter missverständlicher Weise zum Ausdruck bringen zu können und das diese Konkretionen übersteigende ‚Mehr' nicht einholen zu können. Der christliche Offenbarungsanspruch relativiert diese Erkenntnis keineswegs. Ihm geht es vielmehr darum, das ursprüngliche ‚Aufgehobensein' dieser Ambivalenz in der Liebe, die Gott ist, aufzuzeigen, die den Menschen von dem Zwang befreit, die Widersprüchlichkeit seines Daseins selbst beseitigen zu *müssen*, und ihn freisetzt, an der Liebe teilhaben zu *dürfen*, das Dasein als gut und gewollt zu bejahen. Mit Karl Rahner gesprochen:

> „Die eigentliche totale, umfassende Aufgabe des Christen als Christen ist die, ein Mensch zu sein, freilich mit jener göttlichen Tiefe, die ihm unausweichlich in seinem Dasein vorgegeben und eröffnet ist. Und insofern ist eben das christliche Leben Annahme des menschlichen Daseins überhaupt, im Gegensatz zu einem letzten Protest."[35]

Literatur

Bernhard Nitsche, Christologie (Grundwissen Theologie), Paderborn u.a. 2012 *(eigenständige, sprachlich nicht ganz einfache, sachlich aber sehr überzeugende Einführung in die Christologie in freiheitstheoretischer Perspektive. Im Kontext der in diesem Kapitel verhandelten Fragestellung ist besonders Nitsches Entfaltung des soteriologischen Kernanliegens einer anthropologischen Wende der Theologie [Kapitel X] interessant).*

Klaus von Stosch, Offenbarung (Grundwissen Theologie), Paderborn u.a. 2010 *(für eine Erstauseinandersetzung sehr gut geeignete, knappe und übersichtliche Einführung in den Begriff der Offenbarung, die transzendentale Begründungsstrategien sinnvoll integriert).*

3. Tat und Macht der Sünde – Verbindung von transzendentaler und existenzieller Perspektive in sündentheologischer Absicht

Magnus Lerch

Christliche Anthropologie deutet das Versagen des Menschen im Horizont der Selbstmitteilung Gottes, der Offenbarung seiner unerschöpflichen, alle endlichen Möglichkeiten übersteigenden Liebe. Im Licht der Befreiung zum Neuanfang werden die ausweglosen Verstrickungen sichtbar, aus denen der Mensch sich nicht selbst befreien kann. Damit ist zugleich eine mehrdimensionale Sicht auf Schuld und Sünde verbunden. Einerseits ist und bleibt der Mensch verantwortliches, freies Wesen, aktives Subjekt seiner Taten. Andererseits ist er immer auch passiv betroffen von der Macht einer Unheilsgeschichte, die ihm vorausliegt und in der er von Anfang an ‚Mitläufer' ist. Diese Spannung von Aktivität und Passivität des Sünders bzw. von Tat und Macht der Sünde ist nicht aufzulösen, sondern näher zu bedenken – und zwar mit Hilfe der methodischen Unterscheidung wie Zuordnung von transzendentaler und existenzieller (phänomenologischer) Reflexion.

3.1 Vorbemerkungen

In den letzten beiden Themenfeldern zur Existenz des Menschen in Sünde und Gnade werden jeweils zwei Perspektiven unterschieden und zugleich einander zugeordnet, nämlich die transzendentallogische und die existenzielle Perspektive. Bereits im Durchgang durch die Konzepte von Rahner, Pannenberg, Jüngel und Pröpper zeigte sich: Wenn die Unterschiedlichkeit der methodischen Zugänge beachtet wird, können sich diese gerade ergänzen und bereichern – im Modell einer „kritischen Komplementarität"[1], wie es von *Bernhard Nitsche* etwa für das Gespräch von transzendentaler Logik und Phänomenologie angeregt wurde. Dahinter steht das auch dieses Lehrbuch leitende Bemühen, im Hinblick auf den anthropologischen

Zentralbegriff der ‚Freiheit' grundsätzlich zwei verschiedene Perspektiven, Reflexionsrichtungen und Erkenntnisinteressen zu *unterscheiden*, die aber – wie noch deutlich werden wird – weder philosophisch noch theologisch *getrennt* werden können.[2]

Die transzendentale Methode thematisiert die Freiheit als eine solche, die ‚auf etwas hin' ist, d.h. sich spontan öffnen oder sich verschließen kann. Der Mensch wird von seinem *Selbst*bezug her perspektiviert. Diese Reflexionsrichtung geht *logisch* vor, blickt auf den *formalen* Vollzug der Freiheit: Denken, Entscheiden, Handeln, Erfahren und Glauben setzen als deren transzendentale Möglichkeitsbedingung ein Subjekt dieser Vollzüge voraus (obwohl damit gerade noch nichts darüber gesagt ist, *wie* diese Vollzüge *im Konkreten* zustande kommen). Das primäre Frageinteresse dieser Reflexionsrichtung lautet: Wodurch ist gewährleistet, dass eine Bindung (an Personen, Institutionen, Überzeugungen) meine vernünftig verantwortbare *Selbst*bindung und nicht Fremdbestimmung ist? Aus der Sicht des hier gewählten freiheitstheoretischen Ansatzes ist dies das transzendentale Ich bzw. die formal unbedingte Freiheit. Sie ist die Möglichkeitsbedingung aller humanen Vollzüge, wie etwa Rationalität und Urteilsfähigkeit (das Gewichten von Gründen), Identität (die Ausbildung und Prägung einer Persönlichkeit, die ich als *meine* verantworte), Moralität (die Zuschreibung und Verantwortung von sittlich relevanten Handlungen); Freundschaft und Liebe, also die Zustimmung zu personalen Bindungen, die *nicht ohne mein Zutun* zustande kommen.

Aus einer konkreten, existenziellen oder auch phänomenologischen Perspektive ist Freiheit als eine solche zu thematisieren, die ‚von etwas her' ist, d.h. als *material bedingte* schon geprägt und bestimmt ist, bevor sie sich selbst bestimmen kann. Deshalb ist reale, existierende Freiheit stets eine *motivierte*, sie richtet sich nach einem ‚Wovon', das sie anzieht oder abstößt, ist also auch ohne *Neigung* nicht denkbar. Der Mensch wählt nicht voraussetzungslos. „Jeglicher Aktivität", so hält *Magnus Striet* fest, „geht eine nicht selbst ausgewählte Passivität voraus, die – und das darf nicht übersehen werden – zugleich die Bedingung dafür darstellt, sich überhaupt selbst bestimmen zu können."[3] Der Mensch ist also aus existenzieller bzw. phänomenologischer Perspektive auch von seinen Abhängigkeiten, Bedingtheiten und Vorprägungen, von seinem Bezogensein her zu verstehen. In dieser Reflexionsrichtung wird *genetisch* vorgegangen, der konkrete Vollzug der Freiheit in den Blick genommen und nicht nur ihre formale Möglichkeitsbedingung. Überindividuelle Faktoren und Bestimmungen gehen meinen Entscheidungen voraus und in sie konstitutiv mit ein. Das können biologische, psychische, soziale und kulturelle Prägungen sein (wie exemplarisch anhand der subjektkritischen Perspektiven in Kap. I verdeutlicht wurde). Ihnen ist gemeinsam, dass ich mich von ihnen nicht einfach distanzieren kann, sondern mich umgekehrt in ihnen schon vorfinde. Das primäre Frageinteresse dieser Reflexionsrichtung lautet: Welche Bestimmungen prägen – ob ich es weiß oder nicht – meine Selbstbestimmung? Wie ist die Disposition meiner eigenen, inneren Motive durch unverfügbare, mir entzogene Faktoren adäquat zu verstehen?

Beide Perspektiven und Reflexionsrichtungen – ‚Auf-hin-Sein' und ‚Von-her-Sein' – stehen nicht im Widerspruch zueinander, sondern ergänzen und korrigieren sich wechselseitig. Denn sie erschließen gleichermaßen elementare Grunderfahrungen des Menschen. Während die transzendentale Logik den Menschen eher von seiner *Aktivität* her versteht, besitzt die existenzielle, phänomenologische Perspektive ein waches Sensorium für die Dimension menschlicher *Passivität*. Beide Aspekte begründen unterscheidbare, aber nicht trennbare Perspektiven auf den einen menschlichen Freiheitsvollzug. Dies soll im Folgenden konkretisiert werden: anhand der faktischen Situation des Menschen, sofern er als Sünder mächtig und ohnmächtig zugleich ist; und als Glaubender sowohl von der Gnade ergriffen wird als auch sie aktiv bei sich ankommen lässt. Hinter dieser komplementären Sicht steht nicht nur ein anthropologisches, sondern auch ein ökumenisches Anliegen. Denn sie ermöglicht eine hermeneutische Würdigung und differenzierte Beurteilung der unterschiedlichen Akzentsetzungen evangelischer und katholischer Theologie.

3.2 Schuld und Sünde als Freiheitsgeschehen

Die transzendentale Freiheitstheorie, die dieser Einführung zugrunde liegt, hat sündentheologisch den Vorzug, dass sie nicht unvermittelt mit der Beschreibung des Menschen als Sünder ansetzt, sondern diese zuallererst verständlich macht und in der menschlichen Selbst- und Welterfahrung verortet. So kann die ‚nur' ethische von der religiösen Schuldinterpretation unterschieden (nicht: getrennt) werden, können also Schuld und Sünde differenziert werden, um den theologischen ‚Überschuss', die existenzielle Relevanz gerade der gläubigen Perspektive auf die Verfehlung des Menschen zu zeigen.

Aus freiheitstheologischer Perspektive bedeutet von Sünde und Schuld zu sprechen nicht, den Menschen in pessimistischer Manier ‚klein' zu machen, sondern ihn als verantwortliches Subjekt zu verstehen, dem Handlungen als eigene zugeschrieben werden können. Schuldigwerden kann nur, wer prinzipiell frei ist. Freiheit ist die Minimalbedingung, ohne die der Schuldbegriff aufgehoben wäre. Das gilt auch auf der Erfahrungsebene: Ein reifes und eigenes (nicht von außen manipuliertes) Schuld*bewusstsein* hängt ab vom Freiheits*bewusstsein*. Nur wenn ich mich nicht als reines Produkt meiner Umstände erfahre, kann ich mir bewusst werden, dass ich anders hätte handeln können und sollen, dass ich einem anderen Menschen nicht gerecht geworden bin. Hierauf bezieht sich der Begriff der ‚Schuld': In ihr verweigert sich der Mensch der Anerkennung und Bejahung anderer Freiheit, die von ihm objektiv gefordert ist – nämlich, wie gesehen, aufgrund der inneren Struktur der Freiheit: Freiheit entspricht sich selbst in der Anerkennung anderer Freiheit. Damit ist nicht allein die formale Achtung des Anderen gemeint, die die eigene Freiheit nur begrenzt, wo die des Anderen beginnt; sondern auch die aktive Stärkung und Förderung seiner Identitätsbildung; die Achtsamkeit für das, was der Andere braucht, um er ‚selbst' zu sein bzw. zu werden; Empathie und Mitleid, die Solidarität an die Stelle von kalter Gleichgültigkeit setzen.

Im Matthäus-Evangelium heißt es am Schluss des Hauptteils der Bergpredigt: „Alles, was ihr also von anderen erwartet, das tut auch ihnen! Darin besteht das Gesetz und die Propheten" (Mt 7,12). Diese ‚Goldene Regel' wird nicht nur im Egoismus, sondern auch in einem reinen Altruismus verletzt – also sowohl dort, wo ich die andere Person als Mittel zum Zweck meiner Selbstverwirklichung und Selbstbehauptung instrumentalisiere als auch dort, wo ich mich selbst, meine Wünsche und Bedürfnisse dauernd übergehe:

> „Was dem anderen wirklich gut tut, das kann letztlich nicht auf meine Kosten gehen; denn es wird dem anderen nicht gut tun, mit einem Menschen zusammenzuleben, der sich über seine eigenen Bedürfnisse täuscht und – moralisch gesehen – dauernd über seine Verhältnisse lebt. Was dem anderen wirklich gut tut, das wird mir auch gut tun: eine Beziehung, die uns beiden und allen Beteiligten möglichst gerecht wird, die jeden so zur Geltung kommen lässt, wie es seinen Möglichkeiten entspricht."[4]

Die transzendentale Begründung dieser Einsicht ist eines der kaum überschätzbaren Leistungen des Freiheitsdenkens: Das wahrhaft Erfüllende des Eigenen (der formal unbedingten Freiheit) ist zugleich das, was dem Anderen zu Gute kommt (die unbedingte Anerkennung seiner Freiheit) – und umgekehrt: Wo Freiheit sich dem Anderen verschließt, existiert sie selbst in Entfremdung. Zu-Sich-Kommen und Beim-Anderen-Sein entsprechen sich. In der Schuld widerspricht der Mensch daher nicht ihm äußerlich bleibenden oder gar willkürlich verhängten Geboten, sondern vor allem *sich selbst*.

Diese objektive Norm der unbedingten Anerkennung anderer Freiheit gilt unabhängig von theologischen Vorentscheidungen; sie ist durch eine freiheitsphilosophische Reflexion auf die Struktur autonomer Freiheit erreichbar. Schuld und Sünde sind also *erkenntnistheoretisch* zu *unterscheiden*, ebenso wie Philosophie und Theologie, menschliches Selbstbewusstsein und Gottesbewusstsein. Weil der Mensch nicht einfach von Natur aus ein religiöses Wesen ist, das um Gottes Existenz zweifelsfrei weiß, sondern seine tatsächliche Gotteserkenntnis auf Offenbarung angewiesen ist, kann er auch erst in ihrem Licht erkennen, dass seine Schuld tatsächlich Sünde ist. Dennoch sind *sachlich* Schuld und Sünde aus theologischer Perspektive nicht zu *trennen*. Wenn ich mich dem Anderen verschließe, widerspreche ich dem Wesensgesetz meiner Freiheit, die von Gott geschaffen ist und zudem – nimmt man die pneumatologische Perspektive hinzu – ständig durch das Angebot der Gnade bestimmt ist (s.u. Kap. III.4.5). Wo ich dem Mitmenschen gegenüber schuldig werde, ist also zumindest ein *impliziter* Widerspruch gegen Gott mitgesetzt. Gottes- und Nächstenliebe sind untrennbar.

Begrifflich ist Sünde von Schuld darin unterschieden, dass erstere letztere in einen religiösen Horizont, in die Dimension der Gottesbeziehung stellt. Sünde im *expliziten* Sinn ist das Sich-Verschließen des Menschen gegenüber Gottes schon erfahrener Liebe, auf deren schöpferische Möglichkeiten der Sünder letztlich doch nicht setzt und vertraut, sondern sich an dem festzumachen sucht, worüber er verfügen kann, was von ihm herstellbar, machbar und kontrollierbar ist. So zählt für ihn letztlich nur das, was er selbst leistet – und das Glückende schreibt er allein sich selbst zu: Jeder bekommt, was er verdient… Hier liegt der Sinn der Rede von ‚der Sünde' im Singular: Sie meint primär nicht die einzelne Tat, sondern eine existenzielle Grundhaltung des Nicht-Vertrauens auf die größeren Möglichkeiten der Liebe, die Gott selbst ist. Treffend definiert *Jürgen Werbick* wie folgt:

> „Der Begriff Sünde bezieht sich auf den Widerspruch zwischen dem gleichgültigen oder kleinmütigen Zurückweichen vor den Zumutungen der Liebe und dem Glauben an den Gott der Liebe, der in der Liebe zu den Menschen kommen will; er meint also nur mittelbar diese oder jene konkrete Lieblosigkeit, unmittelbar aber das mangelnde Vertrauen auf die Verheißungen der Liebe und damit auf Gott selbst, der für diese Verheißungen einsteht."[5]

Sünde interpretiert also das menschliche Versagen im Licht des Sinn- und Verheißungshorizontes, den der Gott Jesu Christi geschichtlich eröffnet hat. Damit ändert sich der Blick auf dieses Versagen. Das Handeln wird nicht allein von den moralischen Kategorien der Verantwortlichkeit und Zurechenbarkeit her gedeutet – deren Ort in meiner existenziellen Grundhaltung steht gerade in Frage: Wo ich mich immer für alles verantwortlich fühle oder stets der Meinung bin, das eigene Scheitern habe sich der Betreffende nun einmal selbst zuzuschreiben, verbirgt sich dahinter womöglich keine gesunde moralische Einstellung, sondern ein rigider und gnadenloser Moralismus, der meint, Sinn und Gelingen des eigenen Lebens ausschließlich selbst sichern zu müssen bzw. zu wollen. Endlicher Freiheit ist dies aber aufgrund ihrer nur formalen Unbedingtheit prinzipiell unmöglich. Immer bleibt eine Kluft zwischen dem, was sie ihrer Absicht nach will und dem, was sie tatsächlich realisieren kann; zwischen der Bejahung und Liebe, die ich für mich selbst und den Anderen erhoffe und ihrer Erfüllung, die wir uns nur vorläufig (symbolisch) zusagen und vermitteln können. Aus dieser Struktur der menschlichen Freiheit folgt natürlich keineswegs zwangsläufig ihr Schuldigwerden. Aber verständlich wird, dass und warum der Mensch überhaupt versucht sein kann, sich nur auf die eigene Kraft und Leistung zu verlassen. Denn der definitive Grund und Sinn seines Daseins ist für ihn selbst nicht einfach verfügbar, existiert er selbst doch ‚nur' als Frage nach Gott, deren Antwort er nicht *von sich aus* schon gewiss sein kann, sondern nur qua geschichtlich vermittelter Offenbarung gewiss *werden* kann. Insofern unterscheidet der Glaube zwischen dem, was der Mensch tun kann und dem, was allein in Gottes Möglichkeiten liegt. Sünde ist die Verweigerung dieser Unterscheidung zwischen göttlichem und menschlichem Handeln und damit letztlich zwischen Gott und Mensch selbst: Verweigerung der Anerkennung der *Grenze* zwischen Gott und Mensch.

Das *Symbol* für diese Grenze ist in der alttestamentlichen Erzählung vom Sündenfall (Gen 3,1-24) jener einzige Baum, von dem Gott dem Menschen verbietet, zu essen und von dem die Schlange verspricht, dass dessen Frucht ein Sein-wie-Gott ermöglicht, d.h. die Erkenntnis von Gut und Böse. Der alttestamentlich umfassende Sinn von ‚Erkenntnis' legt es nach Ansicht einiger Exegeten nahe, sie auch im Kontext der Erzählung nicht nur von ihrer sittlichen Dimension her zu verstehen, sondern als umfassendes, definitives Verstehen des Daseins und seiner Bewältigung: als ‚gottgleiche' Urteilskraft und Macht über das Ganze des Lebens, die das Menschen-Mögliche prinzipiell sprengen.[6] Demgegenüber würde die Anerkennung der Grenze (im Bild: das Nicht-Essen vom Baum der Erkenntnis) die Annahme und Bejahung der eigenen Endlichkeit, der Vorläufigkeit unseres Erkennens, der letzten Unverfügbarkeit des Gelingens unserer Handlungen bedeuten; kurz: dass wir uns nicht selbst sichern, die Bedingungen unserer Existenz nicht unendlich steigern oder grenzenlos optimieren können. Andernfalls widerspricht der Mensch nicht nur Gott, sondern auch sich selbst, weil er seiner Freiheit eine Begründungslast aufbürdet, die sie als endliche – als nur formal unbedingte, aber material bedingte – nicht tragen kann.

Der Glaube dispensiert den Menschen nicht vom moralischen Handeln – er befreit es aber von der Illusion, die letzte Sinn- und Urteilsinstanz der Gesamtwirklichkeit zu sein.

> „Weil es Gott ist, der unser Dasein gutheißt und nur *er* es mit begründeter Endgültigkeit gutheißen *kann*, entscheidet über Gewinn und Verlust wahren menschlichen Lebens zuerst und zuletzt nicht moralische Leistung oder moralische Schuld, sondern der Glaube."[7]

Gerade in dieser Begrenzung des moralischen Handelns kommt der Glaube dem Handeln zugute. Denn angesichts der menschlichen Grenzen und Verstrickungen wehrt er der Resignation, im Vertrauen auf die größeren Möglichkeiten der Liebe Gottes. So ermutigt er zu einem Handeln, das seine Fragmentarität nicht fürchten muss; und zur verantwortungsvollen Übernahme der eigenen Schuld jenseits ihrer ängstlichen Leugnung, aber auch jenseits einer moralistisch-neurotischen Fixierung auf sie.[8] Angesichts der größeren Möglichkeiten Gottes geht es dem Glauben vielmehr um aktive Überwindung der Schuld und ihrer wirklichkeitsverändernden Konsequenzen, um Umkehr und Neuanfang. Anders gesagt: Die theologische Frage nach der Herkunft der Sünde steht im Dienst der Perspektive ihrer Überwindung, der Wiederherstellung von Gerechtigkeit – und der Zukunft des Sünders.

Von der Zukunft des Sünders zu sprechen, bedeutet aber, dass er – so radikal seine Verstrickung in Schuld und Sünde im Einzelfall auch sein mag – für Gott ansprechbar bleibt. Seine Gottebenbildlichkeit, d.h. seine prinzipielle Hinordnung und Verwiesenheit auf Gott, hat er nicht durch eigene Leistung, nicht selbst begründet, sondern von Gott her als Gabe empfangen. Deshalb kann der Mensch sein eigenes *Sein* als Ebenbild Gottes durch seine *Taten* nicht auslöschen. Der Sünder verliert die Gottähnlichkeit *(similitudo)*, aber seine Bestimmung zu ihr *(imago)* gehört zu seiner Geschöpflichkeit und ist somit unverlierbar. Auf dieser Linie formuliert das Sündendekret des Konzils von Trient (1545-1563), dass der freie Wille *(liberum arbitrium)* durch die Sünde „in seinen Kräften zwar geschwächt", aber „keineswegs ausgelöscht" (DH 1521) worden ist. Auch als Sünder bleibt der Mensch Subjekt seines Denkens, Handelns und Glaubens – und er muss so gedacht werden, wenn gelten soll, dass die Gnade den Menschen nicht *von*, sondern *zu* sich selbst befreit, ihn *erneuert* und nicht durch einen neuen Menschen *ersetzt*. Es muss somit ein formales ‚Kontinuum' angenommen werden, das verbürgt, dass es ein und derselbe Mensch ist, der von Schuld und Sünde befreit wird und so in neuer Weise zu *sich selbst* findet.

Dieses auch durch die Sünde nicht zerstörbare formale Kontinuum lässt sich mit dem transzendentalen Freiheitsdenken begrifflich bestimmen: In der formal unbedingten bzw. transzendentalen Freiheit wird jene Instanz gedacht, durch die der Mensch in all seinen wechselnden Erfahrungen, Krisen und Neuaufbrüchen formal derselbe und mit sich identisch bleibt – obwohl er sich material ändert, möglicherweise so radikal verändert, dass er von sich sagt: Ich bin nicht mehr derselbe. Aber eben: *Er* ist es, der nicht mehr derselbe wie vorher ist, sodass auch die Erfahrung der Krise oder gar des Bruchs in der eigenen Lebensgeschichte logisch ein mit sich identisches Referenzsubjekt voraussetzt, das diese Erfahrung *sich selbst* als *eigene* zuschreiben kann. Die Kontinuität und Identität verbürgende *formale* Unbedingtheit der Freiheit ist also gerade die transzendentale Möglichkeitsbedingung *materialer* Veränderung und Diskontinuität. Insofern bezeichnet sie auch noch keine Freiheit der Wahl zwischen verschiedenen, mir bewusst vor Augen stehenden Alternativen, sondern ‚nur' die formale Möglichkeitsbedingung, überhaupt potenziell freie Handlungen initiieren zu können. Die transzendentale Perspektive wahrt somit das formal ‚Eigene' des Menschen in jeder Beziehung und Bindung, in jedem durch die Gnade Ergriffenwerden und in die Sünde Verstricktsein. Auch der Sünder ist mit seiner Sünde nicht restlos identisch. Es zeichnet die theologische Rede von der menschlichen Schuld aus, dass sie von ihr im Horizont eines neuen Anfangs spricht, wie *Julia Knop* hervorhebt:

> „Wer menschliches Versagen als Sünde benennen kann, gibt den Gescheiterten nicht der Last seines Scheiterns preis, er legt ihn nicht auf sein Scheitern fest, er wird ihn nie aufgeben. Wer sich als Sünder bekennt, mutet sich die Anerkenntnis des eigenen Versagens zu, er widersteht allen Versuchungen, sich durch Erklärung seines Scheiterns zu ent-schuldigen und zu entmündigen. [...] Wer sich vor Gott als Sünder bekennt, ist aller Trostlosigkeit bereits entrissen."[9]

3.3 Ursprung und Macht des Bösen

Festgehalten wurde, dass die formal unbedingte Freiheit noch nicht die explizite Wahl (z.B. des Guten oder des Bösen) meint, sondern das prinzipielle Vermögen, sich überhaupt als freies Ich vollziehen zu können. Es drückt sich in der konkreten Wahl aus, manifestiert sich realsymbolisch in ihr, ist ihr darum aber auch formal als Möglichkeitsbedingung vorgeordnet. Nimmt man nun die Ebene der *Realisierung* endlicher Freiheit in den Blick, dann ergibt sich ein Problem, und zwar gerade für eine Anthropologie, die Schuld als Freiheitsgeschehen deutet: Warum überhaupt wählt der Mensch *konkret* das Böse, warum kann es ihm überhaupt attraktiv erscheinen? Eine solche ‚Anziehungskraft' muss man prinzipiell für jeden Inhalt der Freiheit voraussetzen. Denn Freiheit ist nur dann real, wenn sie sich für etwas (für einen Gehalt) entscheidet, sonst bleibt sie leer und ungenutzt. ‚Wofür' sich eine freie Person entscheidet, das muss ihr erstrebenswert erscheinen, andernfalls wäre ‚Freiheit' von ‚Willkür' nicht mehr unterscheidbar. Kann ich für eine Entscheidung keine inneren Motive, Antriebe oder Gründe angeben, so verstehe ich mich selbst nicht, fühle mich nicht frei, sondern getrieben. Dann aber kommt es sündentheologisch zu der entscheidenden Frage: Warum überhaupt gibt der von Gott gut geschaffene freie Wille des Menschen sich einen sittlich schlechten Inhalt? Woher hat das Böse seine Macht über ihn, warum kann es überhaupt eine Anziehungskraft auf die von Gott gewollte menschliche Freiheit ausüben?

Eine der möglichen Richtungen, dieses Problem weiter zu bedenken, hat die theologische Anthropologie in der Lehre vom *peccatum originale* (Ursünde oder Ursprungssünde) aufgezeigt. Sie geht auf Augustinus zurück und ist für die abendländische Theologie enorm prägend geworden. Die deutsche Bezeichnung ‚Erbsünde' fand vor allem durch *Martin Luther* (1483-1546) Verbreitung. Für die in diesem Kapitel angezielte Verbindung von transzendentaler und phänomenologischer Reflexion ist zudem der Hinweis wichtig, dass sowohl Augustinus als auch Luther weniger an *formalen* (aus heutiger Sicht: transzendentalen) Beschreibungen der menschlichen Freiheit interessiert sind als an ihrem *existenziellen* Vollzug.[10] Die Ursündenlehre antwortet auf das eben gestellte Problem, basal formuliert: *Die Macht des Bösen ist von mir aus gesehen immer schon da, bestimmt mich und meine Entscheidungen von Beginn meines Daseins an* – aufgrund der ersten Sünde des ersten Menschen (Adam), der sich auf Gott beziehen konnte, diese Beziehung aber verweigert hat und so für alle Nachkommen eine Situation des Unheils geschaffen hat, aus der sie sich aus eigener Kraft nicht befreien können. Es ist ihr Einfluss, der auf die menschliche Freiheit bei der Wahl ihres Inhalts aktiv einwirkt, sie wie eine Schwerkraft zum Schlechteren hin bewegt. Dadurch ist der Mensch immer schon ‚voreingenommen', tendiert dazu, sein Handeln nicht am Maßstab der Gottes- und Nächstenliebe auszurichten, sondern es am Prinzip der Selbstsicherung und Selbstrechtfertigung zu orientieren. Mit dem Begriff des *peccatum originale* wird also die vor-personale und über-individuelle Macht des Bösen betont. *Helmut Hoping* bestimmt den Kern der Erbsündenlehre als die Vorstellung einer „universalen Schuldverfallenheit menschlichen Daseins vor aller individuellen Schuld und Sünde"[11]. Gemeint ist eine Schuldverfallenheit, die nicht erst durch einzelne Taten des Individuums *zustande kommt*, auch nicht deren Summe ist, sondern gerade umgekehrt der einzelnen Tat *zugrunde liegt*.

So ermöglicht eine ursündentheologische Deutung, die Wirklichkeit des Bösen nicht ausschließlich von der Aktivität des einzelnen Individuums her zu verstehen. Der Mensch wird ohne sein Zutun ‚hineingeboren' in einen Unheilszusammenhang, durch den sein aktives Denken, Entscheiden und Handeln passiv mitbestimmt wird. So ist er, wie Augustinus ins Bild bringt, „Verführter und Verführer, Betrogener und Betrüger"[12]. Auch Jüngels Beschreibung der Sünde als ‚Lebenslüge' liegt auf dieser Linie: Der Lügner ist zugleich der Belogene. Die Lebenslüge wird aktiv getan, doch zugleich werden der Einzelne und seine Mitmenschen passiv in ihren Umkreis mit einbezogen. Dessen Radius erweitert sich wie von selbst; denn die der Lebenslüge immanente Logik drängt darauf, sich durch die vielen kleinen Unaufrichtigkeiten des Alltags, durch Selbst- und Fremdmanipulationen zu erhalten und fortzusetzen, um unentdeckt zu bleiben (nicht nur für andere, sondern auch für den Betroffenen selbst).

Indes deuten diese Bilder bereits an, dass trotz der Beschreibung des passiven Moments der Sünde deren ethische Dimension, also die Zurechenbarkeit und Verantwortlichkeit des Menschen, nicht verdrängt wird. Da Augustinus Zeit seines Lebens[13] mit der Frage nach der Herkunft und Macht des Bösen gerungen hat, waren ihm die Alternativen ebenso vertraut wie deren Problematik. Die in der antiken Welt gleichermaßen bedeutsamen, aber inhaltlich divergierenden Selbst- und Weltdeutungen des *Manichäismus* und des *Neuplatonismus* kommen beide darin überein, dass sie das Böse nicht auf die Freiheit des Menschen zurückführen, sondern in der Ordnung bzw. Unordnung der Weltwirklichkeit verankern, so dass die Existenz des Bösen von vornherein notwendig erscheint. Im dualistischen System des Manichäismus bildet das Böse ein zweites, gleichrangiges Prinzip; im konträren, weil monistischen System des Neuplatonismus bildet es die notwendige Grenze der Ausstrahlung des absolut einen, guten Grundes und hat insofern von vornherein einen Platz (wenn auch einen untergeordneten) im ‚Ganzen' der Wirklichkeit. Christliche Anthropologie und Schöpfungstheologie widersprechen an dieser Stelle: Alles, was existiert, ist vom guten und allmächtigen Schöpfergott gewollt, nicht tragischerweise oder naturnotwendig da, sondern durch sein freies Wort ins Dasein gerufen. Was von Gott her nicht sein soll – das Böse –, kann nicht von ihm stammen, sondern nur der menschlichen Freiheit entspringen. Eine ethische Deutung des Bösen sichert also dessen *Kontingenz*: Das Böse resultiert nicht aus einem notwendigen schicksalhaften Weltverlauf oder einer *Natur* des Menschen, die nun einmal nicht anders kann, als so und nicht anders zu handeln, sondern es ist der *Freiheit* des ersten Menschen entsprungen und darum eine Wirklichkeit, die nicht sein sollte, aber faktisch ist. Der Kontingenzgedanke wiederum schützt die Erlösungshoffnung: Weil der Mensch nicht schon von Natur aus verdorben ist, kann er zum Neuanfang befreit werden. Wenn im Folgenden von ‚Tragik', ‚Macht' oder ‚Verhängnis' der Sünde oder auch von der ‚Ohnmacht' bzw. ‚Passivität' des Sünders gesprochen wird, dann ist damit also lediglich ein bestimmter *Aspekt* des Freiheitsvollzugs gemeint, der aber für sich genommen nicht isoliert werden darf, sondern vielmehr in seiner *Spannung* zum anderen Pol (hier der Zurechenbarkeit der Sünde bzw. Aktivität des Sünders) zu bedenken ist. Dieser Ansatzpunkt erscheint nicht zuletzt deshalb geboten, weil beide Dimensionen, Aktivität und Passivität, der Sache nach auch schon in zwei berühmten biblischen Texten auftreten, die theologiegeschichtlich in der Sündenlehre immer wieder eine Rolle spielten: die schon erwähnte Sündenfallerzählung Gen 3 und Röm 5,12-21.

Gen 3 legt das Hauptaugenmerk zunächst auf die Freiheit und Aktivität des Menschen. Nachdem die Schöpfungserzählung beschreibt, dass alles, was existiert, allein durch Gottes freien Entschluss entstanden ist und daher prinzipiell „sehr gut" (Gen 1,31) ist, führt Gen 3 die faktisch das Leben begleitenden Widrigkeiten auf die Freiheit des ersten Menschen zurück. Dabei ist zu beachten, dass der Text keinen historischen Bericht über ein erstes Elternpaar enthält, sondern eine ätiologische Erzählung über die grundsätzliche Situation des Menschen bietet, der sich in einer von Schuld, Leid und Unheil geprägten Geschichte vorfindet.[14] Dies deutet die Erzählung als Folge dessen, dass der Mensch die für ihn konstitutive Grenze übertreten, die Differenz zwischen Schöpfer und Geschöpf nicht anerkannt hat – und dies nicht notwendigerweise, sondern faktisch, besitzt doch der Mensch die Freiheit zur Anerkennung oder Negation der von Gott gegebenen Grenze. Damit kommt der Erzählung insofern eine *Theodizeefunktion* zu[15], als sie festhält, dass nicht Gott Ursprung des Leids und des Bösen in der Welt ist. Zu beachten ist dabei jedoch, dass die Erzählung nicht die Endlichkeit und Begrenztheit des Menschen als solche aus der Sünde erklärt, sondern auch seiner Geschöpflichkeit zuordnet. So wird auch *vor* der Sünde – im ‚Paradies' – der Mensch als arbeitender vorgestellt (Gen 2,15), womit auch die Sündenfallerzählung schließt (Gen 3,23); die nach der Sünde dem Menschen vorausgesagte Rückkehr zum „Ackerboden" und zum „Staub" (Gen 3,19) erinnert an die Schöpfung des Menschen „aus Erde vom Ackerboden" (Gen 2,7).[16] Nicht die Endlichkeit als solche, aber ihre konkrete Erfahrung im Einzelnen, der tatsächliche Umgang mit ihr, hat sich verändert – weil es einen Unterschied macht, ob diese im Angesicht der Nähe Gottes gedeutet wird oder der Mensch mit ihr allein und auf sich gestellt („nackt": Gen 3,7) ist.[17] Den Ursprung dieser Selbstbezogenheit führt Gen 3 zwar einerseits auf die Aktivität und Eigenverantwortlichkeit menschlicher Freiheit zurück.[18] Aber beschrieben wird auch eine passive Dimension im Sündengeschehen: symbolisch verdichtet in der Schlange, die menschlicher Freiheit den Anstoß zum Bösen gibt und zu ihm verführt oder in den für alle Menschen lebensmindernden Folgen der Sünde (wie Mühsal und Schmerzen), deren Ursprung gemäß dem ätiologischen Charakter der Erzählung in die Vergangenheit zurückprojiziert wird, um ihre gegenwartsbestimmende Macht existenziell zu erschließen. Zugleich hebt dieses passive Moment das aktive nicht auf. Das Bild der anhaltenden Feindschaft zwischen der Schlange und der Nachkommenschaft des Menschen (Gen 3,15) verweist auf die „permanente Auseinandersetzung des Menschen mit den Verführungen zum Bösen. Trotz seiner Kreatürlichkeit unterliegt der Mensch nicht zwanghaft jeder Verführung zum Bösen.“[19] Überhaupt bleibt mit der Schlange als dem Symbol der Verführung zum Bösen auch dessen Ursprung im Dunkeln. Die Erzählung führt die Schlange primär hinsichtlich ihrer Funktion ein, die Übertretung des Gebotes zu motivieren – was sie genau ist und woher sie selbst motiviert ist, erfährt man nicht (nur, dass sie geschaffen und also keine göttliche Gegenmacht im dualistischen Sinne ist: Gen 3,1).[20] *Paul Ricœur* (1913-2005) versteht sie als ein rational nicht auflösbares Symbol, das der Vernunft gleichwohl *zu denken gibt*, von ihr also immer wieder neu bedacht werden will.[21] Die Schlange versinnbildlicht die „passive Seite der Versuchung“: „Sündigen heißt Nachgeben.“[22] Sie steht für jenes Böse, „das ich fortsetze, wenn ich, auch ich, es beginne und in die Welt bringe; das Immer-schon-da des Bösen ist die *andere* Sicht jenes Bösen, für das *ich* gleichwohl verantwortlich bin.“[23] Tatsächlich fordert die Schlange auch nicht explizit zur Übertretung des Gebotes auf, sondern lenkt ‚nur‘ den Blick des Menschen auf das Verbotene. Der ‚Reiz des Verbotenen‘ wird in der köstlich erscheinenden Frucht des Baumes symbolisiert (Gen 3,6), die das Begehren des Menschen anspricht. Allerdings ist zu beachten, dass es sich nicht um die Frucht irgendeines Baumes, sondern des Baumes handelt, der die Grenze verbildlicht. Folglich wird nicht das menschliche Begehren als solches, sondern allein dessen *Grenzenlosigkeit* problematisiert.[24] *Warum* aber das Verbotene überhaupt einen Reiz auf den Menschen ausüben kann, wieso er überhaupt verführbar ist, bleibt offen. So lässt die Erzählung alle Aspekte stehen, ohne sie abzuleiten oder zu synthetisieren: Eigenverantwortlichkeit des Menschen, Verführbarkeit durch das Böse – und die letzte Rätselhaftigkeit seines Ursprungs.[25]

Letzteres gilt insofern auch für die paulinische Sündentheologie, als Paulus – wie *Michael Theobald* bemerkt – die Sünde sowohl als „geschichtsbestimmende *Macht*“ wie auch als „verantwortliche *Tat*“ begreift:

> „Beides denkt er zusammen: das Bestimmtsein des Menschen durch seinen immer schon im Bann von Sünde und Tod stehenden Welt- und Daseinsraum, dem er nicht entfliehen kann, *und* die Ratifizierung dieser Vorgabe durch die je eigenen Sündentaten, in denen die Macht der

> Sünde erst zum Zuge kommt. Auf das ‚Ineinander' beider Aspekte kommt es an."[26]

Beide Aspekte enthält auch Röm 5,12-21. Hier stellt Paulus die Sünde ‚Adams' der Erlösungstat Jesu Christi gegenüber – in der Absicht, die ungleich größere Kraft der Gnade zu verdeutlichen. Um deren *universale Bedeutung* für den Menschen zu erschließen, parallelisiert Paulus die Gestalten Adam und Jesus Christus im Hinblick darauf, dass jeweils das Handeln des Einen die Vielen bestimmt und prägt (vgl. etwa: Röm 5,19: „Wie durch den Ungehorsam des einen Menschen die vielen zu Sündern wurden, so werden auch durch den Gehorsam des einen die vielen zu Gerechten gemacht werden"). Die Gemeinsamkeit zwischen Adam- und Christusgeschehen liegt also darin, dass es sich um ein „*menschheitsgeschichtliches* Ereignis handelt. Seine Bedeutung geht die gesamte Menschheit an, und die Dimensionen seiner Wirkung weisen eine universale oder besser: eine anthropologische Reichweite auf."[27] Paulus formuliert daher zu Beginn des Textabschnitts, dass „durch einen einzigen Menschen [...] die Sünde in die Welt kam" (Röm 5,12). Der singularische Gebrauch von ‚Sünde' ist typisch für Paulus und zielt besonders im Römerbrief auf bildhafte Umschreibungen, die die Sünde als handelnd und den Menschen als von ihr passiv beherrscht vorstellen[28] – bis hin zu der paradox klingenden Zuspitzung, dass „nicht mehr ich es [bin], der so handelt, sondern die in mir wohnende Sünde" (Röm 7,20; s.u. Kap. III.3.5). Allerdings kann kein Zweifel daran bestehen, dass Paulus die Aktivität und Eigenverantwortlichkeit menschlicher Freiheit nicht aufhebt, sondern als unverzichtbare Voraussetzung der Sünde begreift. In Röm 5,12 wird auch festgehalten, dass „der Tod" – den Paulus nicht nur auf das physische Sterben bezieht, sondern der Beziehungs- und Hoffnungslosigkeit, Gottesferne und Selbstentfremdung bedeutet[29] – deshalb „zu allen Menschen [gelangte], weil alle sündigten". Hier ist von einer Allgemeinheit der Sünde die Rede, die nicht ohne die einzelne Tat des Individuums zustande kommt. Überhaupt charakterisiert Paulus die Sünde wesentlich als Übertretung des Gesetzes (Röm 5,14), die ohne personale Verantwortung nicht gedacht werden kann.[30] *Jürgen Becker* resümiert daher, dass Paulus

> „den Tatcharakter der Sünde immer in den Vordergrund rückt und es in keinem Fall zulassen würde, über die Rede von der Herrschaft der Sünde die Verantwortlichkeit des Menschen für sein Tun zu schmälern, wie er ja die Sünde auch nicht auf Satan zurückführt. Der Mensch ist für ihn keine tragische oder besessene Gestalt, die von sich weg auf ein

> fremdes Verhängnis weisen könnte, wenn es um die Schuldfrage vor Gott und dem Nächsten geht (1 Kor 8,12; Röm 1,21; 2,1)."[31]

Auch im Zusammenhang mit der Charakterisierung der Sünde als eigenverantwortlicher Übertretung des Gesetzes zeigt sich jedoch ein Moment menschlicher Passivität. Die Sünde weckt im Menschen die Begierde, das Gebot zu übertreten, sie verführt ihn (vgl. Röm, 7f.11) – möglicherweise eine Anspielung auf die Sündenfallerzählung, die diese Rolle der Schlange zuschreibt.[32] So ist in der Forschung die Frage umstritten, mit welchen begrifflichen Mitteln und hermeneutischen Kategorien sich die bei Paulus auftretenden Motive der aktiven Verantwortung für die Sünde und des passiven Beherrschtseins von ihr adäquat zum Ausdruck bringen lassen (zudem stellt sich die vorgelagerte Frage, ob eines der Momente prinzipiell oder kontextabhängig prioritär ist).[33] *Michael Theobald* spricht im Blick auf das paulinische ‚Zugleich' von eigenverantwortlicher Tat und geschichtsbestimmender Macht von einem „dialektischen[n] Verständnis", das zu keiner der beiden Seiten hin aufgelöst werden darf, von Paulus selbst aber nicht als solches bedacht wird.[34]

3.4 Grenzen der augustinischen Erbsündenlehre

Da Paulus die Spannung zwischen Aktivität und Passivität des Sünders stehen lässt, ohne sie als solche zu reflektieren, entwickelt er – nach dem Urteil der neueren Exegese – auch noch keine ausgearbeitete *Lehre* von der Erbsünde, die den *Zusammenhang* zwischen der Sünde des ‚Einen' und den Sünden der ‚Vielen' näher bestimmt, wie dies dann erstmals bei Augustinus der Fall ist.[35] Auch deren Kern besteht zunächst, wie gesagt, in der Annahme einer universal wirksamen Verstrickung aller Menschen in Schuld und Sünde, die der individuellen Tat vorausgeht, sie aber gerade deshalb konstitutiv mitbestimmt. Die darin ausgesagte Spannung – Sünde als Tat und Macht – wird in Kap. III.3.5 noch näher zu bedenken sein. Sie wird in der *gegenwärtigen* Theologie durch die grundsätzliche Weichenstellung aufrecht erhalten, die Wirkmacht der Ursünde nur in einem *analogen*, also nicht univoken (begrifflich gleichsinnigen) Sinn als Sünde zu verstehen. Analogie setzt Gemeinsamkeit wie Verschiedenheit voraus. Demnach ist die Ursünde nicht unmittelbar mit moralisch zurechenbarer, individueller Schuld gleichzusetzen.[36] Ein meinem Denken und Handeln vorausgehender und es daher mitbestimmender

Schuldzusammenhang ist zu unterscheiden von dem Aspekt personaler Zurechenbarkeit in der individuellen Einzeltat. Die mit Blick auf Paulus festgehaltene Rede von der ‚Dialektik' bzw. dem ‚Ineinander' beider Momente (Theobald) meint ja gerade, dass diese weder völlig getrennt noch unterschiedslos identifiziert werden können. Die Einzeltat kann von dem sie mitbedingenden Schuldzusammenhang so wenig getrennt werden wie dessen wirksame Macht von der sie zum Ausdruck bringenden und fortsetzenden Tat. Diese *reale Untrennbarkeit* impliziert jedoch insofern deren *logische Unterscheidung*, als ohne letztere das Spannungsverhältnis von Tat und Macht der Sünde nicht mehr ausgesagt werden könnte. Der Unheilszusammenhang, in dem ich mich vorfinde, kann daher *nicht in derselben Weise* ‚Schuld' genannt werden, wie die individuell zu verantwortende moralische Tat. Nur unter der Voraussetzung der Unterscheidung und Zuordnung beider Aspekte ist die Einsicht zugänglich, dass in der Sünde der Täter, unbeschadet seiner Verantwortlichkeit, auch ‚Opfer' ist – und zwar insofern, als „wir das Sündigen faktisch nur als ein *Ineinander* von Anfangen und Fortsetzen kennen, als ein Anfangen, das seinen Anfang längst hinter sich hat".[37] Die hierin implizierte Unterscheidung zwischen überindividuellem Schuldzusammenhang und individueller Einzeltat hat jedoch die Tradition, wie *Karl Rahner* kritisch bemerkt, nicht immer deutlich genug betont.[38]

Aktuell diskutiert wird, inwiefern diese Problematik auf Ambivalenzen der augustinischen Erbsündenlehre selbst zurückgeht. Besonders an zwei systematisch entscheidenden Punkten stellt sich die Frage, ob Augustins Theorie nicht faktisch die eben beschriebene Spannung von Tat und Macht der Sünde zu einer der beiden Seiten hin in problematischer (und den reichhaltigen biblischen Befund reduzierender) Weise auflöst. *Zum einen* entwickelt Augustinus eine Theorie von der Übertragung der Sünde, die die Weitergabe der Sünde ausschließlich in *naturalen* Kategorien denkt. Weil alle Menschen von einem Elternpaar abstammen und die Ursünde biologisch durch Zeugung übertragen wird, besteht ein direkter, wirkursächlicher Zusammenhang zwischen Adams Sünde und der Einzeltat. So deutet Augustinus auch die bereits zitierte Stelle Röm 5,12 in der Weise, dass *in* Adam bereits alle gesündigt haben, Adam also die Sünde des Menschen bewirkt, weshalb jeder Mensch bereits aufgrund seiner biologischen Abstammung Sünder ist. Noch schwerer als die Tatsache, dass diese Interpretation sich aus heutiger Sicht als Missverständnis darstellt,[39] wiegt ein prinzipieller Einwand: Augustins spezifische, naturale Übertragungstheorie der Ursünde droht das

Spannungsverhältnis von Tat und Macht der Sünde in Richtung des letzteren Aspekts aufzulösen. So wäre dann zwar die Allgemeinheit und Universalität der Sünde, ihre Macht und die Verlorenheit des Menschen an sie verdeutlicht, aber nicht mehr recht klar zu machen, wie der Mensch für sie aktiv verantwortlich sein kann, wenn er *ausschließlich* passiv von ihr betroffen ist und die Geschichte von Adam her als ein „biologisch fortgezeugtes Verhängnis“[40] erscheint. Was mich ausschließlich ‚von Natur aus‘ bestimmt, ist mir nicht im moralischen Sinne zurechenbar. Ohne Zurechenbarkeit und Verantwortlichkeit wiederum ist aus heutiger Sicht ‚Schuld‘ nicht denkbar.[41] So besteht das „entscheidende Problem“, wie *Helmut Hoping* resümiert, „darin, dass Augustins Begriff [...] einer durch Zeugung vererbten [...] Schuld widersprüchlich ist, weil dadurch der Schuld- und Sündenbegriff aufgehoben ist. Denn eine Sünde, die natürlicherweise aufgrund von Zeugung und Geburt besteht, ist eine contradictio in adiecto.“[42]

Zum anderen wird die Spannung zwischen Aktivität und Passivität des Sünders aber auch zugunsten des ersteren Moments aufgelöst, wo die Folgen der Ursünde so beschrieben werden, dass darüber die Differenz zum Aspekt individueller Zurechenbarkeit aus dem Blick gerät. Diese Tendenz begegnet bei Augustinus insbesondere in dem Argumentationskontext, wo der Erbsündenlehre faktisch die Funktion einer *Theodizee* zukommt.[43] Augustins Argumentation verläuft hier, dicht zusammengefasst, wie folgt: Die Errettung des Menschen von der Herrschaft der Sünde verdankt sich allein und ausschließlich der Wirksamkeit Gottes. Gott hat aber von Ewigkeit her schon entschieden, wem er die Gnade schenkt und wem er sie verweigert. Wo ein Mensch wirklich glaubt, d.h. sich auf Gott hin verlässt statt sich in sich selbst zu gründen versucht, da geht dies allein auf Gottes ewige Vorherbestimmung (Prädestination) zurück. Die Gründe dieser göttlichen Prädestination kann der Mensch nicht durchschauen; sie ist reine Gnade, auf die der Mensch keinerlei Anspruch hat. Nun kommt es Augustinus aber darauf an, zu betonen, dass die Nicht-Erwählung Gottes nicht ungerecht ist. Wenn allein Gott den Glauben des Menschen bewirkt und dennoch nicht alle Menschen zum Glauben finden, so würde dies eigentlich ja die Gerechtigkeit Gottes infrage stellen – es sei denn die gesamte Menschheit steht in einer Schuld vor Gott, die strafwürdig ist, sodass Gott selbst dann nicht ungerecht wäre, wenn er alle Menschen in diesem Zustand beließe, es also erst recht nicht ist, wenn er *nur einige* errettet. Augustinus wörtlich:

> „Gemäß dem Apostel sterben alle Menschen in Adam, von dem der Ursprung der Beleidigung Gottes auf das gesamte Menschengeschlecht hinführt. Deshalb sind alle Menschen eine Sündenmasse, die der göttlichen und höchsten Gerechtigkeit Strafe schuldet, die zu fordern oder nachzulassen keine Ungerechtigkeit ist."[44]

Die Erbsündenlehre kann vor dem Hintergrund der Prädestinationslehre Augustins und seines Heilspartikularismus (Gott bestimmt nur *einige*, keineswegs *alle* Menschen zum Heil) ihre Theodizeefunktion nur erfüllen, wenn die Macht der Ursünde so begriffen wird, dass sie mit individuell zurechenbarer Schuld restlos zusammenfällt.

Allerdings ist weder Augustins Heilspartikularismus noch seine Prädestinationslehre lehramtlich in dieser Form rezipiert worden. Dadurch entfällt aber auch der zwingende Grund, die Ursünde unmittelbar mit moralisch zurechenbarer, individueller Schuld gleichzusetzen. Tatsächlich unterscheidet der *Katholische Erwachsenen-Katechismus* ausdrücklich zwischen persönlicher Schuld und überindividueller Teilhabe an der einen Schuldgeschichte der Menschheit:

> „Es gibt […] ein Netz gemeinsamer Schuldverstrickung und einer allgemeinen Solidarität in der Sünde, aus der sich keiner lösen kann. Das gilt auch und gerade für die kleinen Kinder. Sie sind persönlich unschuldig; sie haben aber ihr Leben nur in Form der Teilhabe am Leben der Erwachsenen, besonders der Eltern; deshalb sind sie noch mehr als die Erwachsenen in deren Geschichte hineinverflochten."[45]

Der Begriff der Ursünde lenkt also den Blick auf die realen Bedingungen des menschlichen Lebensvollzugs, den es stets nur als ‚Teilhabe' an der einen Geschichte der Menschheit gibt, die durch Schuld und Unheil geprägt ist – und die daher auch das Innerste des eigenen Wollens und Könnens betrifft. Diese Perspektive soll im Folgenden systematisch vertieft werden. Dabei geht es ausdrücklich nicht um eine umfassende Neuinterpretation der Erbsündenlehre, deren „gegenwärtige Lage", wie *Siegfried Wiedenhofer* (1941-2015) schon Anfang der 1990er Jahre konstatiert, weiterhin „unübersichtlich" und durch eine Pluralität von nicht ohne Weiteres miteinander harmonisierbaren Konzepten gekennzeichnet ist.[46] Methodisch besteht allerdings insofern ein weitgehender Konsens, als in der gegenwärtigen Theologie zwischen Denkform und Inhalt, zeitbedingter Aussageform und bleibend gültigem Sinn einer Lehre unterschieden wird. Das bedeutet, dass das (von Augustinus her rezipierte) *inhaltliche* Anliegen, die Universalität und Radikalität der Sünde sowie ihrer Macht zu verdeutlichen, nicht unlösbar gebunden ist an die konkrete naturale *Denkform* augustinischer Provenienz, welche die Übertragung der Sünde durch den biologischen Vorgang der Zeugung erklärt.[47] So konstatiert auch der *Katholische Erwachsenen-Katechismus* in grundsätzlicher Hinsicht, dass der „Sinn der kirchlichen Lehre“ von der Ursünde dann „gewahrt“ ist, „wenn festgehalten wird, dass die Menschheit, welche eine Einheit bildet, bereits an ihrem Anfang das Heilsangebot Gottes ausgeschlagen hat und dass die daraus resultierende heillose Situation eine universale Wirklichkeit ist, aus der sich keiner aus eigener Kraft befreien kann“[48]. Vor diesem Hintergrund besteht das leitende Anliegen der nachstehenden Ausführungen darin, die für jede Ursündenlehre fundamentale und nun schon mehrfach hervorgehobene Spannung (Dialektik) zwischen Tat und Macht der Sünde, Aktivität und Passivität des Sünders hermeneutisch sensibel und methodisch präzise zu reflektieren.

3.5 Die Dialektik von Schuld und Verhängnis

Die vorstehenden Ausführungen haben zwei unterschiedliche, aber nicht unvereinbare Deutungslinien verfolgt, deren Verbindung nun systematisch zu reflektieren ist: die transzendentallogische Interpretation der Schuld als Freiheitsgeschehen und die existenzielle Deutung, der zufolge der Mensch sich vom Bösen bestimmen lässt, weil seine geschichtlich gewachsene Macht eine Anziehungskraft auf ihn ausübt.

Einerseits ist Sünde als Freiheitsgeschehen zu verstehen. Ohne die Voraussetzung von Freiheit wäre die Vorstellung personaler Verantwortung zugunsten eines unentrinnbaren Schicksals verabschiedet, an die Stelle des Begriffs der menschlichen Handlung müsste der einer Determination des Weltverlaufs treten. Eine solche ‚Entlastung‘ und ‚Ent-Schuldigung‘ würde die Differenz zwischen Tätern und Opfern nivellieren und in Gleichgültigkeit und Resignation münden: Alle sind nur Opfer ihrer Umstände; es ist nun einmal, wie es ist – es konnte und es wird nicht anders kommen. Gegen eine solche Subjektlosigkeit der Sünde erhebt die transzendentale Reflexionsrichtung Einspruch: *Das Böse hat seine Macht nicht ohne mich*. Im Begriff der ‚formal unbedingten Freiheit‘ wird jenes unableitbar und nicht überspringbar ‚Eigene‘ festgehalten, ohne das keine Bestimmung, Bindung oder Verweigerung des Menschen gedacht werden kann. Freiheitsakte sind eben deshalb *meine* Akte, weil ihnen logisch ein Moment von subjekthafter Unvertretbarkeit eingeschrieben ist. Es verweist darauf, dass ich immer auch Referenzsubjekt meiner Existenz bin. Mein Leben geschieht mir nicht nur, sondern will von mir verantwortet gestaltet und bewusst geführt werden. Obwohl die Macht der Unheilsgeschichte mich prägt und meine Entscheidungen mitbestimmt, bin doch *ich* es, der sich von ihr bestimmen lässt. Zugleich ermöglicht die Ineinssetzung von ‚Freiheit' und ‚Subjekt' es, in der transzendentalen (formal unbedingten) Freiheit des Menschen jenes formale Kontinuum zu denken, ohne das der Mensch nicht mehr das eine Subjekt seiner Verfehlungen, aber auch seines Glaubens und Denkens wäre. Die formal unbedingte Freiheit kann qua Gottebenbildlichkeit des Menschen auch durch die Sünde nicht zerstört werden. Die Faktizität des universalen Schuldzusammenhangs begründet also nicht eine *völlige* und *restlose* Verblendung des Menschen, die *ausnahmslos* jede Wahrnehmung der Wirklichkeit verhindern, jede Verantwortung aufheben oder die prinzipielle Möglichkeit des Gottesbezugs außer Kraft setzen würde[49] (auch wenn in Grenzfällen individuelle Konstellationen und punktuelle Situationen denkbar sind, in denen diese Vermögen nicht mehr aktualisiert werden können, sodass nicht mehr von Zurechnungs- und Schuldfähigkeit auszugehen ist).

Andererseits ist das eben beschriebene Sich-Bestimmen-Lassen die Zustimmung gegenüber einer Wirklichkeit, die von mir aus gesehen ‚immer schon da' ist, der ich nachgebe und der ich – partiell zumindest – ohnmächtig gegenüber stehe. Das hängt mit einer passiven Dimension im Vollzug der Freiheit selbst zusammen: Menschliche Freiheit vollzieht sich nicht voraussetzungslos im geschichtslosen Raum. Kulturelle und gesellschaftliche Faktoren, psychische und physische Konstituenten prägen meine Selbstbestimmung – und zwar nicht nur begrenzend, sondern auch ermöglichend: Sie bilden zunächst einmal den realen Horizont der Möglichkeiten, den Raum dessen, was ich für erstrebenswert, verheißungsvoll, legitim oder illegitim halte, was also potenziell Inhalt meiner Freiheit werden kann und was nicht. Dieser ‚Raum' ist nun immer schon mitbestimmt durch die mir vorausgehende Schuldgeschichte, durch fremde Schuld, die – wie Rahner geltend macht (vgl. Kap. II.2.1) – dennoch *in mir* wirksam ist: als ‚Existential', d.h. nicht als Folge meines freien Tuns, sondern als dessen Voraussetzung – als eine Voraussetzung aber, die zugleich das Innerste meines Willens betrifft, mir gerade nicht äußerlich bleibt.[50] Das Konzil von Trient (1545-1563) hat diesen Sachverhalt so formuliert, dass die Ursünde *„propagatione, non imitatione"* übertragen wird (DH 1512), also durch Fortpflanzung/Abstammung, nicht durch Nachahmung. In der gegenwärtigen Theologie[51] wird betont, dass die Pointe des ‚propagatione' vor allem vom Gegenbegriff ‚imitatione' her deutlich wird. Ausgeschlossen werden soll die Vorstellung, dass der Mensch lediglich schuldhafte Handlungen ‚nachahmt', sie sich nur so zum ‚Vorbild' nimmt, dass er dies ebenso gut unterlassen könnte. In diesem Fall würde jeder Mensch zunächst nur aus sich heraus handeln, sodass gelten würde: Du kannst, wenn Du nur wirklich willst! Demgegenüber will das ‚propagatione' gerade die Verkettung der Handlungen und Handelnden untereinander geltend machen und so die Einheit der Geschichte der Menschheit, die von vornherein mein inneres Wollen und Vermögen beeinflussen – und zwar so grundlegend, dass ich mich diesem Einfluss weder entziehen noch ihn adäquat durchschauen kann. Die Abgrenzung vom ‚imitatione' zugunsten des ‚propagatione' steht insofern, wie *Knut Wenzel* eindrücklich beschreibt, für eine „dramatischer[e]" und „geschichtshaltiger[e]" Sicht, weil sie „die jeweilige Handlungsfähigkeit durch ihre reale, sie innerlich bestimmende Herkünftigkeit von den Eltern und einer unabsehbaren Kette von Vorfahren sowie durch eine ebenso unabsehbare Menge der Mit-Handelnden getragen und bestimmt sieht."[52] Gegen ein abstraktes, solipsistisches und wohl auch moralistisches *Du kannst, wenn Du willst!* wird hier die von Paulus beschriebene Erfahrung eingeholt: *Ich kann nicht, was ich will!*

> „Denn ich begreife mein Handeln nicht: Ich tue nicht das, was ich will, sondern das, was ich hasse. […] Denn ich tue nicht das Gute, das ich will, sondern das Böse, das ich nicht will. Wenn ich aber das tue, was ich nicht will, dann bin nicht mehr ich es, der so handelt, sondern die in mir wohnende Sünde." (Röm 7,15.19f.)

Auch an dieser Stelle geht es Paulus nicht darum, die Verantwortlichkeit des Ich zu bestreiten. Wohl aber erschließt er dessen Ohnmacht in ihrer tiefsten Dimension. Die Sünde steht dem Menschen nicht nur einfach *gegenüber*, sodass sie vom Innenraum seines ‚Selbst' so sauber zu trennen wäre, dass er sich zu jedem beliebigen Zeitpunkt und nur aus eigener Kraft von ihrer Herrschaft distanzieren könnte. Sie erweist ihre Macht gerade auch dadurch, dass sie das *Innere* des Menschen affiziert hat und weiterhin prägt.[53] Die Sünde besteht nicht einfach nur aus einzelner, aktiver Tat und deren Folge(n), sondern auf einer anderen Ebene kann das Verhältnis auch umgekehrt beschrieben werden: Da die Sünde das innere Selbstverhältnis des Menschen ‚eingenommen' hat, erscheint die Tat nun ihrerseits als Folge dieser

‚Inbesitznahme' (Paulus illustriert dies bildhaft, indem er sogar von den Menschen als „Sklaven der Sünde" spricht: Röm 6,6).[54] Um dies etwas allgemeiner und phänomenologisch am Freiheitsvollzug zu verdeutlichen: *Wofür* ich mich entscheide, hängt auch davon ab, *wovon* ich bestimmt bin, was mich anzieht oder abstößt. Aber eben dieses ‚Wovon' ist mir entzogen: Meine Prägungen und Dispositionen sind mir nicht unmittelbar bewusst und daher von mir im Handeln nicht ohne Weiteres distanzierbar. Gerade deshalb sind sie so wirksam, gehen in Freiheitsvollzüge konstitutiv mit ein. Wer bspw. schon als Kind im alltäglichen Zusammenleben mit den eigenen Eltern erfahren hat, dass man sich auf nichts anderes als das eigene ‚Selbst' verlassen kann, wird es möglicherweise nicht im Vertrauen auf den Anderen hin überschreiten, sich auch nicht in einem von ihm verschiedenen, transzendenten Grund festmachen können. Wenn er oder sie dann in personalen Beziehungen primär von der Angst um sich selbst geleitet wird, stets oder überwiegend auf den eigenen Vorteil bedacht ist, sein Handeln von vornherein am Prinzip der Konkurrenz orientiert, das wiederum andere in Mitleidenschaft zieht, so wird dadurch jenes Verhängnis aktiv fortgesetzt, in dem der Betroffene sich selbst schon vorgefunden hat. Insofern macht die phänomenologische Perspektive auf den menschlichen Freiheitsvollzug deutlich, dass es keinen absoluten Anfang gibt, aus dem heraus sich die Freiheit bestimmt.

Beide Reflexionsrichtungen und Dimensionen gelten zugleich. *Das Böse hat seine Macht zwar nicht ohne mich, aber auch nicht allein durch mich*. „Wir *beginnen* das Böse, durch uns kommt es in die Welt, aber wir beginnen es nur von einem bereits vorhandenen Bösen aus"[55], schreibt Paul Ricœur. Der Mensch findet das Böse vor „als etwas, das schon da ist, in ihm, außer ihm, vor ihm", es „bildet eine Art Unwillentliches im Kern des Willentlichen"[56]. Insofern ist der Sünder immer auch ‚Mitläufer', ergibt sich schon vorgefundenen Systemen der Ungerechtigkeit, Unterdrückung und Ausbeutung, partizipiert gar an ihnen oder lehnt sich zumindest nicht aktiv gegen sie auf. Sünde ist sowohl personale Freiheitstat als auch Mit-Tun, Geschehenlassen. Zu ihrer Wirklichkeit gehört die aktive Komponente (Intentionalität, Verantwortlichkeit, Zurechenbarkeit) ebenso wie die passive Komponente (Verhängnis, Verstrickung, Ohnmacht). Dem entspricht die anthropologische Grunderfahrung, dass unser konkreter Freiheitsvollzug durch die Differenz-Einheit von Aktivität und Passivität, Tun und Erleiden geprägt ist. Denn immer gilt beides: dass wir Subjekt unserer Lebensgeschichte sind und bleiben; und dennoch die Realisierungsbedingungen, unter denen wir unsere Subjektivität vollziehen, nicht selbst gesetzt haben, sondern uns in ihnen schon vorfinden – bzw. schärfer noch: von ihnen fundamental abhängig sind, denn sie bestimmen zunächst, wonach wir uns orientieren, wodurch und wie wir uns bestimmen. So wählt der Mensch auch das Böse nicht abstrakt aus der Situation einer Wahl heraus, die neutral dem Guten und Bösen gegenüber steht; sondern er wählt es, weil er durch seine (falschen) Versprechen schon bestimmt, verführt ist – vorgängig zu seiner Wahl, die zugleich doch konstitutiv dafür bleibt, dass der universale Unheilszusammenhang wieder neu zur Wirklichkeit kommt und fortgesetzt wird. Denn, so hält *Karl-Heinz Menke* mit Blick auf das paulinische Sündenverständnis fest, „[n]icht nur die Sünde Adams, sondern auch jede weitere Sünde entfaltet eine Dynamik der Verführung und Schwächung“.[57] Die Verstrickung aller Menschen in einen universal wirksamen Schuldzusammenhang ist nicht *natural*, sondern *geschichtlich* zu interpretieren. Insofern kommt auch ‚Adam‘ „nicht unbedingt biologisch, wohl aber heilsgeschichtlich eine universale Bedeutung zu“, weil er typologisch für den faktischen, aber nicht notwendigen Anfang des Unheils steht,[58] das sich in den Dimensionen der Geschichtlichkeit und Intersubjektivität ausdrückt und fortsetzt:

> „Jede Sünde hat Folgen. Jede einzelne Sünde inkarniert sich in der Welt, lässt ihre Spuren zurück, verbindet sich mit den Auswirkungen fremder Schuld und erzeugt so eine Geschichte des Bösen. Weil der Mensch sich nicht isolieren kann und ständig um sich herum Welt formt und gestaltet – ob er will oder nicht –, wird mit jeder persönlichen Sünde anderen Menschen Freiheit zum Guten genommen und ein Stück Welt daran gehindert, das zu sein, was es eigentlich sein sollte: Welt unter der Wahrheit Gottes, die etwas vom Glanz der Schöpfung zeigt.“[59]

Dass die konkrete Freiheitsentscheidung eine Synthese von Freiheit und Notwendigkeit, Wollen und Können ist, lässt sich gerade auch anhand der religiösen Grundhaltung verdeutlichen, die von vielen gegenwärtigen Anthropologien herangezogen wird: an der Haltung des Vertrauens. Transzendentallogisch und formal gesehen ist ‚Vertrauen‘ nicht ohne das ‚Eigene‘ meines Aktes und also nicht ohne freie Aktivität denkbar. Andernfalls hätten wir es mit symbiotischer Geborgenheit zu tun, aber nicht mit einem *Sich*-Verlassen des Ich auf einen Anderen (auf Gott) hin und dem *Sich*-Neu-Empfangen durch diese Relation, die wiederum durch eine Freiheitsdifferenz gekennzeichnet sein muss. Transzendentallogisch muss für jede personale

Beziehung das ‚Eigene' und also die jeweilige Freiheit ihrer Relata vorausgesetzt werden, die Möglichkeitsbedingung des Vertrauen-Wollens (des Vertrauens*aktes*) ist. Phänomenologisch ist das Vertrauen-*Können* des freien Ich aber auf Vorrausetzungen angewiesen, die für es unverfügbar sind, wie Wolfhart Pannenberg zu Recht betont. Wo Vertrauen nicht aufgebaut werden konnte oder zerstört wurde, wird der Akt des Sich-Verlassens durch die Angst um den Selbst-Verlust blockiert. Diese Angst aber entspringt primär nicht der eigenen, freien Selbstbestimmung – welche guten Gründe und Motive sollte jemand haben, sich lieber von der Angst als vom Vertrauen leiten zu lassen?[60] –, sondern einem Bestimmtsein durch sie, dem der Mensch ausgesetzt ist. Angst und Vertrauen gehört sowohl ein aktives wie ein passives Moment zu – in der zwischenmenschlichen Begegnung wie in der Gottesbeziehung.

So kann der Ausdruck ‚Ursünde' *(peccatum originale)* dafür stehen, dass der Sünder aktiv und passiv zugleich ist. „Ich bin ebensosehr ‚in' der Sünde (‚gefangen'), wie die Sünde in mir ist und als mein Eigenes aus mir hervorgeht. Diese Erfahrung lässt sich kaum noch begrifflich auflösen"[61]. Eine einseitige Auflösung würde entweder in moralistischen Rigorismus führen (Verantwortung trägt allein der Einzelne in seiner einsamen, d.h. durch keinerlei unverfügbare Faktoren bedingten Entscheidung) oder in subjektlosen Fatalismus (letztlich ist jeder nur Opfer seiner Umstände). Gegenüber diesen alternativen Deutungen lässt sich die christliche als die realistischere und zugleich ‚gnädigere' verständlich machen, weil sie den Schuld- ebenso wie den Verhängnischarakter betont. Diese Interpretation berührt sich insofern mit der von *Siegfried Wiedenhofer*, als auch er die Funktion des Begriffs ‚Ursünde' primär darin sieht, „zwei gegenläufige Erfahrungen [...] miteinander zu verknüpfen: Schuldhaftigkeit der Sünde aufgrund eigener Verantwortung und ihre Vorgegebenheit aufgrund ihrer dämonischen Macht" bzw. „Individualität und Voluntarität der Sünde einerseits und die geschichtliche Universalität, Kollektivität und ontologische Tiefe der Sünde andererseits."[62] Dieses ‚einerseits' – ‚andererseits' wurde hier mit Hilfe der kritischen Komplementarität von transzendentaler und phänomenologischer Methode zu erhellen versucht. Auf diesem Weg ist es möglich, die Spannung der beiden Pole nicht aufzulösen, sondern als solche zu reflektieren – und so nicht zuletzt dem biblischen Sprachgebrauch zu entsprechen, der den Tat- und den Machtcharakter der Sünde stehen lässt, ohne beide in eine höhere begriffliche Einheit hinein rational aufzulösen. Damit ist zwar Augustins spezifische *Theorie* einer naturalen Übertragung der Sünde abgewiesen, in deren systematischem Gefälle, wie gesehen, eine solche Auflösung der besagten Spannung liegt. Aber konstruktiv rezipierbar sind zwei entscheidende *Motive*, die beide gleichermaßen in der Entstehung der Ursündenlehre eine Rolle gespielt haben, sich zueinander aber gegenläufig verhalten. Bereits Augustinus kämpft nämlich argumentativ an zwei konträren Fronten: Einerseits will er gegen die tragische Weltsicht des *Manichäismus* die Freiheit und Verantwortlichkeit des Menschen für das Böse herausstellen; andererseits will er gegen den ungebrochenen Freiheitsoptimismus des *Pelagianismus* – der aus Augustins Sicht Vermögen und Kraft des menschlichen Willens überschätzt und die Bedeutung der Gnade unterschätzt – die Ohnmacht des Menschen angesichts der Macht der Sünde betonen.[63] Insofern ist die Kategorie ‚Ursünde' auch aus der Perspektive ihrer Genese gegen die oben genannten Extrempositionen ‚moralistischer Rigorismus' und ‚subjektloser Fatalismus' gerichtet. Nicht zuletzt vor diesem theologiegeschichtlichen Hintergrund sieht Wiedenhofer die Funktion des Erbsündendogmas im Zusammenhalten zweier dogmatisch unverzichtbarer (in Schrift und Tradition bezeugter), nicht trennbarer, aber gegenläufiger Aussagenreihen:

> „1. Sünde vor Gott stammt aus individueller menschlicher Freiheit, weshalb jeder Mensch nur im Vollzug seiner eigenen Freiheit vor Gott schuldig werden kann.
> 2. Sünde vor Gott ist eine furchtbare, geschichtliche Macht, die dem Bewusstsein, Wollen und Fühlen des Einzelnen immer schon vorausliegt, es umgibt und überschreitet, so dass der Einzelne (ob er persönliche Schuld auf sich geladen hat oder nicht) immer schon im Unheil und im Elend sich befindet, aus dem er nur durch Gott selbst befreit werden kann. Diese beiden Aussagen sind im Erbsündendogma mit Hilfe des Begriffs ‚Sünde' bzw. ‚Ursünde' (Erbsünde) miteinander verbunden."[64]

Bezogen auf die Alltagserfahrung hat *Jürgen Werbick* dies anhand der oft verwendeten Bilder des ‚Sogs' und des ‚Teufelskreises' illustriert. Hier treten Aktivität und Passivität, Zustimmung und Ergriffenwerden, zaghafter Anfang und zerstörerisches Ende in einer Vermischung auf, zu deren eigentümlicher Tragik gehört, dass wir erst dann von ihr wissen, wenn es schon zu spät ist – und dennoch ahnen, dass es auch durch unser Zutun so weit gekommen ist.

> „Der Sog zeigt seine Macht nicht von Anfang an; er greift fast unmerklich nach mir, und ich lasse mich treiben, lasse mich von dem Strom

der Meinungen und Selbstverständlichkeiten mitnehmen, weil ich nicht sehe, warum man unbedingt gegen ihn schwimmen müsste. Das Bild des Sogs verweist auf diesen Normalfall des Sündigens: auf den unterlassenen Widerstand gegen das, was sich ja fast von selbst ergibt und was mir im Grunde ja auch ganz recht so ist. Die Dramatik des Sogs – der Taumel der Begierde, der mich gegen meinen Willen in den Abgrund zieht – zeigt sich erst am Ende“[65].

Aus dieser Spirale von Macht und Ohnmacht, von Schuld und Verstrickung kann sich kein Mensch selbst befreien. Hierauf bezieht sich die in der Taufe geschenkte Vergebung der Sünde: Sie beinhaltet die wirksame Zusage des Gottes Jesu Christi, dass der Täufling in den Untiefen der Fluten von Schuld und Verzweiflung nicht untergehen wird; dass er auch dort, wo seine eigenen Hoffnungen hinweggespült und ertränkt zu werden drohen, eine Zukunft hat – weil er, wie Paulus in Röm 6,3-11 die Taufe deutet, antizipativ mit Christus stirbt und aufersteht. Der altkirchliche Taufritus hat dies symbolisch dadurch zum Ausdruck gebracht, dass der Erwachsene in ein großes Wasserbecken hinabgestiegen und vom Taufenden aus der Tiefe wieder heraufgeholt wurde.[66] Im Hintergrund steht bei Paulus[67] eine Symbolbedeutung des Wassers, die nicht allein auf das traditionelle Motiv der Reinigung, sondern zugleich auf das ebenso alte Motiv der elementaren Bedrohung und lebensvernichtenden Kraft des Wassers abhebt – eine Verbindung, die sich etwa auch in 1 Petr 3,20f findet, wo von der Taufe im Kontext der Sintflut gesprochen wird, aus der Noah gerettet wurde, oder in 1 Kor 10,1f, wo an das Wasser des Schilfmeeres erinnert wird, aus dem Israel geführt wurde. Beide Motive sind zusammenzusehen: *Inmitten* der Schuldverstrickung, Hilflosigkeit und Angst schenkt Gott Zukunft, erweist sich als der, der *da ist* und *da sein wird* (Ex 3,14), erweist sich als Leben gerade in der untrennbaren *Einheit* von Jesu Kreuzestod und seiner Auferstehung, als rettende Liebe, die an sich und ihrer unerschöpflichen Kraft zur Hoffnung und zum Neuanfang ein für alle Mal und für alle Anteil gibt. Wurde oben die Ursünde als *Teilhabe* am universalen Schuldzusammenhang gedeutet, so begründet die Taufe die *Teilhabe* an Tod und Auferstehung Jesu Christi, durch den die Macht der Sünde unwiderruflich gebrochen ist. Das Geschenk dieser Teilhabe wird in einem theologischen Schlüsselbegriff zusammengefasst: *Gnade*. Wie sie im Menschen wirksam wird, nimmt das folgende Kapitel in den Blick.

Literatur

Jürgen Werbick, Schulderfahrung und Bußsakrament, Mainz 1985 *(Klassiker; auch als Einführung hilfreich aufgrund des theoretischen wie existenziell-praktischen Motivreichtums)*.

Julia Knop, Sünde – Freiheit – Endlichkeit. Christliche Sündentheologie im theologischen Diskurs der Gegenwart (ratio fidei; 31), Regensburg 2007 *(bietet eine Auseinandersetzung mit aktuellen Sündentheologien und zeichnet sie in die zugrundeliegenden anthropologischen Rahmentheorien ein; daher gut geeignet sowohl zur Orientierung als auch zur Schärfung des Problembewusstseins)*.

Helmut Hoping/Michael Schulz (Hg.), Unheilvolles Erbe? Zur Theologie der Erbsünde (QD; 231), Freiburg i.Br. 2009 *(Aufsatzsammlung, die einen Überblick über den gegenwärtigen Stand der erbsündentheologischen Diskussion gibt)*.

Georg Essen, „Da ist keiner, der nicht sündigt, nicht einer…“. Analyse und Kritik gegenwärtiger Erbsündentheologien und ihr Beitrag für das seit Paulus gestellte Problem. In: Thomas Pröpper, Theologische Anthropologie, Bd. II, Freiburg i.Br. 2011, 1092-1156 *(tiefenscharfe, kritische Analyse aktueller Reformulierungsversuche der Erbsündenlehre)*.

4. Freiheit des Menschen und Wirksamkeit der Gnade – Verbindung von transzendentaler und existenzieller Perspektive in gnadentheologischer Absicht

Magnus Lerch

Wie kommt die gläubige Antwort des Menschen auf Gottes Offenbarungs- und Heilshandeln zustande, wie wird die Gnade wirksam im menschlichen Selbst- und Weltbezug? Nicht zuletzt aus ökumenischen Gründen sind hier falsche Alternativen zu vermeiden: Eigenwirksamkeit der menschlichen Freiheit und ihr Ergriffenwerden durch Gottes Gnade sind so wenig voneinander isolierbar wie der sichtbare, aktiv gestaltende Weltbezug des Glaubens von seiner unverfügbaren Kraft. Auch dies lässt sich entfalten durch eine kritisch-komplementäre Zuordnung von transzendentaler und existenzieller Reflexionsrichtung, die sowohl die Aktivität als auch die Passivität des menschlichen Freiheitsvollzugs in den Blick nimmt und im Hinblick auf den Glaubensvollzug konkretisiert. Voraussetzung hierfür ist ein Verständnis des göttlichen Handelns, das die Freiheit des Menschen nicht ausschaltet, sondern einbezieht und also die Vorstellung einer Konkurrenz von Gnade und Freiheit überwindet.

4.1 Göttliche Gnade und menschliche Freiheit: Entsprechung statt Konkurrenz

In Kap. III.2 wurde erläutert, dass der christliche Glaube seinen Grund in der geschichtlichen Zuwendung Gottes hat, der Offenbarung seiner unbedingten Liebe und insofern seiner *Selbst*mitteilung. Der Mensch ist in zweierlei Hinsicht auf sie angewiesen: *zum einen*, weil er faktisch verstrickt ist in schuldhaft-verhängnisvolle Dynamiken und ‚Teufelskreise', in denen die Grenzen zwischen ängstlicher Selbstsicherung, defensiver Selbstrechtfertigung und rücksichtsloser Selbstbehauptung fließend sind – wobei die beschriebenen Haltungen darin übereinkommen, dass der Mensch sich nicht auf Gott, sondern auf sein ‚Selbst' verlässt, gerade so aber nur ‚bei sich' bleibt, sich in sich verschließt, aus dem Zweifeln, Grübeln und (Selbst-)Verurteilen nicht mehr herausfindet. So muss ihm das Sich-selbst-Verlassen- und Vertrauen-Können geschenkt werden: dadurch, dass Gott ihm als absolut vertrauenswürdiger, guter Grund entgegenkommt und er zur verantwortungsvollen Übernahme der eigenen Schuld wie zum Gerechtigkeit wiederherstellenden Neuaufbruch ermutigt wird. Schließt Gottes Gnade also die Befreiung von der Macht der Sünde ein, so *erschöpft* sie sich dennoch nicht in dieser; denn der Mensch fragt *zum anderen* nicht erst als Sünder, sondern schon als Geschöpf nach der Gnade als dem absolut erfüllenden Sinn- und Verheißungshorizont: angesichts einer Selbst- und Welterfahrung zwischen Angst und Vertrauen, Resignation und Hoffnung, Enttäuschung und Dankbarkeit; angesichts einer Freiheit, die unbedingte Zuwendung, Anerkennung und Liebe intendieren, sie aber nur bedingt realisieren kann.

Beide Erfahrungsdimensionen implizieren, dass der Mensch nicht *von sich aus, aus eigener Kraft* zu erreichen und zu realisieren vermag, wonach er sucht und worauf er hofft: *„Der Mensch hat, aus Gründen seines Wesens wie seiner faktischen Situation, ein Geschenk – notwendig!"*[1] Nicht um das zuvor schon thematisierte Geschenk der Selbstmitteilung Gottes als solches geht es jetzt, sondern um die anthropologische Frage: Wie kommt dieses denn tatsächlich beim Menschen an, wie wird es in seinem Denken und Handeln wirksam, so dass er *glaubt*? Eine Antwort kann allerdings vom Inhalt der Gnade auch nicht absehen – *wie* und wodurch der Glaube real wird, ist nicht unabhängig davon, *was* er bezeugt und *worauf* er sich bezieht. Eben darin besteht eine Grundeinsicht der anthropologischen Wende in der Theologie und der Betonung des wesentlich *personalen* Charakters der Offenbarung, in der Gott nicht *etwas*, sondern *sich selbst* mitteilt: Wie der Mensch selbst an ihrem Ankommen und Wirksamwerden beteiligt ist, ist nicht von allgemeinen philosophischen Überlegungen her zu erschließen, die etwa aus einer Metaperspektive über Ursache und Wirkung (hier: des Glaubens) reflektieren, sondern primär von ihrer *inhaltlichen* Bedeutung her: Gottes Selbstmitteilung als unbedingte Liebe. In ihr eröffnet der vollkommen beziehungswillige Gott eine Beziehungswirklichkeit zum Menschen, ‚teilt sich selbst mit', indem er Anteil gibt an der Beziehung, als die er, der dreieine Gott, in Ewigkeit existiert: in endgültiger Weise sichtbarvermittelt durch den Menschen Jesus, der ganz von der Beziehung zu Gott dem Vater bestimmt ist und deshalb allein aus dieser Beziehung heraus lebt. So kann er sie dort wirksam werden lassen, wo Beziehungslosigkeit, Verzweiflung, Einsamkeit herrschen; wo Menschen nichts mehr erwarten.

Damit ist ein abstraktes Verständnis von Allmacht und Wirksamkeit Gottes zurückgewiesen: Gott wirkt so, wie es seinem Wesen als Liebe entspricht – auch beim Zustandekommen des menschlichen Glaubens. So zeichnen sich Lösungsperspektiven für das Gnade-Freiheits-Problem ab, das die abendländische Theologiegeschichte seit ihren Anfängen begleitet und in der Moderne zu einer dilemmatischen Alternative geworden ist, die Gnade und Freiheit, Gott und Mensch in ein Verhältnis der *Konkurrenz* setzt: Entweder Gott ist die letzte Wirkursache des menschlichen Glaubens oder die menschliche Freiheit. Da Gottes Allmacht durch Liebe bestimmt ist, Liebe aber nur im Modus personaler Freiheit wirkmächtig sein kann, ist auch die Einbeziehung menschlicher Freiheit durch Gottes Handeln gerade „kein Negativum mehr, kein Mangel an Wirkkraft und auch kein Zeichen von Schwäche, sondern im Gegenteil jenes Positivum, das der Liebe allererst ihre Dignität gibt“[2]. Denn Liebe ist ohne die Freisetzung ihres Adressaten für diesen weder erkennbar noch real; sie kann sich nur ‚durchsetzen‘ in der Form der Demut und Selbstentäußerung (Pannenberg), nur wirksam sein, wenn sie einbezieht, ohne zu zerstören (Jüngel), sich engagiert, ohne zu manipulieren.

Vom Verständnis der Gnade als Selbstmitteilung Gottes her sind also Minimalkriterien angegeben, um die eine Seite des Gnade-Freiheits-Dilemmas zu bearbeiten. Auch die Wirkkraft der göttlichen Gnade ist personal zu verstehen, sie ereignet sich nicht ohne die freie Zustimmung des Menschen. ‚Nicht ohne‘ heißt freilich nicht: ‚allein durch‘, wie noch näher zu bedenken sein wird.

Das Gnade-Freiheits-Dilemma wäre aber unzureichend bearbeitet, wenn nicht auch dessen anthropologische Seite thematisiert würde. Es war gerade, wie *Otto Hermann Pesch* (1931-2014) rückblickend bemerkt, „der Mangel einer stringenten Theorie begnadeter Freiheit“, der die westkirchliche Gnadenlehre bis in das 20. Jahrhundert hinein „ebenso sehr belastet wie intellektuell herausgefordert“ hat.[3] Mit der transzendentalen Freiheitstheorie lässt sich zeigen: Nicht nur entspricht Gott seinem Wesen als unbedingte Liebe darin, dass seine Gnade die menschliche Freiheit freisetzt und sie im Modus ihrer ureigenen Zustimmung erreicht; sondern es entspricht sich auch der *Mensch*, wenn er sich von Gottes Gnade bestimmen lässt. Gnade und Freiheit stehen nicht in einem Verhältnis der *Konkurrenz*, sondern der positiven *Korrelation*. Denn das Resultat der Freiheitsanalyse bestand darin, dass der Mensch gerade in seiner Offenheit für Gott er

‚selbst' ist: Der adäquate Gehalt der Freiheit ist die bejahende Anerkennung und Wertschätzung anderer Freiheit; diese Vollzüge *implizieren* aber bereits, weil sie der Intention nach *unbedingt* sind, den Vorgriff auf Gott als vollkommene Freiheit. Daher lässt sich die endliche Freiheit gerade auch „in philosophischer Perspektive als *zur Theonomie finalisierte*" erkennen: „Nicht obwohl, sondern *weil* er frei ist, ist der Mensch auf Gott hingeordnet und kann dies eben im Maße der Bewusstheit seiner Freiheit als *eigene* Bestimmung erfahren."[4] Diese Entsprechung von Gnade und Freiheit, von Theonomie und Autonomie lässt sich aber nicht *unvermittelt* durch die Theologie selbst zeigen, denn letztere geht von der positiven Bezogenheit beider Relata schon aus. Eben hier liegt der Vorteil des transzendental*philosophischen* Ausgangspunktes des Freiheitskonzeptes gegenüber den alternativen Modellen von Rahner, Pannenberg und Jüngel: Indem es methodisch zunächst ‚nur' *philosophisch* bei der menschlichen Freiheit und also bei ihrer *Autonomie* ansetzt, kann es zuallererst *einsichtig* machen, was gnadentheologisch vorausgesetzt wird: dass nämlich der Mensch in der Gottesnähe nicht unfreier, sondern freier wird, seine eigene Selbstbestimmung der Bestimmung durch Gott nicht wider-, sondern entspricht. Die zu dieser Einsicht führende transzendentallogische Reflexion ist an keine andere Methode delegierbar, da es hier nicht um die Interpretation und Entfaltung einer existenziellen Erfahrung geht, sondern um die geltungstheoretische Begründung ihrer Möglichkeit. Sie erfolgt in der Instanz der formal unbedingten (transzendentalen) Freiheit, die nicht nur die wesentliche Hinordnung des Menschen auf die Gnade verbürgt, sondern auch seine ihm eigene, unvertretbare und unüberspringbare Antwortfähigkeit.

4.2 Geschichtliche Vermittlung der Gnade und Weltbezug des Glaubens

Gott handelt nicht an uns oder ohne uns, sondern mit uns.[5] Seine Gegenwart in Welt und Geschichte wird als solche bewusst und erfahrbar durch menschliches, freies Handeln. Dieses Vermittlungsprinzip gilt schon für die im Alten Testament bezeugte Geschichte Israels, worauf *Gerhard Lohfink* immer wieder hingewiesen hat:

> „Für Israel ist die kultische Gegenwart JHWHs unabdingbar an die Tora gebunden. Gerade durch seine Gebote wird er in seinem Volk gegenwärtig, greift er ein, rettet er, schenkt er Leben. Gibt es in Israel Arme,

> deren Rechte mit Füßen getreten werden, und schreien sie in ihrer Not zu Gott, dann wird JHWH nicht mehr richtig verehrt, dann ist der Kult Israels gestört oder gar völlig umsonst."[6]

Die Vermittlung göttlicher und menschlicher Freiheit gilt ebenso für Gottes endgültige Selbstmitteilung in der Geschichte Jesu, also auch in *christologischer* Hinsicht: Menschlichkeit und Göttlichkeit Jesu Christi sind weder zu identifizieren noch zu trennen, wie bereits die Alte Kirche festhält.[7] *Prinzipientheologisch* gilt das Vermittlungsprinzip schon für die Entstehung der Heiligen Schrift: Ihre Bücher gehen auf eine Inspiration Gottes im Heiligen Geist zurück, die gleichwohl die Verfasserschaft und Freiheit des Menschen nicht außer Kraft setzt, sondern einbezieht – einschließlich ihrer geschichtlichen Eingebundenheit in zeitgenössische Verstehenshorizonte, Denkformen und Weltbilder.[8] Schließlich gilt *ekklesiologisch*, dass die Kirche insofern „Zeichen" für die Verbindung Gottes mit dem Menschen und der Menschen untereinander ist, als sie auch „Werkzeug" und also „gleichsam […] Sakrament" ist bzw. sein soll[9]: bleibende Präsenz der Barmherzigkeit, Gerechtigkeit und Liebe Gottes im Modus der aktiven Weitergabe – nicht durch eigenes Werk *herstellbar*, aber im Handeln *darstellbar*.

> „Gläubige Praxis […] ist darstellendes Handeln: ein Handeln, durch das die Glaubenden auf symbolische, niemals erschöpfende Weise praktisch bezeugen und dadurch anderen vermitteln, was sie selber empfangen haben und ständig empfangen und zugleich aufgrund der in Jesu Geschichte schon angebrochenen Verheißung erhoffen."[10]

Das Ankommen der Gnade ist also geschichtlich und durch menschliche Freiheit vermittelt, zum Glauben gehört der Handlungs- und Weltbezug konstitutiv hinzu. *Karl-Heinz Menke* spricht davon, dass „Gnade im Modus des Für-Seins empfangen wird" und „man überhaupt nur ‚für sich selbst' Christ sein kann, *indem* man es für die Anderen ist."[11] Menschen können füreinander Gnade sein – wo einer den Anderen in seiner Resignation, Verzweiflung oder Schuld nicht einfach seinem Schicksal überlässt; wo ein Mensch seinem Nächsten mit einer wohlwollenden Würdigung begegnet, obwohl dieser der Meinung ist, er habe sie nicht verdient oder längst verspielt; wo einer den Anderen in Leid und Krankheit begleitet, ihn nicht fallen lässt, obwohl dadurch auch sein eigener Boden ins Schwanken gerät. Gnade ist konkret – sie bezieht sich nicht auf einen allgemeinen und formalen Respekt vor der Freiheit jedes Menschen, sondern auf die Situation ihres individuellen Adressaten hier und jetzt; darauf, dass ihm Möglichkeiten zuwachsen, Freiheitsräume eröffnet werden, seine Hoffnung (wieder) aufgerichtet wird, die er aus und für sich nicht (mehr) haben könnte. Die *Konkretion* des Vermittlungsgeschehens verweist auf die *Einmaligkeit* der beteiligten Subjekte: Weil Gnade nur in freier Zustimmung ans Ziel kommt, ist jeder Mensch von Gott her dazu bestimmt, an seiner konkreten Raum-Zeit-Stelle zum Zeichen und Werkzeug – zum Sakrament – der Gnade zu werden.

> „Im Blick auf den Menschen ist die Gnade des Schöpfers das Geschenk unverwechselbarer *Personalität*. Dieses Geschenk ist nichts Statisches, sondern eher so etwas wie eine je einmalige Beauftragung oder Sendung. Jeder Mensch ist von Gott her gesehen etwas ganz und gar Einmaliges, nicht nur aufgrund seiner singulären Beschaffenheit, sondern weil er in dieser Welt etwas sein soll, was kein anderer Mensch an seiner Stelle sein kann."[12]

Gnade ist immer an Berufung und Nachfolge gebunden. Sie geschieht nicht einfach als göttliche Vorherbestimmung (Prädestination) an ihrem Empfänger vorbei, sondern zielt auf die Übereinstimmung des Willens Gottes mit dem unverwechselbar Eigenen des Menschen.[13] Die Analogie zur zwischenmenschlichen Liebe legt sich nahe: Liebe meint den Anderen in seiner Besonderheit und Einmaligkeit, nie nur als Veranschaulichung eines Allgemeinen (z.B. eines allgemeinen Begriffs vom Menschen). Wir fühlen uns nicht ‚gemeint', nicht ‚gesehen' und also nicht geliebt, wo von unserer konkreten Einmaligkeit abgesehen wird, wo der Andere unser Fühlen, Denken und Handeln immer schon zu kennen meint, nicht mehr überrascht werden kann, uns – wortwörtlich – für *selbstverständlich* hält. Liebe erreicht ihren Empfänger nur, wenn sie dessen Einmaligkeit und Freiheit nicht nur respektiert, sondern dezidiert ‚meint', gerade auf diese Person und keine andere sich richtet.

An dieser Stelle lässt sich erneut eine Brücke zum philosophischen Pfeiler dieser Anthropologie schlagen. Denn im transzendentalen Grundbegriff der formal unbedingten Freiheit wird die Möglichkeitsbedingung des unvertretbar Eigenen gedacht. Zwar mag es auf den ersten Blick so scheinen, als sei mit diesem Grundbegriff nur eine allgemeine Bestimmung ausgesagt, die jedem Menschen qua Menschsein zukommt, einfach deshalb weil er ‚Subjekt' ist: Jeder sagt ‚ich'. Aber die formale Unbedingtheit der Freiheit ist nicht ichlos, sondern individuiert zu denken. Gerade im Ich-Sagen zeigt sich ein Besonderes, Einmaliges, Unhintergehbares: Jeder sagt ‚ich' auf einmalige Weise und drückt so seine Unverwechselbarkeit aus, sodass das ‚Ich' kein Teil eines übergeordneten Allgemeinen, sondern umgekehrt ein Allgemeines im Besonderen ist, weil es immer schon an die unhintergehbare Dimension der Singularität (Subjektivität) gebunden ist bzw. überhaupt nur in ihr auftritt.[14]

> „Das selbstbewusste Wesen merkt, fast so wie jemand, der aus dem Schlaf aufwacht: Ich bin ich. Und genau dadurch, dass ich ich bin, bin ich total anders als alles, was es sonst gibt. Nichts und niemand können meinen Platz einnehmen. Keiner kann an meiner Stelle ‚ich' sagen. [...] Immer wenn ich ‚ich' sage, bin ich absolut unvertretbar, bin ich einmalig."[15]

Die formal unbedingte Freiheit ist also das philosophische Komplement der theologischen Einsicht, dass das Wirken der Gnade die Einmaligkeit und Freiheit ihres Empfängers miteinbezieht. Der Glaube kommt *nicht ohne* mich zustande. Er ist überhaupt nur dann wirklicher Glaube, wenn er sich aktiv einbeziehen lässt in die Selbsthingabe Jesu an den Nächsten. Aber schon die Formulierung ‚Lassen' verweist darauf, dass hier aktive und passive Momente verbunden sind und genauer differenziert werden müssen: Wodurch ist denn das Sich-Betreffen-, Ergreifen- und Einbeziehen-Lassen tatsächlich bedingt? Wie ist die menschliche Annahme der Gnade nicht nur ihrer Möglichkeit nach, sondern *real* zu verstehen? Diese Frage verhält sich genau parallel zu jener, die in Kap. III.3 aufgeworfen wurde: Wie ist zwar nicht zu begreifen, aber doch tiefer zu durchdringen, dass der Mensch nicht nur potenziell sündigen kann, sondern es tatsächlich tut? Schon hier wurde auf eine Passivitätsdimension der menschlichen Freiheit aufmerksam gemacht, die zugänglich wird, wenn auf die *existenziellen* Realisierungsbedingungen der konkreten Freiheit geachtet, also phänomenologisch ihre Genese in den Blick genommen wird: Als herkünftige, geschichtlich bedingte und intersubjektiv verflochtene Freiheit ist sie durch eine überindividuell wirksame Unheilsgeschichte bestimmt, die ihre individuellen Entscheidungen und Taten konstitutiv prägt. Lässt sich eine vergleichbare Passivitätsdimension auch für das Zustandekommen des Glaubens annehmen?

Auf einer ersten Ebene ist diese Passivitätsdimension in der Vermittlungsform der Gnade selbst impliziert. Der *Ausdruck* der angenommenen Gnade – darstellendes Handeln, durch das Glaubende weitergeben, was sie selbst empfangen haben – ist zugleich die geschichtliche *Bedingung* des Glauben-Könnens. Weil das tatsächliche Ankommen der Gnade stets durch Freiheit und Geschichte vermittelt ist, ist mein individuelles Glauben-Können durch kulturelle, gesellschaftliche und familiäre Faktoren mitbedingt, die ich selbst nicht in der Hand habe, sondern durch die ich immer schon bestimmt werde. Sie bereiten mir den Weg, auf dem ich zum Glauben finden kann – oder versperren ihn mir, sowohl existenziell wie intellektuell: Wurde von ‚Gott' so gesprochen, dass dieses Wort nicht wie ein nostalgisches Relikt aus früheren Zeiten nachklingt oder wie eine hilflose Vertröstung auf eine bessere Welt, sondern einen unbedingt verlässlichen Grund des Vertrauens, der Hoffnung und Liebe bezeichnet, der die Wahrnehmung und Gestaltung der Gegenwart hier und jetzt verändert? Habe ich eine Glaubenspraxis erlebt, die sich nicht nur in moralischen Imperativen erschöpft, sondern sich von einer Zusage getragen weiß, durch die auch die Grenzen des eigenen Handelns in Hoffnung angenommen werden können? Lässt mein Umfeld überhaupt die Erfahrung und Interpretation zu, dass nicht das Sich-Haben, sondern das Sich-Geben die Erfüllung der eigenen Freiheit ist – oder bin ich wirtschaftlichen und sozialen Verhältnissen ausgesetzt, in denen nur verlieren kann, wer nicht allein auf sich selbst schaut? Natürlich ließen sich mehr und andere Fragen stellen, sie variieren offensichtlich nach historischen und kulturellen Kontexten. Jedenfalls sind auch hinsichtlich des tatsächlichen Ankommens der Gnade – analog zu ihrer Zurückweisung in der Sünde (Kap. III.3) – Aktivität und Passivität, Selbstbestimmung und Bestimmtwerden nicht zu trennen.

Bevor die systematische Frage nach ihrer präziseren Verhältnisbestimmung weiter verfolgt wird, sollen auch hier exemplarisch biblische Perspektiven eingespielt werden. Dazu werden zwei Schriften herangezogen, die jeweils zentral für die Sicht des Alten und Neuen Testaments auf das Verhältnis von ‚Indikativ der Gnade' und ‚Imperativ der Freiheit'[16] sind: der bereits im vorherigen Kapitel erwähnte Römerbrief und das Buch Deuteronomium. Die neuere Exegese hat zwischen beiden Schriften in den letzten Jahrzehnten strukturelle Gemeinsamkeiten und Entsprechungen zu Tage gefördert, die früher bisweilen übersehen oder ausgeblendet wurden und für unsere Frage nach dem Verhältnis von Aktivität und Passivität von Bedeutung sind. Ihnen kommt darüber hinaus eine kaum zu überschätzende Relevanz sowohl für den jüdisch-christlichen Dialog als auch für das interkonfessionelle Gespräch zwischen evangelischer und katholischer Theologie zu.

4.3 Indikativ und Imperativ: Zentrale Aspekte aus Röm und Dtn

Bezüglich der paulinischen Sündentheologie wurde bereits gezeigt, dass sie an der spannungsreichen Dialektik von Tat und Macht der Sünde (Aktivität und Passivität des Sünders) festhält, ohne sie zu einer der beiden Seiten hin aufzulösen oder überhaupt prinzipiell zu problematisieren. Folgt man *Michael Theobald,* so gilt dies analog auch für Paulus' Sicht auf die Wirksamkeit der Gnade. Auch hier zeigt sich ein ‚Ineinander' von Aktivität und Passivität des Glaubenden bzw. ein „organische[s] Miteinander von Heilsindikativ und ethischem Imperativ".[17] Dies lässt sich gerade an der Stelle illustrieren, wo Paulus im Anschluss an die ebenfalls schon erläuterte Adam-Christus-Typologie ein Missverständnis ausschließen will. Hatte er diese nämlich beschlossen mit der Aussage: „wo jedoch die Sünde mächtig wurde, da ist die Gnade übergroß geworden" (Röm 5,20), so fragt er nun (Röm 6,1-4) in anderer Richtung:

> „[1]Heißt das nun, dass wir an der Sünde fest halten sollen, damit die Gnade mächtiger werde? [2]Keineswegs! Wie können wir, die wir für die Sünde tot sind, noch in ihr leben? [3]Wisst ihr denn nicht, dass wir alle, die wir auf Christus Jesus getauft wurden, auf seinen Tod getauft wurden? [4]Wir wurden mit ihm begraben durch die Taufe auf den Tod; und wie Christus durch die Herrlichkeit des Vaters von den Toten auferweckt wurde, so sollen auch wir als neue Menschen leben."

Interessant ist, dass Paulus im letzten Vers gerade nicht formuliert (wie vielleicht zu erwarten wäre): ‚Wie Christus auferweckt wurde, so *sind* auch wir schon durch die Taufe auferweckt worden'. Er wechselt vielmehr *unvermittelt* in einen paränetischen (wohlwollend auffordernden) Stil, was die enge *Verschränkung* von Indikativ und Imperativ anzeigt: „so *sollen* auch wir als neue Menschen leben" – eben weil Jesus Christus ein für alle Mal die Macht der Sünde, Gottferne und Sinnlosigkeit gebrochen *hat* und wir auf seinen Tod getauft, mit ihm begraben worden *sind*, zeichenhaft sichtbar durch das Eintauchen des Täuflings im Wasser. Die Gnade ist also weder als statischer Besitz vorzustellen noch wird sie im magischen Sinne ‚automatisch', sondern vielmehr „dynamisch" wirksam, „insofern diese neue Qualität des Lebens im Glauben des Menschen sein Handeln, seinen Lebenswandel insgesamt prägt und darin auch ihre Wirklichkeit erweist."[18]

Diese Perspektive wird in den Kapiteln 6-8 des Römerbriefs weiter entfaltet, die insgesamt „dem Nachweis [dienen], dass im Raum dieser Gnade menschliches Leben, von der Entfremdung durch Sünde und Tod geheilt, auch ethisch gelingen kann".[19] Für die Frage nach dem Verhältnis von menschlicher Aktivität und Passivität bzw. ethischem Handeln und Indikativ der Gnade sind dabei zwei Aspekte bedeutsam. *Einerseits* betont Paulus die Aktivität des Menschen insofern, als dessen ethisches Handeln durch das *Gesetz* orientiert wird, „das auf dem *Tun* beruht".[20] Dabei ist allerdings direkt eine Einschränkung zu machen, auf die gleich noch näher einzugehen sein wird: Während für Juden und Judenchristen ‚das Gesetz' eine untrennbare Einheit von ethischen, kultischen und rituellen Geboten war, konzentriert Paulus es auf das *Liebesgebot*:[21] „Du sollst deinen Nächsten lieben wie dich selbst." (Lev 19,18). Für Paulus sind in diesem Satz „alle anderen Gebote [...] zusammengefasst" (Röm 13,9). „Die Liebe tut dem Nächsten nichts Böses. Also ist die Liebe die Erfüllung des Gesetzes" (Röm 13,10). Dies ist zu beachten, wenn Paulus in Röm 8,4 – im Kontext der „Begründung einer christlichen Ethik"[22] – sagt, dass Gott deshalb seinen Sohn in die Welt sandte, „damit die Forderung des Gesetzes durch uns erfüllt werde, die wir nicht nach dem Fleisch, sondern nach dem Geist leben." Der letzte Satzteil impliziert keinen leibfeindlichen Dualismus zwischen Körper und Geist, sondern kontrastiert fundamental verschiedene *Existenzweisen* des einen Menschen, hebt die ‚neue' (christusförmige) Existenz im Raum der göttlichen Gnade von der ‚alten' (‚adamitischen') Existenz unter der Macht des Unheils und der Sünde ab.[23] Gerade in diesem Vers lässt sich ein *zweiter* grundlegender Aspekt erkennen: Menschliche Aktivität, die Erfüllung des Gesetzes im Tun der Liebe, ist nicht ohne das passive Bestimmt- und Ergriffenwerden durch den *Heiligen Geist* denkbar, durch den „die Liebe Gottes [...] ausgegossen [ist] in unsere Herzen" (Röm 5,5). Sofern es der Geist Gottes ist, „der den Menschen *zugleich* befähigt *und* dazu antreibt, Gottes Willen gemäß zu leben", lässt sich die „innere Einheit von Heilsindikativ und ethischem Imperativ [...] zureichend nur *pneumatologisch* bestimmen."[24] Hierauf wird unten in Kap. III.4.5 zurückzukommen sein.

Allerdings mag der hier herausgestellte Zusammenhang von menschlicher Aktivität und Passivität überraschen vor dem Hintergrund der berühmten Formulierung des Paulus, „dass der Mensch nicht durch Werke des Gesetzes gerecht wird, sondern durch den Glauben an Jesus Christus" (Gal 2,16a) – ein Satz, der bekanntlich auch im Römerbrief vorkommt (3,20; 3,28) und die Grundlage der paulinischen Botschaft von der *Rechtfertigung* des Menschen bildet. Dabei ist für unsere Fragestellung wichtig, dass ‚Rechtfertigung' insofern inhaltlich mit ‚Gnade' identifiziert werden kann, als auch ‚Rechtfertigung' das freie und ungeschuldete Heilshandeln Gottes in Jesus Christus bezeichnet – allerdings mit besonderem Fokus auf die unverdiente Vergebung der Sünde und der Befreiung von ihrer Macht, wodurch der Mensch vor Gott ‚gerecht', seine Beziehung zu ihm wieder aufgerichtet wird.[25] Nun ist exegetisch umstritten, wie die Gegenüberstellung von ‚Gesetzeswerken' und ‚Glaube' gemeint ist[26]: Ist sie im strikt antithetischen Sinne und unmittelbar anthropologisch zu begreifen, wie es die einflussreiche Deutung *Rudolf Bultmanns* (1884-1976) sieht: ‚Gesetzlichkeit' als grundsätzliche Tendenz des sündigen, nur auf sich und seine Leistung bezogenen Menschen, der sein Heil vor Gott selbst verdienen will?[27] Oder hat Paulus, wie *Ulrich Wilckens* interpretiert, keine grundsätzliche menschliche Haltung, sondern eine jüdische Position im Blick, die das Gesetz als Garant des Heils versteht, wogegen es nach Paulus' Auffassung diese Funktion *faktisch* nicht ausüben kann, weil alle Menschen *Sünder* sind, diese aber durch das Gesetz gerade nicht gerechtfertigt werden können?[28] Offensichtlich ist jedenfalls, dass die Frage von erheblicher Brisanz nicht nur für das Gespräch zwischen evangelischer und katholischer Theologie, sondern vor allem auch für den jüdisch-christlichen Dialog ist (sofern eben mit ‚Werken des Gesetzes' der für jüdische Identität konstitutive Gehorsam gegenüber der Tora gemeint ist). Dieser Brisanz kann hier auf begrenztem Raum nicht annähernd adäquat entsprochen werden. Hingewiesen werden soll aber auf den vor einigen Jahrzehnten erfolgten Paradigmenwechsel in der Paulus-Exegese, der (nach einem Aufsatztitel von *James Dunn* aus dem Jahr 1983) auch als *The New Perspective on Paul* bezeichnet wird.[29] Diese Perspektive hat einerseits stereotype Vorstellungen vom Judentum als Religion der ‚Gesetzlichkeit', ‚Leistungsfrömmigkeit' und ‚Werkgerechtigkeit', also einseitige Betonungen menschlicher Aktivität, die von dieser das Geschenk der göttlichen Gnade abhängig machen, einer gründlichen Kritik unterzogen, indem sie insbesondere den Zusammenhang von ‚Gesetz' und ‚Bund' herausgestellt hat:

> „Die Erwählung Israels und die Gabe des Bundes durch Gott bilden die Basis, auf der die Tora die zum Bleiben in diesem Bund nötige Orientierung gibt. Da Israel das Heil im Bund grundsätzlich schon gegeben ist, stellt die Tora keinen Heilsweg im Sinne einer Vorschrift dar, wie man sich das Heil verdienen kann, sondern leitet Israel in der sichtbaren

> Praxis der Zugehörigkeit zum Volk Gottes und damit zum Leben im Bundesverhältnis mit Gott an."[30]

Auf diesem Fundament konnten andererseits die grundsätzliche Verwurzelung der paulinischen Theologie im Judentum in neuer Weise herausgestellt und Paulus' Sicht auf das Gesetz differenzierter beurteilt werden. Problematisiert wird durch die *New Perspective* eine Paulus-Interpretation, die die Gegenüberstellung von ‚Gesetzeswerken' und ‚Glaube' *unvermittelt* auf die Alternative ‚aktive Werkgerechtigkeit' vs. ‚reine Passivität im Glauben' bezieht. Der *historische Kontext* der Gegenüberstellung lässt nämlich erkennen, dass es bei ihr zunächst einmal nicht um die Frage individueller Rechtfertigung ging, sondern um die in der damaligen Missionssituation in Frage stehenden „ekklesiologischen Einlassbedingungen"[31]: Gelten für Heiden, die sich zum christlichen Glauben bekehren, vollumfänglich alle Gebote der Tora, also nicht nur deren ethischer Kerngehalt (der oben mit der Liebe identifiziert wurde), sondern z.B. auch die jüdischen Reinheits-, Speise- und Sabbatgebote? Für Judenchristen mussten diese Dimensionen als voneinander nicht trennbar erscheinen. Paulus hingegen, der für die beschneidungsfreie Heidenmission eintritt, kommt auf der Basis der neuen, sein eigenes Leben fundamental verändernden Glaubensüberzeugung, dass im Christusereignis sich die Situation *aller* Menschen radikal verändert hat, auch zu einer „christologisch bedingten Neueinschätzung der Tora", die „diejenigen Weisungen der Tora […] relativiert, die die Abgrenzung eines gruppenspezifischen jüdischen Lebensstils betreffen."[32] Dies fundiert er *theologisch* in einem Begründungszusammenhang, der von der universalen Bedeutung der Gnade und Heilsrelevanz des Kreuzestodes Jesu ausgeht, erst auf dieser Basis (im ‚Rückschlussverfahren') die universale Macht der Sünde erschließt, unter der *alle* Menschen ausnahmslos stehen, sodass von hier aus gesehen der Jude dem Heiden nichts voraus hat, weil jeder *faktisch* das Gesetz übertritt, d.h. sündigt (vgl. Kap. III.3.3). „Kein Mensch entspricht *von sich aus* dem Willen Gottes, seinem Gesetz, was festzustellen gerade voraussetzt, dass Paulus am Gesetz als dem Maßstab und Inbegriff dessen, was Gott vom Menschen will, nach wie vor festhält."[33] *Prinzipiell* versteht Paulus das Gesetz als „heilig" (Röm 7,12), ja sogar als „vom Geist bestimmt" (Röm 7,14) und hält fest: „Denn nicht die Hörer des Gesetzes sind vor Gott gerecht, sondern die Täter des Gesetzes werden gerechtfertigt werden" (Röm 2,13). So zeigt sich im Hinblick auf den jüdisch-christlichen Dialog, dass die Gegenüberstellung von ‚Werken' und ,Glaube' „nicht hochgerechnet werden [darf] im Sinne einer ,christlichen' Definition des jüdischen Gesetzes überhaupt, der zufolge dieses dann – wie in der Vergangenheit immer wieder geschehen – als ein System von Leistungs- und Lohnfrömmigkeit diffamiert wurde."[34] Und in anthropologischer Hinsicht bestätigt sich das ,Miteinander' von Heilsindikativ und ethischem Imperativ, weil letzterer durch die (recht verstandene) Differenzierung von ,Gesetzeswerken' und ,Glaube' gerade nicht aufgehoben wird, wie *Ulrich Wilckens* betont:

> „Das paulinische Evangelium ist in seinem Kern keineswegs Werkfeindlich. Der Glaube, den Paulus verkündigt und zu dem er ruft, enthält keineswegs eine ursprüngliche, tiefwirksame Verneinung aller Aktivität des Menschen, dem Guten in der Welt Bahn zu brechen und dem Bösen zu wehren. [...] Diesem in der Gegenwart weit verbreiteten Missverständnis des christlichen Glaubens [...] leistet jene falsche Auslegung der paulinischen Rechtfertigungslehre als grundsätzliche Kritik von Tat und Leistung in schädlicher Weise Vorschub."[35]

Vor diesem Hintergrund kann eine Kontinuitätslinie zwischen Altem und Neuem Testament wieder aufscheinen, die in der Geschichte des Christentums bisweilen verdunkelt wurde: Die Untrennbarkeit von Indikativ und Imperativ, Passivität und Aktivität des Menschen ist ein Grundzug der gesamten, Juden *und* Christen verbindenden Heilsgeschichte:

> „Mag auch das Beieinander von Heilshabe und der ihr entsprechenden Antwort der Menschen im Zusammenhang des Christusglaubens, der in ihm eröffneten *umfassenden* Heils- und Erlösungsperspektive sowie der durch ihn ansichtig gewordenen *Unbedingtheit* der die Menschen verpflichtenden Liebe Gottes in Christus, radikalisiert worden sein, *strukturell* ist jenes Beieinander in Israels Glaubenstraditionen mannigfach vorgebildet."[36]

Eben diese strukturelle Entsprechung hat *Georg Braulik* anhand des Buches Deuteronomium aufgezeigt, das üblicherweise als die Mitte des Alten Testaments und seines Gesetzesverständnisses bestimmt wird.[37] Es lässt sich also auch von alttestamentlicher Seite her zeigen, dass Paulus (wie Helmut Merklein konstatiert) genuin jüdischen Denkstrukturen verpflichtet bleibt, wenn „er das Gesetz nicht unabhängig von einem umfassenden Heils- und Gnadengeschehen denken kann."[38] Damit ist bereits angedeutet, worauf es auch Braulik ankommt: Die hier betonte ,Untrennbarkeit' bzw. das ,Miteinander' von Heilsindikativ und ethischem Imperativ soll nicht implizieren, dass das Verhältnis von Gnade und Freiheit, Anruf und Antwort auch umgekehrt werden kann. Denn ohne Gottes vorausgehende Initiative kann der Mensch nicht in eine Beziehung zu ihm treten.[39] Braulik interpretiert das Deuteronomium insgesamt als eine *„Theologie der Liebe“*[40], insofern damit *einerseits* dieser bleibende Primat der Gnade und des Indikativs zum Ausdruck gebracht wird: Dass Israel von Jahwe erwählt ist und bleibt, gründet allein in Jahwes freiem Entschluss und seiner Treue; „an Israel kann nichts Liebenswertes plausibel machen, warum sich Gott in dieses Volk ‚verliebt‘ hat“.[41] *Andererseits* schließt das passiv empfangene Geschenk der Liebe nicht aus, sondern ein, dass Israel gerade als freier Partner und freies Gegenüber erwählt ist. In der Befolgung des Gesetzes antwortet Israel auf Jahwes ebenso freie Zuwendung, die ihren Ausdruck findet im Geschenk der Tora als der umfassenden Lebens- und Bundesordnung. „Das Ethos des Gottesbundes ist somit ein Ethos der Gnade und ihrer Beantwortung, ist eine Ethik des bleibenden Dialogs freier, deshalb jedoch nicht gleichgestellter Gesprächspartner.“[42] Die entscheidenden Strukturmomente dieses Dialogs – und damit die anthropologischen Dimensionen von Aktivität und Passivität – können an einem Text illustriert werden, in dem die Funktion des Gesetzes explizit thematisiert wird, nämlich Dtn 6,20-25.[43]

> „[20]Wenn dich morgen dein Sohn fragt: Warum achtet ihr auf die Satzungen, die Gesetze und Rechtsvorschriften, auf die der Herr, unser Gott, euch verpflichtet hat?, [21]dann sollst du deinem Sohn antworten: Wir waren Sklaven des Pharao in Ägypten und der Herr hat uns mit starker Hand aus Ägypten geführt. [22]Der Herr hat vor unseren Augen gewaltige, unheilvolle Zeichen und Wunder an Ägypten, am Pharao und an seinem ganzen Haus getan, [23]uns aber hat er dort herausgeführt, um uns in das Land, das er unseren Vätern mit einem Schwur versprochen hatte, hineinzuführen und es uns zu geben. [24]Der Herr hat uns verpflichtet, alle diese Gesetze zu halten und den Herrn, unseren Gott, zu fürchten, damit es uns das ganze Leben lang gut geht und er uns Leben schenkt, wie wir es heute haben. [25]Nur dann werden wir (vor Gott) im Recht sein, wenn wir darauf achten, dieses ganze Gesetz vor dem Herrn, unserem Gott, so zu halten, wie er es uns zur Pflicht gemacht hat.“

Bereits der formale Aufbau lässt den Primat der göttlichen Gnade erkennen. Auf die Frage des Sohnes nach dem Motiv des Gesetzesgehorsams soll der Vater mit der Erinnerung an die schon erfolgte und von Gott frei geschenkte Befreiung seines Volkes antworten (V. 21f), also an den für Israel identitätskonstitutiven Exodus, der damals wie heute ‚am Anfang' der Gebote steht, ihr bleibendes Fundament in historischer wie sachlicher Hinsicht darstellt. Ohne das vorausgehende, allein in Gottes Gnade begründete Geschehen bliebe der aktive Gesetzesgehorsam Israels unverständlich. Diese Struktur ist *grundsätzlich* für den Aufbau der Tora charakteristisch: Der ethische Imperativ wird vom Indikativ der Gnade her verständlich und kann von ihm nicht isoliert werden.[44] Bereits der Begriff ‚Tora' bezieht sich nicht nur auf die Gebote, sondern auf alles, „was Israel zu seinem Besten wissen sollte: die Geschichte *und* die Gebote, die Gabe (des Landes) *und* die Aufgabe (darin nach Gottes Willen zu leben)."[45] Zuerst werden stets Jahwes Rettungs- und Heilstaten in der Geschichte Israels erinnert. Das gilt übrigens nicht nur für das ethische, sondern auch für das kultische bzw. liturgische Handeln: Das Gedenken an Gottes Heilstaten (Anamnese) bildet die Grundlage für die von ihm untrennbare liturgische Bitte (Epiklese). *Stephan Wahle* hat gezeigt, dass von dieser „aktiv-passiven Grundstruktur"[46] sowohl jüdisches als auch christliches Beten geprägt ist. Noch unmittelbar *vor* den Zehn Geboten heißt es: „Ich bin Jahwe, dein Gott, der dich aus Ägypten geführt hat, aus dem Sklavenhaus." (Ex 20,2; Dtn 5,6). Dabei wird in dem obenstehenden Text sachlich eine Einsicht formuliert, die wir aus heutiger Perspektive als *Entsprechung* von Gnade und Freiheit beschreiben könnten (s.o. Kap. III.4.1): Die in V. 24 geschilderte Verpflichtung Israels auf die Gebote entspringt nicht autoritärer Willkür und ihre Befolgung auf Seiten Israels nicht blindem Gehorsam. Vielmehr macht die Voranstellung der Vv. 22 und 23 klar, dass das *Gebieten* Gottes seinem *Retten* nicht wider-, sondern entspricht und deren Reihenfolge nicht umkehrbar ist: „Der Sinn des Gesetzes erschließt sich aus dem ‚Evangelium', und dieses ist der rettende, geleitende, bewahrende Gott. Nur als der rettende Gott ist er auch der gebietende. […] Dogmatik und Ethik gehören im Empfangen und im Tun des Guten unlösbar zusammen."[47] Die Befolgung des Gesetzes wird zudem an dessen Sinn gebunden, dass es Israel „das ganze Leben lang gut geht" (V. 24). Damit ist erneut ein entscheidender Aspekt der deuteronomischen Theologie insgesamt angesprochen: „Alle […] Liebestaten hat Gott schon gewirkt, ehe von der Liebe Israels überhaupt die Rede ist. Wenn Gott dann aufgrund seines Wirkens beansprucht, von seinem Volk geliebt zu werden, dann letztlich, damit es diesem gut geht."[48] Dies gilt gerade auch für das Hauptgebot, mit dem das Deuteronomium im langen Prozess seiner Entwicklung ursprünglich wohl begann und das allen weiteren Einzelgeboten als sie begründendes Fundament vorangestellt war: „Höre

Israel! Jahwe, unser Gott, Jahwe ist einzig. Darum sollst du den Herrn, deinen Gott, lieben mit ganzem Herzen, mit ganzer Seele und mit ganzer Kraft" (Dtn 6,4f). Israels Liebe soll nicht zuletzt deswegen Jahwe allein gelten, weil andere Götter und Göttinnen für inhumane Lebens- und Gesellschaftsordnungen stehen, in denen es Israel nicht ‚gut gehen' kann.[49]

Wenn im abschließenden V. 25 vom ‚Im-Recht-Sein' Israels vor Gott die Rede ist, dann ist damit eine unverfügbare Vorgabe gemeint, die im ihr entsprechenden aktiven Handeln Israels ihren *adäquaten realsymbolischen Ausdruck* finden und so an seinem Handeln *sichtbar* werden soll[50] – und zwar gerade auch im Verhalten Israels gegenüber den Fremden und Notleidenden, wie es in Dtn 10,18f heißt: „Er [Jahwe] verschafft Waisen und Witwen ihr Recht. Er liebt die Fremden und gibt ihnen Nahrung und Kleidung – auch ihr sollt die Fremden lieben, denn ihr seid Fremde in Ägypten gewesen." Braulik spricht von einer „extrovertierte[n] Liebesgemeinschaft"[51] zwischen Jahwe und Israel, sofern diese sich auswirkt und ausdrückt in der sichtbaren Bewegung zum ‚Anderen' hin: „Wenn Israel den von Jahwe geliebten Fremden liebt, liebt es zugleich seinen Gott. Enger können Gottes- und Fremden-/Nächstenliebe kaum mehr zusammenrücken".[52]

Bereits innerhalb des Deuteronomiums variiert die Perspektive auf das Verhältnis von Aktivität und Passivität. Was zu Beginn in Dtn 6,5 als *aktives* Tun Israels beschrieben wird (die Liebe Gottes mit ganzem Herzen und mit ganzer Seele), wird gegen Ende in Dtn 30,6f (im Kontext einer späteren Bearbeitung des Deuteronomiums im Exil) als *passiv* empfangene Gabe Jahwes vorgestellt, die zum Lieben-Können zuallererst befähigt[53]: „Der Herr, dein Gott, wird dein Herz und das Herz deiner Nachkommen beschneiden. Dann wirst du den Herrn, deinen Gott, mit ganzem Herzen und mit ganzer Seele lieben können, damit du Leben hast." Der ursprünglich physische Vorgang der Beschneidung wird hier vergeistigt: Gott beschneidet das Herz, indem er das Innere, den Geist des Menschen bewegt. Dabei kommt es auf den Vergleichspunkt an: „Die Beschneidung [...] gliedert in ähnlicher Weise in das alttestamentliche Gottesvolk ein wie nach Christus die Taufe, ist also ein quasisakramentaler Terminus."[54] Und wie die Wirksamkeit der Taufe auf dynamisch-geschichtliche Vermittlung und Sichtbarkeit angelegt ist (s.o.), so setzt auch hier das passive Bewegtwerden des Herzens (die ‚Beschneidung') durch Jahwe die Aktivität Israels frei, die Gottesliebe und Einhaltung der Gebote. Hierauf bezieht sich Paulus, wenn er schreibt, dass „Beschneidung ist, was am Herzen durch den Geist [...] geschieht" (Röm 2,29).

Damit ist erneut die Stelle erreicht, an der das Verhältnis von Aktivität und Passivität des glaubenden Menschen unter Einbezug der pneumatologischen Perspektive genauer bestimmt werden müsste. Diese systematische Aufgabe wird in Kap. III.4.5 angegangen. Auf dem Weg dorthin soll jedoch ein Motiv noch näher beleuchtet werden, das bereits in den ansonsten so unterschiedlichen Anthropologien von Eberhard Jüngel und Wolfhart Pannenberg zum Vorschein kam (Kap. II.4.3) und in Augustinus und Luther seine Gewährsmänner hat: das Motiv *primärer Passivität*. So wird zugleich der interkonfessionelle Problemhorizont nochmals aufgespannt, denn gerade hinsichtlich der Aktivität und Passivität des Menschen vor Gott setzen evangelische und katholische Anthropologien bis heute unterschiedliche Akzente.[55]

4.4 Plausibilität und Grenze des Passivitätsmotivs

Martin Luther hat in seiner Schrift *De servo arbitrio* (1525) die These eines ‚gefangenen' und unfreien Willens vertreten und so die Passivität des Menschen beim Zustandekommen des Glaubens betont. Hier verhält sich, so Luther wörtlich, „der Mensch rein passiv [mere passive]"; wir werden „Söhne Gottes [...] durch die uns von Gott gegebene Kraft, nicht durch die uns eingepflanzte Kraft des freien Willensvermögens."[56] Das wohl provokativste Bild hierfür ist die berühmte ‚Reittiermetapher': Der menschliche Wille ist nicht frei, sich von sich aus für das Gute oder das Böse, für Glaube oder Unglaube zu entscheiden, sondern er verhält sich zu ihnen wie ein Zugtier. „Wenn Gott darauf sitzt, will und geht es, wohin Gott will [...] Wenn Satan darauf sitzt, will und geht es, wohin Satan will. Und es liegt nicht an seinem Willensvermögen, zu einem von beiden Reitern zu laufen oder ihn zu suchen."[57] Ein scharfes Bild, das sofort die Frage hervorrufen muss: Ist das nicht purer Determinismus, der keinerlei Selbsttätigkeit des Menschen mehr zulässt?

In der neueren Theologie wird betont, dass man die Differenzen einzelner theologischer Aussagen – binnen- wie interkonfessionell – erst dann hinreichend versteht, wenn man die ihnen zugrunde liegende Denkform rekonstruiert. „Denkformen"[58] bezeichnen das Vorverständnis, den hermeneutischen Horizont, von dem aus Menschen ihre verschiedenen Erkenntnisse und Erfahrungen sich aneignen, d.h. die *Art und Weise*, wie sie sich und ihre Umwelt verstehen: *Was* wir erfahren und verstehen, ist immer auch davon abhängig, *wie* wir dies tun. Insofern ist ‚Denkform' ein wissenschaftstheoretischer Analysebegriff, denn er erfasst, so *Georg Essen,* „nicht das Wissen selbst, sondern [...] die für unser Verstehen grundlegenden Konstruktionsgesichtspunkte, nach denen ein faktisches Wissen in sich strukturiert und aufgebaut ist."[59] Es gibt mittlerweile eine Reihe von Versuchen, die interkonfessionellen theologischen Differenzen als eine Auseinandersetzung verschiedener Denkformen zu begreifen, denen jeweils unterschiedliche Kontexte, Erfahrungen und Fragestellungen zugrunde liegen.[60] Die ökumenische Leistung einer solchen Denkformanalyse besteht darin, dass nicht *unvermittelt* inhaltliche Einzelaussagen abgeglichen werden, weil nur auf die propositionale Ebene geachtet wird, sondern danach gefragt wird, *wie* die Einzelaussagen überhaupt zustande kommen, welche leitende Sprach- und Denkform ‚hinter' ihnen steht – und ob nicht diese der Grund für den inhaltlichen Dissens ist, der daraufhin neu bewertet werden kann. Anders gesagt: Wenn ich weiß, *wie* jemand denkt, welchem Sprach- und Denkstil er grundsätzlich folgt, fällt es mir leichter, seine Einzelaussagen zu verstehen und mit meinen abzugleichen – ich kann ‚einordnen', was er sagt und wie er es meint.

Denken und Sprache Luthers sind des Öfteren als ‚existenziell' oder ‚relational' bestimmt worden – etwa von dem katholischen Lutherforscher *Otto Hermann Pesch* oder dem evangelischen Theologen *Gerhard Ebeling* (1912-2001), um nur diese beiden zu nennen.[61] Der Mensch, so die grundlegende Perspektive, ist immer schon eingebunden in unverfügbare Erfahrungen und Begegnungen, denen er zunächst passiv ausgesetzt ist und von denen her er sich empfängt. Ebeling hat hierfür den Begriff ‚coram-Relation' geprägt, womit gemeint ist,

> „dass ich selbst vor einem andern mich befinde, im Angesicht eines andern existiere und davon in meiner Existenz betroffen bin. Das mag man sich an so schlichten Grunderfahrungen verdeutlichen, wie sehr ich davon abhängig bin, was der andere mir selbst gegenüber für ein Gesicht macht, ob er mich freundlich ansieht oder böse, interessiert oder gelangweilt, bzw. ob er überhaupt mich ansieht oder aber mich übersieht [...]. In dieser coram-Relation, in der sich der Mensch immer schon befindet, ja geradezu sich selbst vorfindet, so dass er ohne sie überhaupt nicht Mensch wäre, greift also ineinander, wie er anderen begegnet, andere ihm begegnen und er sich selbst begegnet."[62]

Dieser Theologiestil bestimmt auch die Justierung des Verhältnisses von Gnade und Freiheit, Passivität und Aktivität. Das freie Entscheiden und Handeln, die aktive Selbstbestimmung erscheint aus der existenziellen Perspektive nicht als *Voraussetzung*, sondern als *Folge* einer primäreren Befreiungs- und Gnadenerfahrung. Diese geht dem Handeln des Menschen voraus, beschreibt eine ‚heilsame' Passivität des Menschen vor seiner Aktivität, wie auch Jüngel geltend macht (vgl. Kap. II.4.3). Durch die Gnade wird der Mensch frei von den erschöpfenden und alle Ressourcen (die eigenen und die seiner Umwelt) verbrauchenden Versuchen des Selbstbesitzes und der Selbstsicherung und erst so frei für eine neue, heilvolle Gestaltung seines Selbst- und Weltverhältnisses – weil Gott sich zuvor in ein neues Verhältnis zum Menschen gesetzt hat. Der Akzent liegt phänomenologisch auf der Genese der realen, also erfüllten Freiheit. Sie *wird* durch Gottes Wirken wahrhaft frei, insofern sie ‚angezogen' wird durch die wirklichkeitsverändernde Kraft seiner Liebe. Sie ist erst dort ganz verwirklicht und erfüllt, wo sie durch Gottes Wirken frei *geworden* ist von den sie immer schon bestimmenden und ihre Identitätsbildung verhindernden Einflüssen, der Angst um das eigene Ich, die das Sich-Verlassen auf einen anderen hin verunmöglichen. Sie ist erst dort frei, wo sie fähig ist, zu lieben. Diese Fähigkeit liegt nicht von vornherein in der Macht des Menschen. Es bedarf zu ihr der unverfügbaren Kraft der Gnade, die wirkliche Transzendenz des Menschen ermöglicht, ein Beim-Anderen-Sein um des Anderen willen: ohne zwiespältige Nebenabsichten wie das Schielen auf den eigenen Nutzen, die eitle Selbsterbauung durch angeblich ‚selbstlose' Hilfe oder die angstmotivierten Manipulationsversuche der Freiheit des Anderen.

Aus welchen Gründen aber kommt innerhalb des existenziellen bzw. relationalen Ansatzes die menschliche Freiheit nicht als ursprüngliche, sondern als von der Gnade abgeleitete in den Blick? Auch dies hängt mit der spezifischen Perspektive dieses Theologiestils auf die Freiheit zusammen. „Wille", so beschreibt es Ebeling in Bezug auf Luther, „ist der immer schon entschiedene, engagierte, in Anspruch genommene Wille, nicht der neutrale Wille in der Situation absoluter Wahlfreiheit, der völlig ungeschichtlich gedachte Wille."[63] Zentral ist für die existenzielle bzw. relationale Perspektive, dass die *Freiheit* des Willens an seiner tatsächlichen *Kraft* und seinem realen *Vermögen* gemessen wird.[64] Auch Pannenberg will nicht von der „‚formale[n]' Freiheit", sondern von der „inhaltlich bestimmte[n], wesenhafte[n] Freiheit"[65] ausgehen. Die existenzielle Perspektive setzt also beim realen Freiheits*vollzug* an.

Entscheidend für die Justierung des Gnade-Freiheits-Verhältnisses ist nun, zu sehen, dass der Freiheitsvollzug ein passives Moment impliziert. *Auf den ersten Blick* wird dies mit einem *sündentheologischen* Argument begründet. Der faktisch vorfindliche Mensch existiert nicht so, wie er von Gott her sein soll und darf, sondern im Modus totaler Ego-zentrizität (Pannenberg) bzw. der Selbsthabe, Selbstsicherung und Selbststeigerung (Jüngel). Passiv ist der Mensch darin, dass er *von sich aus* keine Distanzierungsmöglichkeit gegenüber den Eigendynamiken dieser Modi besitzt. Gleichsam ‚hinter' dieser sündentheologischen Voraussetzung des Passivitätsmotivs steht aber noch ein weiterer Plausibilisierungshintergrund – nicht nur bei Jüngel und Pannenberg, sondern auch schon bei Luther und dessen Ordensvater Augustinus. Dieser Hintergrund bildet eine bisher immer noch zu wenig wahrgenommene Herausforderung katholischer Anthropologie, wie *Jürgen Werbick* in mehreren grundlegenden Publikationen zu Recht betont hat.[66] Schon Augustins wie Luthers Denken ist auch insofern ein existenzielles, als es an einer ‚Phänomenologie' des Willens interessiert ist. Wenn Freiheit von ‚Willkür' unterscheidbar sein soll, muss sie von dem Inhalt, den sie wählt, ‚angezogen', bewegt und berührt sein. So schreibt Luther:

> „Befrage die Erfahrung, wie wenig die zu überzeugen sind, die irgendeiner Sache leidenschaftlich anhängen. Andererseits: Wenn sie davon abgehen, dann gehen sie unter Gewalteinwirkung davon ab oder, weil sie sich von etwas anderem größeren Vorteil versprechen, niemals aber freiwillig. Wenn sie aber nicht berührt sind, lassen sie die Dinge gehen und geschehen, wie immer es geht und geschieht."[67]

Reale Freiheit ist ohne Antrieb, Motivation und Neigung nicht denkbar. Ich wähle *dieses* und nicht jenes, weil mir eben dieses als ‚wählbares Gut' erscheint. An dieser Stelle lautet nun die entscheidende Frage: Inwiefern habe ich selbst in der Hand, was mich anzieht oder abstößt, Neigung oder Abneigung hervorruft? Hier kommt das augustinisch-lutherische Passivitätsmotiv zum Tragen. Meine inneren Neigungen, Motive und Antriebe sind mir insofern unverfügbar, als sie – wie *Christoph Markschies* bemerkt – nicht willentlich herstellbar sind: so wenig wie der „Affekt [...] spontaner Zuneigung oder Abneigung. Ich kann nun einmal nicht willentlich beschließen, diese Frau zu lieben und jene nicht."[68] Weil Freiheit nicht ohne Neigung denkbar ist, letztere aber für mich nicht einfach verfügbar ist, ist die Freiheit durch ein passives Moment ausgezeichnet. Es steht nicht in meiner Macht, wovon ich bewegt werde. Aber wovon ich bewegt werde, prägt meine Entscheidungen. Eben dies illustriert die schon erwähnte Reittiermetapher in äußerster Zuspitzung. Die *aktive* Selbstbestimmung des Menschen richtet sich immer auch nach dem, wodurch er *passiv* bestimmt wird. Aus dieser Perspektive bringt, wie in Kap. III.3.3 gesehen, die Ursündenlehre zur Geltung, dass auch der Sünder nicht voraussetzungslos das Böse wählt, sondern erst dann, wenn es sein ‚Herz' gefangen genommen hat.[69]

Diese Freiheitskonzeption grenzt sich von einem Verständnis der Freiheit als ‚Wahlfreiheit' ab. Eine Freiheit, die die Gnade *ebenso gut* annehmen oder auch ablehnen kann, scheint abstrakt und den eigentlichen Sachverhalt verstellend. „Die Behauptung einer solchen Situation der Wahl" hält Pannenberg für eine „wirklichkeitsfremde Konstruktion"[70] – was mit seiner Orientierung an einem *gehaltvollen* Begriff der Freiheit übereinstimmt. So gesehen wäre ‚unbeteiligte', also völlig neutrale Wahl noch nicht einmal denkbar, vollzieht sich das Wählen doch stets unter (bewussten oder unbewussten) Motiven und Antrieben. Die entscheidende Frage lautet dann: Welche guten Gründe sollte der Mensch haben, sich gegen die Gnade zu entscheiden, die ihm definitiven Sinn und die Erfüllung des Daseins verheißt? Wenn Gottes Gnade ihm schon nahegekommen und er von ihr berührt worden ist (was angenommen werden muss, wenn er sich bewusst gegen sie entscheiden können soll), scheint *existenziell* gesehen nicht nachvollziehbar, warum der Mensch sich sehenden Auges noch für sein Unheil entscheiden sollte.[71] An der zwischenmenschlichen Analogie der Liebe illustriert, wäre dies mit der ‚unmöglichen Möglichkeit' vergleichbar, sich völlig grundlos ausgerechnet der Person zu verschließen, die ich als die Liebe meines Lebens schon erkannt habe. Ein Verständnis von Freiheit als Indifferenzfreiheit bzw. neutrale Wahlfreiheit zieht den Willkürverdacht auf sich – und riskiert damit letztlich die Aufhebung des Freiheitsbegriffs selbst. Für die Frage nach dem Konstitutionsgrund des Glaubens bedeutet dies, dass der Hauptakzent auf dem Ergriffen-, Berührt- und Bestimmtwerden durch die Gnade liegt: Wo Gottes Geist das ‚Herz' des Menschen berührt, der Freiheit also eine neue Richtung ihres Suchens und Strebens gibt, wird sie dazu befreit, nicht nur zu *sollen*, sondern *gerne zu wollen*, was sie von Gott her sein darf.[72]

Das Passivitätsmotiv kann seine Plausibilität im Rahmen einer existenziellen oder phänomenologischen Denkform entfalten, die von vornherein die Realisierungsebene der tatsächlich existierenden, geschichtlichen Freiheit in den Blick nimmt, Prägungen und Dispositionen erschließt, die ihrer Verfügung entzogen sind, ihrer konkreten Wahl und Einzelentscheidung vorausliegen und sie daher mitbestimmen. Elemente dieser Denkform lassen sich durchaus komplementär zum transzendentalen Freiheitsdenken zur Geltung bringen, wie im nächsten Kapitel gezeigt wird. Problematisch ist allerdings eine augustinistische *Alleingeltung* des Passivitätsmotivs, sofern diese gekoppelt wird mit der Vorstellung einer *unfehlbaren Alleinwirksamkeit* göttlichen Handelns. Der menschliche Glaube würde dann ausschließlich durch eine Entscheidung Gottes zustande kommen. Systematisch bleiben dann nur noch zwei Alternativen, die beide in unlösbare Probleme führen.[73] Dies wird deutlich, wenn man die These von der strikten Alleinwirksamkeit Gottes vor dem Hintergrund der unbestreitbaren Tatsache verstehen will, dass der Glaube offensichtlich nicht allen Menschen möglich ist. Dies wäre dann entweder darauf zurückzuführen, dass Gott bereits von Ewigkeit her keineswegs alle, sondern nur einige Menschen zum Heil prädestiniert und ihnen den Glauben geschenkt hat. Damit wäre aber genau jene augustinische Verbindung von Prädestinationslehre und Heilspartikularismus erreicht, die im Widerspruch zum universalen Heilswillen des Gottes Jesu Christi steht, der „will, dass alle Menschen gerettet werden und zur Erkenntnis der Wahrheit gelangen" (1 Tim 2,4), und der sich nicht verbinden lässt mit dem Zentralgedanken der unbedingt entschiedenen Liebe Gottes für alle Menschen. Zudem würde sich das Problem der möglichen Willkür des göttlichen Gnadenhandelns stellen: Warum schenkt Gott nur wenigen die Gnade? Hierauf könnte man nur noch mit einer zugespitzten Erbsündenlehre antworten (Gott ist nicht ungerecht angesichts der Erwählung nur weniger Menschen, weil ausnahmslos alle persönlich vor Gott schuldig sind und daher die ewige Verdammnis verdient hätten), die in Kap. III.3.4 bereits zurückgewiesen wurde. Hält man hingegen mit Recht am Heilsuniversalismus fest, so ist die Annahme eines unfehlbaren, alleinwirksamen Handelns Gottes nur unter der Voraussetzung einer *Apokatastasis* denkbar: also einer Allversöhnung und vollendeten Anerkenntnis Gottes aller Menschen am Ende der Geschichte, die dann nicht nur – wie in der Tradition eigentlich festgehalten[74] – eine *Hoffnung*, sondern *logisch zwingender Schluss* wäre (sofern sich dieser eben aus dem Axiom des alleinwirksamen göttlichen Handelns zwangsläufig ergibt). Sind beide Alternativen schon aus theologischen Gründen nicht gangbar, dann auch nicht die ihnen zugrundeliegenden Prämissen: die unfehlbare Alleinwirksamkeit Gottes und die ausschließliche Passivität des Menschen.

Das Konzil von Trient (1545-1563) betont, dass der Mensch sich zwar der Gnade nur öffnen kann, wenn sie ihm schon zuvorgekommen ist; aber die Gnade wirkt nicht so, dass der Mensch sie nicht auch ablehnen könnte, er ist nicht ausschließlich passiv.[75] Damit wird „in dogmengeschichtlich singulärer Deutlichkeit" eine „echte *soteriologische Alternativenmächtigkeit* des Menschen profiliert."[76] Doch brachte diese Bestimmung gerade auch binnenkatholisch die Diskussion nicht zum Abschluss, wie der systematisch brisante Gnadenstreit zwischen Dominikanern und Jesuiten im 16. Jahrhundert zeigt, der hier indes nicht weiter verfolgt werden kann.[77] Vielmehr sollen die unterschiedlichen Akzentsetzungen zwar nicht zu einem abschließenden System gebracht, aber einander systematisch zugeordnet werden – nicht zuletzt in ökumenischer Absicht. Damit wird insofern dem Grundanliegen der *Gemeinsamen Erklärung zur Rechtfertigungslehre* entsprochen, die 1999 vom Lutherischen Weltbund und der Römisch-Katholischen Kirche unterzeichnet wurde, als diese einen gnadentheologischen *Grundkonsens* feststellt, der durch unterschiedliche Auslegungen auf beiden Seiten nicht aufgehoben wird. Allerdings geht die Erklärung nicht den Schritt, verschiedene Denk- und Sprachstile zu unterscheiden, sodass inhaltlich recht unterschiedliche Aussagen miteinander verbunden werden, was des Öfteren in der Diskussion kritisiert wurde und die Rezeption der Erklärung offensichtlich auch erschwert hat.[78] Der nachstehende Vermittlungsversuch setzt daher bei der herausgearbeiteten Differenz der Denkformen und methodischen Zugänge an.

4.5 Aktivität und Passivität als anthropologische Grunddimensionen des Glaubens

Sowohl im sündentheologischen wie auch in diesem gnadentheologischen Kapitel wurde bisher festgehalten: Selbstbestimmung und Bestimmtwerden, Aktivität und Passivität beschreiben zwei irreduzible anthropologische Grundaspekte, die in jeder unserer Entscheidungen ‚vermischt' auftreten, sich nicht eindeutig trennen lassen. Es kommt also theoretisch wie existenziell darauf an, keines der beiden Momente auf Kosten des anderen zu verabsolutieren, sondern jeweils ihren spezifischen Ort zu bestimmen und den methodischen Zugang zu erläutern.[79] Dazu ist erneut die komplementäre Zuordnung von transzendentaler und existenzieller Perspektive auf den menschlichen

Freiheitsvollzug heranzuziehen, hier fokussiert auf das Verhältnis von Gnade und Freiheit.

Voraussetzung für eine Komplementarität statt einer Konkurrenz von transzendentaler und existenzieller (oder phänomenologischer) Perspektive ist die Beachtung einer Unterscheidung, die ebenfalls in der Sündenthematik schon zum Tragen kam: Die Ebene der ‚transzendentalen' bzw. ‚formal unbedingten Freiheit' ist rein logisch von der Ebene der ‚Wahlfreiheit' zu unterscheiden, denn erstere liegt letzterer als deren Möglichkeitsbedingung voraus. Damit ich überhaupt wählen kann, muss ich mich als freies, meiner selbst bewusstes Subjekt erfassen können, das sich in der Wahl ausdrückt, deshalb aber logisch von ihr zu unterscheiden ist. Gerade weil es hier noch nicht um die Ebene der konkreten Wahl geht, wird nicht behauptet, dass meine tatsächliche Wahl völlig *voraussetzungslos* ist, sondern nur, dass sie nicht *subjektlos* ist. Der Glaube wäre streng genommen gar nicht *mein Akt*, sondern ein subjektloses Geschehen und Schicksal, wenn nicht das Prinzip transzendentaler Freiheit bei seinem Zustandekommen vorausgesetzt würde. Und er würde nicht eine Sendung und Berufung freisetzen, die *einmalig* meine ist, wenn nicht im Glaubenden selbst eine Instanz benannt werden könnte, die dessen Singularität und Unvertretbarkeit verbürgen würde: die des transzendentalen Ich, das mit der formalen Unbedingtheit der Freiheit identisch ist. Das Ich ist einmalig, unvertretbar und als solches frei. Es sprechen nicht nur philosophische, sondern auch theologische Gründe für die Rezeption dieser transzendentalen Kategorie, besteht doch der *Inhalt* der Gnade gerade in Gottes personaler Zuwendung und Selbstmitteilung, die daher auch nur im personalen Modus der Freiheit beim Menschen ankommen kann.

Die existenzielle Perspektive hat das ‚Wie' dieses Ankommens im Blick. Nicht die transzendentalen Voraussetzungen der Freiheit sind relevant, sondern ihr konkreter Vollzug. Dadurch verlagert sich das Hauptinteresse: Es geht dieser Perspektive nicht (oder jedenfalls nicht primär) darum, die *Subjektlosigkeit* einer menschlichen Handlung (z.B. der Zustimmung zur Gnade) abzuwehren, sondern eher darum, deren *Motivationslosigkeit* zurückzuweisen. Für jede Entscheidung – gerade insofern sie frei und nicht willkürlich ist – gibt es Gründe, Motive und Antriebe. Sie sind dem Menschen als geschichtlichem, kulturell und sozial geprägtem Wesen nie ganz verfügbar, mitbestimmen daher aber auf der realen Ebene konkreter Wahl die Selbstbestimmung und begründen somit eine Passivitätsdimension menschlicher Freiheit. Für das Zustandekommen des Glaubens bedeutet dies, dass die freie Zustimmung des Menschen zur Gnade sich der Erfahrung verdankt, von ihr schon berührt und ergriffen worden zu sein. Die in dieser Einführung erwähnten evangelischen Autoren machen (mit unterschiedlichen Akzentsetzungen) diese Perspektive stark: Das Glauben-Wollen setzt ein Glauben-Können voraus, das mir geschenkt werden muss.

Beide Dimensionen, die aktive und die passive, sind aufeinander nicht reduzierbar, sondern verhalten sich kritisch-komplementär zueinander und sind auf methodisch unterschiedlichen Ebenen anzusiedeln. Die transzendentale Perspektive bringt das unhintergehbar Eigene zur Geltung: Der Glaube kommt *nicht ohne mich* und meine freie Zustimmung zustande, nur so kann er *mein* Glaube sein, und nur so kann der Mensch als Subjekt seines Glaubens und seines vernünftigen Denkens mit sich selbst übereinstimmen.[80] Die existenzielle (oder phänomenologische) Perspektive bringt die Unverfügbarkeit der *Kraft* und des *Antriebs* zur Geltung: Der Glaube kommt *nicht allein durch mich* zustande, sondern verdankt sich der Gnade, die mich so ergreift, bewegt, mir einen Sinn und eine Verheißung eröffnet, der gegenüber die Alternative der möglichen Ablehnung verblasst: zwar theoretisch denkbar bleibt, aber existenziell unplausibel, abstrakt geworden ist – so wie in der Liebe das ‚Immer-noch-anders-Können' existenziell immer schon überholt ist durch die aus tiefstem Herzen gewollte Selbstbindung an den Anderen. Gnade begegnet mir als indikativische Kraft der Liebe, die mich ‚geneigt' macht, aus vollem Herzen zustimmen zu wollen – ‚Herz' im alttestamentlichen Sinn des Wortes als Personmitte und damit Sitz nicht nur aktiver Vollzüge des Abwägens und Entscheidens, sondern auch der passiven Bestimmtheit durch Emotionen.[81] Diese wechselseitig-kritische Komplementarität beschreibt der Sache nach auch Jürgen Werbick, wenn er festhält:

> „Einerseits: Gottes Nahekommen in der Gnade erreicht mich nicht, ohne dass ich mich erreichen lasse. Andererseits: Ich kann mich von Gottes Gnade nicht erreichen lassen, wenn sie mir nicht die schlechthin verheißungsvolle Perspektive erfüllten Menschseins von sich aus erschließt. Die entscheidenden Operatoren in diesen Aussagen – sich erreichen *lassen* und erschließendes nahe *kommen* – müssen sich wechselseitig relativieren, wenn sie denkbar bleiben sollen. Man kann nur nachvollziehen, dass das Sich-erreichen-*Lassen* als Korrektiv fungiert zum einfach von sich her (von Gott her) geschehenden Nahe-*Kommen*, und dass das Nahekommen ein Sich-nahe-Gehen-*Lassen* erfordert, wenn es Menschen nicht überwältigen will."[82]

Das ‚Lassen' beschreibt auch grammatikalisch das Medium zwischen Aktiv und Passiv. Beide Dimensionen treten in der Annahme der Gnade und beim Zustandekommen des Glaubens gleichermaßen auf. Werbick spricht daher auch von der „Gleichursprünglichkeit von autonomer Selbstbestimmung und Ergriffenwerden".[83]

Aus dieser Perspektive kann auch eine dilemmatische Alternative klassischer Gnadenlehre überwunden werden: die Alternative zwischen dem inneren, unsichtbaren Gnadenhandeln Gottes *(gratia interna)* und der Dimension ihrer geschichtlichen Sichtbarkeit *(gratia externa)*. Die augustinische Linie, die für die abendländische Gnadenlehre lange Zeit bestimmend war, betont vor allem die *innere Gnade*: Der Glaube kommt so zustande, dass Gott im Heiligen Geist unsichtbar im Inneren des Menschen wirkt. Ist der menschliche Wille grundsätzlich dadurch charakterisiert, dass er ‚bewegt' und ‚berührt' ist, Gefallen und Freude an etwas findet, so gleicht sich Gottes Wirken nun gewissermaßen der Bewegungsfähigkeit des menschlichen Willens an. Der menschliche Wille findet seine Freude nun am schlechthin Guten, weil er durch die Gnade bewegt wird. Wenn sich dieses Moment der inneren Gnade jedoch verselbstständigt, droht sowohl der Aspekt menschlicher Aktivität als auch der Welt- und Geschichtsbezug der Gnade verloren zu gehen.[84] ‚Innere Gnade' ist daher zu beziehen auf das Wirken des Heiligen Geistes, das von der einen heilsgeschichtlichen Selbstmitteilung nicht trennbar ist und daher auch nicht von ihren geschichtlichen Vermittlungsgestalten, vielmehr jene ‚Kraft' beschreibt, durch die der Mensch diesen Vermittlungszusammenhang als Gnade erfahren, erkennen und frei anerkennen kann.

> „Der Terminus *gratia externa* wäre als Alternative zum Terminus *gratia interna* gründlich missverstanden. [...] Durch den Heiligen Geist wird der im Glauben gerechtfertigte Mensch einbezogen in das den Tod besiegende Verhältnis des gekreuzigten und auferstandenen Erlösers zum Vater. Ohne das Wirken des Heiligen Geistes wären die Worte der alttestamentlichen Propheten, die Worte der Psalmen und der Tora, die Worte der Evangelisten, der Paulusbriefe und der verkündigenden Kirche keine Gnade. Ohne das Wirken des Heiligen Geistes bliebe die Sohnesbeziehung Jesu zum Vater dem einzelnen Gläubigen äußerlich."[85]

Wie aktives und passives Moment beim Zustandekommen des Glaubens nicht trennbar sind, so auch äußere und innere Gnade nicht. Gott im Heiligen Geist ‚inspiriert', indem er die menschliche Freiheit nicht ausschaltet, sondern sie einbezieht in das Christusereignis. Es wäre somit ein Missverständnis, würde man ‚innere' und ‚äußere' Gnade als zwei inhaltlich verschiedene *Offenbarungen* Gottes begreifen. Dies gilt schon für Paulus' Rede vom Heiligen Geist, ohne die, wie oben (Kap. III.4.3) erläutert, das Verhältnis von Indikativ und Imperativ nicht adäquat bestimmt werden kann. Sie ergänzt nämlich *inhaltlich* die christologische Rede nicht, sondern dem Geist kommt die „theologisch notwendige Funktion" zu, „Garant der *Nähe* des den Glaubenden nur scheinbar entzogenen Christus zu sein, als der er sie dessen heilbringende Gegenwart *inne*werden lässt."[86] Paulus beschreibt dies metaphorisch als ‚Wohnen' des Geistes ‚in' den Glaubenden (vgl. Röm 8,9: „Ihr […] seid […] vom Geist bestimmt, da ja der Geist Gottes in euch wohnt"). Wie dieser Metapher bereits im sündentheologischen Zusammenhang die Funktion zukam, die Macht der Sünde zu verdeutlichen (vgl. Röm 7,20 bzw. Kap. III.3.5), so bezeichnet sie auch hier eine passive Dimension – zumal die räumliche Konnotation auf ein weitreichendes ‚Durchdrungen-Sein' des Glaubenden verweist. Doch impliziert gerade dieses Bild auch keine *Ersetzung* der Aktivität des Ich – wiederum analog zum Verständnis der Sünde als Macht *und* Tat –, sondern lässt eher an eine „*Interferenz* zwischen eingehendem göttlichem Geist und geschichtlichem Menschen"[87] denken, die genau der Untrennbarkeit von innerer und äußerer Gnade entspricht. Karl Rahner bringt dies zur Geltung, indem er im Hinblick auf die eine Selbstmitteilung Gottes zwischen ihrem ‚transzendentalen' und ‚kategorialen' Moment unterscheidet, beide Aspekte aber nicht trennt. Rahners Konzept benennt zudem den (aus heutiger Sicht vielleicht wichtigsten) Grund, um an Gottes Selbstmitteilung auch im Heiligen Geist festzuhalten: die *Universalität* der Gnade. Weil *alle* Menschen von Gott erwählt sind, begegnet Gottes personale Selbstmitteilung jeder Freiheit im Modus des Angebotes. Ob der Mensch um dieses Angebot als solches explizit weiß, ist abhängig von kategorialen Bedingungen, über die er selbst nicht vollständig verfügen kann. Aber er kann es implizit annehmen – und so implizit *glauben* –, weil seine Freiheitsvollzüge durch Gottes Gnade und den Geist Jesu Christi getragen werden. Rahner und Pröpper veranschaulichen diese ‚Erfahrung des Heiligen Geistes' anhand von Alltagssituationen, in denen Menschen faktisch über das Menschen-Mögliche, über den Horizont des Bedingten, Faktischen, Nützlichen oder Opportunen hinausgehen und eine Hoffnung riskieren (für sich oder für andere), deren Grund sie vielleicht nicht nur nicht beweisen, sondern noch nicht einmal benennen können.

> „Wo die eine und ganze Hoffnung über alle Einzelhoffnungen hinaus gegeben ist, […] wo eine Verantwortung in Freiheit auch dort noch angenommen und durchgetragen wird, wo sie keinen angebbaren Ausweis an Erfolg und Nutzen mehr hat, […] wo die Summe aller Lebensrechnungen, die man nicht selber noch einmal berechnen kann, von einem unbegreiflichen anderen her als gut verstanden wird, obwohl man es nicht nochmals ‚beweisen' kann, […] wo die bruchstückhafte Erfahrung von Liebe, Schönheit, Freude als Verheißung von Liebe, Schönheit und Freude schlechthin erlebt und angenommen wird, ohne in einem letzten Zynismus als billiger Trost vor der letzten Trostlosigkeit verstanden zu werden, […] wo der bittere, enttäuschende und zerrinnende Alltag heiter gelassen durchgestanden wird bis zum angenommenen Ende aus einer Kraft, deren letzte Quelle von uns nicht noch einmal gefasst und so uns untertan gemacht werden kann, […] wo die Verzweiflung angenommen und geheimnisvoll nochmals als getröstet ohne billigen Trost erfahren wird, […] wo wir im Alltag unseren Tod einüben und da so zu leben versuchen, wie wir im Tod zu sterben wünschen, ruhig und gelassen, […] da ist Gott und seine befreiende Gnade."[88]

Diese ‚Mystik des Alltags' lässt sich auch mit der paulinischen Rede vom Heiligen Geist verbinden. Denn auch aus ihrer Sicht sind nicht religiöse Hochstimmung und ekstatische Ausnahmeerscheinungen charakteristisch für die Wirksamkeit des Geistes, die bisweilen auch als Aufhebung der menschlichen Ich-Instanz vorgestellt wurden.[89] Dagegen bestimmt Paulus die Gegenwart des Geistes „sehr nüchtern […] von der *Praxis* des Glaubens, der Liebe und der Hoffnung her […], abseits von dieser misstraute er zur Schau gestelltem Charismatikertum."[90] In dieser Praxis ist menschliche Aktivität gerade nicht ausgelöscht, hat die *Kraft* zu ihr aber auch nicht allein durch sich selbst.[91] Sie entspringt der Präsenz des göttlichen Geistes, der die Freiheit ‚anzieht' und ‚motiviert', sich nicht in sich selbst zu verschließen, sondern auf den Anderen und auf Gott hin zu öffnen. Das wirft eine Frage auf, die in Rahners Konzept durchaus noch offen bleibt: *Wie* sind die passive Bestimmtheit menschlicher Freiheitsvollzüge (‚übernatürliches Existential') durch den Heiligen Geist und das unableitbar Eigene der transzendentalen Freiheit aufeinander bezogen?

Die *methodische Unterscheidung* zwischen transzendentaler und existenzieller (bzw. phänomenologischer Ebene) ermöglicht, die diesbezüglich von Pröpper gelegte Spur (Kap. II.4.4) auszuziehen: Das Wirken des Geistes bezieht sich auf den *Entschluss* der transzendentalen Freiheit, primär nicht etwas, sondern sich selbst als Freiheit vollziehen zu wollen und sich so gerade im Entschluss für andere Freiheit in Anerkennung, Wohlwollen und Liebe zu realisieren. Damit ist das mögliche Geistwirken auf ein Moment des *existenziellen* Freiheitsvollzugs zu beziehen, für das eine rein *transzendentale* Freiheitsanalyse nicht aufkommen kann: das Vertrauen des Menschen in die prinzipielle Sinnhaftigkeit endlicher Freiheitsvollzüge. Denn die transzendentale Freiheitsanalyse kann zwar zeigen, dass dann, *wenn* Freiheit nicht sinnlos, unbegründet oder absurd ist, ihr auch der Gottesgedanke eingeschrieben ist. Aber eben die primäre Voraussetzung der Sinnhaftigkeit endlicher Freiheit ist transzendentalphilosophisch nicht mehr zu sichern. „Das Sinnbedürfnis der freien Vernunft garantiert noch nicht seine Erfüllung."[92] Die mögliche Absurdität endlicher Freiheitsvollzüge – und damit auch des Prinzips Freiheit – ist theoretisch nicht auszuschließen (vgl. Kap. III.3.1). Ihre Bemühungen um Anerkennung, Solidarität, Gerechtigkeit und Frieden können scheitern, ihre Sehnsucht nach Wertschätzung und Liebe ungehört verhallen; die Ausbildung einer selbstverantworteten Identität und Persönlichkeit bleibt gefährdet, nicht nur aufgrund ihrer Abhängigkeit von unverfügbaren wirtschaftlichen und sozialen Bedingungen, sondern auch angesichts des Drucks der vielen Optionen, des stets mitlaufenden Risikos, dem eigenen Leben ‚die falsche Richtung zu geben'. Wo Menschen dennoch die Übernahme ihrer Freiheit und Verantwortung wagen, wider den Anschein der Vergeblichkeit ihres Tuns der Resignation wehren, den Horizont über ihre eigenen Verfügungsmöglichkeiten hinaus offenhalten, kann dies theologisch als Wirken des Geistes interpretiert (freilich nicht: bewiesen) werden – als ein Wirken näherhin im *Modus der Freisetzung*, wie besonders *Bernhard Nitsche* in Auseinandersetzung mit Rahners und Pröppers Pneumatologie herausgearbeitet hat:

> „Diese Freisetzung wird augenscheinlich, wo Menschen sich aus einer Verschlossenheit öffnen, mehr und mehr in die liebende Anerkennung der anderen Freiheit hineinwachsen, zu einer transparenten Entschiedenheit und verlässlichen Treue fähig und von Dankbarkeit gegenüber dem unverfügbaren Grund des Lebens erfüllt sind."[93]

Der reale Freiheitsvollzug enthält insofern ein Passivitätsmoment, als das „Pneuma [...] allem menschlichen Tun vorausgeht, sich also durch menschliche Freiheitstat in die Geschichte hinein verwirklicht, indem es diese Freiheitstat freisetzend ermöglicht."[94] Über das Motiv der Freisetzung menschlicher Freiheit durch Gottes Geist ist erneut der Bogen zurückgeschlagen zur Entsprechung von Gnade und Freiheit: Weil auch im Wirken des Geistes die Freiheit nicht aufgehoben, sondern freigesetzt wird – ‚motiviert' wird zur Selbsttranszendenz auf den Anderen hin, ‚angezogen' wird von der im Geist gegenwärtigen Nächstenliebe Jesu Christi –, ist mit Rahner von einer direkten Proportionalität von Selbst- und Gottesnähe zu sprechen: „Der Mensch wird in der Gegenwart Gottes nicht weniger, sondern mehr Mensch!"[95] Die *transzendentale* Perspektive auf die formale Unbedingtheit der Freiheit sichert, dass der Mensch vernünftig einsehen kann, dass das Bestimmtwerden durch Gott seiner Selbstbestimmung nicht zuwider läuft, sondern ihr entspricht, dass das ‚Locken' und ‚Motivieren' durch die Anziehungskraft des Geistes nicht in Wahrheit Manipulation ist, also die Implementierung eines Wollens, das tatsächlich gar nicht mein eigenes ist. Die *existenzielle* Perspektive erschließt die Erfahrung, dass der aktiven Selbstbestimmung die Gnade Gottes stets vorausgeht, sie aufruft und ihr die Kraft schenkt, sein zu können, was sie von Gott her sein darf: einmalig-freier Ausdruck der hoffenden, tröstenden und vergebenden Liebe, die Gott selbst ist und die er allen Menschen zugedacht hat.

Literatur

Gisbert Greshake, Gnade – Geschenk der Freiheit. Eine Hinführung, Kevelaer 2004 *(gut verständliche Hinführung zu den geschichtlichen Stationen der Gnadenlehre und ihrer Relevanz für die Gegenwart).*

Karl-Heinz Menke, Das Kriterium des Christseins. Grundriss der Gnadenlehre, Regensburg 2003 *(bietet sowohl einen prägnanten Überblick über die theologiegeschichtlichen Problemkonstellationen der Gnadenlehre als auch einen eigenen Entwurf, der das Freiheitsmodell mit dem Gedanken inklusiver Stellvertretung verbindet).*

Jürgen Werbick, Gnade, Paderborn 2013 *(ein inspirierendes Gespräch zwischen evangelischer und katholischer Gnadenlehre, das zugleich die wichtigsten Problemfelder der Gnadenlehre vorstellt und Lösungswege aufzeigt).*

Thomas Pröpper, Teil B. Die Gnade Gottes und der neue Mensch. In: Ders., Theologische Anthropologie, Bd. II, Freiburg i.Br. 2011, 1158-1520 *(Reformulierung der Gnadenlehre in Freiheitskategorien, die auf die Vermittlung des christlichen Zeugnisses mit der neuzeitlichen Subjektphilosophie zielt).*

Ulli Roth, Gnadenlehre (Gegenwärtig Glauben Denken. Systematische Theologie; 8), Paderborn 2013 *(instruktive Einführung, die auch die He-*

rausforderungen der Gnadenlehre durch postmoderne Denkrichtungen miteinbezieht).

URSULA LIEVENBRÜCK, Zwischen *donum supernaturale* und Selbstmitteilung Gottes. Die Entwicklung des systematischen Gnadentraktats im 20. Jahrhundert (STEP 1), Münster 2014, bes. 919-989 *(präzise Rekonstruktion der Entwicklung der Gnadenlehre im 20. Jahrhundert, die zugleich innovative Impulse für die gegenwärtige Diskussion gibt).*

Anmerkungen

Lehramtliche Texte werden mit ‚DH' und unter Angabe der entsprechenden Nummer zitiert nach: Heinrich Denzinger, Kompendium der Glaubensbekenntnisse und kirchlichen Lehrentscheidungen. Verbessert, erweitert, ins Deutsche übertragen und unter Mitarbeit von Helmut Hoping hg. v. Peter Hünermann, Freiburg-Basel-Wien [43]2010.

Einleitung

1 Dieter Henrich, Die Philosophie in der Zeit. Antworten auf Fragen von Florian Rötzer. In: Ders., Konzepte. Essays zur Philosophie in der Zeit, Frankfurt a.M. 1987, 128-138, 128.

I. Herausforderungen für eine theologische Anthropologie in der Spätmoderne

1 Thomas Metzinger, Anthropologie und Kognitionswissenschaft. In: Peter Gold/Andreas K. Engel (Hg.), Der Mensch in der Perspektive der Kognitionswissenschaften, Frankfurt a.M. 1998, 326-372, 326.

2 Vgl. Johannes Duns Scotus, Opus Oxoniense III d. 32 q. 1 n. 6, vollst. Zitat bei Jürgen Werbick, Gott verbindlich. Eine theologische Gotteslehre, Freiburg-Basel-Wien 2007, 200.

3 Karl Rahner, Grundkurs des Glaubens. Einführung in den Begriff des Christentums. In: Ders., Sämtliche Werke, Bd. 26, Zürich-Düsseldorf-Freiburg i.Br. 1999, 1-442, 145.

4 Eine Entscheidung darüber, welche Rahmentheorie dem Subjektbegriff einer theologischen Anthropologie angemessen ist, ist damit freilich noch nicht getroffen. Es ist lediglich angezeigt, dass die in diesem Buch vertretene Position sich selbst im weitesten Sinne subjekttheoretisch verortet.

5 Diese Reihenfolge ergibt sich aus Argumentationslinien, die implizit und explizit aufeinander aufbauen. Dass die beiden Minimalkriterien für die Möglichkeit theologischer Anthropologie in umgekehrter Reihenfolge genannt werden, ergibt sich aus dem Versuch, zunächst die allgemeinere und dann die spezifischere Bedingung zu benennen.

1. Subjektkritische Herausforderungen

1 Erich Fromm, Das Menschenbild bei Marx. Mit den wichtigsten Frühschriften von Karl Marx, Frankfurt a.M. [7]1977, 49.

2 Jörg Baberowski, Der Sinn der Geschichte. Geschichtstheorien von Hegel bis Foucault, München [2]2013, 90.

3 Karl Marx, Zur Kritik der Hegelschen Rechtsphilosophie. In: Ders./Friedrich Engels, Marx-Engels-Gesamtausgabe (MEGA), hrsg. von der Internationalen Marx-Engels-Stiftung, Berlin 1975f., 378-391, 378.

4 Vgl. dazu die Schlussbemerkungen bei Matthias Lutz-Bachmann, Geschichte und Subjekt. Zum Begriff der Geschichtsphilosophie bei Immanuel Kant und Karl Marx (Praktische Philosophie; 27), Freiburg-München 1988, 212f., der darauf verweist, inwiefern Marx‘ Geschichtsbegriff deutlich in der Tradition Kants zu verorten ist, insofern der Sinn der Geschichte an die freie Gestaltung durch den Menschen gekoppelt ist.

5 Friedrich Nietzsche, Jenseits von Gut und Böse. Die Genealogie der Moral. In: Ders., KSA 5, hrsg. von Giorgio Colli u. Mazzino Montinari, München [9]2007, 73.

6 Ich folge an dieser Stelle der Interpretation Jürgen Werbicks. Vgl. dazu instruktiv von ihm Gebetsglaube und Gotteszweifel (Religion – Geschichte – Gesellschaft; 20), Münster 2001, 33-59.

7 Michel Foucault, Die Ordnung der Dinge. Eine Archäologie der Humanwissenschaften. In: Ders., Die Hauptwerke, Mit einem Nachwort von Axel Honneth und Martin Saar, Frankfurt a.M. 2008, 7-469, 463.

8 Ebd.

9 Die nun folgenden Ausführungen beziehen sich wesentlich auf Hermann Krings, System und Freiheit. In: Ders., System und Freiheit. Gesammelte Aufsätze (Praktische Philosophie; 12), Freiburg-München 1980, 15-39.

10 Vgl. etwa den Vergleich des menschlichen Freiheitsvermögens mit dem der Sphex in Daniel C. Dennett, Ellenbogenfreiheit. Die erstrebenswerten Formen des freien Willens (Analyse und Grundlegung; 12), Frankfurt a.M. 1986, 34-69.

11 George Herbert Mead, Geist, Identität und Gesellschaft aus der Sicht des Sozialbehaviorismus, Frankfurt a.M. 1973, 130.

12 Ebd., 134.

13 Ebd., 136.

14 Rupert Lay, Das Bild des Menschen. Psychoanalyse für die Praxis, Frankfurt a.M.-Berlin 1989, 25. Vgl. zur Problematik der Willensfreiheit für die Psychologie auch Alfried Längle, Art. Willensfreiheit. In: Lexikon der Psychologie in fünf Bänden, Bd. 5, Heidelberg-Berlin 2002, 3f.: „Da die Wissenschaft deterministische Gesetzmäßigkeiten sucht, kann sie sich logisch nicht mit der Freiheit des Willens befassen. Willensfreiheit kann vielleicht nur im alltagssprachlichen Jargon erfasst werden […].“ Abgesehen von einem hier vorausgesetzten reduktiven Wissenschaftsverständnis zeigt das Zitat die methodologisch begründete ‚Neigung‘ psychologischer Forschung auf, Willensfreiheit und Subjektivität auf ‚verobjektivierbare‘ Zusammenhänge zurückzuführen bzw. sie als signifikante Bestimmungsmomente anthropologischer Theoriebildung nicht gelten zu lassen.

[15] Vgl. zur Begrifflichkeit des psychischen bzw. psychologischen Determinismus auch Richard Taylor, Art. Determinism, A historical Survey. In: Encyclopedia of Philosophy, Bd. 3, 2nd edition, Detroit u.a. 2006, 4-23, bes. 12-19. Taylor weist in der Unterscheidung verschiedener Typen des Determinismus nach, dass die meisten neuzeitlichen (philosophischen) Debatten um Willensfreiheit mit der Möglichkeit eines psychologischen Determinismus ringen, d.h., dass „acts of will and other inner causes are conceived of as psychological or mental events within the mind oft he agent.“ (ebd., 12)

[16] Sigmund Freud, Eine Schwierigkeit der Psychoanalyse. In: Ders., Gesammelte Werke, Bd. 12. Werke aus den Jahren 1917-1920, London 1947, 3-12, 11.

[17] Vgl. Taylor, Determinism, 17. In der Sicht eines psychischen Determinismus ist „[…] virtually all significant behavior […] of the same order as kleptomania and other familiar compulsions, having ist sources in the unconscious.“ Folglich gibt es keine Vermittlung von unbewussten, entschiedungsbeeinflussenden psychischen Prozessen und bewusster Entscheidung und Handlung: „It is rather solved, and it is solved on the side of hard determinism with all the enormous and, to some minds, shocking implications that theory has for morals and law.” (Ebd., 17)

[18] Diese Sachlage erweist sich etwa immer wieder in der psychiatrischen Begutachtungspraxis vor Gericht. Die Debatte um Schuld- und Zurechnungsfähigkeit im Einzelnen und im Allgemeinen, die Frage nach den Kriterien einer solchen Bestimmung und die davon ausgehenden, immer wieder auftretenden divergierenden Gutachten verdeutlichen, dass hier keine einhellige Forschungsmeinung vorliegt.

[19] Im Folgenden beschränkt sich die Untersuchung auf die Aufnahme kognitionswissenschaftlich beeinflusster *philosophischer* Theorien, weil in diesen die Pointen der hier relevanten kognitionswissenschaftlichen Forschung am schärfsten herausgearbeitet sind. Neben der Tatsache, dass viele Philosophen sich selbst als Kognitionswissenschaftler verstehen, ist dabei aber auch zu bemerken, dass die hier verhandelten Thesen auch in anderen Disziplinen der Kognitionswissenschaften breit vertreten werden. Verkürzungen sind natürlich dennoch nicht zu vermeiden, sodass erinnert werden muss, dass es uns um die Selbstvergewisserung der Möglichkeit theologischer Anthropologie angesichts bestimmter Herausforderungen geht.

[20] Thomas Metzinger, Anthropologie und Kognitionswissenschaft. In: Peter Gold/Andreas K. Engel (Hg.), Der Mensch in der Perspektive der Kognitionswissenschaften, Frankfurt a.M. 1998, 326-372, 356.

[21] Ebd., 360.

[22] Ebd., 361.

[23] Maxwell R. Bennett/ Peter M. S. Hacker, Die philosophischen Grundlagen der Neurowissenschaften. Sonderausgabe, aus dem Engl. von Axel Walter, mit einem Vorw. von Annemarie Gethmann-Siefert, Darmstadt [3]2015, 93.

24 Primin Stekeler-Weithofer, Sprachphilosophie. Eine Einführung, München 2014, 9.
25 Ebd.
26 Peter Bieri, Generelle Einführung. In: Ders. (Hg.), Analytische Philosophie des Geistes, 4. neu ausgestattete Aufl., Weinheim-Basel 2007, 5.
27 Wolf Singer, Verschaltungen legen uns fest: Wir sollten aufhören, von Freiheit zu sprechen. In: Christian Geyer (Hg.), Hirnforschung und Willensfreiheit. Zur Deutung der neuesten Experimente, Frankfurt a.M. [8]2013, 30-65, 52f.
28 Ebd., 35.
29 Gerhard Roth, Wir sind determiniert. Die Hirnforschung befreit von Illusionen. In: Geyer (Hg.), Hirnforschung und Willensfreiheit, 218-222, 221.
30 Vgl. Thomas Nagel, What Is It Like to Be a Bat? In: The Philosophical Review 83/4 (1974) 435-450.
31 Vgl. Frank Cameron Jackson, Epiphenomenal Qualia. In: Philosophical Quaterly 32 (1982) 127-136.
32 Vgl. zur Stützung dieser fundamentalkritischen Diagnose auch Thomas Nagel, Geist und Kosmos. Warum die materialistische neodarwinistische Konzeption der Natur so gut wie sicher falsch ist, Berlin 2013.

2. Sinnkritische Herausforderungen

1 Dabei wird davon ausgegangen, dass sinnkritische Herausforderungen theologischer Anthropologien im Grunde auf eine gemeinsame Argumentation zulaufen. Die Asymmetrie im Umfang zwischen subjekt- und sinnkritischen Ansätzen ist dabei einzig darin begründet, dass erstere in vielfältigerer Weise auftreten. Letztere stellen dagegen vor eine Grundsatzentscheidung, die im Folgenden dargelegt wird.
2 Nietzsche, Jenseits von Gut und Böse, 399.
3 Die folgenden Überlegungen beziehen sich im Wesentlichen auf Immanuel Kant, KpV, Erster Teil, 2. Buch, II. Hauptstück.
4 Vgl. dazu Albert Camus, Der Mythos des Sisyphos, Reinbek [12]2010 und Ders., Der Fremde, Reinbek [63]2010.
5 Vgl. zum Folgenden Albert Camus, Der Mensch in der Revolte, Reinbek [28]2011.
6 Albert Camus, Die Pest, Reinbek [77]2010, 290.

3. Zusammenfassung

1 Hans-Joachim Höhn, zustimmen. Der zwiespältige Grund des Daseins (GlaubensWorte), Würzburg 2001, 24.

II: Gottesfrage des Menschen – Menschlichkeit Gottes: Problemstellungen und Ansätze theologischer Anthropologie

1. *Empfänglich für Gott?* Der (mögliche) Gottesbezug des Menschen

1 Vgl. zum Folgenden ausführlich Karl Rahner, Grundkurs des Glaubens. Einführung in den Begriff des Christentums. In: Ders., Sämtliche Werke, Bd. 26, Zürich-Düsseldorf-Freiburg i.Br. 1999, 8-421, 8-90.

2 Zum Sachproblem vgl. Kap. III.1. Zur Diskussion vgl. Thomas Pröpper, Theologische Anthropologie, Bd. I, Freiburg i.Br. 2011, 403-414; Georg Essen, Transzendentales Denken und Letztbegründung. Annäherungen an Karl Rahner. In: Heinrich Klauke (Hg.), 100 Jahre Karl Rahner. Nach Rahner post et secundum, Köln 2004, 11-28; Magnus Striet, Offenbares Geheimnis. Zur Kritik der negativen Theologie (ratio fidei; 14), Regensburg 2003, 177-187.

3 Vgl. Thomas Fößel, Gott – Begriff und Geheimnis. Hansjürgen Verweyens Fundamentaltheologie und die ihr inhärente Kritik an der Philosophie und Theologie Karl Rahners (ITS; 70), Innsbruck-Wien 2004, 858-879, 899, 903, 939; Bernhard Nitsche, Göttliche Universalität in konkreter Geschichte. Eine transzendental-geschichtliche Vergewisserung der Christologie in Auseinandersetzung mit Richard Schaeffler und Karl Rahner (Religion – Geschichte – Gesellschaft; 22), Münster 2001, 357-372; Nikolaus Schwerdtfeger, Der ‚anonyme Christ' in der Theologie Karl Rahners. In: Mariano Delgado/Matthias Lutz-Bachmann (Hg.), Theologie aus Erfahrung der Gnade. Annäherungen an Karl Rahner (Schriften der Diözesanakademie Berlin; 10), Berlin 1994, 72-94, 85.

4 Rahner, Grundkurs des Glaubens, 169.

5 Pannenbergs erklärtes Ziel besteht in dem Nachweis, „dass alle nichtreligiösen Auffassungen des Menschen und seiner Welt auf Reduktionen beruhen, die konstitutive Bedingungen und Charakteristika der menschlichen Wirklichkeit verdrängen und die als Reduktionen erweisbar und damit argumentativ auflösbar sind." (Wolfhart Pannenberg, Systematische Theologie, Bd. II, Göttingen 1991, 329).

6 Vgl. zum Folgenden Wolfhart Pannenberg, Anthropologie in theologischer Perspektive, Göttingen 1983, 217-235.

7 Ebd., 227.

8 Vgl. zum Folgenden ebd., 32-71.

9 Ebd., 66.

10 Vgl. zum Folgenden Wolfhart Pannenberg, Systematische Theologie, Bd. I, Göttingen 1983, 93-132, 379-389; ders., Offenbarung als Kategorie

philosophischer Theologie. In: Ders., Philosophie – Religion – Offenbarung (BSTh; 1), Göttingen 1999, 238-245.

11 Vgl. Magnus Striet, Verdankte Autonomie. Humanwissenschaften und Schöpfungsglaube. In: Antonio Autiero/Stephan Goertz/Magnus Striet (Hg.), Endliche Autonomie. Interdisziplinäre Perspektiven auf ein theologisch-ethisches Programm (Studien der Moraltheologie; 25), Münster 2004, 123-141. Vgl. auch Markus Knapp, Verantwortetes Christsein heute. Theologie zwischen Metaphysik und Postmoderne, Freiburg i.Br. 2006, 74f; Franz-Josef Overbeck, Der gottbezogene Mensch. Eine systematische Untersuchung zur Bestimmung des Menschen und zur „Selbstverwirklichung" Gottes in der Anthropologie und Trinitätstheologie Wolfhart Pannenbergs (MBTh; 59), Münster 2000, 429-435.

12 Eberhard Jüngel, Der Gott entsprechende Mensch. Bemerkungen zur Gottebenbildlichkeit des Menschen als Grundfigur theologischer Anthropologie. In: Ders., Entsprechungen: Gott – Wahrheit – Mensch. Theologische Erörterungen, Bd. II, Tübingen [3]2002, 290-317, 297.

13 Eberhard Jüngel, Extra Christum nulla salus – als Grundsatz natürlicher Theologie? Evangelische Erwägungen zur ‚Anonymität' des Christenmenschen. In: Ders., Entsprechungen: Gott – Wahrheit – Mensch, 178-192, 188.

14 Vgl. Eberhard Jüngel, Das Dilemma der natürlichen Theologie und die Wahrheit ihres Problems. Überlegungen für ein Gespräch mit Wolfhart Pannenberg. In: Ders., Entsprechungen: Gott – Wahrheit – Mensch, 158-177.

15 Eberhard Jüngel, Gott als Geheimnis der Welt. Zur Begründung der Theologie des Gekreuzigten im Streit zwischen Theismus und Atheismus, Tübingen [8]2010, 265.

16 Ausführlich zum Folgenden: Vgl. ebd., 132-306.

17 Vgl. Christoph Herbst, Freiheit aus Glauben. Studien zum Verständnis eine soteriologischen Leitmotivs bei Wilhelm Herrmann, Rudolf Bultmann und Eberhard Jüngel (TBT; 157), Berlin-Boston 2012, 431-433. Die Studie von Herbst arbeitet den spezifischen Moderne-Bezug der Anthropologie Jüngels heraus und damit ihre „faktisch in Anspruch genommene Vermittlungsstrategie zwischen christlichem Glauben und dem krisenhaften neuzeitlichen Selbst- und Weltumgang" (ebd., 431; vgl. auch ebd., 390-393).

18 Zur Empfänglichkeit des Menschen für Gott aufgrund seiner sprachlichen Verfasstheit vgl. Jüngel, Der Gott entsprechende Mensch, 310-316 bzw. aufgrund seines Vorverständnisses von ‚Liebe' vgl. ders., Gott als Geheimnis der Welt, 433-446.

19 Dies wird sowohl von evangelischer als auch von katholischer Seite aus gesehen: Vgl. Herbst, Freiheit aus Glauben, 414, 433; Pröpper, Theologische Anthropologie, Bd. I, 257-259.

20 Vgl. zum Folgenden Pröpper, Theologische Anthropologie, Bd. I, 637-656.

[21] Hermann Krings, Freiheit und sittliche Bindung. In: StZ 199 (1981) 596-608, 608.
[22] Pröpper, Theologische Anthropologie, Bd. I, 643.
[23] zitiert nach: Thomas Pröpper, Theologische Anthropologie, Bd. II, Freiburg i.Br. 2011, 784, Anm. 163. Vgl. Gabriel Marcel, Das ontologische Geheimnis. Drei Essais, Stuttgart 1961, 79.
[24] Pröpper, Theologische Anthropologie, Bd. I, 646.

2. *Täter und Opfer zugleich?* Der Sünder zwischen Macht und Ohnmacht

[1] Vgl. zum Folgenden Karl Rahner, Theologie der Freiheit. In: Ders., Sämtliche Werke, Bd. 22/2, Freiburg i.Br. 2008, 91-112; ders., Grundkurs des Glaubens. Einführung in den Begriff des Christentums. In: Ders., Sämtliche Werke, Bd. 26, Zürich-Düsseldorf-Freiburg i.Br. 1999, 8-421, 91-115; ders., Die Sünde Adams. In: Ders., Sämtliche Werke, Bd. 22/2, Freiburg i.Br. 2008, 18-30.
[2] Rahner, Grundkurs des Glaubens, 102.
[3] Ebd., 109.
[4] Karl Rahner, Evolution – Freiheit – Erbsünde. In: Ders., Sämtliche Werke, Bd. 30, Freiburg i.Br. 2009, 483-496, 495.
[5] Wolfhart Pannenberg, Anthropologie in theologischer Perspektive, Göttingen 1983, 125. Vgl. zum Folgenden ebd., 77-150.
[6] Ebd., 105.
[7] Ebd.
[8] Ebd., 79, 77, 103.
[9] Ebd., 103.
[10] Ebd., 104f. Auch das Phänomen der Angst versteht Pannenberg nicht als Folge eines *endlichen* Freiheitsbewusstseins, das auch um sein potenzielles Scheitern weiß, sondern immer schon als Ausdruck eines *sündhaften* Ich, das nur um sich selbst besorgt ist: Vgl. ebd., 98-100, 146f.
[11] Ausdrücklich heißt es: „Indem der Mensch sein Selbstbewusstsein als unmittelbare Identität erfährt und so als selbstkonstitutiv, verschließt er sich zunächst gegen die sein Dasein konstituierende göttliche Macht und in der Folge auch gegen die Andersheit des innerweltlich Anderen" (ebd., 107). Vgl. ebd., 103: Die „Tatsache, dass das Selbstbewusstsein seine Einheit immer schon konstituiert hat durch sich selber, macht die *Gebrochenheit* der menschlichen Lebensform aus, weil sie im Widerspruch steht zu dem strukturell begründeten Sachverhalt, dass das Ich keineswegs sich selbst zu konstituieren vermag, sondern darauf angewiesen ist, die Einheit seiner mit sich selber (und so *sich selbst*) in jedem Augenblick seiner Existenz aufs neue zu empfangen."

12 Zu Recht kritisiert Georg Essen: „Die harmatiologische Stigmatisierung der Selbstkonstitution ist das Resultat eines Kategorienfehlers, der den Begriff der transzendentalen Subjektivität nicht formell unterscheidet von den realen, intersubjektiv vermittelten Konstitutionsbedingungen der Subjektivität." („Da ist keiner, der nicht sündigt, nicht einer...". Analyse und Kritik gegenwärtiger Erbsündentheologien und ihr Beitrag für das seit Paulus gestellte Problem. In: Thomas Pröpper, Theologische Anthropologie, Bd. II, Freiburg i.Br. 2011, 1092-1156, 1130).

13 Eberhard Jüngel, Das Evangelium von der Rechtfertigung des Gottlosen als Zentrum des christlichen Glaubens, Tübingen [6]2011, 97. Vgl. zum Folgenden ebd., 75-125; ders., Zur Lehre vom Bösen und von der Sünde. In: Kurt Aland/Siegfried Meurer (Hg.), Wissenschaft und Kirche. FS Eduard Lohse, Bielefeld 1989, 177-188.

14 Jüngel, Das Evangelium von der Rechtfertigung des Gottlosen, 109.

15 Ebd., 100.

16 Ebd., 111f.

17 Eberhard Jüngel, Der menschliche Mensch. Die Bedeutung der reformatorischen Unterscheidung der Person von ihren Werken für das Selbstverständnis des neuzeitlichen Menschen. In: Ders., Wertlose Wahrheit. Zur Identität und Relevanz des christlichen Glaubens. Theologische Erörterungen, Bd. III, Tübingen [2]2003, 194-213, 212. Zum Folgenden vgl. ebd.

18 Vgl. Eberhard Jüngel, Lob der Grenze. In: Ders., Entsprechungen: Gott – Wahrheit – Mensch. Theologische Erörterungen, Bd. II, Tübingen [3]2002, 371-377.

19 Ebd., 376.

20 Vgl. auch die in diese Richtung zielende Anfrage von Jürgen Werbick an Jüngel: Um Klarheit in der Rechtfertigungslehre. In: ÖR 48 (1999) 341-346, 342.

21 Vgl. zum Folgenden Pröpper, Theologische Anthropologie, Bd. II, 694-701, 768-786, 922-1091; Essen, „Da ist keiner, der nicht sündigt, nicht einer...", 1092-1156. Zur Diskussion zwischen Pannenberg und Pröpper: Vgl. Thomas Pröpper, Das Faktum der Sünde und die Konstitution menschlicher Identität. Ein Beitrag zur kritischen Aneignung der Anthropologie Wolfhart Pannenbergs. In: Ders., Evangelium und freie Vernunft. Konturen einer theologischen Hermeneutik, Freiburg i.Br.-Basel-Wien 2001, 153-179; Wolfhart Pannenberg, Sünde, Freiheit, Identität. Eine Antwort an Thomas Pröpper. In: Ders., Natur und Mensch – und die Zukunft der Schöpfung (BSTh; 2), Göttingen 2000, 235-245.

22 Pröpper, Das Faktum der Sünde und die Konstitution menschlicher Identität, 165.

23 Zur Diskussion der Univozitätsthese vgl. Magnus Lerch, Selbstmitteilung Gottes. Herausforderungen einer freiheitstheoretischen Offenbarungstheologie (ratio fidei; 56), Regensburg 2015, 110-120.

24 Vgl. Essen, „Da ist keiner, der nicht sündigt, nicht einer...", 1141.

[25] „Die Erbschuldtheorie, jedenfalls in der von Augustinus entwickelten Form, ist tatsächlich *nicht akzeptabel* – inakzeptabel aus *moralischen* Gründen. Wie auch aus *theologischen* Gründen. Denn Schuld […] kann immer nur *eigene* Schuld sein. Sofern sie wesentlich ursprüngliche Selbstbestimmung der Freiheit ist, ist ihre Übertragung schon apriori ein unsinniger, widerspruchsvoller Gedanke. […] Aber leugne ich mit solcher Kritik nicht das universale Faktum der Sünde? Keineswegs: Ich bestreite nur, dass Augustins Erbschuldtheorie als Erklärung für dieses Faktum in Betracht kommen kann. Und bestreite zudem, dass es überhaupt durch eine stimmige Theorie zu beweisen ist: zu beweisen jedenfalls dann nicht, wenn gelten soll, dass Schuld nur als *freie* gedacht werden kann. Vielmehr sei nochmals erinnert, dass die Aufgabe, die sich von *Paulus* her stellt, nur darin liegen kann, die Dialektik der Sünde als Verhängnis und als Schuld zu bedenken und in einer anthropologisch vollziehbaren Weise die harte, weitreichende Behauptung des Paulus als nicht unsinnig erscheinen zu lassen, dass alle Menschen tatsächlich Sünder sind.“ (Pröpper, Theologische Anthropologie, Bd. II, 1024).

[26] Ebd., 772.

[27] Pröpper, Das Faktum der Sünde und die Konstitution menschlicher Identität, 167 (im Original z.T. kursiv).

[28] Pröpper, Theologische Anthropologie, Bd. II, 979.

3. *Jesus Christus: Gegenwart Gottes und Erschließung wahren Menschseins?* Die Bedeutung der Offenbarung

[1] Vgl. Werner Dettloff, Art. Erlösung. II. Dogmengeschichtlich, III. Systematisch. In: HThG I (1962) 308-319, 317f.

[2] Vgl. Karl Rahner, Erfahrungen eines katholischen Theologen. In: Ders., Sämtliche Werke, Bd. 25, Freiburg i.Br. 2008, 47-57, 51f. Vgl. zum Folgenden ders., Grundkurs des Glaubens. Einführung in den Begriff des Christentums. In: Ders., Sämtliche Werke, Bd. 26, Zürich-Düsseldorf-Freiburg i.Br. 1999, 8-421, 172-305.

[3] Rahner, Grundkurs des Glaubens, 190.

[4] Ebd., 239.

[5] Ebd., 210.

[6] Vgl. Karl Rahner, Zur Theologie des Symbols. In: Ders., Sämtliche Werke, Bd. 18, Freiburg i.Br. 2003, 423-457; ders., Der eine Jesus Christus und die Universalität des Heils. In: Ders., Sämtliche Werke, Bd. 22/1b, Freiburg i.Br. 2013, 884-907.

[7] Vgl. den Beitrag „Die ewige Bedeutung der Menschheit Jesu für unser Gottesverhältnis“ (in: Ders., Sämtliche Werke, Bd. 12, Freiburg i.Br. 2005, 251-260). Dort heißt es: „Wir können über *das* Absolute *reden* ohne

das nichtabsolute Fleisch des Sohnes, aber *den* Absoluten wahrhaft *finden* kann man nur in ihm, in dem die Fülle der Gottheit in der irdenen Scherbe seiner Menschheit geborgen ist. Ohne ihn ist schließlich alles Absolute, von dem wir reden oder das wir in mystischem Aufschwung zu erreichen meinen, nur das nie erreichte objektive Korrelat zu jener leeren und hohlen, finstern und verzweifelt in sich selbst sich verzehrenden Unendlichkeit, die wir selber sind, die Unendlichkeit der unzufriedenen Endlichkeit, nicht aber die selige Unendlichkeit wahrhaft schrankenloser Fülle. Diese aber ist nur dort zu finden, wo Jesus von Nazareth ist, dieser endlich Konkrete, Zufällige, der bleibt in Ewigkeit." (Ebd., 258).

8 „Unbeschadet einer letzten, in der ganzen Lebensgeschichte durchgehaltenen Selbigkeit eines Tiefenbewusstseins unreflexer Art von einer radikalen und einmaligen Nähe zu Gott (wie es sich auch in der Eigenart seines Verhaltens zum ‚Vater' zeigt), hat dieses sich objektivierende und verbalisierende (Selbst-)Bewusstsein Jesu eine Geschichte: Es teilt die Verstehenshorizonte und Begrifflichkeiten seiner Umwelt (auch für sich selbst, nicht nur ‚herablassend' für andere); es lernt, es macht neue, überraschende Erfahrungen; es ist von letzten Krisen der Selbstidentifikation bedroht, auch wenn diese nochmals – ohne ihre Schärfe zu verlieren – umfangen bleiben von dem Bewusstsein, dass auch sie selbst in dem Willen des ‚Vaters' geborgen bleiben." (Rahner, Grundkurs des Glaubens, 239). Vgl. außerdem den (nicht zuletzt für das Gespräch zwischen Exegese und Dogmatik) wegweisenden Beitrag: Dogmatische Erwägungen über das Wissen und Selbstbewusstsein Christi. In: Ders., Sämtliche Werke, Bd. 12, Freiburg i.Br. 2005, 335-352.

9 „Der Weg von der Anlage zu ihrer Verwirklichung ist gebrochen durch die Sünde. Weil die Menschen dem Logos entfremdet sind, lernen sie erst durch Jesus den Logos kennen, der doch immer schon Ursprung ihres Lebens und Licht ihres Bewusstseins ist." (Wolfhart Pannenberg, Systematische Theologie, Bd. II, Göttingen 1991, 334). In der Anthropologie formuliert Pannenberg im Kontext der Erbsündenlehre: „Gerade durch den anthropologischen Aufweis der Allgemeinheit der Sünde entfaltet die universale Relevanz der Erlösung durch Christus ihre Überzeugungskraft." (Ders., Anthropologie in theologischer Perspektive, Göttingen 1983, 131).

10 Vgl. zum Folgenden ausführlich Pannenberg, Systematische Theologie, Bd. II, 315-440; ders., Grundzüge der Christologie, Gütersloh [6]1982, 195-217, 291-378.

11 Pannenberg, Systematische Theologie, Bd. II, 418.

12 Pannenberg, Grundzüge der Christologie, 334.

13 Pannenberg, Systematische Theologie, Bd. II, 429.

14 „Der ewige Sohn oder Logos ist […] der menschlichen Natur nichts Fremdes. Sie ist vielmehr ‚sein Eigentum' (Joh 1,11). Weil alle Geschöpfe der schöpferischen Tätigkeit des Sohnes infolge seiner Selbstunterscheidung vom Vater ihr selbstständiges Dasein verdanken, weil der Logos als generatives Prinzip der Andersheit der Grund ihrer geschöpf-

lichen Selbstständigkeit ist, darum kommt in allen Geschöpfen die ,Natur' des Logos in irgendeinem Grade zum Ausdruck. Beim Menschen ist das in höherem Maße der Fall als in der übrigen Schöpfung, weil der Mensch fähig und dazu bestimmt ist, Gott von sich und sich von Gott zu unterscheiden, so dass die Selbstunterscheidung des Sohnes vom Vater in ihm Gestalt gewinnen kann. Die menschliche Natur als solche ist zur Inkarnation des ewigen Sohnes in ihr bestimmt" (ebd.).

15 Ebd., 360.

16 Wolfhart Pannenberg, Christologie und Theologie. In: Ders., Grundfragen systematischer Theologie. Gesammelte Aufsätze, Bd. 2, Göttingen 1980, 129-145, 141.

17 Vgl. Wolfhart Pannenberg, Dogmatische Thesen zur Lehre von der Offenbarung. In: Ders. (Hg.), Offenbarung als Geschichte. In Verbindung mit R. Rendtorff, U. Wilckens, T. Rendtorff, Göttingen [5]1982, 91-114. Vgl. ders., Systematische Theologie, Bd. I, Göttingen 1988, 207-281.

18 Vgl. zum Folgenden ausführlich Eberhard Jüngel, Gott als Geheimnis der Welt. Zur Begründung der Theologie des Gekreuzigten im Streit zwischen Theismus und Atheismus, Tübingen [8]2010, 307-543.

19 Ebd., 490f.

20 Ebd., 434.

21 „Der christliche Glaube denkt [...] gerade darin Gott und die Vergänglichkeit zusammen, dass er Gott als einen Menschen zur Sprache bringt und eben *dabei* ,Gott' sagt, also nicht etwa *statt* von Gott nunmehr vom Menschen zu reden verlangt. Vielmehr gilt es, von Gott als einem Menschen so zu reden, dass *dieser Mensch*, dessen Name *Jesus* heißt, *als Gott* genannt, bekannt und angerufen werden kann." (Ebd., 407).

22 Ebd., 394.

23 Ebd., 225 (im Original kursiv).

24 Eberhard Jüngel, Art. Glaube. Systematisch-theologisch. In: RGG[4] III (2000) 953-974, 973.

25 Vgl. Eberhard Jüngel, Der menschliche Mensch. Die Bedeutung der reformatorischen Unterscheidung der Person von ihren Werken für das Selbstverständnis des neuzeitlichen Menschen. In: Ders., Wertlose Wahrheit. Zur Identität und Relevanz des christlichen Glaubens. Theologische Erörterungen, Bd. III, Tübingen [2]2003, 194-213, bes. 204-213.

26 Jüngel, Gott als Geheimnis der Welt, 519.

27 Vgl. zum Folgenden Thomas Pröpper, Theologische Anthropologie, Bd. II, Freiburg i.Br. 2011, 1287-1350.

28 Thomas Pröpper, Theologische Anthropologie, Bd. I, Freiburg i.Br. 2011, 71.

29 Thomas Pröpper, Erlösungsglaube und Freiheitsgeschichte. Eine Skizze zur Soteriologie, München [3]1991, 219f.

30 Vgl. Pröpper, Theologische Anthropologie, Bd. I, 436f [eingeschlossene Zitate: Wolfhart Pannenberg, Anthropologie in theologischer Perspektive, Göttingen 1983, 7f, 469]: „Ich bezweifle, dass der Aufgabe, die uns von der historischen und gesellschaftlichen Situation auferlegt ist, primär

dadurch gedient wird, dass man ,dem öffentlichen Bewusstsein von der Natur des Menschen seine religiöse Dimension zurückzugeben' und ihm die Bezogenheit auf die Wirklichkeit Gottes als ,Konstante des Menschseins von seinen Anfängen an' vor Augen zu führen versucht [...]. Derart wird sich dem säkularen Bewusstsein seine unausweichliche Religiosität kaum noch andemonstrieren lassen – es sei denn, die diesbezüglichen Aufweise wären so zwingend, dass auch die Verächter des Glaubens sie nicht mehr anfechten könnten. Aber was wäre damit gewonnen? Was ansteht, ist vielmehr und jedenfalls primär, dass die Zuwendung und Verheißung des Gottes, der sich tatsächlich geoffenbart hat, durch das geschichtlich-praktische Zeugnis des Glaubens realiter zu den Menschen gelangt, denen sie zugedacht ist und die für sie bestimmt sind. Die Theologie kann diesen Prozess nur kritisch und argumentierend begleiten. Und dazu gehört dann allerdings unerlässlich, dass sie für die theoretische Möglichkeit der Glaubenswahrheit eintritt und ihre menschliche Relevanz expliziert."

31 Vgl. hierzu Georg Essen, Die Freiheit Jesu. Der neuchalkedonische Enhypostasiebegriff im Horizont neuzeitlicher Subjekt- und Personphilosophie (ratio fidei; 5), Regensburg 2001, 242-335; Magnus Striet, Offenbares Geheimnis. Zur Kritik der negativen Theologie (ratio fidei; 14), Regensburg 2003, 213-264.

32 Allerdings wird aktuell diskutiert, ob die These einer strikten *Identität* der Freiheit Jesu mit der göttlichen Freiheit des ewigen Logos (und nicht nur deren *Untrennbarkeit*) zum einen Jesu echt *menschliche* Freiheit wahren und zum anderen den Zusammenhang von unserem Menschsein und Jesu Menschsein (Anthropologie und Christologie) hinreichend verdeutlichen kann, also genau die Theorieelemente zu integrieren vermag, auf die es Karl Rahners Christologie zu Recht ankam: Vgl. Magnus Lerch, Selbstmitteilung Gottes. Herausforderungen einer freiheitstheoretischen Offenbarungstheologie (ratio fidei; 56), Regensburg 2015, bes. 290-318; ders., Die menschliche Freiheit Jesu als Selbstmitteilung Gottes. Überlegungen im Anschluss an Thomas Pröpper und Karl Rahner. In: Julia Knop/Magnus Lerch/Bernd J. Claret (Hg.), Die Wahrheit ist Person. Brennpunkte einer christologisch gewendeten Dogmatik, FS Karl-Heinz Menke, Regensburg 2015, 151-179.

4. *Wie kommt der Glaube zustande?* Die Verhältnisbestimmung von Gnade und Freiheit

1 Vgl. hierzu an dieser Stelle nur Hansjürgen Verweyen, Wie wird ein Existential übernatürlich? Zu einem Grundproblem der Anthropologie K. Rahners. In: TThZ 95 (1986) 115-131; Thomas Fößel, Warum ein Existential übernatürlich ist. Anmerkungen zur kontroversen Debatte um Karl

Rahners Theologumenon vom „übernatürlichen Existential". In: ThPh 80 (2005) 389-411. Vgl. zum Folgenden Karl Rahner, Grundkurs des Glaubens. Einführung in den Begriff des Christentums. In: Ders., Sämtliche Werke, Bd. 26, Zürich-Düsseldorf-Freiburg i.Br. 1999, 8-421, 116-136.

2 Rahner, Grundkurs des Glaubens, 118.

3 Vgl. Karl Rahner, Theologie der Freiheit. In: Ders., Sämtliche Werke, Bd. 22/2, Freiburg i.Br. 2008, 91-112, 95.

4 Karl Rahner, Bemerkungen zum Begriff der Offenbarung. In: Ders., Sämtliche Werke, Bd. 22/1a, Freiburg i.Br. 2013, 5-14, 8.

5 Rahner, Grundkurs des Glaubens, 118.

6 Vgl. etwa Karl Rahner, Überlegungen zur Methode der Theologie. In: Ders., Sämtliche Werke, Bd. 22/1a, Freiburg i.Br. 2013, 301-335, 318 sowie ders., Grundkurs des Glaubens, 118f, 128, 168.

7 In genauer Entsprechung hierzu erklärt Rahner ja auch in der Frage nach dem möglichen Gottesbezug des Menschen (vgl. Kap. II.1.1), dass das Wovonher (der Grund) des menschlichen Transzendieren- und Fragenkönnens nur von seinem Woraufhin (vom Ziel) her erklärbar ist.

8 Karl Rahner, Erfahrung des Heiligen Geistes. In: Ders., Sämtliche Werke, Bd. 29, Freiburg i.Br. 2007, 38-57.

9 Die Rede vom ‚anonymen Christentum' ist theologisch motiviert. Sie ist keine Interpretation, die Nichtgläubige als ihre eigene übernehmen sollen (bzw. können). Rahner konzipiert sie, um zwei theologisch unverzichtbare Aussagereihen zusammendenken zu können: einerseits die Heilsnotwendigkeit Jesu Christi, der Kirche und des Glaubens (LG 14 bzw. DH 4136f); andererseits die Universalität des göttlichen Heilswillens (LG 16 bzw. DH 4140). Vgl. hierzu Nikolaus Schwerdtfeger, Der ‚anonyme Christ' in der Theologie Karl Rahners. In: Mariano Delgado/Matthias Lutz-Bachmann (Hg.), Theologie aus Erfahrung der Gnade. Annäherungen an Karl Rahner (Schriften der Diözesanakademie Berlin; 10), Berlin 1994, 72-94.

10 Karl Rahner, Zur Theologie der Menschwerdung. In: Ders., Sämtliche Werke, Bd. 12, Freiburg i.Br. 2005, 309-322, 321f.

11 Vgl. Roman Siebenrock, Gnade als Herz der Welt. Der Beitrag Karl Rahners zu einer zeitgemäßen Gnadentheologie. In: Mariano Delgado/Matthias Lutz-Bachmann (Hg.), Theologie aus Erfahrung der Gnade, 34-71. Siebenrock zeichnet die Genese der Gnadenlehre Rahners nach und warnt davor, sie von Rahners philosophischen Prämissen her zu interpretieren statt umgekehrt die Philosophie Rahners von seiner Gnadenlehre her zu verstehen: Vgl. ebd., 63, Anm. 37.

12 Peter Eicher, Offenbarung. Prinzip neuzeitlicher Theologie, München 1977, 414. Vgl. Erwin Dirscherl, Die Bedeutung der Nähe Gottes. Ein Gespräch mit Karl Rahner und Emmanuel Levinas (BDS; 22), Würzburg 1996, 19; Bernhard Nitsche, Göttliche Universalität in konkreter Geschichte. Eine transzendental-geschichtliche Vergewisserung der Christologie in Auseinandersetzung mit Richard Schaeffler und Karl Rahner (Religion – Geschichte – Gesellschaft; 22), Münster 2001, 319, 327f;

Thomas Pröpper, Erlösungsglaube und Freiheitsgeschichte. Eine Skizze zur Soteriologie, München [3]1991, 271.

13 „[E]bensowenig wie eine Freiheit *gegenüber* dem Guten gibt es eine Freiheit *gegenüber* Gott als dem Grunde des eigenen künftigen Selbstseins und somit Inbegriff des Guten". (Wolfhart Pannenberg, Anthropologie in theologischer Perspektive, Göttingen 1983, 113).

14 Ebd., 225f.

15 Wolfhart Pannenberg, Grundzüge der Christologie, Gütersloh [6]1982, 363f.

16 Pannenberg, Anthropologie in theologischer Perspektive, 113.

17 Vgl. ebd., 113, Anm. 92.

18 Wolfhart Pannenberg, Systematische Theologie, Bd. I, Göttingen 1988, 383.

19 Vgl. hierzu Pannenberg, Anthropologie in theologischer Perspektive, 194-235; ders., Sünde, Freiheit, Identität. Eine Antwort an Thomas Pröpper. In: Ders., Natur und Mensch – und die Zukunft der Schöpfung (BSTh; 2), Göttingen 2000, 235-245, bes. 241f. Zu Henrichs nicht-egologischer Bewusstseinsphilosophie und den Unterschieden zur egologischen Freiheitstheorie von Krings und Pröpper vgl. Magnus Lerch, All-Einheit und Freiheit. Subjektphilosophische Klärungsversuche in der Monismus-Debatte zwischen Klaus Müller und Magnus Striet (BDS; 47), Würzburg 2009.

20 Pannenberg, Anthropologie in theologischer Perspektive, 513f.

21 Eberhard Jüngel, Gott als Geheimnis der Welt. Zur Begründung der Theologie des Gekreuzigten im Streit zwischen Theismus und Atheismus, Tübingen [8]2010, 535. Vorarbeiten zu diesem Kap. II.4.3 und zu Kap. II.4.4 finden sich in: Magnus Lerch, Gnade und Freiheit – Passivität und Aktivität. Anthropologische Perspektiven auf ein ökumenisches Grundproblem. In: IKaZ 45 (2016) 408-425, bes. 416-421. Einige der nachstehenden Formulierungen greifen auf diesen Artikel zurück.

22 Vgl. Jüngel, Gott als Geheimnis der Welt, 218, 260, 266, 435-442.

23 Ebd., 260.

24 Vgl. ebd., 415, 530-535.

25 Eberhard Jüngel, Das Evangelium von der Rechtfertigung des Gottlosen als Zentrum des christlichen Glaubens, Tübingen [6]2011, 103, Anm. 52. Jüngel spricht auch von einer der „Passivität entsprechenden Aktivität, in der der Mensch von sich aus jene Passivität gelten lässt und daraufhin als schöpferische Kraft für die Entstehung, Ausrichtung und Verantwortung aller weiteren menschlichen Aktivitäten fruchtbar werden lässt." (Eberhard Jüngel, Extra Christum nulla salus – als Grundsatz natürlicher Theologie? Evangelische Erwägungen zur ‚Anonymität' des Christenmenschen. In: Ders., Entsprechungen: Gott – Wahrheit – Mensch. Theologische Erörterungen, Bd. II, Tübingen [3]2002, 178-192, 191).

26 Jüngel, Das Evangelium von der Rechtfertigung des Gottlosen, 205f.

27 Eberhard Jüngel, Gottesgewißheit. In: Ders., Entsprechungen: Gott – Wahrheit – Mensch, 252-264, 262.

[28] Vgl. Jüngel, Gott als Geheimnis der Welt, 443.

[29] Eberhard Jüngel, Art. Glaube. Systematisch-theologisch. In: RGG^4 III (2000) 953-974, 974.

[30] Jüngel, Gott als Geheimnis der Welt, 445.

[31] Ebd., 543.

[32] „Es ist […] entscheidend für jede elementare Unterbrechung menschlichen Lebens, die den Menschen außer sich geraten lässt, ob der Mensch in den unterbrochenen Lebenszusammenhang zurückzukehren und die *Kraft* seines Außer-sich-Seins in den unterbrochenen Lebenszusammenhang zu investieren vermag, so dass dieser nunmehr *gesteigert* wird. Ekstatische Existenz ist nur in der Treue zur Erde eine Wohltat. Wo es nicht zu solcher Rückkehr in den unterbrochenen Lebenszusammenhang und durch solche Rückkehr zur Steigerung des unterbrochenen Lebenszusammenhangs kommt, da geht der Mensch in seinem Außer-sich-Sein sozusagen im Nichts verloren." (Jüngel, Gottesgewißheit, 261).

[33] Eberhard Jüngel, Lob der Grenze. In: Ders., Entsprechungen: Gott – Wahrheit – Mensch, 371-377, 374. „Schon in den elementaren Lebensakten bin ich darauf angewiesen, zu empfangen, *bevor* ich geben und wirken kann. Kein Mensch kann von sich aus sprechen. Er muss zuvor hören und also, bevor er sendet, selber empfangen. Kein Mensch kann von sich aus lieben. Er muss zuvor geliebt werden und also Liebe empfangen. Kein Mensch kann von sich aus vertrauen. Er muss zuvor Vertrauen finden, um dann und daraufhin auch unverkrampft aus sich herauszugehen, sich verlassen, um sich auf jemanden zu verlassen. […] Der menschliche Mensch ist […] der Mensch, der sich selbst hinzunehmen, der sein Dasein stets neu als eine Gabe zu empfangen vermag. Der menschliche Mensch ist der – nicht mit irgendwelchen Vorzügen, sondern der – mit sich selber begabte Mensch." (Ders., Der menschliche Mensch. Die Bedeutung der reformatorischen Unterscheidung der Person von ihren Werken für das Selbstverständnis des neuzeitlichen Menschen. In: Ders., Wertlose Wahrheit, Zur Identität und Relevanz des christlichen Glaubens. Theologische Erörterungen, Bd. III, Tübingen ^{2}2003, 194-213, 211).

[34] Vgl. zum Folgenden ausführlich Thomas Pröpper, Theologische Anthropologie, Bd. II, Freiburg i.Br. 2011, 1158-1350; Michael Greiner, Gottes wirksame Gnade und menschliche Freiheit. Wiederaufnahme eines verdrängten Schlüsselproblems. In: Pröpper, Theologische Anthropologie, Bd. II, 1351-1436.

[35] Thomas Pröpper, Theologische Anthropologie, Bd. I, Freiburg i.Br. 2011, 495. Vgl. zum Folgenden ebd., 488-498, 599-613.

[36] Ebd., 489f (im Original kursiv).

[37] Greiner, Gottes wirksame Gnade und menschliche Freiheit, 1420.

[38] Vgl. Pröpper, Theologische Anthropologie, Bd. II, 1319-1350.

[39] Vgl. ebd., 715.

[40] Vgl. ebd., 1346-1348.

41 Vgl. Pröpper, Theologische Anthropologie, Bd. I, 297f, 317f, 413f, 434, 474f; ders., Theologische Anthropologie, Bd. II, 715, 1348.
42 Pröpper, Theologische Anthropologie, Bd. II, 1338.
43 Ebd., 1339.
44 Vgl. ebd., 1346. Vgl. ders., Theologische Anthropologie, Bd. I, 317f.
45 Pröpper, Theologische Anthropologie, Bd. II, 1346.

III. Menschsein im Horizont der Selbstmitteilung Gottes – Grundlinien einer theologischen Anthropologie in der Gegenwart

1. Zur Frage nach der Ansprechbarkeit des Menschen für Gott

1 Thomas Pröpper, Theologische Anthropologie, Bd. I, Freiburg i. Br. 2011, 487.
2 So formuliert etwa Daniel C. Dennet, Ellenbogenfreiheit. Die erstrebenswerten Formen des freien Willens (Analyse und Grundlegung; 12), Frankfurt a. M., 1986, 35.
3 Pröpper, Theologische Anthropologie, Bd. I, 269.
4 Vgl. zur Diagnose der Unmöglichkeit der Begründung einer umfassenden biblischen Anthropologie vom Gottebenbildlichkeitsbegriff her Samuel Vollenweider, Der Menschgewordene als Ebenbild Gottes. Zum frühchristlichen Verständnis der Imago Dei. In: Hans-Peter Mathys (Hg.), Ebenbild Gottes – Herrscher über die Welt, Neukirchen-Vluyn 1998, 123-146, 137.
5 Die neutestamentlichen Textpassagen zur Gottebenbildlichkeit werden im folgenden Kapitel ausführlicher zur Sprache kommen.
6 Im Vordergrund steht hier vor allem eine hermeneutische Erschließung des Begriffs, sodass spezifische Interpretationsfragen (z.B. gendertheoretische oder tierethische) weitgehend ausfallen müssen.
7 So die noch immer breit vertretene Forschungsmeinung, die sich in Kritik und Fortbestimmung vor allem beruft auf Werner H. Schmidt, Die Schöpfungsgeschichte der Priesterschrift. Zur Überlieferungsgeschichte von Gen 1,1-2,4a und 2,4a-3,24 (WMANT; 17), Neukirchen-Vluyn ^{3}1973 und Hans Wildberger, Das Abbild Gottes. Gen 1,26-30. In: ThZ 21 (1965) 245-249, 481-501.
8 Vgl. als Grundlage dieser Interpretation v.a. Ute Neumann-Gorsolke, Herrschen in den Grenzen der Schöpfung. Ein Beitrag zur alttestament-

lichen Anthropologie am Beispiel von Psalm 8, Genesis 1 und verwandten Texten (WMANT; 101), Neukirchen-Vluyn 2004.

9 Vgl. ebd., 206.

10 Vgl. ebd.

11 Walter Groß, Die Gottebenbildlichkeit des Menschen im Kontext der Priesterschrift. In: ThQ 161 (1981) 244-264, 259, zit. nach Neumann-Gorsolke, Herrschen in den Grenzen der Schöpfung, 204.

12 Vgl. dazu auch Georg Fischer, „…nach unserem Bild und unserer Ähnlichkeit" (Gen 1,26). Die provokante Aussage der Erschaffung des Menschen im Horizont von Altem Testament und Altem Orient. In: Heinrich Schmidinger/Clemens Sedmak (Hg.), Der Mensch – ein Abbild Gottes? Geschöpf – Krone der Schöpfung – Mitschöpfer, Darmstadt 2010, 153-175, 164, der auf die Deutungsoffenheit des Textes verweist, die sich besonders durch die Nichtbestimmung des Menschen einstellt.

13 Claus Westermann, Genesis. Kap. 1-11 (BK; I/1), Neukirchen-Vluyn 1974, 214.

14 Vgl. ebd., 217.

15 Ebd.

16 Ebd., 218.

17 Annette Schellenberg, Der Mensch, das Bild Gottes? Zum Gedanken einer Sonderstellung des Menschen im Alten Testament und in weiteren altorientalischen Quellen (AThANT; 101), Zürich 2011, 127.

18 Vgl. Neumann-Gorsolke, Herrschen in den Grenzen der Schöpfung, 204.

19 Christian Frevel, Art. Anthropologie. In: Ders./Angelika Berlejung (Hg.), Handbuch theologischer Grundbegriffe zum Alten und zum Neuen Testament, Darmstadt [2]2009, 1-7, 2.

20 Vgl. Schellenberg, Der Mensch, das Bild Gottes?, 127.

21 Barbara Schmitz, ‚Freiheit' als Thema alttestamentlicher Anthropologie. In: Christian Frevel (Hg.), Biblische Anthropologie. Neue Einsichten aus dem Alten Testament (QD; 237), Freiburg-Basel-Wien 2010, 190-215, 209.

22 Schellenberg, Der Mensch, das Bild Gottes?, 127.

23 Karl Rahner, Theologie der Freiheit. In: Ders., Sämtliche Werke, Bd. 22/2, Freiburg i.Br. 2008, 91-112, hier 93.

24 Vgl. dazu Thomas Fößel, Freiheit als Paradigma der Theologie? Methodische und inhaltliche Anfragen an das Theoriekonzept von Thomas Pröpper. In: ThPh 82 (2007) 217-251, besonders 230.

25 Vgl. zur Reflexion des Verhältnisses von transzendentaler Theologie und Philosophie exemplarisch Bernhard Nitsche, Göttliche Universalität in konkreter Geschichte. Eine transzendental-geschichtliche Vergewisserung der Christologie in Auseinandersetzung mit Richard Schaeffler und Karl Rahner (Religion – Geschichte – Gesellschaft; 22), Münster-Hamburg-London 2001, 270-288.

26 Vgl. dazu Karl Rahner, Grundkurs des Glaubens. Einführung in den Begriff des Christentums. In: Ders., Sämtliche Werke, Bd. 26, Zürich-

Düsseldorf-Freiburg i.Br. 1999, 1-442, 29f. Vgl. zur expliziten Kritik Pröpper, Theologische Anthropologie, Bd. I, 308f.

27 Pröpper, Theologische Anthropologie, Bd. I, 397 (im Original kursiv).

28 Vgl. Eberhard Jüngel, Gott als Geheimnis der Welt. Zur Begründung der Theologie des Gekreuzigten im Streit zwischen Theismus und Atheismus, Tübingen [8]2010, 433.

29 Erwin Dirscherl, Grundriss theologischer Anthropologie. Die Entschiedenheit des Menschen im Angesicht des Anderen, Regensburg 2006, 254f.

30 Ebd., 255.

31 Vgl. dazu programmatisch Erwin Dirscherl, Wenn das Fleisch Wort wird. Der Leib als Präsenzraum Gottes und des Menschen. In: Martin Dürnberger u.a. (Hg.), Stile der Theologie. Einheit und Vielfalt katholischer Systematik in der Gegenwart, Regensburg 2017, 269-279.

32 Ebd., 278.

33 Vgl. zu dieser Fragestellung ausführlich Magnus Lerch, Die leib-seelische Einheit des Menschen und das Methodenproblem. Anfragen an Erwin Dirscherl zur Verbindung von phänomenologischer und transzendentaler Reflexion. In: Dürnberger u.a. (Hg.), Stile der Theologie, 281-292, bes. 290-292.

34 Vgl. etwa Saskia Wendel, Affektiv und inkarniert. Ansätze deutscher Mystik als subjekttheoretische Herausforderung (ratio fidei; 15), Regensburg 2002, bes. 283-291.

35 Ebd., 282.

36 Ebd., 290.

37 Wendel sieht diese Gleichursprünglichkeit von ‚Ich‘ und ‚Freiheit‘ selbst im Begriff des Subjekts gegeben. Vgl. ebd., 282.

38 Der auf Gustav Bergmann zurückgehende Begriff wurde besonders bekannt durch Richard Rorty, The Linguistic Turn. Essays in Philosophical Method, Chicago 1992.

39 Vgl. zu dieser Kritik etwa Hans-Joachim Höhn, Zeit und Sinn. Religionsphilosophie postsäkular, Paderborn u.a. 2010, 73f.

40 Vgl. zum Folgenden Helmut Peukert, Wissenschaftstheorie – Handlungstheorie – Fundamentale Theologie. Analysen zu Ansatz und Status theologischer Theoriebildung, Frankfurt a.M. 2009.

41 Vgl. hier und im Folgenden Johann Baptist Metz, Glaube in Geschichte und Gesellschaft. Studien zu einer praktischen Fundamentaltheologie. In: Ders., Gesammelte Schriften, Bd. 3: Im dialektischen Prozess der Aufklärung, 1. Teilband, hrsg. von Johann Reikerstorfer, Freiburg-Basel-Wien 2016, bes. 85-89.

42 Vgl. dazu Hans-Gerd Janßen, Analyse der Freiheit und Erinnerung an Befreiung. Versuch einer Auseinandersetzung mit Thomas Pröpper. In: Jürgen Manemann/Bernd Wacker (Hg.), Politische Theologie – gegengelesen, Berlin 2008, 209-240, 212f.

43 Thomas Pröpper, Erlösungsglaube und Freiheitsgeschichte. Eine Skizze zu Soteriologie. Eine Skizze zur Soteriologie, München [3]1991, 272.

44 Vgl. zum Folgenden nur Hans-Joachim Höhn, Existentiale Semiotik des Glaubens – oder: Theologie nach dem cultural turn. In: SaThZ 18 (2014) 23-42.

45 Ebd., 32.

46 Ebd., 34f.

47 Ebd., 34.

2. Selbstmitteilung Gottes im Kontext theologischer Anthropologie

1 Thomas Pröpper, Theologische Anthropologie, Bd. II, Freiburg i.Br. 2011, 1307f.

2 Karl Rahner, Grundkurs des Glaubens. Einführung in den Begriff des Christentums. In: Ders., Sämtliche Werke, Bd. 26, Zürich-Düsseldorf-Freiburg i.Br. 1991, 1-442, 119.

3 Ebd., 120.

4 Thomas Pröpper, „Daß nichts uns scheiden kann von Gottes Liebe…“. In: Ders., Evangelium und freie Vernunft. Konturen einer theologischen Hermeneutik, Freiburg-Basel-Wien 2001, 40-56, 46.

5 Vgl. etwa zur bibeltheologischen Grundierung exemplarisch Angelika Strotmann, Der historische Jesus (Grundwissen Theologie), Paderborn u.a. [2]2015. Vgl. zur systematischen Perspektive im Ausgang von exegetischen und dogmengeschichtlichen Befunden Bernhard Nitsche, Christologie (Grundwissen Theologie), Paderborn u.a. 2012, 47-96 mit entsprechenden Verweisen auf weiterführende Literatur.

6 Vgl. Søren Kierkegaard, Die Krankheit zum Tode. In: Ders., Die Krankheit zum Tode. Furcht und Zittern. Die Wiederholung. Der Begriff der Angst, München [3]2010, 31-177, bes. 31-41.

7 Vgl. zur hier angedeuteten theologischen Thanatologie instruktiv Karl Rahner, Zur Theologie des Todes. In: Ders., Sämtliche Werke, Bd. 9, Freiburg i.Br. 2004, 395-417 u. ders., Zur Theologie des Todes. Exkurs: Über das Martyrium. In: Ders., Sämtliche Werke, Bd. 9, 418-441.

8 Vgl. etwa Hansjürgen Verweyen, ‚Auferstehung‘: ein Wort verstellt die Sache. In: Ders., Osterglaube ohne Auferstehung. Diskussion mit Gerd Lüdemann (QD; 155), Freiburg-Basel-Wien [2]1995, 105-144.

9 Thomas Pröpper, Erlösungsglaube und Freiheitsgeschichte. Eine Skizze zu Soteriologie, München [3]1991, 197.

10 Mit ihr verbunden ist die ontologische Problematik der Christologie, wie der Mensch Jesus von Nazaret Selbstmitteilung Gottes sein kann. Wie ist zu denken, dass Jesus wahrer Gott war, ohne dass durch diese Bestimmung seiner Person zugleich sein Menschsein aufgehoben wäre? Vgl. dazu einführend aus freiheitstheoretischer Perspektive Nitsche, Christologie, 97-116; 145-170; 195-114. Vgl. auch in je unterschiedlicher Aus-

richtung Magnus Lerch, Selbstmitteilung Gottes. Herausforderungen einer freiheitstheoretischen Offenbarungstheologie (ratio fidei; 56), Regensburg 2015, 377-442; Aaron Langenfeld, Das Schweigen brechen. Christliche Soteriologie im Kontext islamischer Theologie (Beiträge zur Komparativen Theologie; 22), Paderborn u.a. 2016, 277-283.

11 Pröpper, Theologische Anthropologie, Bd. I, 188f.

12 Vgl. etwa Jacob Jervell, Art. Bild Gottes I. Biblische, frühjüdische und gnostische Auffassungen. In: TRE 4, Berlin-New York 1980, 491-498, 494.

13 Als weitere Belegstelle dient Hebr 1,3.

14 Eduard Schweizer, Der Brief an die Kolosser (EKK; 12), Zürich u.a. 1976, 60.

15 Eckart Reinmuth, Anthropologie im Neuen Testament, Tübingen 2006, 217.

16 Ebd.

17 Ebd., 221.

18 Ebd.

19 Ebd.

20 Vgl. zu dieser Übersetzung Christian Wolff, Der zweite Brief des Paulus an die Korinther (ThHK; 8), Berlin 1989, 77; Hans-Josef Klauck, 2. Korintherbrief (NEB; 8), Würzburg 1986, 41.

21 Klauck, 2. Korintherbrief, 42.

22 Reinmuth, Anthropologie im Neuen Testament, 221.

23 So übersetzen die gängigen Kommentare den Begriff ‚gestalten', wie er in der hier verwendeten Einheitsübersetzung gebraucht wird.

24 Christian Wolff, Der erste Brief des Paulus an die Korinther (ThHK; 7), 2. verb. Auflage, Leipzig 2000, 412.

25 Vgl. zu dieser Spannung auch die auf den Zusammenhang von ‚Bild- und Leiblichkeit' abzielende Studie von Stefanie Lorenzen, Das paulinische Eikon-Konzept. Semantische Analysen zur Sapientia Salomonis, zu Philo und zu den Paulusbriefen (WUNT; 250), Tübingen 2008, 256: „Diese Vorbildhaftigkeit des Christuskörpers bewirkt im Christusgläubigen eine Diskrepanzerfahrung; denn obwohl er sich durch die Taufe bereits von der Herrschaft der Sünde erlöst weiß, muss er dennoch die Unerlöstheit der Schöpfung und damit auch seines eigenen Körpers ertragen."

26 Schweizer, Der Brief an die Kolosser, 149.

27 Reinmuth, Anthropologie im Neuen Testament, 222.

28 Ebd.

29 Pröpper, Theologische Anthropologie, Bd. I, 194.

30 Albert Camus, Der Mythos des Sisyphos, Reinbek [12]2010, 41.

31 Reinmuth, Anthropologie im Neuen Testament, 221.

32 Pröpper, Erlösungsglaube und Freiheitsgeschichte, 210.

33 Vgl. dazu Klaus von Stosch, Offenbarung (Grundwissen Theologie), Paderborn u.a. 2010, 37-45.

34 Pröpper, Erlösungsglaube und Freiheitsgeschichte, 214.

35 Rahner, Grundkurs des Glaubens, 381.

3. Tat und Macht der Sünde – Verbindung von transzendentaler und existenzieller Perspektive in sündentheologischer Absicht

1 Vgl. Bernhard Nitsche, Endlichkeit und Freiheit. Studien zu einer transzendentalen Theologie im Kontext der Spätmoderne, Würzburg 2003, 286f.

2 Im Folgenden greife ich z.T. auf Formulierungen zurück aus meinem Beitrag: Gnade und Freiheit – Passivität und Aktivität. Anthropologische Perspektiven auf ein ökumenisches Grundproblem. In: IKaZ 45 (2016) 408-425. Wenn im Folgenden von ‚phänomenologisch' bzw. ‚Phänomenologie' gesprochen wird, so ist mit diesem ohnehin weiten Begriff keine bestimmte Schulrichtung gemeint. Vielmehr wird mit diesem Begriff – wie auch mit dem Begriff ‚existenziell' – eine bestimmte Frageperspektive bezeichnet: Welche unverfügbaren Konstitutionsbedingungen bestimmen die menschliche Freiheit, noch bevor sie sich selbst bestimmen kann?

3 Magnus Striet, Gottes Schweigen. Auferweckungssehnsucht – und Skepsis, Mainz 2015, 14. Vgl. ders., Subjektivation und Freiheit. Menschwerdung im Horizont des Schöpfungsglaubens. In: Klaus Viertbauer/Reinhard Kögerler (Hg.), Das autonome Subjekt? Eine Denkform in Bedrängnis (ratio fidei; 54), Regensburg 2014, 67-78, 73f.

4 Jürgen Werbick, Schulderfahrung und Bußsakrament, Mainz 1985, 42. Ulrich Luz bestimmt die ‚Goldene Regel' als „eine mögliche Übersetzung der Bergpredigt in rational-kommunikables Handeln", insofern sie Matthäus „von der Liebe her als anfängliches, initiatives christliches Zugehen auf den Mitmenschen" versteht (Das Evangelium nach Matthäus. Teilbd. 1: Mt 1-7 [EKK; I/1], 5., völlig neubearbeitete Aufl., Düsseldorf-Zürich-Neukirchen-Vluyn 2002, 552). Zur Auslegung und Bestimmung ihres Verhältnisses zum Gebot der Feindesliebe vgl. ebd., 504-514.

5 Werbick, Schulderfahrung und Bußsakrament, 45.

6 Zu dieser Deutung vgl. etwa Gerhard von Rad, Das erste Buch Mose: Genesis (Das Alte Testament deutsch Teilbd. 2/4), Göttingen-Zürich [12]1987, 62f; Josef Schreiner, Theologie des Alten Testaments (Die Neue Echter Bibel: Ergänzungsband zum Alten Testament 1), Würzburg 1995, 260f; Claus Westermann, Genesis (BK; I/1), Neukirchen-Vluyn [2]1976, 337.

7 Thomas Pröpper, Theologische Anthropologie, Bd. II, Freiburg i.Br. 2011, 785. Vgl. ebd., 745-786 zum Verhältnis von Glaube und Ethik.

8 Vgl. hierzu Jan-Heiner Tück, Die Kunst, es nicht gewesen zu sein. Die Krise des Sündenbewußtseins als Anstoß für die Soteriologie. In: StZ 226 (2008) 579-589, bes. 588: „Statt das Subjekt durch eine Halbierung der Verantwortung zu entmündigen, erlangt der schuldiggewordene Mensch im Horizont der Vergebung seine Mündigkeit zurück. Denn erst jenes

Subjekt ist wahrhaft mündig, das zu seiner Schuld stehen und sie sich vergeben lassen kann. Die Erfahrung, die Rechtfertigung nicht aus sich selbst erbringen zu müssen, sondern unbedingt anerkannt zu sein, befreit von dem Zwang, sich selbst rechtfertigen zu müssen."

9 Julia Knop, Sünde – Freiheit – Endlichkeit. Christliche Sündentheologie im theologischen Diskurs der Gegenwart (ratio fidei; 31), Regensburg 2007, 362.

10 Zur existenziellen Denkform Luthers vgl. auch Kap. III.4.4.

11 Helmut Hoping, Freiheit im Widerspruch. Eine Untersuchung zur Erbsündenlehre im Ausgang von Immanuel Kant (ITS; 30), Innsbruck-Wien 1990, 26.

12 Augustinus, Bekenntnisse. Lateinisch und Deutsch. Eingeleitet, übersetzt und erläutert von Joseph Bernhart, Frankfurt a.M. 1987, 139.

13 Zur Entwicklung der Erbsündenlehre und den verschiedenen Antwortversuchen, die Augustinus im Laufe seines Lebens auf die Frage nach dem Ursprung des Bösen gibt: Vgl. Hermann Häring, Die Macht des Bösen. Das Erbe Augustins (ÖTh; 3), Zürich-Köln 1979.

14 Vgl. Christoph Dohmen, Art. Ätiologie. II. Theologische Verwendung. In: LThK 1 ([3]1993) 1161f.

15 So explizit von Rad, Das erste Buch Mose: Genesis, 73; Christoph Dohmen, Schöpfung und Tod. Die Entfaltung theologischer und anthropologischer Konzeptionen in Gen 2/3. Aktualisierte Neuausgabe (SBB; 35), Stuttgart 1996, 230f.

16 Vgl. von Rad, Das erste Buch Mose: Genesis, 67f. Vgl. auch den Überblick zu weiteren alttestamentlichen Texten bei Hans Walter Wolff (Anthropologie des Alten Testamentes), Gütersloh [7]2002, 170-175 mit dem Fazit ebd., 175: „Im Wesentlichen erscheint die Endlichkeit allen Lebens geschöpflich."

17 Karl Rahner resümiert (bereits aus systematischer Perspektive), dass die „Eigentümlichkeiten der menschlichen Existenz wie Tod, Verfallenheit, Schmerz, Leid, Unwissenheit nicht einfach in ihrem empirischen Bestand auf die Erbsünde zurückzuführen [sind]. Sie haben freilich als Indizien menschlicher Endlichkeit und Kreatürlichkeit insofern mit der Erbsünde zu tun, als die Erfahrung dieser Eigentümlichkeiten gewiss in einem Menschen absoluter Gottesnähe anders wäre, als sie jetzt ist." (Evolution – Freiheit – Erbsünde. In: Ders., Sämtliche Werke, Bd. 30, Freiburg i. Br. 2009, 483-496, 495).

18 Dass die menschliche Freiheit zentrales Thema in Gen 2-3 ist, stellt auch Barbara Schmitz heraus, die ansonsten eine sündentheologische Deutung des Textes zurückweist und dessen Grundthematik nicht in der *Negation* der Grenze zwischen Gott und Mensch, sondern in deren *Erkenntnis* sieht. Vgl. hierzu Barbara Schmitz, „Freiheit" als Thema alttestamentlicher Anthropologie. In: Christian Frevel (Hg.), Biblische Anthropologie. Neue Einsichten aus dem Alten Testament (QD; 237), Freiburg i.Br. 2010, 190-215, 195-198; dies., ‚Ihr werdet wie Gott, erkennend Gutes und Böses' (Gen 3,5). ‚Gut' und ‚Böse' – Grenzziehungen in der Urgeschichte (Gen

1-9). In: Béatrice Acklin Zimmermann/Barbara Schmitz (Hg.), An der Grenze. Theologische Erkundungen zum Bösen, Frankfurt a.M. 2007, 13-41, bes. 23-26.

19 Dohmen, Schöpfung und Tod, 234.

20 Vgl. Erich Zenger, Das Buch Genesis 1-9.37-50. In: Ders. (Hg.), Stuttgarter Altes Testament. Einheitsübersetzung mit Kommentar und Lexikon, Stuttgart 2004, 15-98, 22.

21 Vgl. Paul Ricœur, Symbolik des Bösen. Phänomenologie der Schuld II, Freiburg-München 1971, 395-406.

22 Ricœur, Symbolik des Bösen, 292, 296.

23 Ebd., 296. Ausführlicher hierzu: Bernd Claret, Geheimnis des Bösen. Zur Diskussion um den Teufel (ITS; 49), Innsbruck-Wien ²2000, bes. 280-301, wo auch auf die Entsprechung zwischen Ricœurs Deutung der Schlange und neueren Ursündentheologien hingewiesen wird: vgl. ebd., 289.

24 Nicht das „Begehren als solches ist schlecht oder fragwürdig oder sündhaft (eben damit setzt das totale Missverständnis der Erzählung durch Augustin ein); es ist vielmehr die völlig normale, natürliche und von Gott den Menschen freigegebene Einstellung zu den Früchten der Bäume des Gartens: sie *sollen* sie schön finden, und die Früchte *sollen* ihnen gut schmecken; die Lust der Sinne gehört zu dieser Freigabe. Der Text will vielmehr sagen: Diese Lust der Sinne stößt an *einer* Stelle an eine Grenze: bei dem *einen* verbotenen Baum. Der Erzähler meint das allbekannte Phänomen der Luststeigerung an der Grenze des Verbotenen.“ (Westermann, Genesis, 339).

25 Vgl. ebd., 325f.

26 Michael Theobald, Der Römerbrief (EdF; 294), Darmstadt 2000, 153.

27 Michael Wolter, Der Brief an die Römer. Teilbd. 1: Röm 1-8 (EKK; VI/1), Neukirchen-Vluyn-Ostfildern 2014, 362.

28 Vgl. hierzu Jürgen Becker, Paulus, der Apostel der Völker, Tübingen ³1998, 415.

29 Vgl. Otto Kuss, Der Römerbrief. Erste Lieferung, Regensburg ²1963, 228; Theobald, Der Römerbrief, 160.

30 Vgl. hierzu Helmut Merklein, Paulus und die Sünde. In: Hubert Frankemölle (Hg.), Sünde und Erlösung im Neuen Testament (QD; 161), Freiburg i.Br.-Basel-Wien 1996, 123-163, bes. 124-127, 130, 145-148.

31 Becker, Paulus, der Apostel der Völker, 416.

32 So Wolter, Der Brief an die Römer. Teilbd. 1: Röm 1–8, 438f; Ulrich Wilckens, Der Brief an die Römer. Teilbd. 2: Röm 6–11 (EKK; VI/2), 3., um Literatur ergänzte Aufl., Neukirchen-Vluyn 1993, 79-83.

33 Vgl. hierzu den erhellenden Überblick bei Theobald, Der Römerbrief, 153-159.

34 Theobald, Der Römerbrief, 153. Vgl. ders., Art. Erbsünde. I. Der Befund der Schrift. In: LThK 3 (³1995) 743f, 744. In diese Richtung urteilen auch: Becker, Paulus, der Apostel der Völker, 416; Wolter, Der Brief an die Römer. Teilbd. 1: Röm 1-8, 345.

35 Vgl. in Bezug auf die paulinische Theologie generell Theobald, Der Römerbrief, 159 sowie in Bezug auf Röm 5,12-21: Karl Kertelge, Die Sünde Adams im Lichte der Erlösungstat Christi nach Röm 5,12-21. In: IKaZ 20 (1991) 305-314; Ulrich Wilckens, Der Brief an die Römer. Teilbd. 1: Röm 1-5 (EKK; VI/1), 2. verbesserte Aufl., Zürich u.a. 1987, 314-322. Aus alttestamentlicher Perspektive resümiert Dohmen (Schöpfung und Tod, 238f), „dass Gen 2/3 einer Erbsündentheologie nicht entgegensteht, eine solche aber auch nicht explizit entwirft, und dass von der Hl. Schrift her sich kein bestimmter Ansatz zur Erbsündenlehre favorisieren lässt".

36 Vgl. Helmut Hoping, Art. Erbsünde. III. Systematisch-theologisch. In: LThK 3 ([3]1995) 746f, 746; Julia Knop, Die Ursünde – Unheilvolles Erbe der Theologiegeschichte oder der Menschheit? In: Helmut Hoping/Michael Schulz (Hg.), Unheilvolles Erbe? Zur Theologie der Erbsünde (QD; 231), Freiburg i.Br. 2009, 25-48, 40-42. Deutlich stellt Gerhard Ludwig Müller (Katholische Dogmatik. Für Studium und Praxis der Theologie, 2. Aufl. der Sonderausgabe, Freiburg i.Br. [7]2005, 136) die Bedeutung des *analogen* Sündenbegriffs heraus: „In der Tat wäre eine Tatsünde, durch die ein inhaltliches Moralgebot übertreten wird, unübertragbar, ebenso die daraus sich ergebende ganz persönliche moralische Schuld. Eine solche Vorstellung wäre ein eklatanter Widerspruch zur Personwürde des Menschen und stünde im Gegensatz zum Dogma von der Kreatürlichkeit und Gottebenbildlichkeit des Menschen."

37 Pröpper, Theologische Anthropologie, Bd. II, 976 (Hervorhebung M.L.).

38 Vgl. Rahner, Evolution – Freiheit – Erbsünde, 493.

39 Augustinus zieht für die Begründung seiner Erbsündenlehre die lateinische Übersetzung von Röm 5,12 heran. Der griechische Originaltext spricht davon, dass der Tod zu allen Menschen gelangte, „*weil* alle sündigten" (ἐφ' ᾧ πάντες ἥμαρτον), konstatiert also die faktische Allgemeinheit der Sünde und stellt sie in einen Zusammenhang mit Adams Tat, durch die die Macht der Sünde in die Welt kam. Aber der Zusammenhang selbst wird nicht näher geklärt, sodass auch offen bleibt, *wie* genau Adams Sünde die Sünde der Menschen bestimmt. Augustinus hingegen interpretiert die lateinische Übersetzung *(in quo omnes peccaverunt)* dahingehend, dass *in* Adam bereits alle Menschen gesündigt haben, Adams Sünde die Sünde aller Menschen bewirkte, indem er – fälschlicherweise – die Formulierung ‚in quo' auf den am Anfang des Verses genannten ‚einen Menschen' (Adam) zurückbezieht. Vgl. hierzu Kertelge, Die Sünde Adams.

40 Hoping, Freiheit im Widerspruch, 27.

41 Hierin liegt der Einwand Kants gegen die klassische, von Augustinus her konzipierte Erbsündenlehre: Weil Schuld Freiheitsgeschehen ist, Freiheitsakte aber unableitbar und nicht übertragbar sind, ist auch Schuld nicht übertragbar, sondern vielmehr das „allerpersönlichste" (Rel, B 95).

42 Hoping, Freiheit im Widerspruch, 26.

[43] Zum Überblick zur Forschungsdiskussion um den systematischen Zusammenhang von Erbsündenlehre und Theodizee bei Augustinus vgl. Pröpper, Theologische Anthropologie, Bd. II, 1018-1022.

[44] Aug. quaest. Simpl. I, 2,16, in der Übersetzung von Häring, Die Macht des Bösen, 200. Karl-Heinz Menke kommentiert: „Augustinus will erklären, dass Gott nicht ungerecht, sondern gnädig ist, wenn er einige Sünder aus der seit Adam zur ‚massa damnata' gewordenen Menschheit erwählt, um sie völlig grundlos mit der heilig machenden Gnade zu beschenken. Der von Adams Sünde infizierte Mensch ist *von Anfang an nichts anderes als Sünder*, damit seine Strafe, nämlich die ewige Trennung von Gott, nicht nur teilweise, sondern gänzlich gerechtfertigt erscheint." (Sünde und Gnade: dem Menschen innerlicher als dieser sich selbst? In: Michael Böhnke u.a. [Hg.], Freiheit Gottes und der Menschen. FS Thomas Pröpper, Regensburg 2006, 21-40, 34).

[45] Katholischer Erwachsenen-Katechismus. Das Glaubensbekenntnis der Kirche, hg. von der Deutschen Bischofskonferenz, Kevelaer u.a. 1985, 135 (im Original z.T. kursiv).

[46] Siegfried Wiedenhofer, Hauptformen gegenwärtiger Erbsündentheologie. In: IKaZ 20 (1991) 315-328, 315. Vgl. ebd., 327. Vgl. die instruktive Typologie der verschiedenen Konzepte bei Hoping, Art. Erbsünde, 747.

[47] Weiterführend hierzu: Menke, Sünde und Gnade: dem Menschen innerlicher als dieser sich selbst?

[48] Katholischer Erwachsenen-Katechismus, hg. von der Deutschen Bischofskonferenz, 134.

[49] „Selbstverständlich verunmöglicht auch die erbsündliche Prägung nicht die menschliche Transzendentalität als solche, nicht die Wahrnehmung der und den Zugang zur Wirklichkeit als solcher; aber sie prägt die Bestimmtheit dieses Zugangs, die Perspektive, unter der die Wirklichkeit wahrgenommen wird, den Modus der Möglichkeit, aus einem grundsätzlichen Vertrauen in die Sinnhaftigkeit des Daseins heraus zu leben." (Knop, Sünde – Freiheit – Endlichkeit, 346).

[50] Das hat zu Recht auch Gerhard Lohfink des Öfteren betont: Vgl. zunächst: Ders., Das vorpersonale Böse. Das Alte Testament und der Begriff der Erbsünde. In: Ders., Das Jüdische am Christentum. Die verlorene Dimension, Freiburg i.Br.-Basel-Wien 1987, 167-199, 176 sowie zuletzt: Ders., Erbsünde – das einsichtigste Dogma der Kirche. In: Ders., Im Ringen um die Vernunft. Reden über Israel, die Kirche und die Europäische Aufklärung, Freiburg i. Br.-Basel-Wien 2016, 263-291, 274f.

[51] Vgl. Karl Rahner, Theologisches zum Monogenismus. In: Ders., Sämtliche Werke, Bd. 12, Freiburg i.Br. 2005, 353-408, 363-367; Hoping, Freiheit im Widerspruch, 283. Vgl. hierzu und zur nachfolgenden Deutung Knut Wenzel, Die Erbsündenlehre als Theorie kritischer Erinnerung. In: ThPh 78 (2003) 212-231, 215.

[52] Wenzel, Die Erbsündenlehre als Theorie kritischer Erinnerung, 215. Vgl. auch Erwin Dirscherl, Grundriss theologischer Anthropologie. Die Entschiedenheit des Menschen angesichts des Anderen, Regensburg 2006,

174: „Das Böse ist dort geschehen, wo Beziehungen verkehrt worden sind und diese verkehrten Beziehungen sind jene, in die der Mensch einbezogen wird, wenn er in die Welt eintritt. Da diese Beziehungen, in denen der Mensch lebt, keine ihm äußerlichen sind, sondern in jener Zeit geschehen, die den Selbstbezug, die Identität des Menschen ausmacht, treffen sie ihn in seinem Herzen, im Innersten. Der Riss des ursprünglichen Entzugs ist der Zeit des Menschen eingeprägt."

53 Vgl. Wolter, Der Brief an die Römer. Teilbd. 1: Röm 1-8, 455.

54 Vgl. Becker, Paulus, der Apostel der Völker, 413f.

55 Paul Ricœur, Hermeneutik und Psychoanalyse. Der Konflikt der Interpretationen II, München 1974, 161.

56 Ebd., 158f, 161.

57 Karl-Heinz Menke, Das Kriterium des Christseins. Grundriss der Gnadenlehre, Regensburg 2003, 71. Menke ergänzt: „Diese Dynamik ist aber zu unterscheiden von der Notwendigkeit, mit der Augustinus jeden Adamiten zum Sklaven der Sünde erklärt" (ebd.).

58 Menke, Sünde und Gnade: dem Menschen innerlicher als dieser sich selbst?, 26. ‚Adam' meint den ersten Menschen im *theologischen* Sinn, der antwortfähig an seinen Schöpfer gewesen ist, damit Anfang *des Bundes* zwischen Gott und den Menschen hätte sein können und sollen, um dessentwegen Gott die Schöpfung überhaupt realisiert hat. Adam steht typologisch für den kontingenten Anfang des Unheils, insofern er die empfangene Gnade nicht weiter vermittelt und so ihr Fehlen *ab ovo* begründet hat, das nun den weiteren Gang der Geschichte konstitutiv mitbestimmt. Vgl. ebd., 25-27.

59 Gerhard Lohfink/Ludwig Weimer, Maria – nicht ohne Israel. Eine neue Sicht der Lehre von der Unbefleckten Empfängnis, Freiburg i.Br. 2008, 60f.

60 Vgl. hierzu Magnus Striet, der Sünde bestimmt als Entschluss des Menschen, angesichts der schon erfahrenen Gnade „doch wieder allzu menschlich kleingläubig zu werden, sich wieder von der Angst bestimmen zu lassen." Striet fährt dann weiter fort: „Aber man kann auch fragen, wer sich schon freiwillig von der Angst bestimmen lässt. Verliert sich dann nicht der Grund der Sünde doch wieder in ein Dunkel? Sie muss freiheitsursprünglich sein, um nicht zum unausweichlichen Geschick des Menschen erklärt zu werden, und gleichzeitig scheint der Möglichkeitshorizont der Freiheit begrenzt zu sein. Eine abschließende Antwort auf das Warum darf deshalb nicht mehr gegeben werden." (Erlösung durch den Opfertod Jesu? In: Ders./Jan-Heiner Tück [Hg.], Erlösung auf Golgotha. Der Opfertod Jesu im Streit der Interpretationen, Freiburg i.Br. 2012, 11-31, 29).

61 Werbick, Schulderfahrung und Bußsakrament, 77.

62 Siegfried Wiedenhofer, „Erbsünde" – eine universale Erbschuld? Zum theologischen Sinn des Erbsündendogmas. In: ThQ 162 (1982) 30-44, 42.

[63] Zu beachten ist der (vor dem Hintergrund der Pelagius-Forschung von Gisbert Greshake ersichtlich gewordene) sachliche Abstand zwischen ‚Pelagianismus' und der Gnadenlehre des Pelagius selbst: Vgl. die Übersicht bei Menke, Das Kriterium des Christseins, 47-57.

[64] Wiedenhofer, „Erbsünde" – eine universale Erbschuld?, 43. Vgl. ders., Die Lehre der Kirche von der Erbsünde. Geschichtliche Entwicklung und heutiges Verständnis. In: Ders. (Hg.), Erbsünde – was ist das?, Regensburg 1999, 35-65, bes. 45-53.

[65] Werbick, Schulderfahrung und Bußsakrament, 78.

[66] Vgl. die erhellende Deutung bei Werbick, Schulderfahrung und Bußsakrament, 22-26.

[67] Vgl. hierzu Wilckens, Der Brief an die Römer. Teilbd. 2: Röm 6-11, 31-33.

4. Freiheit des Menschen und Wirksamkeit der Gnade – Verbindung von transzendentaler und existenzieller Perspektive in gnadentheologischer Absicht

[1] Otto Hermann Pesch, Frei sein aus Gnade. Theologische Anthropologie, Freiburg i.Br. 1983, 282 (im Original z.T. gesperrt).

[2] Michael Greiner, Gottes wirksame Gnade und menschliche Freiheit. Wiederaufnahme eines verdrängten Schlüsselproblems. In: Thomas Pröpper, Theologische Anthropologie, Bd. II, Freiburg i.Br. 2011, 1351-1436, 1414.

[3] Otto Hermann Pesch/Albrecht Peters, Einführung in die Lehre von Gnade und Rechtfertigung, Darmstadt 1981, 25.

[4] Pröpper, Theologische Anthropologie, Bd. II, 733f. Pröpper resümiert den logischen Schluss, der zu diesem Resultat führte, in Kurzform wie folgt: „Wenn einzig Gott das unbedingte Seinsollen zu verbürgen vermag, das die menschliche Freiheit im Akt der Bejahung von Freiheit intendiert, und wenn sie zugleich zu dieser Bejahung ethisch verpflichtet ist, dann würde sie mit der Ablehnung Gottes sich ja in Widerspruch setzen zu dem, was sie selbst will, wenn sie tut, was sie – sich selbst und anderer Freiheit verpflichtet – tun *soll*." (Ebd., 714).

[5] Vgl. zu diesem Grundgedanken Karl-Heinz Menke, Was ist das eigentlich, Gnade? Sechs Thesen zur Diskussion. In: ThPh 84 (2009) 356-373.

[6] Gerhard Lohfink, Braucht Gott die Kirche? Zur Theologie des Volkes Gottes, Freiburg i.Br.-Basel-Wien [4]1999, 109. Vgl. ebd., 98-115; ders., Das Jüdische am Christentum. Wider der Entscheidung der Christen zur Weltlosigkeit. In: Ders., Das Jüdische am Christentum. Die verlorene Dimension, Freiburg i.Br.-Basel-Wien 1987, 48-70; ders./Ludwig Wei-

mer, Maria – nicht ohne Israel. Eine neue Sicht der Lehre von der Unbefleckten Empfängnis, Freiburg i.Br. 2008, 130-148.

7 Im Dogma von Chalkedon (451): Vgl. DH 302. Hinführend hierzu: Karl-Heinz Menke, Jesus ist Gott der Sohn. Brennpunkte der Christologie, Regensburg [3]2012, 24-31.

8 Hinführend hierzu: Johanna Rahner, Einführung in die katholische Dogmatik, Darmstadt [2]2014, 75-82.

9 LG 1 bzw. DH 4101. Hinführend hierzu: Jürgen Werbick, Grundfragen der Ekklesiologie, Freiburg i.Br. 2009, 195-212.

10 Pröpper, Theologische Anthropologie, Bd. II, 717f (im Original z.T. kursiv).

11 Karl-Heinz Menke, Das Kriterium des Christseins. Grundriss der Gnadenlehre, Regensburg 2003, 214.

12 Karl-Heinz Menke, Das unterscheidend Christliche. Beiträge zur Bestimmung seiner Einzigkeit, Regensburg 2015, 140.

13 Menke hat dies anhand der Exerzitien des *Ignatius von Loyola* (1491-1556) illustriert und deren Grundformel mit *Johannes Bours* (1913-1988) benannt: „Du wirst des Weges geführt, den du wählst". Vgl. Menke, Das Kriterium des Christseins, 134-138.

14 Vgl. hierzu Saskia Wendel, Christlich gedeutete Subjektivität. Replik auf den Vortrag von Knut Wenzel. In: Karsten Kreutzer/Magnus Striet/Joachim Valentin (Hg.), Gefährdung oder Verheißung? Von Gott reden unter den Bedingungen der Moderne, Ostfildern 2007, 87-101.

15 Klaus Müller, Streit um Gott. Politik, Poetik und Philosophie im Ringen um das wahre Gottesbild, Regensburg 2006, 229.

16 In Abwandlung eines Buchtitels von Eberhard Jüngel, Indikative der Gnade – Imperative der Freiheit. Theologische Erörterungen, Bd. IV, Tübingen 2000.

17 Michael Theobald, Der Römerbrief (EdF; 294), Darmstadt 2000, 240. Vgl. ders., „Zur Freiheit berufen" (Gal 5,13). Die paulinische Ethik und das mosaische Gesetz. In: Ders., Studien zum Römerbrief (WUNT; 136), Tübingen 2001, 456-480, 460f. Zur folgenden Auslegung von Röm 6,1-4 vgl. ebd., 474-476.

18 Theobald, „Zur Freiheit berufen" (Gal 5,13), 475.

19 Michael Theobald, Art. Gnade. IV. Neues Testament. In: LThK 4 ([3]1995) 766-772, 770.

20 Helmut Merklein, „Nicht aus Werken des Gesetzes…". Eine Auslegung von Gal 2,15-21. In: Ders., Studien zu Jesus und Paulus, Bd. II (WUNT; 105), Tübingen 1998, 303-315, 305. Vgl. ders., Paulus und die Sünde. In: Hubert Frankemölle (Hg.), Sünde und Erlösung im Neuen Testament (QD; 161), Freiburg i. Br.-Basel-Wien 1996, 123-163, 157.

21 Vgl. Udo Schnelle, Paulus. Leben und Denken. 2. überarb. u. erw. Aufl., Berlin-Boston 2014, 549-567, bes. 564-567.

22 Klaus Haacker, Der Brief des Paulus an die Römer (ThHK; 6), 3., verbess. u. erw. Aufl., Leipzig 2006, 175.

23 Vgl. hierzu Schnelle, Paulus, 536-542; Theobald, Der Römerbrief, 166f.

24 Theobald, Der Römerbrief, 242. Vgl. ebd., 246.

25 Vgl. Otto Hermann Pesch, Art. Rechtfertigung. I. Begriff. In: LThK 8 (^{3}1999) 882. Zu den unterschiedlichen inhaltlichen Akzenten und theologischen Funktionen der paulinischen Rechtfertigungsbotschaft vgl. Thomas Söding, Kriterium der Wahrheit? Zum theologischen Stellenwert der paulinischen Rechtfertigungslehre. In: Ders. (Hg.), Worum geht es in der Rechtfertigungslehre? Das biblische Fundament der ‚Gemeinsamen Erklärung' von Katholischer Kirche und Lutherischem Weltbund (QD; 180), Freiburg i.Br.-Basel-Wien 1999, 193-246.

26 Vgl. die Übersicht der verschiedenen Auslegungstypen bei Theobald, Der Römerbrief, 189-193; Michael Wolter, Der Brief an die Römer. Teilbd. 1: Röm 1-8 (EKK; VI/1), Neukirchen-Vluyn-Ostfildern 2014, 233-237.

27 Vgl. Rudolf Bultmann, Theologie des Neuen Testaments. 9. Aufl., durchges. u. erg. v. Otto Merk, Tübingen 1984, 260-270, bes. 264f.

28 Vgl. Ulrich Wilckens, Der Brief an die Römer. Teilbd. 1: Röm 1-5 (EKK; VI/1), 2. verbesserte Aufl., Zürich u.a. 1987, 173-176.

29 Vgl. hierzu den hervorragenden Überblick von Stefan Schreiber, Paulus und die Tradition. Zur Hermeneutik der ‚Rechtfertigung' in neuer Perspektive, in: ThRv 105 (2009) 91-102. Zur systematischen Rezeption der *New Perspective* in der Gnadenlehre vgl. Menke, Das Kriterium des Christseins, 65-75.

30 Schreiber, Paulus und die Tradition, 94, in Zusammenfassung des Ansatzes von Ed P. Sanders, der hierfür den Ausdruck ‚Bundesnomismus' verwendet: Paulus und das palästinische Judentum. Ein Vergleich zweier Religionsstrukturen (StUNT; 17), Göttingen 1985, 397-406.

31 Theobald, Art. Gnade, 769. Vgl. zum Folgenden ders., „Zur Freiheit berufen" (Gal 5,13), 467-473.

32 Theobald, „Zur Freiheit berufen" (Gal 5,13), 472.

33 Ebd., 471. Vgl. auch Merklein, „Nicht aus Werken des Gesetzes…", 314: „Das paulinische Axiom ‚Nicht aus Werken des Gesetzes' richtet sich nicht gegen das Gesetz, sondern gegen den Menschen, der als Sünder nach dem Kriterium des Gesetzes nicht gerecht werden kann. Wenn sich das Gesetz dem Menschen als Heilsmöglichkeit entzieht, dann nur, weil es diesen als Sünder ausweist. Und auch diese Funktion kann es nur ausüben, weil es zugleich seinen Tätern die Lebensverheißung offenhält." Vgl. ders., Paulus und die Sünde, 138f.

34 Theobald, Art. Gnade, 770. Zur Differenzierung der verschiedenen Perspektiven auf das Gesetz vgl. den theologiegeschichtlichen Überblick: Otto Hermann Pesch, Begriff und Bedeutung des Gesetzes in der katholischen Theologie. In: JBTh 4 (1989) 171-213.

35 Wilckens, Der Brief an die Römer. Teilbd. 1: Röm 1-5, 145f. Vgl. ebd., 256: Paulus „spricht dem Christen nicht nur eine Gerechtigkeit *zu*, sondern er spricht *ihn* als *Gerechten* an; gewiss nicht im Modus des Gesetzes: ‚Erweise in deinem Tun Gerechtigkeit, damit Gott dich im Endgericht als gerecht erkennen kann', sondern im Modus des Evangeliums: ‚Lass die

geschenkte, empfangene Gerechtigkeit in deinem Leben und Tun wirksam werden!'"

36 Theobald, „Zur Freiheit berufen" (Gal 5,13), 461. Auch Jost Eckert weist auf diese strukturelle Parallele hin und fordert ihre stärkere Beachtung: Indikativ und Imperativ bei Paulus. In: Karl Kertelge (Hg.), Ethik im Neuen Testament (QD; 102), Freiburg i.Br. 1984, 168-189, bes. 175.186f. Vgl. ferner Lohfink, Das Jüdische am Christentum, 59.

37 Vgl. Georg Braulik, Gesetz als Evangelium: Rechtfertigung und Begnadigung nach der deuteronomischen Tora. In: ZThK 79 (1982) 127-160; ders., Die Liebe zwischen Gott und Israel. Zur theologischen Mitte des Buches Deuteronomium. In: IKaZ 41 (2012) 549-564.

38 Merklein, Paulus und die Sünde, 160.

39 Werner H. Schmidt sieht hierin einen Grundzug des Alten Testaments überhaupt: „Das Gottesverhältnis wird nicht durch das Tun des Menschen konstituiert. Implizit oder explizit setzt alttestamentliche Rechtsordnung die bereits gewährte Gemeinschaft voraus und bleibt in sie eingefügt, braucht sie nicht erst zu begründen oder gar hervorzubringen [...]. Insofern ist das Gesetz kein ‚Heilsweg' im Sinne eines Weges zum Heil, sondern höchstens ein Weg, das Heil zu bewahren" (Werk Gottes und Tun des Menschen. Ansätze zur Unterscheidung von ‚Gesetz und Evangelium' im Alten Testament. In: JBTh 4 [1989] 11-28). Vgl. auch Henning Graf Reventlow, Art. Gnade. I. Altes Testament. In: TRE XIII (1984) 459-464, der festhält, dass „im Alten Testament Gnade dem Gebot vorgeordnet [ist], nie umgekehrt."

40 Braulik, Die Liebe zwischen Gott und Israel, 550.

41 Ebd., 562.

42 Braulik, Gesetz als Evangelium, 135.

43 Zur folgenden Auslegung vgl. ebd., 137-140; Lothar Perlitt, ‚Evangelium' und Gesetz im Deuteronomium. In: Ders., Deuteronomium-Studien (FAT; 8), Tübingen 1994, 179-183.

44 Vgl. hierzu Braulik, Gesetz als Evangelium, 131-137.

45 Perlitt, ‚Evangelium' und Gesetz im Deuteronomium, 174.

46 Stephan Wahle, Gottes-Gedenken. Untersuchungen zum anamnetischen Gehalt christlicher und jüdischer Liturgie (ITS; 73), Innsbruck-Wien 2006, 390. Vgl. bes. ebd., 79-85, 350-352, 387-393. Wahle arbeitet durch einen liturgietheologischen Vergleich von Pesach und Eucharistie heraus (vgl. ebd., 272-393), „wie sehr sich aktives Eingedenksein der Gemeinde und passives Hereinstehen in Gottes Eingedenksein gegenseitig bedingen" (ebd., 393). Zur subjekttheoretischen Erschließung des ‚Ineinanders' von menschlicher Aktivität und Passivität im liturgischen Geschehen vgl. Maria Weiland, Ästhetik gebrochener Gegenwart. Zur Bedeutung der repräsentativen Dimension sakramentalliturgischen Handelns im Gespräch mit Dieter Henrich (ratio fidei; 44), Regensburg 2011, bes. 326-411.

47 Perlitt, ‚Evangelium' und Gesetz im Deuteronomium, 181.

48 Braulik, Die Liebe zwischen Gott und Israel, 557.

[49] Vgl. ebd., 553, 557.
[50] Vgl. Braulik, Gesetz als Evangelium, 140.
[51] Braulik, Die Liebe zwischen Gott und Israel, 563.
[52] Ebd., 561.
[53] Vgl. hierzu Braulik, Gesetz als Evangelium, 157-160; Norbert Lohfink, Die Wandlung des Bundesbegriffs im Buch Deuteronomium. In: Johannes Baptist Metz u.a. (Hg.), Gott in Welt. Festgabe für Karl Rahner, Bd. I, Freiburg i.Br. 1964, 423-444, 441.
[54] Braulik, Gesetz als Evangelium, 158.
[55] Die nachstehenden Zuschreibungen (‚evangelisch', ‚lutherisch', ‚katholisch') werden in heuristischer Absicht verwendet, um das theologische Problem scharf zu fokussieren. Das erfolgt aber in dem Bewusstsein auch binnenkonfessioneller Pluralität. – Im folgenden Kapitel greife ich z.T. Vorüberlegungen und Formulierungen auf aus meinem Aufsatz: Gnade und Freiheit – Passivität und Aktivität. Anthropologische Perspektiven auf ein ökumenisches Grundproblem. In: IKaZ 45 (2016) 408-425.
[56] Martin Luther, De servo arbitrio, StA 265. In: Lateinisch-deutsche Studienausgabe, Bd. I. Unter Mitarbeit von Michael Beyer hg. u. eingel. v. Wilfried Härle, Leipzig 2006, 219-661, 435.
[57] Vgl. Luther, De servo arbitrio, StA 208. In: Lateinisch-deutsche Studienausgabe, Bd. I, 291.
[58] Ausführlicher zum Denkformbegriff vgl. Georg Essen, Historische Vernunft und Auferweckung Jesu. Theologie und Historik im Streit um den Begriff geschichtlicher Wirklichkeit, Mainz 1995, 394-403; Karl Lehmann, Die dogmatische Denkform als hermeneutisches Problem. Prolegomena zu einer Kritik der dogmatischen Vernunft. In: Ders., Gegenwart des Glaubens, Mainz 1974, 35-53.
[59] Georg Essen, Abschied von der Seelenmetaphysik. Eine theologische Auslotung von Kants Neuansatz in der Subjektphilosophie. In: Ders./ Magnus Striet (Hg.), Kant und die Theologie, Darmstadt 2005, 187-223, 213.
[60] Vgl. hier nur Magnus Striet, Denkformgenese und -analyse in der Überlieferungsgeschichte des Glaubens. Theologisch-hermeneutische Überlegungen zum Begriff des differenzierten Konsenses. In: Harald Wagner (Hg.), Einheit – aber wie? Zur Tragfähigkeit der ökumenischen Formel vom ‚differenzierten Konsens' (QD; 184), Freiburg-Basel-Wien 2000, 59-80.
[61] Vgl. Otto Hermann Pesch, Existentielle und sapientiale Theologie. Hermeneutische Erwägungen zur systematisch-theologischen Konfrontation zwischen Luther und Thomas von Aquin. In: ThLZ 92 (1967) 731-742; Gerhard Ebeling, Luther. Einführung in sein Denken. Mit einem Nachwort von Albrecht Beutel, Tübingen ^{5}2006, bes. 219-238.
[62] Ebeling, Luther, 223f.
[63] Ebd., 253.
[64] Vgl. ebd.

65 Wolfhart Pannenberg, Anthropologie in theologischer Perspektive, Göttingen 1983, 111. Vgl. ebd., 108, 233.

66 Vgl. Jürgen Werbick, „Zur Freiheit hat uns Christus befreit" (Gal 5,1). Was Luthers Widerspruch gegen Erasmus einer theologischen Theorie der Freiheit heute zu denken gibt. In: Michael Böhnke u.a. (Hg.), Freiheit Gottes und der Menschen. FS Thomas Pröpper, Regensburg 2006, 41-69; ders., Gnade, Paderborn 2013, bes. 70-75, 85-111; ders., Anerkennung: die Gabe der Freiheit. In: Veronika Hoffmann/Ulrike Link-Wieczorek/ Christof Mandry (Hg.), Die Gabe. Zum Stand der interdisziplinären Diskussion, Freiburg-München 2016, 76-91.

67 Luther, De servo arbitrio, StA 207. In: Lateinisch-deutsche Studienausgabe I, 289f.

68 Christoph Markschies, Wie frei ist der Mensch? Einige vorläufige Thesen zu einem großen Thema, Martin Luther nachgedacht, in: Cardo 3 (2005) 15-18, 16. Melanie Beiner hat die Bedeutung der affektiven Erfahrung für Luthers Phänomenologie des Wollens aufgezeigt: Der Wille ist sich hinsichtlich seiner Intentionalität selbst entzogen, weil sich diese Affekten und Gefühlen verdankt, derer Wille und Vernunft nicht mächtig sind (Intentionalität und Geschöpflichkeit. Die Bedeutung von Martin Luthers Schrift ‚Vom unfreien Willen' für die theologische Anthropologie, Marburg 2000, bes. 82-92).

69 Zum Verständnis des ‚Herzens' bei Luther als Ort der Gefühle und Affekte vgl. Beiner, Intentionalität und Geschöpflichkeit, 83-86.

70 Ausführlich erläutert Pannenberg: „Zwar kann es geschehen, dass die Wahl des Guten unterbleibt, aber das Schlechte oder Böse, das dann vorgezogen wird, wird in der Meinung gewählt, dass es das Gute sei [...], d.h. dass es gut für den Wählenden sei. Solche Meinung mag objektiv irrig sein. Sie mag auch schuldhaft irren, gemessen am Maßstab der eigentlichen menschlichen Bestimmung dessen, der solchermaßen sich selber verfehlt. Aber sie ist nicht deshalb schuldhaft, weil in vollem Bewusstsein des Guten das Gegenteil gewählt wurde. Die Behauptung einer solchen Situation der Wahl ist vielmehr eine wirklichkeitsfremde Konstruktion. Und ebenso wenig wie eine Freiheit *gegenüber* dem Guten gibt es eine Freiheit *gegenüber* Gott als dem Grunde des künftigen Selbstseins und somit Inbegriff des Guten." (Anthropologie in theologischer Perspektive, 113).

71 Auf diesen entscheidenden Punkt hat Jürgen Werbick immer wieder hingewiesen: Ders., „Zur Freiheit hat uns Christus befreit" (Gal 5,1), 57f, 68f; ders., Gnade, 41f, 91f; ders., Anerkennung: die Gabe der Freiheit, 90f.

72 Christine Axt-Piscalar hat dieses Argument jüngst noch einmal gegen das freiheitstheoretische Modell ins Feld geführt und es explizit als „glaubensphänomenologisch" gekennzeichnet: „Ist es denn im Blick auf den Glaubensvollzug und das Zum-Glauben-Kommen wirklich so, dass gesagt werden kann, der natürliche Mensch stimmt der Gnade – und sei es auch durch die zuvorkommende Gnade bedingt – zu? [...] Oder ist es nicht vielmehr so, dass der Glaubende sich als ein von der Gnade Ergriffener

vorfindet, sich als ein von der Gnade unverfügbar in den Glauben Eingeholter erfährt?" (Die Crux der Freiheit. Systematisch-theologische Anmerkungen aus evangelischer Sicht. In: ÖR 62 [2013] 54-63, 63).

73 Vgl. zum Folgenden die treffende Problematisierung bei Greiner, Gottes wirksame Gnade und menschliche Freiheit, 1435 sowie Ursula Lievenbrück, Zwischen *donum supernaturale* und Selbstmitteilung Gottes. Die Entwicklung des systematischen Gnadentraktats im 20. Jahrhundert (STEP; 1), Münster 2014, 974f.

74 Vgl. hierzu Wilhelm Breuning, Art. Apokatastasis. II. Apokatastasis als Problem der Dogmengeschichte. In: LThK 1 ([3]1993) 823f.

75 Vgl. DH 1525: „Wenn also Gott durch die Erleuchtung des Heiligen Geistes das Herz des Menschen berührt, tut der Mensch selbst, wenn er diese Einhauchung aufnimmt, weder überhaupt nichts – er könnte sie ja auch verschmähen –, noch kann er sich andererseits ohne die Gnade Gottes durch seinen freien Willen auf die Gerechtigkeit vor ihm zubewegen." Zur Ablehnung des lutherischen *mere passive* vgl. DH 1554. Diese gnadentheologische Aussage setzt die sündentheologische voraus, die im vorherigen Kapitel benannt wurde: Der freie Wille ist durch die Ursünde zwar „geschwächt", aber „keineswegs ausgelöscht" (DH 1521).

76 Greiner, Gottes wirksame Gnade und menschliche Freiheit, 1352.

77 Er wurde neuerdings von Michael Greiner zu Recht wieder ins Zentrum des Interesses gestellt: Vgl. Greiner, Gottes wirksame Gnade und menschliche Freiheit.

78 So werden *unvermittelt* – ohne Analyse der zugrunde liegenden Denkform – die beiden Aussagen zusammengebunden, dass der Mensch die Gnade „rein passiv" empfange, zugleich aber personal voll beteiligt sei (Vgl. Die Gemeinsame Erklärung zur Rechtfertigungslehre. Dokumentation des Entstehungs- und Rezeptionsprozesses. Hg. v. Friedrich Hauschildt gemeinsam mit Udo Hahn und Andreas Siemens in Beratung mit dem Lutherischen Weltbund und dem Päpstlichen Rat zur Förderung der Einheit der Christen, Göttingen 2009, 273-285, 279). Damit aber muss an dieser Stelle die alte Frage wieder aufbrechen: Impliziert ‚volle personale Beteiligung' nicht auch menschliche Aktivität und damit gerade nicht *reine* Passivität? Zur Diskussion vgl. Christiane Schubert, mere passive? Inszenierung eines Gesprächs über Gnade und Freiheit zwischen Eberhard Jüngel und Thomas Pröpper (ratio fidei; 55), Regensburg 2014, 13-31.

79 „Es ist offenkundig, dass die Geschichte der gnadentheologischen Konflikte zwischen den Konfessionen, aber […] auch innerhalb der römisch-katholischen Theologie eine Geschichte der Alternativen-Anschärfung ist, in der die Rücksicht auf jeweils von den ‚Gegnern' geltend gemachte andere Elemente des Zusammenspiels von Gnade und Freiheit aus dem Blick gerieten. Sie müssen nicht aus dem Blick geraten." (Werbick, Gnade, 93).

80 Vgl. Thomas Pröpper, Theologische Anthropologie, Bd. I, Freiburg i.Br. 2011, 106.

81 Vgl. Christian Frevel, Art. Herz. In: HGANT ^{4}2015, 266-268; Mark S. Smith, Herz und Innereien in israelitischen Gefühlsäußerungen. Notizen aus der Anthropologie und Psychobiologie. In: Andreas Wagner (Hg.), Anthropologische Aufbrüche. Alttestamentliche und interdisziplinäre Zugänge zur historischen Anthropologie (FRLANT; 232), Göttingen 2009, 171-181. Zum paulinischen Sprachgebrauch vgl. Udo Schnelle, Neutestamentliche Anthropologie. Jesus – Paulus – Johannes (BThSt; 18), Neukirchen-Vluyn 1991, 120-122.

82 Werbick, Gnade, 92f.

83 Ebd., 85. Vgl. ebd., 106f, 109.

84 Vgl. hierzu Gisbert Greshake, Gnade als konkrete Freiheit. Eine Untersuchung zur Gnadenlehre des Pelagius, Mainz 1972, 252-274; Menke, Das Kriterium des Christseins, 24-53, 73-75.

85 Menke, Das unterscheidend Christliche, 148. Vgl. hierzu auch Lievenbrück, Zwischen *donum supernaturale* und Selbstmitteilung Gottes, 949-954.

86 Theobald, Der Römerbrief, 248. Vgl. hierzu und zum Folgenden ebd., 244f.

87 Samuel Vollenweider, Der Geist Gottes als Selbst der Glaubenden. Überlegungen zu einem ontologischen Problem in der paulinischen Anthropologie. In: ZThK 93 (1996) 163-192, 183. Vgl. Ulrich Wilckens, Der Brief an die Römer. Teilbd. 2: Röm 6–11 (EKK; VI/2), 3., um Literatur ergänzte Aufl., Neukirchen-Vluyn 1993, 131f.

88 Karl Rahner, Erfahrung des Heiligen Geistes. In: Ders., Sämtliche Werke, Bd. 29, Freiburg i.Br. 2007, 38-57, 50f.

89 Vgl. Vollenweider, Der Geist Gottes als Selbst der Glaubenden, 183.

90 Theobald, „Zur Freiheit berufen" (Gal 5,13), 479. Vgl. ders., Der Römerbrief, 246.

91 Vgl. jetzt auch die innovative Dissertation von Sarah Rosenhauer, die eine freiheitstheoretische Gnadenlehre um das (von Christoph Menkes dialektischer Subjektphilosophie her gewonnene) Prinzip der *Kraft* erweitert (die für das Subjekt unverfügbar, aber für das Realisieren seiner Vermögen unabdingbar ist) und auf dieser Basis innere und äußere Gnade sowie Autonomie und Pneumatologie zuordnet: Sarah Rosenhauer, Die Unverfügbarkeit der Kraft und die Kraft des Unverfügbaren. Subjekttheoretische und gnadentheologische Annäherungen an das Phänomen der Kontingenz, Paderborn 2018 in Vorb.

92 Pröpper, Theologische Anthropologie, Bd. II, 785.

93 Bernhard Nitsche, Geist und Freiheit. Zu Status und Funktion der Pneumatologie in einer transzendentalen Theologie, in: Klaus Müller/Magnus Striet (Hg.), Dogma und Denkform. Strittiges in der Grundlegung von Offenbarungsbegriff und Gottesgedanke (ratio fidei; 25), Regensburg 2005, 151-162, 158.

94 Bernhard Nitsche, Endlichkeit und Freiheit. Studien zu einer transzendentalen Theologie im Kontext der Spätmoderne, Würzburg 2003, 375.

95 Ebd., 399.

Personenregister

Sachregister